Introduction to
Simulation Modeling

시뮬레이션 모델링

민재형

도서출판 청람

❙ 머리말 ❙

"세상에 유일하게 확실한 것은 아무것도 확실하지 않다"라는 고대 로마 시대 현인의 말처럼 우리가 사는 세상은 미래의 모든 것이 불확실하다. 앞으로 무슨 일이 일어날지 확실히 알 수 있다면 의사결정은 매우 간단하다. 내일 비가 올 것이 확실하면 내일 집을 나서기 전에 우산을 준비하면 되고, 어떤 주식의 가격이 오를 것이 확실하다면 그 주식을 사면 될 것이다. 하지만 앞으로의 모든 일은 확실하게 알려진 것이 거의 없다. 미래가 불확실하다는 것은 앞으로 일어날 사건이 둘 이상이고, 각 사건이 발생할 확률이 하나의 숫자로 정해지지 않음을 의미한다. 이러한 미래의 불확실성 때문에 인간은 중요한 의사결정 상황에서 고민하게 되고, 이러한 고민을 해결하고자 옛날부터 인류는 절대자에 귀의하거나 점술가에 의존하는 생활을 해왔다. 요새도 마음이 답답하면 점술가를 찾아가는 사람들이 적지 않은 이유는 바로 미래의 불확실성 때문이다.

이 책은 불확실성이 필연적으로 존재하는 비즈니스 상황에서 어떠한 의사결정을 내리고 전략을 구사하는 것이 바람직한지 그 길을 찾는 데 도움을 주기 위해 집필하였다. 이 책은 몬테칼로 시뮬레이션(Monte Carlo Simulation)이라 불리는 문제해결 접근법에 관한 이론과 사례를 담고 있다. 몬테칼로 시뮬레이션은 불확실성에 둘러싸인 개인 또는 조직의 문제를 해결하는 데 실무적으로 유용하게 활용할 수 있는 과학적 방법론이다. 특별한 수학적 지식 없이도 불확실성이 많이 개입된 문제를 해결하는 데 큰 도움을 줄 수 있고, 이의 활용 범위 또한 매우 넓다. 경영의 제반 문제뿐만이 아니라 교통, 보건, 의료, 행정, 통신, 에너지, 군사, 제조, 건설, 물류, 게임 등 불확실성이 개입된 모든 문제에는 시뮬레이션이 적용될 수 있고, 그 성공사례는 수없이 많이 보고되고 있다.

시뮬레이션이란 현실의 모방(imitation)을 의미한다. 즉, 우리가 관심을 두는 현실 시스템의 행태(behavior)를 컴퓨터를 이용해 복제하고, 이에 근거해 앞으로 어떠한 선택, 판단, 전략을 구사하는 것이 바람직할지를 제안하는 일련의 과학적 절차를 말한다. 앞으로 수십 년이 걸려 일어날 일도 컴퓨터를 이용해 단 몇 초 만에 미래에 어떠한 일이 발생할지도 예측할 수 있다. 시뮬레이션이란 용어 앞에 모나코의 국영 카지노 이름인 몬테칼로(Monte Carlo)가 붙여진 이유는 카지노의 확률적 게임의 승패가 무작위한 난수(random numbers)의 발생과정과 깊은 관계가 있기 때문이다. 실제로 제2차 세계대전 중 원자폭탄 개발 프로젝트(Manhattan project)에서 원자폭탄의 실행 가능성을 검토하기 위해서 핵분열 과정을 난수를 이용해 시뮬레이션을 수행하기도 했는데, 이때 이 시뮬레이션의 암호명이 바로 몬테칼로(Monte Carlo)였다. 즉, 몬테칼로 시뮬레이션이란 불확실한 상황이 개입된 문제를 해결하기 위한, 난수를 이용한 시뮬레이션을 말한다. 미래의 불확실성은 후속적인 분석을 위해 확률분포로 추정될 수 있고, 분포의 구체적 행태는 난수를 이용해 복제할 수 있기 때문이다.

하지만 과거에는 시뮬레이션과 일반인들의 거리는 매우 멀었다. 이 거리를 줄인 것은 컴퓨터의 급속한 발전이었다. 사실 저자가 1980년대 중반 시뮬레이션을 공부할 때만 해도 이 기법을 이용해 문제를 해결하기 위해서는 범용의 컴퓨터 언어(Fortran, C, C++, Java 등)를 이용한 고도의 프로그래밍 기술이 필요하였다. 하지만 컴퓨터 기술의 급속한 발전과 함께 사용자 친화적인 소프트웨어의 등장은 일반인들도 시뮬레이션의 방법과 문제해결 과정을 쉽게 학습하고, 이를 자신들의 문제에 활용하게끔 만들었다. 이 책에서는 이러한 소프트웨어 중 대기행렬(queuing)이나 제조공정(manufacturing process) 문제처럼 특화된 문제를 위한 소프트웨어(예를 들어, Arena, AutoMod, Extend, Flexsim, ProModel 등)보다는 다양한 형태의 문제에 적용이 가능한 ModelRisk를 이용한다.

ModelRisk는 Vose Software(www.vosesoftware.com)에서 개발한 스프레드시트 기반의 소프트웨어로 엑셀(Excel)에 익숙한 독자들은 쉽게 이 소프트웨어를 익힐 수 있는 장점이 있다. ModelRisk보다 먼저 시장에 소개된 Lumivero(www.lumivero.com)의 @RISK와 Oracle(www.oracle.com)의 Crystal Ball도 엑셀을 플랫폼으로 하는 소프트웨어로 ModelRisk와 그 기능과 사용법이 유사하여 ModelRisk를 익힌 독자들은 @RISK와 Crystal Ball도 쉽게 익힐 수 있다. 저자는 과거 대학에서 @RISK, Crystal

Ball, ModelRisk 모두를 이용해 시뮬레이션을 가르쳐 왔는데, 이 책에서 ModelRisk를 소개하는 이유는 이 소프트웨어를 사이트에서 무료로 내려받아 사용할 수 있는 기한이 다른 소프트웨어의 15일보다 훨씬 긴 6개월이기 때문이다. 아울러 6개월이 지나면 다시금 6개월을 사용할 수 있는 권한이 자동으로 제공되어 일반인이나 학생이 큰 비용을 들이지 않고서도 ModelRisk의 기능을 누릴 수 있는 장점이 있다. 이러한 정책은 후발주자로서 ModelRisk의 시장점유율을 높이기 위한 Vose Software의 마케팅 전략이다. 이 책에서는 엑셀과 함께 ModelRisk를 이용하여 몬테칼로 시뮬레이션의 개념과 문제해결 과정을 독자들에게 소개한다.

이 책은 저자가 대학에서 수강생들에게 강의한 내용을 정리한 것이다. 독자의 입장에 서서, 몬테칼로 시뮬레이션을 쉽고, 빠르고, 체계적으로 학습할 수 있도록 쓰였다. 이 책은 상호보완적인 두 부분으로 구성되었다. 제1부는 시뮬레이션의 개념과 제반 문제해결 과정을 엑셀을 이용해서 독자들에게 설명한다. 직장과 학교에서 전 세계적으로 가장 많이 활용되는 소프트웨어는 Microsoft 엑셀일 것이다. 엑셀은 데이터의 정리, 수식 계산, 그래픽 작업 등을 지원하는 역할에만 그치는 것이 아니라 매우 다양한 기능을 포함하고 있다. 사실 엑셀 자체의 기능만 이용해서도 시뮬레이션은 수행할 수 있다. 하지만 엑셀을 이용해서 시뮬레이션을 수행하면서 독자들은 몇 가지 불편한 점도 경험하게 될 것이다. 그래서 제2부에서는 이러한 불편을 해소하기 위해 ModelRisk를 이용한다. ModelRisk는 다양한 분석 기능과 화려한 그래픽 기능을 이용하여 엑셀을 이용할 때보다 시뮬레이션 과정을 더 쉽고 풍부하게 경험할 수 있도록 한다. 제2부에서는 다양한 경영 문제(재무, 마케팅, 리스크관리, 오퍼레이션, 품질경영, 게임 등)를 ModelRisk를 이용해 해결하는 과정을 설명함으로써 독자들이 자신의 분야에서 발생하는 문제를 시뮬레이션을 이용하여 분석하고, 이에 근거해 의사결정을 객관화할 수 있는 능력을 함양시키도록 한다.

이 책에는 익힘문제가 존재하지 않는다. 이유는 두 가지이다. 우선 이 책은 대학 교재를 목적으로 만든 것이라기보다는 일반인들에게 시뮬레이션의 유용성을 전파하기 위한 목적이 더 크기 때문이다. 물론 대학에서 이 책은 한 학기 강의용으로도 활용할 수 있다. 두 번째 이유는 독자들의 현업 문제가 바로 익힘문제의 역할을 하기 때문이다. 이 책에서 언급하는 예제들은 여러분이 현업에서 경험하는 문제들의 전형(prototypes)이다. 따라서 예제들의 해결 과정을 학습함으로써 독자 개개인은 자신들이 현업에서 부닥치는 문제들도 이에 근거해 해결할 수 있는 능력을 기르게 된다. 여러분이 당면한 현업 문제를 익힘문제로 삼기를 바란다.

마지막으로 이 책의 초고를 편집하고 검토하는데 많은 수고를 해준 서강대학교 경영대학 Business Analytics 연구실의 김태윤 조교와 채수인 조교의 노고에 고마움을 표한다. 또한 이 책의 출판을 흔쾌히 허락해 주신 도서출판 청람의 이수영 대표님과 편집부에도 감사의 말씀을 전한다.

독자들이 미래의 불확실성을 준비하는데 이 책이 작은 도움이 되길 소망한다. 독자 여러분에게 이 책이 불확실성이 개입된 문제를 과거와는 다르게 바라보고, 분석하고, 그 결과를 해석하는 데 보탬이 될 수 있다면 저자로서는 더없는 보람이자 영광이라 하겠다.

2023년 8월
유난히 무더웠던 여름 끝자락에서
저자 씀

| 차례 |

1부 시뮬레이션의 개념과 문제해결 과정

❙ 들어가며 ❙

세상에 유일하게 확실한 것은 아무것도 확실하지 않다는 것이다.

– 플라이니(Pliny the Elder), 로마 시대 학자

현실 시스템은 많은 복잡성을 띠고 있다. 시스템의 구성요소도 여러 가지 불확실한 행태를 보이고, 시스템을 둘러싼 환경도 항상 가변적이다. 이러한 상황에서 해석적인 방법(analytic approach)으로 문제를 해결하는 것은 한계를 갖는다. 이 책에서는 현실 시스템을 수리적 모형으로 모사(imitation)하고, 모형의 행태를 컴퓨터를 이용해 관찰함으로써 시스템의 현재 성과를 측정하고, 대안 시스템을 탐구하며, 개선된 시스템을 디자인하는 과정을 학습한다. 불확실성이 개입된 시스템을 적절히 묘사할 수 있는 시뮬레이션 모형을 만들고, 컴퓨터를 이용해 모형을 분석하고, 그 결과를 도출한 후 후속적인 통계분석을 통해 경쟁 대안의 우열을 가리는 등 시뮬레이션의 전 과정을 여러 가지 사례를 이용하여 구체적으로 학습한다.

이 책은 크게 두 부분으로 구성된다. 1부에서는 엑셀의 제반 기능을 이용하여 시뮬레이션의 개념과 문제해결 과정을 학습한다. 엑셀은 스프레드시트 기반에서 시뮬레이션의 개념을 학습할 수 있는 훌륭한 노구이다. 사실 엑셀이 가지고 있는 여러 기능만 이용해도 다양한 문제에 대한 시뮬레이션 분석은 수행할 수 있다. 하지만 시뮬레이션 전문 소프트웨어를 이용하면 엑셀을 이용할 때보다 훨씬 편리하게 시뮬레이션의 전 과정을 경험할 수 있다. 2부에서는 엑셀 기반의 시뮬레이션 소프트웨어인 ModelRisk를 이용하여 다양한 경영 문제에 대한 시뮬레이션을 수행하고, ModelRisk의 다양한 기능을 학습한다. 독자들은 이 책에서 몬테칼로 시뮬레이션과 위험분석을 위해 전 세계적으로 가장 많이 이용되는 소프트웨어 중 하나인 ModelRisk를 단계별로 학습함으로써 다양한 문제에 시뮬레이션이 어떻게 적용되어 개인과 조직

의 문제해결 및 위험관리 능력을 함양할 수 있는지 구체적인 사례를 통해 경험할 것이다.

1부

시뮬레이션의 개념과 문제해결 과정

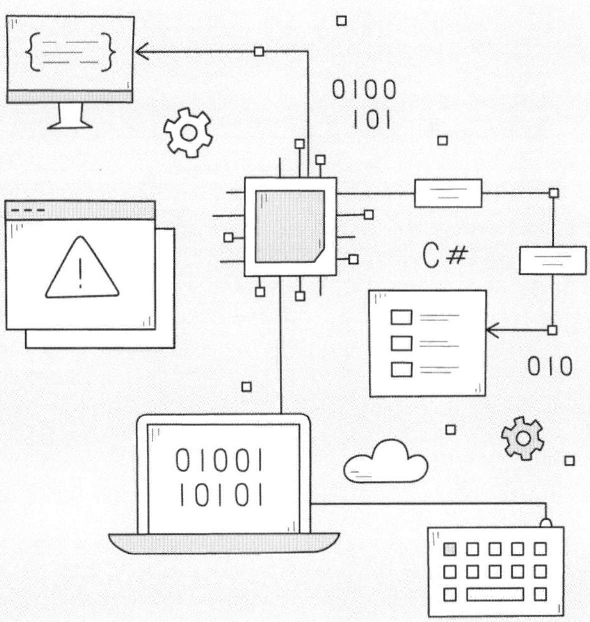

1장 시뮬레이션의 기본 개념

1 시뮬레이션이란?

시뮬레이션(simulation)이란 현실 시스템의 움직임과 행태를 모방(imitation)하는 것을 말한다. 비행기가 공기흐름에 어떠한 반응을 보이는지 파악하기 위해 풍동(wind tunnel)을 만들어 실험한다든지, 우주인의 훈련을 위해 우주 공간과 흡사한 중력이 없는 공간을 만들어 여러 가지 상황을 설정하고 상황 변화에 따른 그들의 행태를 살펴보는 것, 스크린 골프장에서 전자장치를 이용하여 마치 필드에 나가 라운딩을 하는 것과 같은 효과를 주는 게임, 서바이벌 게임(airsoft) 같은 레저 스포츠, 유사시에 대비해 아군과 적군을 가상으로 나누어 진행하는 군사훈련 등이 우리가 미디어를 통해서나 주변에서 많이 볼 수 있는 시뮬레이션의 예이다.

우리가 지금부터 배우고자 하는 시뮬레이션이란 위에서 언급한 예와 같이 물리적 장치(현실 시스템의 물리적 모형)를 이용하여 실재(reality)를 모방하는 것이 아니라 수와 수식을 이용하여 시스템을 수리적으로 표현한 후(수리적 모형으로 만든 후), 컴퓨터를 이용하여 수리적 모형의 행태를 관찰하고, 관찰 결과에 근거하여 현실 시스템 및 대안 시스템의 성과 및 특성을 추론하는 것을 말한다.

시뮬레이션을 통해 우리는 현재 시스템의 성과를 측정하고, 가능한 대안 시스템을 탐구하며, 개선된 시스템을 디자인하게 된다. 즉, 현재 시스템의 성과는 어떠한지 기술하고, 시스템을 물리적으로 변형시키지 않으면서도 여러 가지 대안 시스템의 성과를 파악할 수 있으며, 이러한 분석을 통해 새롭고도 더 나은 시스템을 디자인하게 된다.

한 은행의 지점을 예로 들어 보자. 최근 들어 고객의 증가와 함께 서비스 대기시간도 늘어나 고객들의 불만이 증가하고 있다. 이 은행의 지점장은 고객의 불만을 해소하기 위한 새로운 시스템을 마련하고자 한다. 현재 이 지점에는 일반 고객을 응대하는 출납원(tellers)이 3명 있는데 서비스 대기시간을 줄이기 위해 생각할 수 있는 대안은 여러 가지가 있을 수 있다. 예를 들어, 출납원 한 명을 더 증원하여 서비스 라인을 4개로 하는 방법, 기존의 3명 중 한 명은 입출금과 같은 간단한 서비스만을 제공하는 출납원으로 지정하여 기존의 세 라인 중 한 라인은 간편 서비스 라인으로 만들고 나머지 두 라인은 기존처럼 일반 서비스 라인으로 하는 방법, 서비스 라인별로 출납원들을 특화해 특정 서비스는 특정 라인에서 담당하도록 라인을 분리하는 방법 등 여러 가지 대안을 생각할 수 있다.

이러한 문제 상황에서 시뮬레이션은 여러 대안의 성과를 추정하여 비교할 수 있는 유용한 도구의 역할을 한다. 시스템을 물리적으로 변형시키지 않으면서(예를 들어, 출납원 한 명을 실제로 더 고용하거나 서비스 라인의 구조를 실제로 변형시키지 않고서도), 여러 대안을 실행했을 때의 성과(예를 들어, 고객이 서비스받기까지 평균적으로 대기하는 시간)를 측정하고 비교함으로써 현재보다 더 나은 시스템 디자인이 무엇인지 발견할 수 있다.

2 불확실성과 시뮬레이션

시뮬레이션이 현실 문제를 해결할 수 있는 과학적 방법으로 그 유용성이 높은 이유는 현실 문제에 필연적으로 존재하는 불확실성 때문이다. 미래가 불확실하다는 것은 간단히 이야기하면 앞으로 발생할 사건(상황)이 둘 이상이고, 각각의 발생 가능성도 가변적임을 말한다. 위의 은행 지점 예에서 만일 고객들이 은행에 도착하는 시간이 1분 간격으로 일정하고, 출납원들의 고객 서비스 시간도 업무별로 일정하다면 시스템을 어떻게 디자인하는 것이 고객의 평균 대기시간을 최소화할 수 있는지 수학적으로 간단한 방법을 이용하여 해결할 수 있다. 하지만 모든 것은 정해진 것이 없다. 고객들이 은행에 도착하는 시간도 정해지지 않은 불규칙한 패턴을 보이고, 출납원들의 고객 서비스 시간도 마찬가지로 가변적이다. 이러한 상황에서 해석적인 방법(analytic method)으로 이 문제를 해결하려면 어느 정도 수학적인 방법에 대한 훈련이 필요하고, 문제에 대한 여러 가지 비현실적 가정도 필요하다. 시뮬레이션은 이러한 문제를 큰 수학적인 지식 없이도 해결할 수 있는 유용한 도구이다.

3 불확실성과 리스크

불확실성(uncertainty)과 리스크(risk)는 다른 개념이지만 일상에서는 혼용해서 사용하는 경우가 많다. 하지만 학문적인 관점에서 두 가지는 구별할 필요가 있다. 우선 불확실성은 아직 나타나지 않은 미래의 객관적 현상(objective state of nature, objective feature of universe)을 말한다. 예를 들어, 내일의 주가가 얼마일지, 카지노의 슬롯머신에서 그림의 조합이 어찌 나타날지는 현재로서는 알 수 없는 현상이다. 불확실성은 시간이 지나면, 즉 내일이 돼서 주가가 결정되거나 슬롯머신에서 멈추어진 그림의 조합을 보면 그 실체가 명확해 지지만 현시점에서는 미래의 현상이 어떻게 나타날지 확신할 수 없다. 즉, 불확실성이란 미래에 발생할 사건(events)이 둘 이상이고, 각 사건의 발생 가능성을 하나의 숫자로 확신할 수 없음을 말한다. 미래의 불확실성은 수학적인 분석을 위해 확률분포(probability distribution)로 표현될 수 있다.

리스크는 불확실성으로 인해 의사결정자가 경험하는 부정적인 결과나 영향을 의미한다. 예를 들어, 현재 내가 어떤 주식을 팔았는데, 내일 그 주식의 가격이 오른다면 그것은 나에게 리스크가 된다. 마찬가지로 내가 현재 어떤 주식을 샀는데, 그 주식이 가격이 내린다면 그것도 나에게는 리스크가 된다. 나의 기대가 충족되지 않은 것도 리스크이다. 내가 어떤 펀드에서 기대하는 6개월 후의 수익률이 10%인데, 실제 수익률이 5%밖에 안 되었다면 그것도 나에게는 리스크다. 안정적인 수익을 원하는 투자자에게 미래의 투자 수익률의 기복이 큰 것 역시 해당 투자자에게는 리스크가 된다.[1] 여기서 미래 주가의 오르내림은 불확실한 사건이고, 그러한 불확실성 하에서 현재 내가 내리는 의사결정으로 인해 불확실성이 걷혔을 때 내가 느끼는 부정적 영향을 리스크라고 말한다. 리스크는 후속적인 분석을 위해 화폐단위, 비율, 퍼센티지(percentage, %) 등을 이용해 계량적으로 측정한다. 즉, 리스크란 불확실한 미래의 사건이 의사결정자에게 미치는 부정적 영향을 주관적으로 측정한 것(subjective measure of negative impact of future event)이라고 정의할 수 있다.

4 리스크 분석과 리스크 관리

리스크 분석(risk analysis)이란 개인이나 조직이 의사결정을 위해 필연적으로 당면하게 되는 불확실성을 체계적으로 연구하는 분야이다. 이 책에서 우리가 공부할 몬테칼로 시뮬레이션(Monte Carlo simulation)은 리스크 분석을 위한 매우 유용한 도구이다. 리스크 분석을 통해 개인이나 조직이 경험할 수 있는 바람직하지 않은 결과와 그 가능성을 사전에 판별할 수 있다. 그리고 바람직하지 않은 결과의 가능성을 줄이기 위해 개인이나 조직이 마련하는 모든 통제 방법과 절차를 리스크 관리(risk management)라고 부른다.

즉, 리스크 관리는 리스크 분석을 포함하는 개념으로, 리스크 분석은 리스크 관리를 위한 사전 단계이다. 예를 들어, 어떤 포트폴리오의 미래 수익률의 분포를 예측하고, 미래 수익률이 음(−)일 가능성, 미래 수익률이 20% 이상일 가능성, 수익률의 변동성, 미래 수익률의 분포에서 하위 5%에 해당하는 손실률(또는 손실액)은 무엇인지[2] 등을 파악하는 것은 리스크 분석이다. 그리고 이 포트폴리오의 수익률이 매우 큰 변동을 보일 때 변동을 줄이기 위해 포토폴리오의 구성을 변경하는 일, 예를 들어, 풋옵션(put option)을 이용해 수익률의 하한선을 일정 한도로 막는 일은 리스크

1 투자안 A가 투자안 B보다 '리스크가 크다(more risky)'라는 말은 투자안 A가 투자안 B보다 손해 볼 가능성이 크다는 말이 아니라 투자안 A가 투자안 B보다 수익률의 기복(변동성, volatility)이 크다는 말이다. 즉, 상황이 좋으면 수익률이 높지만, 상황이 좋지 않으면 수익률이 급격히 떨어질 수 있다는 말이다. 안정적인 수익률을 원하는 사람에게 수익률의 변동이 큰 것은 리스크가 된다.

2 이것이 VaR(value at risk)의 개념이다.

관리라고 할 수 있다. 이 책에서는 분야에 따라 리스크 분석을 통해 리스크를 관리하는 방법까지 논의한다.

2장 시뮬레이션과 시스템

1 시스템의 정의

앞에서 시스템이라는 단어가 많이 언급되었는데, 시뮬레이션에서 시스템(system)이란 우리가 관심을 두는 연구 대상을 말한다. 시스템은 공동의 목적을 위해 상호작용하는 구성요소들의 집합으로 정의할 수 있다. 위에서 은행 지점은 시스템의 예이다. 시스템의 예를 하나 더 들어 보자. 내가 서울의 한 사립대학에 관심을 두고 연구를 수행하고자 한다면 그 사립대학은 시스템이 된다. 왜냐하면 해당 사립대학은 그 대학의 설립 취지에 맞는 인재를 양성하기 위하여 상호작용하는 대학의 구성요소들, 즉 교원, 학생, 직원 등의 인적자원과 건물, 시설 등의 하드웨어, 그리고 교육과정, 교과목 등과 같은 소프트웨어의 집합이기 때문이다.

2 시스템의 구분

시스템은 시스템 경계(system boundary)를 기준으로 시스템 내부와 외부로 구분할 수 있다. 시스템 내부와 외부를 구분하는 기준은 통제 가능 여부이다. 따라서 시스템 내부의 요소는 우리가 통제할 수 있는 요소(controllable elements)지만 외부 요소는 환경적인 요소로 우리가 통제할 수 없는 요소(uncontrollable elements)이다. 시스템 내부 요소는 내생변수(endogenous variables)라고도 하며, 외부 요소는 외생

변수(exogenous variables)라고 한다. 예를 들어, 구성원들의 역량은 조직이 교육과 훈련을 통해 기르고 향상할 수 있는 내부 요소이지만, 시장 환경은 조직이 원하는 대로 움직일 수 없는 외부 요소이다. 내부 요소는 보통 시스템의 구성요소를 말하고, 외부 요소는 시장 환경, 기술의 진보 상황, 법적 규제, 이해관계자들의 욕구 변화 등 나의 의지와 노력에 따라 변화시키기 어려운 요소를 말한다.

하지만 어떤 특정 요소가 항상 내부 요소나 외부 요소로 정해지는 것은 아니다. 어떤 제품의 판매가를 예로 들어 보자. 판매가는 해당 기업이 통제할 수 있는 요소인가? 아니면 통제할 수 없는 요소인가? 답은 '상황에 따라 다르다'이다. 기업의 시장 위치에 따라 가격은 통제 가능한 요소가 되기도 하고, 그렇지 않기도 한다. 해당 기업이 독과점적 기업이라면 제품의 가격은 기업이 통제할 수 있는 내부 요소가 되지만 해당 제품 시장이 완전경쟁에 가까운 형태이면 가격은 시장 기능에 의해 정해지는 외부 요소가 된다.

3 시스템 용어

시스템의 문제를 시뮬레이션을 이용해 해결하려면 시스템 구성요소와 관련된 용어 몇 가지를 이해하는 것이 도움이 된다.

① 개체(entities)	시스템에서 연구자가 관심을 갖고 있는 대상(objects of interest in the system)
② 속성(attributes)	시스템 개체의 특성(properties of an entity in the system)
③ 상태변수(state variables)	특정 시점에서 시스템의 여러 가지 상태를 기술하는 변수들
④ 상태(state)	특정 시점에서 시스템의 상황을 나타내는 상태변수들의 집합(a set of state variables)
⑤ 사건(event)	시스템의 상태를 변화시키는 순간적인 행위(an instantaneous occurrence that can change the state of the system)
⑥ 활동(activity)	일정 시간이 소요되는 행위(an act representing a duration of time of specified length)

예를 들어, 자동차조립공정을 시스템으로 간주하고 시스템 용어를 설명해 보자. 조립공정 시스템에서 조립 기계는 개체가 되고, 조립 기계의 특성인 속도, 용량, 연식, 고장률 등은 속성이 된다. 그리고 조립이라는 특정 시간이 소요되는 행위는 활동이 되고, 사건의 예로는 조립 기계의 고장 발생을 들 수 있다. 그리고 시스템의 상태를 구성하는 상태변수의 예로는 조립 기계의 상태, 즉 조립 기계가 잘 돌아가는지, 놀고 있는지, 고장 나 있는지를 들 수 있다.

자동차조립공정 시스템	
개체	조립 기계
속성	조립 기계의 속도, 용량, 연식, 고장률
활동	조립
사건	조립 기계의 고장 발생
상태변수	조립 기계의 상태 (잘 돌아가는지, 놀고 있는지, 고장 나 있는지)

그림 2-1 자동차조립공정 시스템의 예

4 시스템의 종류

시스템은 시스템의 상태가 어떤 시점에서 변하느냐에 따라 이산형 시스템(discrete system)과 연속형 시스템(continuous system)으로 분류될 수 있다.

(1) 이산형 시스템

상태변수의 값이 이산적인 시점(a discrete set of points in time), 즉 하나, 둘 셀 수 있는 시점에서만 변하는 시스템을 말한다. 이산형 시스템의 예로는 앞에서 기술한 은행 지점을 들 수 있다. 고객들은 9시 1분 20초, 9시 20분 30초 등으로 분리되어 측정할 수 있는 이산적 시점에 도착(또는 이탈)하고 고객의 도착(또는 이탈)에 따라 상태변수의 값, 예를 들어, 지점 내부에서 서비스를 기다리는 고객의 수가 해당 시점에 바뀌게 된다.

(2) 연속형 시스템

상태변수의 값이 연속적인 시점에서 끊임없이 변하는 시스템을 말한다. 연속적인 시점인 찰나 찰나에 상태변수의 값이 계속 변하는 시스템이다. 예를 들어, 자동차 주행거리의 경우 시동을 걸고 가속기를 밟음에 따라 순간순간 연속적인 시점에 상태변수인 주행거리는 증가하게 된다.

현실 시스템을 이 두 가지 시스템 중 어느 하나로 확연히 구분하기는 어려운데, 그 이유는 실제로 두 가지 시스템은 혼재해 있기 때문이다. 다만 어느 시스템의 특성이 우세하느냐에 따라 해당 시스템을 이산형으로 보기도 하고, 연속형으로 간주하기도 한다. 또한 연속형 시스템도 연속적인 시간 구간을 몇 개의 시점으로 이산적으로 나누어 분석하게 되면 해당 시스템은 이산형 시스템으로 간주할 수 있다.

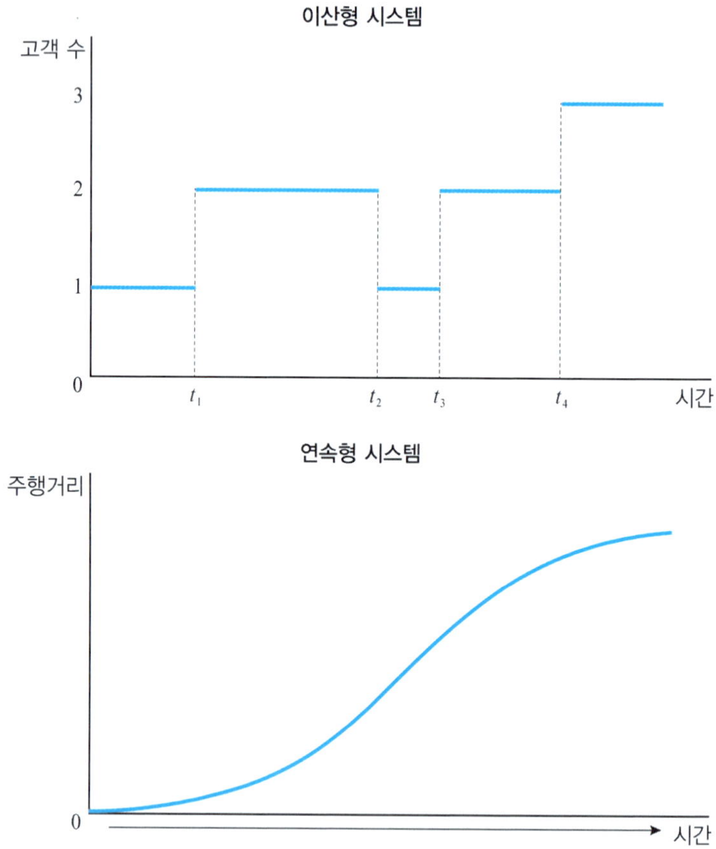

❙ 그림 2-2 ❙ 이산형 시스템과 연속형 시스템의 비교

3장 시뮬레이션 모형

1 모형의 정의

모형(model)이란 시스템을 연구할 목적으로 연구자가 만드는 시스템의 대응물(a representation of a system)을 말한다. 시뮬레이션의 수행을 위해 우리는 현실 시스템을 관찰하고, 시스템의 주요 구성요소와 그들의 상호작용을 잘 나타낼 수 있는 모형이라는 시스템의 대응물을 만든다.

국어사전에서 모형의 뜻이 무엇인지 찾아보면 일반적으로 "실제 원형을 목적에 맞추어 축소하고 단순화시킨 것"이라고 나온다. 국어사전에서 설명하고 있는 모형은 보통 물리적 모형(physical model)을 말하는데, 아이들이 가지고 노는 장난감 자동차, 아파트 단지를 3차원 도형으로 축소해 놓은 조감도, 목적에 따라 배율이 다른 우리나라 지도 등이 여기에 해당한다. 하지만 우리가 시뮬레이션을 위해 만드는 모형은 이런 물리적 모형이 아니라 현실 시스템을 수와 수식을 이용해 나타낸 수리적 모형(mathematical model)이다.

2 수리적 모형을 만들 때 고려해야 할 요소

수리적 모형이란 현실 시스템의 허용 가능하고도 관리 가능한 추상물(acceptable and manageable abstraction)을 말한다. 여기서 '허용 가능하다'는 말은 모형이 현실 시스템과 너무 동떨어져서는 안 된다는 말이고, '관리 가능하다'는 것은 모형이 수리적으로 너무 복잡해서 그 모형을 풀거나 이용하기 어려워서는 곤란하다는 것이다. 즉, 수리적 모형을 만들기 위해 우리는 다음의 두 가지 상충하는 요소를 함께 고려해야 한다.

(1) 실제 근접성(fidelity)

수리적 모형은 현실 시스템의 구성요소와 그들 간의 관계 및 상호작용을 가능하면 실제와 똑같이 나타낼 수 있어야 한다는 말이다. 하지만 이것이 너무 강조되면 모형의 크기와 복잡성 증가로 인해 해당 모형을 풀거나 이용하기가 어려워질 수 있다.

(2) 실행 가능성(feasibility)

수리적 모형을 풀기 쉽도록 모형을 가능하면 단순하게 만드는 것을 말한다. 하지만 이 요소가 너무 강조되면 모형과 현실 시스템이 유리되어 모형의 결과는 현실 시스템의 문제를 해결하는 데 별 도움이 되지 않을 위험이 있다.

수리적 모형을 만들기 위해서는 이처럼 상충하는 두 가지 요소를 함께 고려해야 한다. 모형을 만드는 것을 과학(science)이라기보다 기술(art)이라고 하는 이유는 모형의 질(質)이 경험으로 결정되기 때문이다. 모형화의 경험이 많은 사람은 이 두 가지 서로 충돌하는 요소를 어떻게 배합할지에 대해 암묵지(tacit knowledge)와 같은 경험적 지식을 갖게 된다.

하지만 이런 이야기는 고수(高手)들의 세계에서 매우 크고 복잡한 모형에 적용되는 규범적인 이야기다. 입문 과정에서 수리적 모형을 처음 만들어 보는 독자들은 실제 근접성을 아무리 강조해도 지나치지 않으니 당면한 문제 상황의 모든 주요 구성요소, 그들의 관계 및 상호작용을 포괄할 수 있는 모형을 만들기를 추천한다.

우리가 앞으로 시뮬레이션을 수행하기 위해 만드는 시뮬레이션 모형은 수리적 모형의 일종이다. 시뮬레이션 모형의 종류를 구체적으로 살펴보면 다음과 같다.

3 시뮬레이션 모형의 종류

시뮬레이션 모형은 시간 개념의 포함 여부, 사건의 연속성 여부, 확률변수의 포함 여부에 따라 다음과 같이 구분할 수 있다.

(1) 시간 개념의 포함 여부에 따른 분류

① 정적 모형(static model): 시스템의 성과를 특정 시점에서 관찰하는 모형

② 동적 모형(dynamic model): 시스템의 성과를 시간의 흐름에 따라 추적, 관찰하는 모형

(2) 사건[1]의 연속성 여부에 따른 분류

① 이산형 모형(discrete model): 시스템의 상태가 이산적인 시점에서 변하는 것을 추상화한 모형

② 연속형 모형(continuous model): 시스템의 상태가 연속적인 시점에서 변하는 것을 추상화한 모형

(3) 확률변수의 포함 여부에 따른 분류

① 확정적 모형(deterministic model): 모형에 확률변수가 포함되지 않은 모형으로 모든 입력자료(input data)가 하나의 숫자로 알려지거나 추정되어 모형의 결과도 변동성 없이 하나의 숫자로 확정적으로 나타남

② 확률적 모형(stochastic model): 하나 이상의 확률변수가 모형의 입력자료(input data)에 포함된 모형으로 입력자료가 변동성을 보이므로 모형의 결과도 확률적으로 변동성을 가짐. 확률변수의 값을 발생시키기 위해 난수(random

1 앞에서 이야기했듯이 사건(event)이란 시스템의 상태를 변화시키는 순간적인 행위를 말한다.

numbers)를 이용함. 입력자료의 확률분포 추정과 시뮬레이션 결과(output)에 대한 통계적 분석이 필요함

확률변수(random variables)[2]

확률변수란 실험의 결과에 수치를 부여하는 규칙으로 정의된다. 쉽게 표현하면 수치로 나타낸 실험의 결과를 말한다. 확률변수는 이산형 확률변수(discrete random variables)와 연속형 확률변수(continuous variables)로 나누어진다. 이산형 확률변수란 취할 수 있는 값이 한정되어 있거나 한정되어 있지 않더라도 셀 수 있는 확률변수를 말하고, 연속형 확률변수란 취할 수 있는 값이 특정 범위에 존재하는 모든 실수값으로 그 수가 무한한, 따라서 셀 수 없는 확률변수를 말한다. 예를 들어, 어느 은행에 오전 9시부터 10시 사이에 도착하는 고객의 수를 확률변수 X로 표기하면 X가 취할 수 있는 값은 한 명, 두 명 등으로 셀 수 있으므로 X는 이산형 확률변수가 된다. 반면, 은행에 도착하는 고객들의 도착시간 간격은 정밀히 측정하면 얼마든지 소수점 이하로도 표시할 수 있으므로 고객들의 도착시간 간격을 확률변수 Y로 표기하면 Y는 연속형 확률변수이다. 이산형 확률변수의 값은 센다고(count) 말하고, 연속형 확률변수의 값은 측정한다고(measure) 말한다.

몬테칼로 시뮬레이션(Monte Carlo simulation)

협의의 개념으로는 난수(random numbers)와 정적 모형(static model)을 이용한 시뮬레이션을 말하지만, 광의의 개념으로는 난수를 이용한 모든 시뮬레이션을 말한다. 보통 몬테칼로 시뮬레이션이라 함은 후자를 뜻한다.

몬테칼로의 의미

몬테칼로(Monte Carlo)는 프랑스 남동부 지중해와 면한 모나코 공국의 국영 카지노 이름이다. 카지노에는 여러 가지 확률적인 게임들이 있는데, 이 게임에서 이기고 지는 것은

2 확률변수와 확률분포에 대한 배경지식이 없는 독자는 [부록 1]과 [부록 2]를 먼저 학습하기를 추천한다.

무작위한 난수들의 발생 과정과 깊은 관계가 있다. 시뮬레이션 앞에 카지노 이름이 붙여진 이유는 제2차 세계대전 중 연합군의 원자폭탄 개발과 관련이 있다. 당시 미국을 중심으로 연합군은 1942년부터 1946년까지 맨해튼 프로젝트(Manhattan project)라는 암호명의 원자폭탄 개발 프로젝트를 진행하였다. 이 프로젝트에서 폴란드계 미국인 수학자인 스타니스와프 울람(Stanislaw Ulam)이 원자폭탄의 실행 가능성을 검토하기 위해 핵분열 과정을 난수를 이용해 시뮬레이션하였는데, 이 시뮬레이션의 암호명이 'Monte Carlo'이었다.

4장 시뮬레이션 연구의 절차

당면한 문제를 시뮬레이션을 이용해 해결하기 위해서는 밟아야 할 단계들이 있다. 물론 문제에 따라 이 단계 중 어떤 것들은 생략할 수도 있지만, 일반적으로 다음의 10단계를 통해 시뮬레이션 연구가 정교해질 수 있다.

1 문제의 인식

첫 번째 단계는 당면한 문제를 올바로 인식하는 것이다. 현실 문제는 교과서 문제와는 달리 모든 것이 명확히 주어지지 않고 모호한 특성이 있다. 문제의 인식이란 모호한 현실 문제에서 진액을 추출하는 단계이다. 당면한 문제에서 진정으로 해결해야 할 문제점이 무엇인지, 그 문제를 해결하지 않고 그대로 방치하면 어떤 비용을 치러야 하는지, 그 문제를 해결함으로써 얻게 될 혜택은 무엇인지 등을 우선 인식하는 것이 필요하다.

2 목표의 설정과 계획의 수립

문제를 바로 인식한 후에는 구체적으로 답해야 할 질문들을 판별해야 한다. 큰 문제를 해결하기 위해 구체적으로 답해야 할 질문들은 우리가 문제해결을 통해 달성하고자 하는 여러 가지 목표들이다. 또한 이 단계에서 과연 시뮬레이션이 이 문제를 해결하기 위해 적절한 방법인지에 대해서도 고민해야 한다. 어떤 이들은 시뮬레이션을 '최후의 해결책(the last resort)'이라고 말하기도 한다. 다른 방법을 이용해 보고 안 될 때 기대어 보는 마지막 수단이란 말이다. 사실 해석적인 방법(analytic method)으로 해결할 수 있는 문제의 경우 시뮬레이션보다는 해석적인 방법을 이용하는 것이 좋다. 그 이유는 해석적인 방법은 최적해(optimal solution)를 보장해 주는 반면, 시뮬레이션은 일반적으로 그렇지 않기 때문이다. 시뮬레이션은 가능한 모든 대안 중 가장 좋은 대안을 찾아주는 것이 아니라 우리가 생각하는 대안 중 어떤 대안이 가장 바람직한지를 찾을 수 있게 도와준다.

하지만 해석적인 방법으로 해결하기 어려운, 여러 가지 불확실성이 포함된 확률적 문제의 경우 시뮬레이션은 일정 수준의 수학적 지식 없이도 문제를 해결할 수 있는 유용한 도구이다. 시뮬레이션을 이용해 문제를 해결하기로 했으면, 이제 문제해결을 위한 계획을 세워야 할 것이다. 시뮬레이션 연구의 단계별로 필요한 시간, 자원, 인력 등의 할당과 배치가 여기에 해당한다.

3 개념적 모형의 개발과 자료의 수집 및 분석

개념적 모형(conceptual model)을 개발하는 일과 관련 자료를 수집하고 분석하는 일은 동시에 진행되어야 한다. 각 활동에 대해 구체적으로 설명하면 다음과 같다.

(1) 개념적 모형의 개발

개념적 모형이란 현실 시스템의 행태를 말이나 기호, 그림 등으로 나타낸 것을 말한다. 유사한 예로, 컴퓨터 프로그래밍에서 말이나 기호로 자신의 논리를 표현한 유사코드(pseudo-code), 플로차트(flowchart) 등이 여기에 해당한다. 자신의 논리를 간결하고도 명확히 표현한 것이다. 개념적 모형이 현실 시스템을 잘 반영하기 위해서는 모형의 개발자(designers)와 사용자(users) 간의 의사소통과 협조가 필요하다.[1] 이러한 사용자－개발자 파트너십(user-designer partnership)을 통해 좀 더 정교한 시뮬레이션 모형이 만들어질 수 있고, 또 그 모형의 결과를 사용자들이 더욱 잘 받아들일 수 있는 분위기가 고취될 수 있다.

(2) 자료의 수집 및 분석

현실 시스템의 행태를 잘 나타내는 모형을 만들기 위해서는 시스템의 행태를 관찰하고, 그 관찰 결과를 수집하여, 거기에 걸맞은 확률분포를 추정하는 일이 수반되어야 한다. 즉, 시스템의 불확실한 행태를 확률분포로 잘 표현할 수 있어야 하는데, 이를 입력자료분석(input data analysis)이라고 한다. 예를 들어, 은행 지점에 도착하는 고객의 도착시간 분포를 추정할 수 있어야 시뮬레이션을 통해 고객들의 도착 행태를 복제하여 특정 대안(시스템 디자인)의 성과를 추정하게 된다. 입력자료분석을 위해서는 일정 기간의 시스템 관찰을 통해 고객의 도착시간에 대한 자료를 수집하고, 이 자료를 가장 잘 묘사할 수 있는 확률분포를 추정해야 한다.

한편, 자료의 수집(data collection)을 위해서는 자료수집방법을 미리 계획하여 불필요한 시행착오를 방지하는 것이 필요하다. 또한 자료의 수집이란 말처럼 그리 쉬운 일이 아니다. 많은 시간과 비용, 그리고 인내가 수반되는 단계이니만큼 개념적 모형을 만들 때 시뮬레이션을 위해 필요한 자료가 무엇인지 결정되었으면 바로 해당 자료의 수집을 시작하는 것을 추천한다. "Garbage in, Garbage out"이라는 말처럼 필요한 최신의 자료를 적시에 수집하는 것은 의미 있는 결과를 위해 꼭 필요하다.

1 모형의 개발자란 시뮬레이션과 같은 과학적 방법을 이용하여 문제를 분석하여 새로운 해결책, 행동 방법 등을 제시하는 사람을 말하고, 사용자란 개발자에 의해 제시된 해결책을 실제 행동으로 옮기는 조직 구성원을 말한다. 개발자가 외부 전문가인 경우 사용자－개발자 파트너십은 불필요한 피드백을 줄이기 위해 더욱 요구된다.

4 수리적 모형의 개발과 모형의 문서화

수리적 모형이란 시뮬레이션을 실제로 수행하는 모형(operational model)을 말한다. 유사한 예로, 컴퓨터 프로그래밍에서 유사코드나 플로차트를 컴퓨터가 인식할 수 있는 컴퓨터 언어(예를 들어, Fortran, C, Java, C++, R, Python 등)로 전환한 프로그램을 말한다. 즉, 앞서 개발한 개념적 모형을 컴퓨터가 인식하여 계산 작업을 할 수 있도록 수리적인 모형으로 바꾸어 준다. 아울러 수리적 모형에 대한 설명(변수의 설명, 기호의 설명, 논리의 설명 등)을 문서화함으로써 나중에 다른 사람이 내가 만든 모형을 보더라도 이해할 수 있고, 필요시 수정할 수 있도록 한다. 이 단계에서 만든 수리적 모형은 다음 단계인 모형의 검토(verification)와 타당성 확인(validation)의 대상이 된다.

5 모형의 검토와 타당성 확인

(1) 모형의 검토(verification)

이 단계는 수리적 모형의 문법적 오류(syntax errors)와 논리적 오류(logical errors)를 찾아 수정하는 단계이다. 문법적 오류의 예는 숫자 '0'을 알파벳 'O'로 잘못 입력했다든지, 더하기를 해야 하는데 실수로 곱하기를 입력한 것 등을 말한다. 반면, 논리적 오류는 생각의 오류로 문법적 오류보다 발견하기 어렵다. 문법적 오류는 내가 실수하였음을 금방 찾아내어 고칠 수 있는 오류지만 논리적 오류는 내 생각이 잘못되었음을 인정해야 발견할 수 있는 오류이기 때문이다.

(2) 모형의 타당성 확인(validation)

모형의 타당성 확인이란 내가 만든 시뮬레이션 모형이 현실 시스템의 행태를 제대로 복제하는지를 확인하는 것이다. 시뮬레이션 모형의 결과가 실제 시스템의 행태와 유사하지 않다면 이 모형의 분석 결과를 이용해 현실 문제에 대한 해결책을 제시하거나 현실 시스템에 대해 어떤 결론을 내리는 것은 타당하지 않다. 따라서 이 단계는 과연 내가 만든 시뮬레이션 모형을 이용해서 실제 시스템의 특성에 대하여 결론을 내려도 괜찮은지를 확인하는 중요한 단계이다. 모형의 타당성 확인을 위해서는 시뮬레이션 모형을 이용해 모형의 결과를 일부 산출하고, 이 결과를 현실 시스템의 행태와 비교하여 둘 사이가 얼마나 유사한지를 검토하는 예비조사(pilot study)가 필요하다. 예비조사 결과, 모형의 행태와 실제 시스템의 행태가 많은 차이를 보인다면 앞의 세 번째 단계인 개념적 모형의 개발과 자료의 수집 및 분석 단계로 되돌아가는 피드백 과정이 필요하다.

6 실험계획

시뮬레이션 모형의 타당성이 확인되었으면 이제 이 모형으로 본격적인 시뮬레이션을 수행할 준비를 해야 한다. 실험계획(experimental design)이란 시뮬레이션의 대안(alternatives)을 판별하고(어떤 대안들, 몇 개 대안들의 성과를 비교할 것인가), 시뮬레이션 길이(simulation length)와 반복활동의 수(the number of replications) 등을 정하는 것을 말한다. 이 실험계획에 따라 시뮬레이션을 수행하고 그 결과에 따라 추가적인 실험계획 단계를 밟을 수도 있다.

7 시뮬레이션 수행 및 결과 분석

시뮬레이션을 수행하고(simulation run), 그 결과를 분석하는 단계이다. 시뮬레이션 모형은 푼다고(solve) 하지 않고, 수행한다고(run) 한다. 시뮬레이션 수행 결과를 보고 추가적인 실험계획이 필요한지를 결정한다.

8 추가적인 실험계획

앞서 수행한 시뮬레이션의 결과에 따라 대안을 추가한다든지 시뮬레이션 길이, 반복활동의 수 등을 조정하여 추가적인 시뮬레이션을 수행한다.

9 시뮬레이션 결과 분석 및 시뮬레이션 전 과정의 문서화

시뮬레이션 모형의 입력자료가 확률적이기 때문에 시뮬레이션 수행의 결과도 확률적으로 나타난다. 따라서 시뮬레이션 결과로부터 어떤 대안의 특성을 파악하거나 대안들의 우열을 비교하기 위해서는 통계분석이 수반되어야 한다. 아울러 하나의 시뮬레이션 연구가 마무리되면, 이 연구의 전 과정(즉, 문제의 인식부터 모형의 개발, 자료의 수집, 모형의 검토 및 타당성 확인, 실험계획, 시뮬레이션의 수행, 결과 분석까지의 전 과정)이 어떻게 전개되고 수행되었는지, 소위 시뮬레이션 작업의 연대기(chronology)를 문서로 만들어 기록으로 남기고, 다른 사람들이 참고할 수 있도록 한다.

10 시뮬레이션 결과의 실행

실행(implementation)이란 시뮬레이션을 통해 우리가 해결하고자 했던 문제에 대한 해결책을 제시하고, 이러한 해결책이 의사결정 권한이 있는 사람에 의해 받아들여졌을 경우, 실제 행동으로 옮겨지는 단계이다. 많은 사람이 오해하는 것은 시뮬레이션을 위한 제반 활동이 성공적으로 이루어졌으면 이 단계는 자동으로 진행이 되리라는 생각이다. 하지만 실제로는 이 단계에서 가장 많은 문제가 발생할 수 있다. 예를 들어, 새로움과 변화에 대한 반감과 두려움, 현상에 머무르고자 하는 인간의 습성, 개발자와 사용자 간의 의사소통 부재, 경영진의 새로운 해결책에 대한 실행 의지와 지원 부족 등이 그것이다. 하지만 모든 해결책이란 그 자체로서 가치가 있기보다는 그것이 행동으로 옮겨졌을 때 가치가 발하듯, 시뮬레이션 연구가 내놓은 해결책에 영향을 받는 이해관계자들에게 새로움이 지금까지의 관행보다 낫다는 점을 구체적으로 제시하고 그들을 설득함으로써 그들 스스로 새로운 행동 방법을 받아들이고 실천할 수 있게 하는 조직 분위기가 조성되어야 할 것이다.

지금까지 설명한 시뮬레이션 연구의 절차를 그림으로 요약하면 [그림 4-1]과 같다.

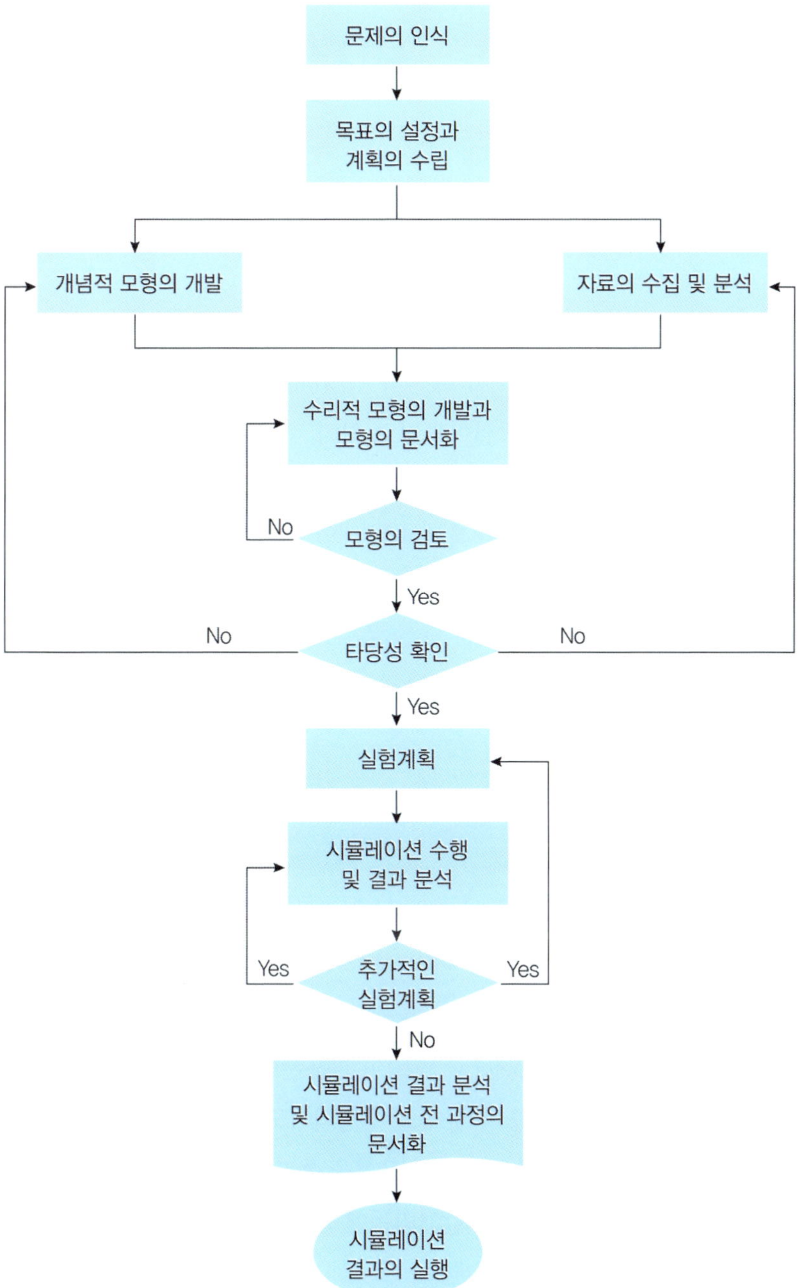

▌그림 4-1 ▌ 시뮬레이션 연구 절차

5장 시뮬레이션과 해석적 방법의 차이

과학적 문제해결 접근방법으로서 해석적 방법(analytic approach)과 시뮬레이션(simulation approach)의 차이를 알아보기로 하자. 해석적 방법이란 수학적인 방법을 이용하여 문제에 대한 최적해(optimal solution)를 찾아주는 규범적인 접근방법(normative approach)인 반면, 시뮬레이션은 '대안이 이럴 때 그 결과는 이렇다'라고 각 대안의 실행 결과를 기술하는(describe) 기술적인 접근방법(descriptive approach)이다.[1]

1 해석적인 접근방법

해석적인 접근방법은 규범적인 접근방법으로 "what's the best?"라는 질문에 답을 하고자 한다. 수학적인 방법에 따라 '이러이러하게 행동하는 것이 최선이고, 그때의 성과는 이렇다'라는 최적해(optimal solution)을 제공해 준다. 모형의 입력자료로는 여러 가지 매개변수의 값(parameter values)이 사용된다. 매개변수의 값은 하나의 숫자로 추정되기도 하고, 확률분포의 형태로 추정되기도 한다. 하지만 매개변수가 확률분포로 추정되면 수학적 방법을 이용해 모형을 풀기가 상당히 까다로워진다.

해석적인 접근방법에서는 최적화 알고리듬에 의해 수리적 모형을 풀게 되고, 모형

1 의사결정 접근방법으로서 규범적인 접근방법은 이성적인 사람이라면 의사결정을 어떻게 해야 하는지를 지시하는(direct how a decision should be made) 반면, 기술적인 접근방법은 보통 사람들이 의사결정을 실제로 어떻게 하는지를 기술한다(describe how a decision is made).

의 해는 우리가 찾고 싶어 하는 의사결정변수(decision variables)[2]의 가장 좋은 값(optimal values of decision variables)과 또 그때의 성과(optimal value of the measure of effectiveness of a system)를 보여준다. 해석적 방법의 예로 수학 방정식이나 최적화 기법인 선형계획법, 정수계획법, 비선형계획법 등을 들 수 있다.

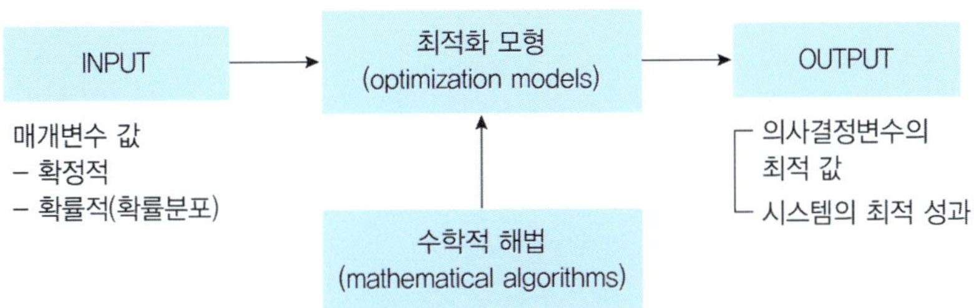

| 그림 5-1 | 해석적 방법

2 시뮬레이션 접근방법

시뮬레이션 접근방법은 기술적인 접근방법으로 "what-if?"라는 질문에 답을 하고자 한다. 해석적인 방법처럼 최적화 알고리듬에 의해 모형을 풀어 어떻게 행동하는 것이 가장 좋을지를 발견하는 것이 아니라 시뮬레이터(simulator, 시뮬레이션 모형)를 이용해 대안이 이러할 때 그 결과는 어떠할지 기술하는 방법이다. 해석적인 방법과 큰 차이점은 해석적인 방법에서는 의사결정변수의 값이 모형의 결과(output)로 나오게 되지만 시뮬레이션에서 의사결정변수는 입력자료가 된다.

시뮬레이션에서 의사결정변수는 대안(alternatives), 정책(policies), 전략(strategies) 등의 이름으로도 불린다. 즉, 시뮬레이션에서는 우리가 이러한 의사결정, 정책, 전략을 펼치면 그 결과는 어떠한지를 파악하게 된다. 따라서 우리가 현재 고려하는 대안

2 의사결정변수(decision variables)란 의사결정자가 결정해야 할 대상(decisions to be made)을 말한다. 의사결정의 대상이 변수(variables)인 이유는 그 값을 아직 모르고(the value is unknown), 그 값은 숫자로 나타나기(the value if numerical) 때문이다.

중 어떤 대안이 가장 좋은지는 알 수 있지만, 그것이 최적 대안이라는 보장은 없다. 하지만 시뮬레이션은 해석적으로 해결하기 어려운 문제, 예를 들어, 입력자료 중 여러 가지 매개변수가 확률변수로 표현되는 문제를 큰 수학적인 지식 없이도 해결할 수 있는 장점이 있다.

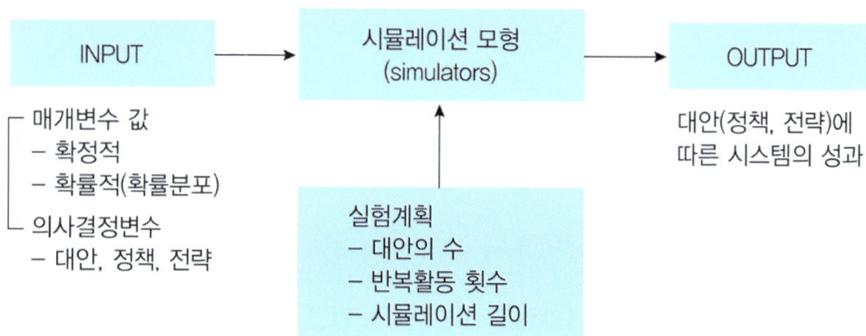

▎그림 5-2 ▎시뮬레이션 방법

6장 시뮬레이션의 시작

1 확정적 시뮬레이션

시뮬레이션이 어떻게 수행되는지 구체적으로 학습하기 위해 간단한 예를 들어 보자.

예제 1

한 농장에서는 돼지의 발육을 촉진하기 위해 돼지 먹이에 호르몬이 첨가된 물(호르몬 용해액)을 넣고 있다. 매일 아침 1kg의 호르몬 용해액이 1톤(1,000kg) 탱크에서 흘러나와 돼지 먹이에 첨가된다. 탱크에서 1kg의 호르몬 용해액이 빠지게 되면, 그 즉시 1kg의 순수한 물이 탱크에 채워진다. 따라서 매일 탱크에는 1,000kg의 호르몬 용해액이 존재하며, 호르몬의 농도는 날마다 줄어든다.
새해 첫날인 1월 1일, 1톤 탱크에는 250kg의 호르몬 농축액이 용해되어 있다. 이 농장은 물탱크의 호르몬 농축액 수준이 162kg 이하로 떨어지면 호르몬 용해액의 농도를 일정 이상으로 유지하기 위해 호르몬 농축액을 보충한다. 호르몬 농축액을 보충하기까지 며칠이 걸리겠는가?

[예제 1]을 보면 불확실한 것은 아무것도 없다. 따라서 간단한 수학적인 개념만 가지면 위 문제를 해결할 수 있다. 또한 프로그래밍 지식이 있는 사람은 'Do-loop'을 이용한 간단한 프로그램을 만들어 이 문제를 해결할 수 있다.

이 문제의 해결 논리는 다음과 같다. 1일 차 호르몬 농축액 수준은 $250 \times (1-1/1{,}000)$이고, 2일 차 호르몬 농축액 수준은 1일 차 농축액 수준에 $(1-1/1{,}000)$을 곱한 $[250 \times (1-1/1{,}000)] \times (1-1/1{,}000) = 250 \times (1-1/1{,}000)^2$이다. 따라서 n일 후의 호르몬 농축액 수준은 $250 \times (1-1/1{,}000)^n = 250 \times (.999)^n$이 됨을 알 수 있다. 따라서 $250 \times (.999)^n \leq 162$를 만족시키는 n을 구하면 될 것이다. 양변에 자연로그를 씌워 n의 값을 구하면 $n \geq 433.65$가 나와 434일이 지나면 호르몬 농축액을 보충할 필요가 있음을 알 수 있다.

또 다른 방법으로 엑셀의 데이터 탭의 가상분석 메뉴에 있는 목푯값 찾기(goal-seeking)를 이용해 문제를 해결해 보자.

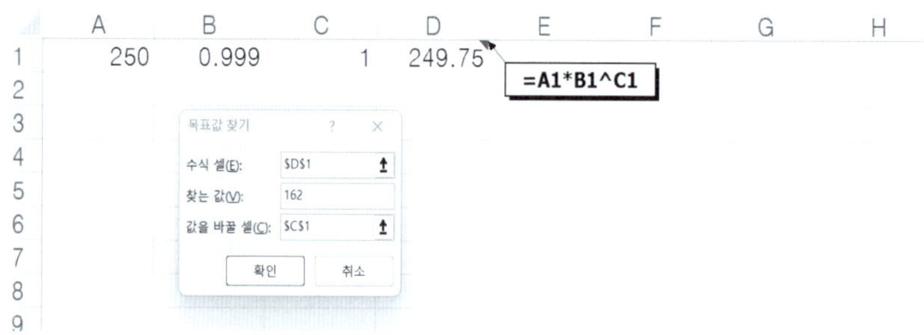

| 그림 6-1 | 목푯값 찾기

[그림 6-1]에서 보듯이 셀 A1에 250, 셀 B1에 .999, 셀 C1에 1, 셀 D1에 =A1*B1^C1을 입력한다. 그리고 목푯값 찾기를 선택하면 나타나는 목푯값 찾기 대화상자에서 수식 셀 상자에는 D1, 찾는 값 상자에는 162, 값을 바꿀 셀 상자에는 C1을 입력하고,[1] 확인 버튼을 누른다. 그러면 값을 바꿀 셀인 C1의 값은 433.6475으로 변하고, 수식 셀인 D1에는 그때의 호르몬 농축 수준인 162가 나타난다. 즉, 434일 지나면 호르몬 농축 수준이 162보다 낮아지므로 그때 호르몬 농축액을 보충해야 함을 알 수 있다.

1 찾는 값을 제외하고는 실제로 셀 번호를 입력하지 않고 엑셀 시트의 해당 셀을 마우스로 누르면 해당 셀 번호가 자동으로 입력된다.

이 예제에서는 불확실성이 전혀 고려되고 있지 않다. 따라서 해석적인 방법(analytic method)을 이용해서도 문제를 충분히 해결할 수 있다. 이 시뮬레이션은 매일 아침 호르몬 농축액 수준의 변화를 추적할 수 있으므로 이산사건 동적 시뮬레이션(discrete-event dynamic simulation)이라 할 수 있고, 불확실성을 나타내는 확률변수가 문제에 존재하지 않으므로 확정적 시뮬레이션(deterministic simulation)의 예라고 할 수 있다.

하지만 모든 것이 알려진 확정적 문제 상황에서는 굳이 시뮬레이션 방법을 이용하지 않고서도 해석적인 방법으로 문제를 해결할 수 있으므로 시뮬레이션의 장점이 그다지 드러나지 않는다. 보통 시뮬레이션이 적용되는 문제 상황은 하나 이상의 확률변수가 포함되는 확률적인 상황으로 문제에서 고려하는 확률변수의 수가 증가할수록 해석적인 방법으로 문제를 해결하는 것이 어렵기 때문에 시뮬레이션의 장점이 두드러질 수 있다.

2 확률적 시뮬레이션

이제 불확실성이 포함된 간단한 예를 들어 보자. 이 문제는 소위 신문팔이 소년 문제(newsboy problem)라고 알려진 것이다. 신문팔이 소년에게는 매일 아침 해결해야 할 문제가 있다. 보급소에서 신문을 얼마나 가져오는 것이 가장 좋을까 하는 고민이다. 너무 적게 가져오면 판매 기회를 상실할 위험이 있고, 너무 많이 가져오면 신문이 남게 될 위험이 존재한다. 신문이란 그날 아침 안 팔리면 그 가치를 잃기 때문이다. 이런 신문팔이 소년 문제는 여러 가지 문제 상황에 변형되어 적용되고 있다.

다음 문제를 고려해 보자.

예제 2

서강서점은 매년 10월 다음 해 다이어리를 인쇄소에 몇 개나 주문해야 할지 결정해야 한다. 다이어리 하나의 주문단가는 7,500원이고, 10,000원에 판매한다. 새해 1월이 지나도 팔리지 않은 다이어리는 제작사에 다시 반품할 수 있는데, 이때 반품되는 다이어리 하나에 2,500원씩 받을 수 있다. 서강서점은 내년 1월까지의 다이어리 수요가 [표 6-1]과 같은 확률분포를 할 것으로 믿고 있다.

| 표 6-1 | 다이어리 수요량 분포

수요량	확률
100	.30
150	.20
200	.30
250	.15
300	.05

즉, 서강서점은 다이어리가 100부 팔릴 가능성은 30%이고, 150부 팔릴 가능성은 20% 등으로 보고 있다. 과연 서강서점은 기대이익(expected profit)을 최대화하는 관점에서 다이어리를 몇 부나 주문하는 것이 좋을지 시뮬레이션을 이용해 답해 보자.

만일 이 문제에서 내년 다이어리의 수요량이 얼마라고 하나의 숫자로 정확히 추정될 수 있으면 그만큼만 주문하는 것이 가장 좋을 것이다. 하지만 미래의 상황은 항상 불확실성을 내포한다. 신문팔이 소년의 고민처럼 다이어리 수요량이 얼마나 될지 주문 시점에서는 확실하게 알 수 없는 것이 현실이다. 그리고 이 불확실성 때문에 문제는 복잡성을 띠게 된다.

우선 이 문제와 관련하여 두 가지 질문이 제기될 수 있다. 첫째, 다이어리 수요량은 [표 6-1]에 제시된 다섯 가지 이외에는 발생할 수 없느냐는 질문이다. 현재 다이어리 수요량의 분포는 이산형 분포(discrete distribution)로 가정하고 있다. 물론 문제에서 제시된 다섯 가지 수요량 이외에 다른 수요량도 발생할 수 있지만, 시뮬레이션의 개념을 이해하기 위해 내년도 다이어리의 수요량은 [표 6-1]과 같이 다섯 가지로 추정된다고 일단 가정하자. 나중에 다시 구체적으로 논의하겠지만 우리가 관심을 두는 변수의 분포는 위 문제에서와 같이 이산형 분포일 수도 있고, 정규분포와 같은 연속형 분포(continuous distribution)로 나타날 수도 있다. 또한 변수의 분포가 연속형 분포인 경우에도 이를 이산형 분포로 근사화할 수 있으며, 이러한 근사화를 통해서도 문제의 중요한 특성을 흐리지 않으면서 해결책을 제시할 수 있다.[2]

둘째, 수요량의 분포는 어떻게 정해진 것이냐는 질문이다. 많은 사람이 이러한 분포는 교과서 연습문제처럼 항상 주어지는 것으로 착각한다. 하지만 시뮬레이션의 핵심은 이러한 분포를 추정하는 데 있다. 보통 많은 교재에서 이러한 분포는 과거의 자료나 경험으로 추정될 수 있다고 넘어가는 경우가 많은데, 이러한 지침이 적용되지 않을 수도 있다. 위 문제에서 서강서점이 문을 연 지 5년밖에 안 된 서점이라면 과거 자료의 크기는 다섯 개밖에 되지 않아 수요량의 분포를 이처럼 작은 크기의 표본으로부터 추정하는 것은 적절하지 않다. 서강서점이 100년 역사를 가진 서점이라도 문제는 발생한다. 수십 년 전의 다이어리 수요량을 가지고 내년도 다이어리 수요량을 예측하는 것이 과연 타당하겠는가? 과거의 행동 패턴이 미래의 거울이 되기에는 불충분한, 모든 것이 빨리 변하는 세상에 우리는 살고 있다. 그러면 이러한 수요량 분포는 어떻게 추정할 수 있을까? 하나의 방법으로 서강서점과 규모와 입지가 유사한 서점들의 과거 2, 3년 동안의 다이어리 수요량을 조사하면 꽤 큰 표본을 수집할 수 있을 것이다. 이 표본을 이용하여 다이어리 수요량의 분포를 추정하는 것이 가능한 대안이 될 수 있다.

이제 시뮬레이션을 이용해 문제를 해결해 보자. 우선 개념적 모형을 만들어 보자. 이윤은 수입에서 비용을 차감한 값이다. 그리고 문제에서 수입은 두 가지로 구성된다. 하나는 판매 수입이고 다른 하나는 반품 수입이다. 비용은 다이어리 주문 비용

2 예를 들어, 키퍼와 보딜리(Keefer and Bodily)는 연속형 분포를 이산형 분포로 근사화하는 간단한 방법을 제시했는데, 연속형 분포의 하위 10%에 해당하는 값, 하위 50%에 해당하는 중앙값, 그리고 상위 10%에 해당하는 값을 구한 후, 이 세 가지 값 각각에 0.3, 0.4, 0.3의 확률을 배정해 이산형 분포를 만드는 것이다. Keefer, D. and S. Bodily (1983), "Three-Point Approximations for Continuous Random Variables," *Management Science*, Vol. 29, No. 5, pp.595-609.

하나이다. 판매 수입은 판매가 곱하기 판매량이 되고, 반품 수입은 반품 단가 곱하기 반품량이 된다. 그리고 주문 비용은 구매단가 곱하기 주문량이 될 것이다. 여기서 해결해야 할 사안은 다이어리를 판매함으로써 얻을 수 있는 이윤을 가장 크게 하는 주문량을 구하는 것이다.

이제 판매량은 어떻게 결정되는지 살펴보자. 판매량이란 주문량과 수요량 중 작은 값이다. 예를 들어, 주문량이 200이고 수요량이 250이라면 판매량은 200에 그치게 되고 반대로 주문량이 200인데 수요량이 150이라면 판매량은 150이 되는 것이다. 따라서 판매량은 =MIN(주문량,수요량)으로 나타낼 수 있다.[3]

다음으로 반품량은 어떻게 결정되는지 보자. 반품량은 주문은 했지만 팔리지 않아 남게 되는 다이어리의 양이다. 따라서 반품량은 주문량에서 수요량을 뺀 값(즉, 주문량−수요량)으로 생각할 수 있다. 하지만 이 생각에는 한 가지 논리적 오류가 있다. 주문량이 수요량보다 크면 이 생각도 괜찮지만 만일 주문량보다 수요량이 많으면 반품량의 값이 음수가 되어 오히려 반품 수입이 이윤에 부정적 영향을 미치게 된다. 따라서 반품량의 올바른 표현은 (주문량−수요량)과 '0' 중에서 큰 값이 되어야 한다. 예를 들어, 주문량이 200이고 수요량이 150인 경우에는 반품량은 50이 되지만, 주문량이 150이고 수요량이 250인 경우에는 반품량은 '0'이 되어야 할 것이다. 따라서 반품량을 나타내는 올바른 표현은 =MAX(주문량−수요량,0)이다.[4]

이제 우리는 이윤을 다음과 같이 표현할 수 있다.[5]

이윤 = 판매 수입 − 주문 비용 + 반품 수입
　　= 10000*MIN(주문량,수요량) − 7500*주문량 + 2500*MAX(주문량 − 수요량,0)

3 물론 MIN 대신에 IF 문을 사용하여 판매량을 정할 수도 있다. 즉, =IF(주문량>수요량,수요량,주문량)

4 이 경우에도 IF 문을 이용하여 표현할 수 있다. 즉, =IF(주문량>수요량,주문량−수요량,0)

5 만일 이 문제에서 수요량이 주문량을 초과할 경우 재주문을 할 수 있다고 가정하면 주문비용은 다시 원주문 비용과 재주문 비용으로 나눌 수 있다. 원주문 비용은 [원구매단가*원주문량]이 되고, 재주문 비용은 [재구매단가*MAX(수요량−원주문량,0)]으로 나타낼 수 있다. 재구매단가는 일반적으로 원구매단가보다 높게 책정된다. 아울러 판매 수입을 나타내는 식에서 판매량은 재주문이 가능하므로 MIN(주문량,수요량)이 아니라 수요량으로 바뀐다.

이제 주문량이 200일 경우의 이윤은 어떻게 될까? 위 식을 이용하여 이윤이 얼마나 되는지 그 값을 구하기 위해서는 다이어리의 수요량을 먼저 결정하여야 한다. 그러면 수요량은 어떻게 결정되는 것인가? 이것이 바로 몬테칼로 시뮬레이션의 핵심이 된다.

7장 난수와 몬테칼로 시뮬레이션

확률변수의 값을 구하기 위해서는 난수(random numbers)가 필요하다. 즉, 6장의 [예제 2]에서 수요량의 분포로부터 수요량의 값을 결정하기 위해서는 난수가 필요하다. 사실, 몬테칼로 시뮬레이션이란 넓은 의미로 난수를 이용한 모든 시뮬레이션을 말한다.[1]

난수란 0과 1 사이의 값을 갖는 일양분포(uniform distribution)를 하는 확률변수의 값이다. 즉, 난수 r_i는 다음과 같은 확률밀도함수(pdf: probability density function)를 갖는 일양분포로부터 추출된 확률변수의 값을 말한다.

$$f(x) = \begin{cases} 1, & 0 \le x \le 1 \\ 0, & \text{그 밖의 경우} \end{cases}$$

1 난수의 특성

난수는 다음과 같은 두 가지 특성을 동시에 갖추어야 한다.

1 좁은 의미로 몬테칼로 시뮬레이션은 난수를 이용한 정적인 시뮬레이션(static simulation)을 말한다. 정적인 시뮬레이션이란 시간의 흐름에 따른 시스템의 성과나 행태의 변화를 추적하는 시뮬레이션이 아니라, 특정 시점에서의 시스템의 성과나 행태를 관찰하는 시뮬레이션을 말한다.

(1) 일양성(uniformity)

개별 난수의 발생 가능성은 모두 같음을 말한다. 예를 들어, 100개의 난수가 발생했으면 각 난수의 발생 가능성은 1/100이라는 것이다. 이를 좀 더 공식적으로 표현하면 다음과 같다.

발생한 총 난수의 개수를 N이라 하자. 난수의 일양성이란 난수의 발생 구간인 0과 1 사이를 n개의 같은 크기의 구간으로 나누었을 때(따라서 각 구간의 길이는 1/n), 각 구간에서 관찰될 난수의 기대 개수는 N/n이라는 것이다. 예를 들어, 발생시킨 난수가 1,000개이고, 0과 1 사이의 범위를 10개의 같은 크기의 구간으로 나누면 0과 0.1 사이에 존재하는 난수의 기대 개수나 0.5에서 0.6 사이에 존재하는 난수의 기대 개수나 동일하게 100개가 된다는 것이다. 다른 구간에서의 난수의 기대 개수도 동일하게 100개가 된다.

(2) 독립성(independence)

각 난수는 이전에 발생한 난수나 이후에 발생할 난수와 아무런 관련성이 없어야 한다는 것이다. 이를 공식적으로 표현하면 다음과 같다.

난수의 범위인 0과 1 사이의 특정 구간에서 난수가 관찰될 확률은 그 이전에 발생한 난수의 값과는 독립적이라는 것이다. 예를 들어, 0.3이라는 난수가 발생했다고 가정하자. 이제 새로운 난수가 0.3보다 큰 값을 가질 확률은 방금 발생한 난수의 값 0.3과는 관계없이(독립적으로) 0.7이라는 것이다. 마찬가지로 새로운 난수가 0.5보다 작은 값을 가질 확률은 지금 발생한 난수 0.3과 관계없이 0.5인 것이다.

[그림 7-1]은 엑셀의 난수 발생기(random number generator)인 =RAND()를 이용하여 난수를 1,000개 발생시키고, 이 난수들의 도수분포표와 이 도수분포표와 연결된 히스토그램을 그린 화면이다.

	A	B	C	D	E	F	G	H	I	J	K	L	M
1	0.0156	0.53158	0.21962	0.11983	0.41353	0.37315	0.78392	0.27851	0.03433	0.28165		**계급**	**도수**
2	0.28891	0.40563	0.92975	0.46624	0.38549	0.10938	0.08876	0.69191	0.7804	0.21059		0.1	96
3	0.60451	0.17459	0.37687	0.76686	0.50617	0.37732	0.48376	0.18357	0.86789	0.01281		0.2	95
4	0.03659	0.89314	0.58508	0.69861	0.48962	0.07626	0.75702	0.14243	0.28538	0.64735		0.3	104
5	0.0954	0.22407	0.64707	0.69001	0.97216	0.1691	0.12722	0.77011	0.23401	0.79213		0.4	97
6	0.62902	0.43607	0.29491	0.37647	0.04918	0.77451	0.01352	0.14467	0.99822	0.97356		0.5	117
7	0.54272	0.72402	0.29268	0.39033	0.87591	0.83042	0.64197	0.72418	0.10707	0.68606		0.6	94
8	0.06247	0.63395	0.09063	0.54462	0.84999	0.44103	0.72671	0.67751	0.28753	0.33967		0.7	108
9	0.85687	0.64751	0.4018	0.96447	0.94183	0.95098	0.8337	0.40405	0.48653	0.74566		0.8	94
10	0.66519	0.21372	0.80057	0.53069	0.88696	0.35441	0.59352	0.32239	0.58958	0.44315		0.9	96
11	0.31578	0.03687	0.09227	0.10559	0.42611	0.18561	0.73648	0.21277	0.40774	0.21871		1	99
12	0.9632	0.29699	0.69691	0.95847	0.63226	0.08232	0.13604	0.9138	0.82468	0.65513		**계**	**1000**
13	0.01035	0.65232	0.35208	0.04749	0.37789	0.05014	0.66707	0.17854	0.64576	0.20874			
14	0.99916	0.82298	0.40373	0.37053	0.19275	0.36662	0.3653	0.44455	0.81813	0.12033			
15	0.98345	0.44437	0.34826	0.06355	0.57611	0.31491	0.78775	0.89778	0.8654	0.44666			
16	0.43998	0.22356	0.18378	0.04279	0.42355	0.16957	0.43387	0.39846	0.12182	0.02784			
17	0.73159	0.58658	0.31918	0.42405	0.6308	0.54355	0.59334	0.97908	0.30903	0.33184			
18	0.90702	0.37235	0.09738	0.98694	0.26353	0.51799	0.32355	0.24517	0.01244	0.89696			
19	0.57737	0.26824	0.6894	0.16876	0.98054	0.07108	0.58923	0.90149	0.18885	0.08637			
20	0.57	0.13888	0.35654	0.27806	0.20203	0.10633	0.22491	0.88179	0.57466	0.81944			
21	0.39101	0.94804	0.3754	0.07364	0.4696	0.29758	0.89532	0.04444	0.19374	0.32252			
22	0.84808	0.93871	0.84455	0.43092	0.82831	0.57508	0.67954	0.25005	0.33368	0.27732			
23	0.04917	0.19487	0.53065	0.6729	0.08733	0.63076	0.9835	0.65197	0.43517	0.37945			
24	0.90679	0.17847	0.95208	0.08617	0.245	0.84206	0.2237	0.98158	0.31757	0.31774			
25	0.33981	0.8245	0.74028	0.71902	0.23383	0.05679	0.52293	0.64249	0.59315	0.20818			
26	0.77957	0.59644	0.95834	0.56245	0.47994	0.0638	0.96826	0.97826	0.6445	0.77355			

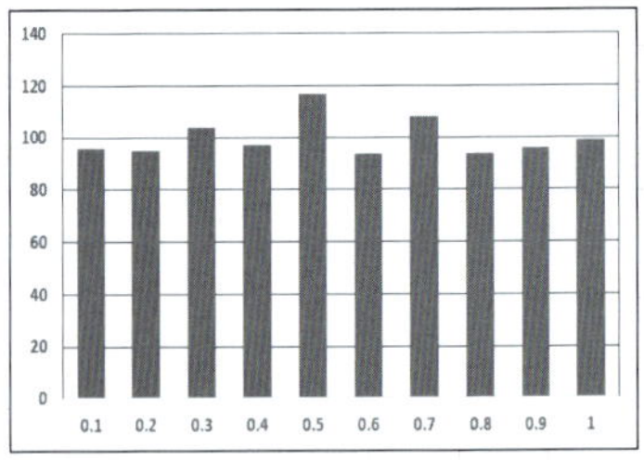

❙그림 7-1❙ 엑셀에서의 난수 발생

엑셀 시트에 난수를 발생시키는 방법은 다음과 같다. [그림 7-1]의 셀 A1에 =RAND()를 입력하고, 이 셀의 오른쪽과 아래로 셀을 복사하여 셀 범위 A1:J100에 1,000개의 난수를 발생시킨다. 여러분이 발생시킨 난수는 [그림 7-1]에 있는 난수와는 당연히 다르게 나타날 것이다. 이제 F9키를 반복해 쳐보자. 그러면 화면의 난수가 계속 바뀌는 것을 볼 수 있다. 난수가 바뀜에 따라 난수와 연결된 도수분포표와 히스토그램도 바뀌는 것을 알 수 있다. [그림 7-1]에 있는 도수분포표의 계급(bins 또는 classes)은 10개로 0과 1 사이의 구간을 10개로 나누었다. 따라서 각 구간에 존재하리라 기대되는 도수(난수의 개수)는 100(=1,000/10)임을 알 수 있다. 하지만 각 구간에 존재하는 난수의 수를 보면 동일하게 100으로 나타나지 않고 어느 정도의 편차를 보임을 알 수 있다. 이는 난수의 수가 많지 않기 때문에 발생하는 오차인데, 만일 난수의 수가 천 개가 아니라 만 개, 십만 개, 백만 개 등으로 그 수가 증가하면 각 구간에 존재하는 난수의 수는 전체 난수의 10%에 근접한 수로 큰 변화 없이 안정화되어 감을 볼 수 있다.

Tip

도수분포표를 만들 때 각 계급의 도수는 =FREQUENCY(자료의 셀 범위, 계급의 셀 범위)를 이용해 나타내었다. [그림 7-1]에서 도수분포표의 계급은 10개로 각 계급의 폭은 0.1이다. 각 계급에는 해당 계급의 상한값(즉, 0.1, 0.2, 0.3, …, 1)만을 입력해 놓았는데, 첫 번째 계급은 0에서 0.1까지, 두 번째 계급은 0.1 초과 0.2까지 등으로 해석하면 된다. 이제 각 계급의 도수를 산출하기 위해 우선 도수가 나타날 셀 범위 M2:M11을 선택한다. 그러면 셀 범위가 음영으로 나타나는데, 여기서 =FREQUENCY(A1:J100,M2:M11)을 입력하고, Ctrl+Shift+Enter를 함께 누른다.[2] 그러면 각 계급의 도수가 해당 셀에 나타난다. 그래프는 엑셀의 삽입 메뉴에 있는 세로막대형 그림을 이용한 것이다.

2 난수의 역할

이제 난수의 특성을 알았으니 난수를 이용해서 문제의 수요량 분포와 같은 이산형 분포(discrete distribution)의 확률변수 값이 어떻게 결정되는지 살펴보자.

옛날, 번데기를 파는 손수레를 기억하는 독자도 있을 것이다. 이 손수레에는 원형의 판이 하나 놓여 있었는데, 번데기 한 봉짓값을 내면 이 판을 돌려 화살을 한 번 던질 수 있는 권리를 준다. 화살이 어디에 꽂히느냐에 따라 '꽝'이 나와 한 봉지도 건질 수 없는 때도 있고, 재수가 좋을 때는 한 봉짓값으로 10봉지, 100봉지도 딸 수 있는 놀이가 있었다. 이 번데기 판을 보면, 꽝이나 한 봉지라고 써진 곳은 원판에서 넓게 자리를 잡고 있지만, 당첨 봉지 수가 10봉, 100봉 등으로 올라가면 해당 면적은 현저히 좁아진다. 따라서 이런 원판을 돌려 화살을 던지게 되면 횡재수에 화살이 꽂힐 가능성은 작고, 원판에서 넓은 면적을 차지하는 곳, 즉 꽝이나 한 봉지라고 써진 곳에 화살이 꽂힐 가능성이 컸다.

2 여기서 Enter만 누르게 되면 첫 번째 계급의 도수만 나타난다. 여러 개의 셀로 구성된 셀 범위를 선택하고, 셀 범위의 각 셀에 원하는 숫자가 나타나도록 하려면 Ctrl+Shift+Enter를 함께 눌러야 한다.

마찬가지 예로 카지노에 가면 행운의 원판(wheel of fortune)이라는 게임이 있다. 커다란 원판을 돌려 정중앙에 있는 화살표가 원판의 어디에 위치하느냐에 따라 내가 베팅한 돈의 몇 배를 따거나 베팅한 돈을 잃게 되는 게임이다. 이 게임에서 화살표는 보통 꽝이나 베팅금액의 1배(본전)에 위치하기는 쉽지만, 베팅금액의 10배, 100배를 딸 수 있는 숫자에는 멈추기 힘든데, 그 이유는 원판을 구성하는 숫자들이 위의 번데기 판처럼 횡재수 숫자는 몇 개 안 되고 꽝이나 본전을 나타내는 숫자는 많기 때문이다.

난수를 이용해 확률변수의 값을 결정하는 것은 번데기 판을 돌려 몇 봉을 딸지 결정하거나 행운의 원판을 돌려 화살표가 어느 곳에 위치하느냐에 따라 베팅금액을 잃거나 그 몇 배를 따는 것과 같은 논리이다.

구체적으로, [그림 7-2]와 같은 원판을 생각해 보자. [그림 7-2]의 원판은 [표 6-1]의 확률분포를 이용한 것으로, 원판 전체의 30% 되는 면적에는 100이라고 쓰고, 20% 되는 또 다른 면적에는 150, 또 다른 30% 면적에는 200 등으로 원판의 전체 면적을 1로 보고, 수요량 각각의 확률만큼 원판을 나누어 각 면적에 수요량을 표기한다. 이제 이 원판을 돌린 다음 화살을 던져 원판을 맞혀 보자. 화살이 100이라고 쓰인 면적 위에 꽂히면 수요량은 100으로 결정하고, 150이라는 면적 위에 꽂히면 수요량을 150으로 결정하는 것이다. 그리고 이러한 실험을 무수히 반복하면 수요량의 분포대로 수요량이 100이 될 상대빈도는 30%, 150이 될 상대빈도는 20%, 200이 될 상대빈도는 30%, 250이 될 상대빈도는 15%, 300이 될 상대빈도는 5%가 될 것이다.

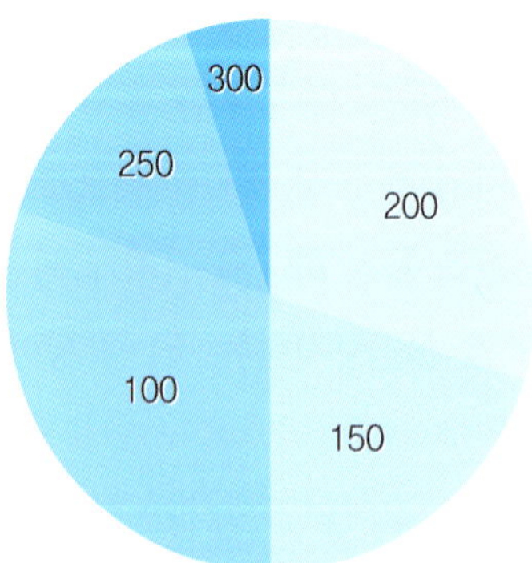

| 그림 7-2 | 원판으로 표현된 확률분포

하지만 확률변수의 값을 발생시키기 위해 원판을 계속 돌릴 수는 없는 노릇이다. 컴퓨터를 이용한 시뮬레이션에서 이제 난수는 바로 원판의 역할을 한다. 즉, 컴퓨터를 이용하여 난수를 발생시켜 난수의 값이 0에서 0.3 사이에 있게 되면(이는 원판의 전체 면적 중 30%에 해당하는 면적에 화살이 꽂히는 것과 같은 개념임) 수요량은 100, 난수의 값이 0.3에서 0.5 사이에 있게 되면 수요량은 150, 난수의 값이 0.5에서 0.8 사이에 있게 되면 수요량은 200, 난수의 값이 0.8에서 0.95 사이에 있게 되면 수요량은 250, 그리고 난수의 값이 나머지 0.95에서 1 사이에 있게 되면 수요량은 300으로 결정하는 것이다.

▎표 7-1 ▎이산형 분포와 난수의 배정[3]

다이어리 수요량	확률	누적확률	난수의 배정
100	.30	.30	0 ~ 0.30
150	.20	.50	0.30 ~ 0.50
200	.30	.80	0.50 ~ 0.80
250	.15	.95	0.80 ~ 0.95
300	.05	1	0.95 ~ 1

이러한 논리가 성립하는 이유는 난수의 두 가지 특징, 즉 일양성과 독립성 때문이다. 물론, 난수를 역순으로 배정해서 수요량을 결정해도 괜찮으며(예를 들어, 난수가 0에서 0.05 사이에 있게 되면 수요량은 300, 난수가 0.05에서 0.20 사이에 있으면 수요량을 250 등으로 결정하는 것), 난수를 이 밖의 다른 순서로 배정해서 수요량을 결정해도 무방하다. 예를 들어, 난수가 0에서 0.2 사이에 있게 되면 수요량은 150, 난수가 0.2에서 0.35 사이에 있으면 수요량은 250 등으로 결정해도 난수의 특성으로 인해 무방하다. 하지만 보통 확률분포에 나타난 순서대로, 즉 누적확률의 순서에 따라

3 만일 난수가 예를 들어, 0.3이 나오면 그때의 수요량은 100으로 해야 하는지 150으로 해야 하는지 궁금해 하는 독자가 있을 것이다. 하지만 계급의 경계선상에 있는 난수의 값이 나오면 어찌할까 하는 걱정은 기우(杞憂)에 지나지 않는다. 왜냐하면 연속형 확률변수의 값인 난수가 정확히 0.3의 값을 가질 가능성은 이론적으로 '0'이고, 실제로도 나타나지 않기 때문이다.

난수를 배정하여 확률변수의 값을 결정하는 것이 관례이다. [표 7-1]은 [표 6-1]의 다이어리 수요량 분포에 누적확률을 추가하고, 누적확률에 따라 난수를 배정한 것이다.

8장 시뮬레이션의 수행

이제 컴퓨터를 이용하여 난수를 발생시키고, 이 난수를 이용해 서강서점의 문제를 해결해 보자.

앞에서 우리는 서강서점의 다이어리 판매 이익을 다음과 같은 식으로 표현한 바 있다.

이윤 = 판매 수입 - 주문 비용 + 반품 수입

= 10000*MIN(주문량,수요량) - 7500*주문량 + 2500*MAX(주문량 - 수요량,0)

이제 주문량이 200일 경우의 이윤을 구해 보자. [그림 8-1]은 주문량이 200일 경우 이윤은 어떻게 되는지 엑셀로 시뮬레이션하는 과정을 보여주고 있다.

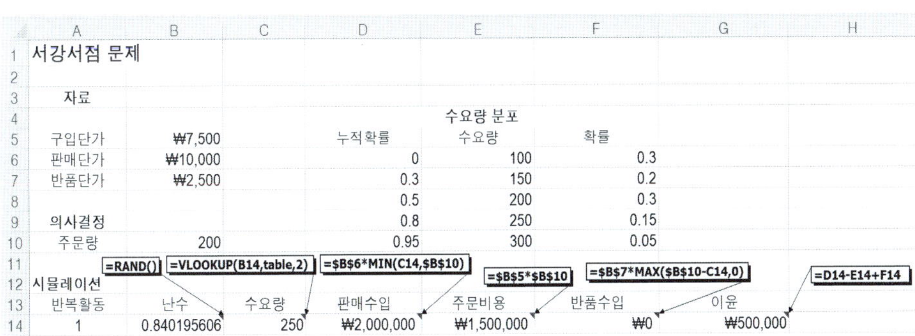

	A	B	C	D	E	F	G	H
1	서강서점 문제							
2								
3	자료							
4					수요량 분포			
5	구입단가	₩7,500		누적확률	수요량	확률		
6	판매단가	₩10,000		0	100	0.3		
7	반품단가	₩2,500		0.3	150	0.2		
8				0.5	200	0.3		
9	의사결정			0.8	250	0.15		
10	주문량	200		0.95	300	0.05		
11								
12	시뮬레이션							
13	반복활동	난수	수요량	판매수입	주문비용	반품수입	이윤	
14	1	0.840195606	250	₩2,000,000	₩1,500,000	₩0	₩500,000	

그림 8-1 주문량이 200일 경우의 이윤 시뮬레이션

문제의 시뮬레이션 논리는 간단하다. 우선 난수를 발생시켜 난수에 따라 수요량을 결정하고, 수요량이 결정됨에 따라 이윤은 위의 식에 의해 결정된다. 그러면 이렇

게 구해진 이윤이 주문량이 200일 때의 이윤을 말하는 것일까? 그렇지 않다. 왜냐하면 이는 한 번 수행한 실험의 우연한 결과(즉, 난수가 우연히 그렇게 나와 수요량이 그렇게 정해져서 계산된 결과)이기 때문이다. 우연한 결과로부터 일반적인 결과를 끌어내기 위해서는 이러한 실험을 여러 번 반복하고, 반복적인 실험의 결과를 통계적으로 처리하는 작업이 후속적으로 진행되어야 한다. 여기서 여러 번 반복되는 실험을 시뮬레이션에서는 반복활동(replications)이라고 부르고, 반복활동의 수(the number of replications)는 통계학에서 말하는 표본의 크기(sample size)와 같은 개념이다.

통계학을 배운 독자들은 대수의 법칙(the law of large numbers)이라는 통계학에서 매우 중요한 기본 법칙을 알 것이다. 대수의 법칙이란 표본의 크기가 크면 클수록 표본의 결과는 모집단의 특성에 근접해 간다는 것이다. 예를 들어, 표본의 크기가 무한대로 커지면 표본의 평균은 모집단의 평균에 수렴하게 된다. 대수의 법칙은 표본조사를 통해 미지의 모집단 특성을 추정하는 작업에 논리적 정당성을 부여한다.

그러면 반복 활동은 몇 번 정도가 적당한가? 반복활동은 표본의 크기와 같은 개념이므로 반복활동의 수는 많으면 많을수록 좋다고 생각할 수 있다. 하지만 반복활동의 적절한 크기란 우리가 어느 정도의 정밀도(precision)를 원하느냐에 따라 달라질 수 있다. 즉, 여론조사를 통해 특정 후보자의 지지율을 추정할 때 표본오차(sampling error)가 어느 정도라고 하는 것처럼 표본의 결과와 미지의 모집단 특성과의 차이를 어느 정도로 할지 미리 정하게 되면 그 크기에 맞게 반복활동의 수를 구할 수 있다. 반복활동의 수를 정하는 방법에 대해서는 나중에 구체적으로 설명하기로 한다.

1 엑셀을 이용한 시뮬레이션

[그림 8-2]는 반복활동의 수를 100으로 했을 때의 시뮬레이션 결과를 보여주고 있다. 이제 [그림 8-2]를 보면서 시뮬레이션이 어떻게 수행되는지 단계별로 설명해 보자.

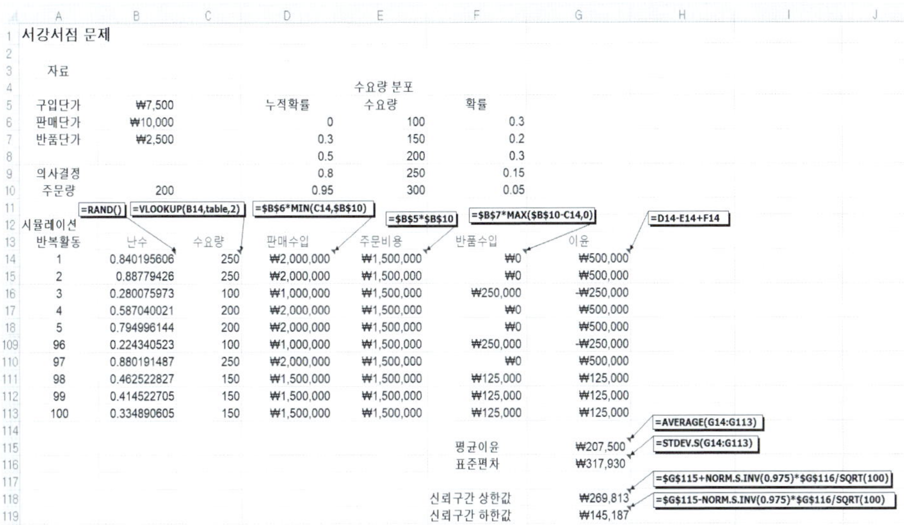

	A	B	C	D	E	F	G
1	서강서점 문제						
2							
3	자료						
4					수요량 분포		
5	구입단가	₩7,500		누적확률	수요량	확률	
6	판매단가	₩10,000		0	100	0.3	
7	반품단가	₩2,500		0.3	150	0.2	
8				0.5	200	0.3	
9	의사결정			0.8	250	0.15	
10	주문량	200		0.95	300	0.05	
11							
12	시뮬레이션						
13	반복활동	난수	수요량	판매수입	주문비용	반품수입	이윤
14	1	0.840195606	250	₩2,000,000	₩1,500,000	₩0	₩500,000
15	2	0.88779426	250	₩2,000,000	₩1,500,000	₩0	₩500,000
16	3	0.280075973	100	₩1,000,000	₩1,500,000	₩250,000	-₩250,000
17	4	0.587040021	200	₩2,000,000	₩1,500,000	₩0	₩500,000
18	5	0.794996144	200	₩2,000,000	₩1,500,000	₩0	₩500,000
109	96	0.224340523	100	₩1,000,000	₩1,500,000	₩250,000	-₩250,000
110	97	0.880191487	250	₩2,000,000	₩1,500,000	₩0	₩500,000
111	98	0.462522827	150	₩1,500,000	₩1,500,000	₩125,000	₩125,000
112	99	0.414522705	150	₩1,500,000	₩1,500,000	₩125,000	₩125,000
113	100	0.334890605	150	₩1,500,000	₩1,500,000	₩125,000	₩125,000
114							
115						평균이윤	₩207,500
116						표준편차	₩317,930
117							
118						신뢰구간 상한값	₩269,813
119						신뢰구간 하한값	₩145,187

| 그림 8-2 | 반복활동의 수를 100으로 한 경우의 시뮬레이션 결과

(1) 우선, 문제에서 주어진 자료를 시트에 입력한다.[1] 즉, 단위당 구매가, 판매가, 반품 단가, 그리고 수요량의 분포를 입력한다. 여기서, 하나 특이하게 보이는 사항은 수요량의 분포 왼쪽 열에 추가한 누적확률이 한 단계씩 밀려서 나타난 것이다. 즉, 수요량이 100인 경우의 누적확률은 0.3이 되어야 하는데 0으로 나타나고, 수요량이 150인 경우에는 0.5가 아닌 0.3으로 나타나 있다. 이렇게 누적확률을 한 계급씩 밀려 나타낸 데는 이유가 있는데, 수요량 분포로부터 수요량을 결정하기 위해서는 IF 문을 이용할 수도 있으나 그 대신 좀 더 간편한 VLOOKUP 함수를 이용하기 위해서이다. 여기에 대해서는 단계 (3)에서 설명한다.

(2) 이제 필요한 자료를 입력했으므로 난수를 발생시켜 시뮬레이션을 수행해 보자. 첫 번째 반복활동(replication)의 시뮬레이션 결과를 보기 위해 다음과 같이 입력

1 독자들은 이러한 자료가 문제에서 항상 주어지는 것으로 오해할 수 있다. 하지만 실제 상황에서 이러한 자료들은 사용자가 추정해야 하는 것이다. 또한 지금은 하나의 수치로 주어진 자료, 예를 들어, 단위당 구매가나 판매가도 가변적일 수 있다. 이 경우, 단위당 구매가나 판매가의 분포도 추정할 수 있어야 한다.

한다. 우선, 셀 B14에 =RAND()를 입력한다. 그러면 이 셀에 난수가 발생된다. 이 난수는 셀 C14의 수요량을 결정하는 데 사용된다.

(3) 셀 C14에 수요량을 나타내는 방법은 두 가지이다. 하나는 IF 문을 이용하는 방법, 다른 하나는 VLOOKUP 함수를 이용하는 것이다.

① IF 문을 이용해서 수요량을 나타내기 위해서는 셀 C14에 다음과 같이 입력한다.

=IF(B14<.3,100,IF(B14<.5,150,IF(B14<.8,200,IF(B14<.95,250,300))))

수요량을 결정하기 위해 이처럼 중첩된 IF(nested-if) 문을 사용해도 무방하지만, 조건이 많아지면 IF 문이 많이 중첩되어 복잡하게 보이는 단점이 있다. 따라서 대안으로 VLOOKUP 함수를 이용할 수 있다. 수요량의 분포 왼쪽 열에 누적확률을 한 계급씩 밀려 입력한 것은 바로 VLOOKUP 함수를 이용하기 위함이다.

② VLOOKUP 함수를 이용해서 수요량을 결정하기 위해서는 셀 C14에 다음과 같이 입력한다.

=VLOOKUP(B14,D6:E10,2)

위의 VLOOKUP 함수는 앞서 설명한 IF 문과 동일한 효과를 준다. 그럼 VLOOKUP 함수는 원래 어떤 기능을 하고 있기에 이를 이용해서 수요량을 결정할 수 있는지 알아보자.

VLOOKUP 함수

VLOOKUP 함수는 다음과 같이 네 가지 구성인자(arguments)를 가지고 있다.

=VLOOKUP(참조값, 테이블, 값을 찾을 열, 논리값)

여기서, 참조값이란 우리가 지정한 테이블(표)의 첫 번째 열에서 찾아야 하는 값이다. 테이블에는 내가 지정한 테이블의 이름(셀 범위에 이름을 지정한 경우) 또는 테이블의 셀 범위를 입력한다. 값을 찾을 열이란 참조값에 해당하는 값을 찾을 테이블의 열 번호를 말한다. 논리값으로는 TRUE 또는 FALSE를 입력할 수 있는데,[2] TRUE는 테이블의 첫 번째 열에서 참조값과 같은 값을 찾거나, 같은 값이 존재하지 않으면 참조값보다 작은 값 중 가장 큰 값을 찾으라는 명령이다. 논리값 TRUE는 입력하지 않고 생략해도 마찬가지 기능을 한다. 논리값 FALSE는 테이블의 첫 번째 열에서 참조값과 같은 값을 찾으라는 명령으로 참조값과 같은 값이 존재하지 않을 경우, 에러(error)가 발생한다.

이제 셀 C14에 입력한 =VLOOKUP(B14,D6:E10,2)이 어떤 결과를 내놓는지 살펴보자. 우선, 논리값이 생략되어 있으므로 셀 B14의 난수와 동일한 값을 셀 범위 D6:E10에 있는 테이블의 첫 번째 열에서 찾든지 동일한 값이 없으면 그보다 작은 값 중에서 가장 큰 값을 찾는다. 셀 B14에 나타난 난수가 0.840196이므로 테이블의 첫 번째 열에서 이 난수와 같은 값이 있는지 찾아보자. 같은 값이 없으므로 그보다 작은 값 중에서 가장 큰 값인 0.8을 찾게 된다. 이제 0.8과 같은 행에 있는 값을 테이블의 두 번째 열에서 찾으면 되는데, 그 값은 250임을 알 수 있다.

독자들은 이제 왜 수요량 분포의 누적확률을 수요량의 왼쪽 열에 한 단계씩 밀려서 입력했는지 그 이유를 이해할 수 있을 것이다. 발생한 난수가 0에서 0.3 사이일 경우, 수요량은 우리가 의도한 대로 100으로 결정되고, 난수가 0.3에서 0.5 사이이면 수요량은 150, 난수가 0.5에서 0.8 사이이면 수요량은 200, 난수가 0.8에서 0.95 사이이면 수요량은 250, 난수가 0.95에서 1 사이이면 수요량은 300으로 결정된다. 우리가 보듯이 VLOOKUP 함수는 IF 문과 같은 역할을 하지만 그 모양은 훨씬 단순하다.

(4) 이제 셀 D14, E14, F14에 들어갈 판매수입, 주문비용, 반품수입의 식을 앞서 이야기 한 바와 같이 입력한다. 셀 D14에 =10000*MIN(주문량,수요량), 셀 E14에 =7500*주문량, 셀 F14에 =2500*MAX(주문량-수요량,0)을 입력한다. 즉, 셀 D14에 =$B$6*MIN($B$10,C14), 셀 E14에 =$B$5*$B$10, 셀 F14에 =$B$7*MAX($B$10-C14,0)을 입력한다.[3] 그런 후 이윤을 나타내는 셀 G14에는 =D14-E14+F14을 입력

2 논리값 TRUE 대신에 1, FALSE 대신에 0을 입력해도 된다.

한다. 이제 첫 번째 반복활동이 완료되었다. 셀 G14에 나타난 이윤은 주문량이 200인 경우 우연히 발생한 하나의 이윤을 말한다. 따라서 이러한 시뮬레이션을 이제 100번 반복해 100개의 이윤을 구해 보자. 그러면 여러분은 주문량이 200인 경우, 100개의 이윤으로 구성된 표본자료를 갖게 된다.

(5) 이제 반복활동을 100번 수행하기 위해 우선 자동채우기 기능을 이용하여 셀 A14부터 A113에 1부터 100까지의 반복활동 번호를 나타내 보자. 그리고 지금까지 우리가 식을 입력한 셀 범위 B14:G14을 마우스로 선택하고, 이를 아래로 쭉 끌어 B113:G113까지 같은 내용의 식이 복사되도록 한다. 이제 여러분은 셀 범위 G14:G113에 100개의 이윤이 발생한 것을 볼 수 있다. 즉, 주문량이 200일 경우, 이윤은 −₩250,000, ₩125,000, ₩500,000의 세 가지 값을 갖는 것을 알 수 있다. 독자들은 스스로 주문량이 200일 때 왜 이윤은 이 세 가지 값만을 갖는지 생각해 보기 바란다. [그림 8-2]는 100번의 반복활동 결과를 한 화면에 보기 위해 행 숨기기를 한 것이다.

(6) 이제 셀 범위 G14:G113에 나타난 100개의 이윤의 평균과 표준편차를 구해 보자. 셀 G115에 =AVERAGE(G14:G113)을 입력하여 표본의 평균을 구하고, 셀 G116에는 =STDEV.S(G14:G113)[4]을 입력해 표본의 표준편차를 구한다.

지금까지 여러분이 수행한 것은 주문량이 200일 경우, 시뮬레이션을 이용해 발생시킨 이윤 100개의 평균(표본평균)과 표준편차(표본의 표준편차)를 구한 것이다. 즉, 주문량이 200일 경우, 100번의 반복활동으로 발생한 이윤들의 평균은 207,500(원), 표준편차는 317,930(원)이다. 여기서 한 가지 주의해야 할 점은 평균 ₩207,500은 주문량이 200일 경우의 기대이윤(expected profit)은 아니라는 것이다. 기대이윤이란 미지의 값으로 통계학에서 모평균(μ)의 개념이다. 여러분은 지금부터 반복활동을 통해 얻은 표본의 결과를 토대로 주문량이 얼마일 때 기대이윤(모평균)이 실제로 존

3 식에서 셀 번호에 절대참조를 붙인 이유는 나중에 이 셀을 끌기하여 복사할 때 해당 셀 번호가 변하지 않도록 하기 위해서이다.

4 엑셀 2007 및 그 이전 버전에서는 =STDEV 함수를 사용하였다. 이 함수는 엑셀 2010 이후 버전에서도 호환성을 위해 사용이 가능하다.

재하리라 믿는 구간을 일정한 신뢰도(confidence level)로 추정할 것이다. 이 구간을 신뢰구간(confidence interval)이라고 한다.

Tip

여러분의 시뮬레이션 결과는 본 교재의 그림과는 당연히 다르게 나올 것이다. 이는 [그림 8-2]의 난수와 여러분의 난수가 달리 생성되었기 때문이다. F9키를 한 번 눌러보자. 그러면 화면의 수치가 변함을 볼 수 있는데, 이는 난수가 바뀌기 때문이다. F9키를 누르지 않았는데도 엑셀에서 어떤 작업을 하면 이때도 수치가 바뀜을 알 수 있다. 이렇게 수치가 바뀌는 현상은 때때로 사용자를 짜증나게 할 수도 있는데, 나중에 난수가 바뀌지 않도록 하는 방법(난수의 동결 방법)에 대해 설명할 것이다.

(7) 이제 반복활동의 결과(표본결과)를 이용해서 주문량이 200일 경우 기대이윤(expected profit), 즉 모평균(μ)의 신뢰구간을 구해 보자.

모평균(μ)의 신뢰구간

모평균(μ)의 신뢰구간이란 미지의 모평균이 실제로 존재하리라 믿는 범위를 일정한 신뢰도로 추정한 것을 말한다. 예를 들어 95% 신뢰구간은 모평균이 이 신뢰구간에 존재하리라 확신하는 정도가 95%이고, 이 범위에 존재하지 않을 가능성도 최대 5%가 됨을 의미한다. 여기서 95%(또는 0.95)는 신뢰수준, 5%(또는 0.05)는 유의수준을 나타낸다. 유의수준은 그리스 문자 α로 표기하고, 신뢰수준과 유의수준은 합쳐서 1이 되는 관계에 있으므로 신뢰수준은 $(1-\alpha)$로 표기한다. 모평균(μ)의 $100\times(1-\alpha)\%$ 신뢰구간을 구하는 일반적인 식은 다음과 같다.

$$\overline{x} \pm t_{\alpha/2,\, n-1} \times \frac{s}{\sqrt{n}}$$

위 식에서 $\overline{x}$는 표본평균, s는 표본의 표준편차, n은 반복활동의 수를 나타낸다. 여기서 $t_{\alpha/2,\, n-1}$ 값은 표본의 크기가 충분히 클 때는 $z_{\alpha/2}$ 값으로 대체될 수 있다. 즉, 표본의 크기가 충분히 클 때 모평균(μ)의 $100\times(1-\alpha)\%$ 신뢰구간은 다음과 같이 나타낼 수 있다.

$$\bar{x} \pm z_{\alpha/2} \times \frac{s}{\sqrt{n}}$$

엑셀에서 t값은 =T.INV.2T 함수를 이용해 산출하고, z값은 =NORM.S.INV 함수를 이용해 산출한다.

예를 들어, 신뢰수준이 95%인 신뢰구간을 구해 보자. 이 신뢰구간의 상한값과 하한값은 [그림 8-2]의 셀 G118과 셀 G119에 다음의 식을 각각 입력함으로써 구할 수 있다.

95% 신뢰구간의 상한값: =G115+NORM.S.INV(.975)*G116/SQRT(100) 〈식 8-1〉
95% 신뢰구간의 하한값: =G115−NORM.S.INV(.975)*G116/SQRT(100)

또는

95% 신뢰구간의 상한값: =G115+T.INV.2T(.05,99)*G116/SQRT(100) 〈식 8-2〉
95% 신뢰구간의 하한값: =G115−T.INV.2T(.05,99)*G116/SQRT(100)

〈식 8-1〉에서 표준오차 G116/SQRT(100)의 앞의 계수 NORM.S.INV(.975)[5]는 표준정규분포(Z분포)에서 왼쪽꼬리면적이 97.5%가 되는(오른쪽꼬리면적이 2.5%가 되는) z값(1.96)을 나타내는 함수이다. =NORM.S.INV의 일반적 형태는 =NORM.S.INV(1−α/2)로, 여기서 α는 유의수준[6]을 나타낸다. 모평균에 대한 95% 신뢰구간을 구할 경우, 모집단의 표준편차(σ)를 모르면 원칙적으로 t분포를 이용해야 한다. 하지만 위의 예에서는 반복활동의 수가 100으로 표본의 크기가 충분히 크다고 볼 수

5 엑셀 2007 및 그 이전 버전에서는 =NORMSINV 함수를 사용하였다. 이 함수는 엑셀 2010 이후 버전에서도 호환성을 위해 사용이 가능하다.

6 유의수준은 1에서 신뢰수준을 뺀 값이다. 유의수준이란 미지의 모평균이 우리가 구한 신뢰구간에 포함되지 않을 위험을 수치로 표현한 것으로 이해하면 된다.

있으므로 t분포 대신에 Z분포를 이용하여 신뢰구간을 구하였다.

표본의 크기가 작을 경우, t분포를 이용해 신뢰구간을 구하고자 하면 〈식 8-2〉를 이용한다. 〈식 8-2〉를 이용할 경우, 표준오차 G116/SQRT(100)의 앞의 계수는 NORM.S.INV(.975) 대신에 T.INV.2T(.05,99)[7]를 사용한다. T.INV.2T 함수의 일반적인 형태는 =T.INV.2T(α,ν)이다. T.INV.2T 함수는 α와 ν 두 개의 구성인자를 갖는데, α는 유의수준을 나타내며, ν는 자유도를 나타낸다. t분포의 자유도는 (표본크기－1)의 값을 갖는다. 표본의 크기(반복활동의 수)가 커질수록 t분포는 표준정규분포(Z분포)에 수렴하므로 T.INV.2T(α,ν)의 값은 NORM.S.INV(1－α/2)의 값과 흡사해진다.

(8) [그림 8-2]에 나타난 신뢰구간 (₩145,187, ₩269,813)은 Z분포를 이용한 것이다. 이 신뢰구간은 주문량이 200일 때 기대이윤(expected profit)이 존재하리라 우리가 95%로 확신하는 범위를 나타낸다. 즉, 기대이윤이 14만5187원에서 26만9813원 사이에 존재하리라 95% 확신할 수 있고, 이 범위 내에 기대이윤이 존재하지 않을 가능성도 최대 5%는 된다는 말이다. 신뢰구간은 그 폭이 좁을수록 정보로서의 가치를 갖는데, 이 신뢰구간의 폭은 13만원에 가까운 값으로 나타나 비교적 넓음을 알 수 있다.

신뢰구간의 폭(width of confidence interval) 줄이기

신뢰구간의 폭을 줄이는 방법에는 두 가지가 있다. 신뢰구간을 구하는 식에서 쉽게 알 수 있듯이 신뢰수준을 낮추거나 표본의 크기(시뮬레이션에서는 반복활동의 수)를 늘리는 것이다. 하지만 신뢰수준을 낮추는 방법은 추천되지 않는데, 그 이유는 신뢰수준을 낮추면 신뢰구간의 폭은 줄어들지만, 해당 구간에 미지의 모평균이 포함되리라 확신하는 정도 또한 낮아지기 때문이다. 따라서 일정한 신뢰수준 하에서 신뢰구간의 폭을 줄이기 위해서는 반복활동의 수를 늘리게 된다. 실제로 반복활동의 수를 현재의 100에서

7 엑셀 2007 및 그 이전 버전에서는 =TINV 함수를 사용하였다. 이 함수는 엑셀 2010 이후 버전에서도 호환성을 위해 사용이 가능하다.

1,000, 10,000 등으로 늘리게 되면 신뢰구간의 폭이 현저히 줄어드는 것을 관찰할 수 있다. 하지만 반복활동의 수를 늘리는 것은 비용의 증가를 의미하기 때문에 일정한 정밀도(신뢰구간의 폭)를 유지하기 위해 어느 정도의 반복활동이 수행되어야 하는지를 결정하는 것이 필요하다.

2 반복활동의 횟수 정하기

반복활동의 수를 정하는 일은 통계학에서 표본의 크기를 정하는 것과 같다. 즉, 미지의 모수(population parameter)에 대한 구간추정에서 일정한 신뢰구간 폭을 유지하기 위해 몇 번의 반복활동을 수행해야 하는지를 결정하기 위해서는 우선 원하는 신뢰수준 하에서 최대허용오차(maximum probable error, 표본오차의 상한값)를 어느 정도로 할 것인지를 정해야 한다. 예를 들어, 서강서점 문제에서 주문량이 200일 때의 기대이윤의 신뢰구간을 구해보았더니 신뢰구간의 폭이 125,000원 정도로 나왔는데, 이를 50,000원으로 줄이려면 몇 번의 반복활동이 필요하냐는 질문에 대해 답을 해보자.

신뢰구간 폭의 반은 표본오차(sampling error)라고 하는데,[8] 신뢰구간의 폭을 50,000으로 줄이겠다는 말은 표본오차를 25,000원으로 줄이겠다는 말이다. 그리고 이때의 표본오차 크기 25,000원이 바로 최대허용오차가 된다. 일반적으로 최대허용오차를 A로 표기하면 반복활동의 수는 〈식 8-3〉을 이용해서 구하게 된다.

$$z_{\alpha/2}\frac{\sigma}{\sqrt{n}} \le A \quad \Rightarrow \quad n \ge \frac{(z_{\alpha/2} \times \sigma)^2}{A^2} \qquad \text{〈식 8–3〉}$$

〈식 8-3〉에서 모집단 표준편차(σ)는 일반적으로 그 값이 알려지지 않은 미지의

8 표본오차란 모수의 값과 통계량(모수 추정량) 값의 차이를 말한다. 예를 들어, 모평균에 대한 신뢰구간을 구하는 식에서는 모평균과 표본평균의 차이를 말한다.

모수이므로 다음과 같은 두 가지 방법을 이용해 그 값을 추정한다. ① 현재의 반복활동을 통해 나온 표본의 표준편차를 대신 사용하거나, 또는 ② 모집단의 분포(서강서점 문제에서는 이윤의 분포)가 정규분포와 흡사하다고 가정할 경우, 정규분포의 논리에 의해 모집단 표준편차(σ)는 다음과 같이 개략적으로 추정할 수 있다.[9]

$$\sigma \simeq (\text{최댓값} - \text{최솟값}) \div 6$$

서강서점 문제에서 이윤의 분포가 정규분포와 흡사하다는 믿음이 있으면, 주문량이 200일 때 나타날 수 있는 이윤의 최댓값은 500,000원이고, 최솟값은 −250,000원이므로 표준편차는 [500,000−(−250,000)]÷6=125,000원으로 추정할 수 있다. 하지만 이 예제에서 이윤의 분포는 표본의 결과를 보면 정규분포와 큰 차이를 보이므로 ②번의 방법보다는 ①번의 방법을 이용하는 것이 바람직하다.

현재 100번의 반복활동으로부터 계산된 이윤의 표준편차를 이용하여 원하는 신뢰구간 폭(50,000원)을 얻기 위한 반복활동의 횟수를 구하면 다음과 같이 됨을 알 수 있다.

$$n \geq \frac{(1.96 \times 317,930)^2}{25,000^2} = 621.2911 \approx 622$$

독자들은 이 방법을 이용해 구한 반복활동의 수만큼 시뮬레이션을 수행한 후, 기대이윤에 대한 95% 신뢰구간을 구해 보라. 그러면 신뢰구간의 폭은 원했던 수준으로 나옴을 확인할 수 있을 것이다.

3 대안의 성과 비교

지금까지는 주문량이 200인 경우를 예로 들어 시뮬레이션의 수행 과정을 설명하

9 정규분포를 하는 확률변수가 취할 수 있는 거의 모든 값(99.73%)은 평균 ± 3 × 표준편차 범위 내에 존재한다는 사실을 이용한 것이다.

고, 그 결과를 살펴보았다. 이제 다른 주문량의 시뮬레이션 결과도 구해서 이들 결과를 비교하는 것이 필요하다. 그래야 다이어리를 얼마나 주문하는 것이 기대이윤의 최대화 관점에서 가장 좋을지 결정할 수 있기 때문이다. 주문량 결정을 위한 성과 평가의 기준으로 우선 이윤의 표본평균을 이용해 보자.

다른 주문량, 예를 들어, 주문량이 150일 때의 성과는 어떻게 구할 수 있을까? 가장 쉽게 떠오르는 방법은 주문량을 나타내는 셀 B10에 150을 넣으면 시뮬레이션 결과가 [그림 8-3]처럼 바뀌게 될 것이다. 다른 주문량의 결과도 마찬가지 방법으로 파악할 수 있을 것이다. 하지만 이보다 훨씬 효율적인 방법이 있는데, 그것은 엑셀의 데이터-표(Data-Table) 기능을 이용하는 것이다. 데이터-표 기능은 엑셀을 이용해서 시뮬레이션을 수행할 때 매우 요긴하게 사용할 수 있는 유용한 도구이다.

	A	B	C	D	E	F	G	H
1	서강서점 문제							
2								
3	자료							
4					수요량 분포			
5	구입단가	₩7,500		누적확률	수요량	확률		
6	판매단가	₩10,000		0	100	0.3		
7	반품단가	₩2,500		0.3	150	0.2		
8				0.5	200	0.3		
9	의사결정			0.8	250	0.15		
10	주문량	150		0.95	300	0.05		
11		=RAND()	=VLOOKUP(B14,table,2)	=$B$6*MIN(C14,$B$10)	=$B$5*$B$10	=$B$7*MAX($B$10-C14,0)	=D14-E14+F14	
12	시뮬레이션							
13	반복활동	난수	수요량	판매수입	주문비용	반품수입	이윤	
14	1	0.840195606	250	₩1,500,000	₩1,125,000	₩0	₩375,000	
15	2	0.88779426	250	₩1,500,000	₩1,125,000	₩0	₩375,000	
16	3	0.280075973	100	₩1,000,000	₩1,125,000	₩125,000	₩0	
17	4	0.587040021	200	₩1,500,000	₩1,125,000	₩0	₩375,000	
18	5	0.794996144	200	₩1,500,000	₩1,125,000	₩0	₩375,000	
109	96	0.224340523	100	₩1,000,000	₩1,125,000	₩125,000	₩0	
110	97	0.880191487	250	₩1,500,000	₩1,125,000	₩0	₩375,000	
111	98	0.462522827	150	₩1,500,000	₩1,125,000	₩0	₩375,000	
112	99	0.414522705	150	₩1,500,000	₩1,125,000	₩0	₩375,000	
113	100	0.334890605	150	₩1,500,000	₩1,125,000	₩0	₩375,000	
114								
115						평균이윤	₩273,750	=AVERAGE(G14:G113)
116						표준편차	₩167,324	=STDEV.S(G14:G113)
117								
118						신뢰구간 상한값	₩306,545	=$G$115+NORM.S.INV(0.975)*$G$116/SQRT(100)
119						신뢰구간 하한값	₩240,955	=$G$115-NORM.S.INV(0.975)*$G$116/SQRT(100)

▌그림 8-3▌ 주문량이 150일 때의 표본 결과

데이터-표 기능을 이용해서 여러 가지 주문량에 따른 성과(예를 들어, 평균이윤, 이윤의 표준편차 등)를 빠르게 비교해 볼 수 있는 방법을 알아보자.

(1) 우선 [그림 8-4]에서 보듯이 셀 J5에 =G115를 입력하고, 셀 K5에 =G116을 입

력한다. 그러면 주문량 200일 때의 평균이윤과 표준편차가 나타난다.

(2) 셀 범위 I6:I14에 비교하고자 하는 주문량 대안들을 입력한다. 본 예제에서는 주문량을 100부터 300까지 25개 단위로 확인해 보도록 한다.

(3) 다음으로 셀 범위 I5:K14을 선택한다. 그러면 해당 셀 범위가 음영으로 나타난다. 그 상태에서 메뉴표시줄의 데이터 탭을 누르고, 이어 나타나는 가상분석을 눌러 데이터-표(T)를 선택한다. 그러면 [그림 8-4]에서 보는 바와 같이 데이터 테이블 대화상자가 나타난다. 데이터 테이블 대화상자에서 행 입력 셀(R)은 빈칸으로 놓아두고, 열 입력 셀(C)에 B10을 입력한다(셀 번호를 직접 입력하지 않고 엑셀 시트의 셀 B10을 마우스로 누르면 해당 셀 번호가 자동으로 입력된다). 확인 버튼을 누른다.

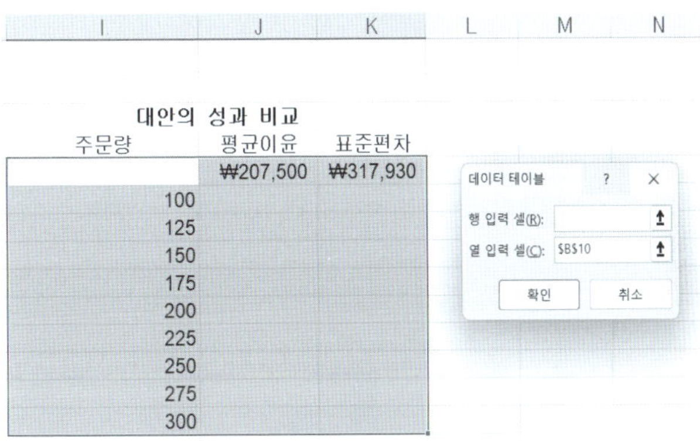

❙ 그림 8-4 ❙ 데이터-표 기능 이용하기

(4) 그러면 [그림 8-5]와 같이 셀 범위 I5:K14에 주문량에 따른 평균이윤과 이윤의 표준편차가 나열된다. 위 (3)의 내용은 앞서 선택한 셀 범위 I5:K14의 첫 번째 열에 있는 각 수치(주문량)를 셀 B10에 넣어 주문량이 200일 때 수행한 모든 시뮬레이션 과정을 반복한 후, 각각의 주문량에 대하여 연구자가 지정한 성과((1)에서 평균이윤과 표준편차를 지정했음)를 해당 셀에 출력하라는 것이다.

	I	J	K	L
1				
2				
3		대안의 성과 비교		
4	주문량	평균이윤	표준편차	
5		₩207,500	₩317,930	
6	100	₩250,000	₩0	
7	125	₩261,875	₩83,662	
8	150	₩273,750	₩167,324	
9	175	₩240,625	₩235,932	
10	200	₩207,500	₩317,930	
11	225	₩121,875	₩360,885	
12	250	₩36,250	₩413,738	
13	275	-₩81,250	₩425,985	
14	300	-₩198,750	₩440,993	

| 그림 8-5 | 데이터-표를 이용한 대안의 성과 비교

이제 우리는 주문량 각각에 대한 성과를 일목요연하게 비교할 수 있고, 이 결과를 차트 기능을 이용하여 그림으로 나타낼 수도 있다. [그림 8-6]은 주문량 9개에 대한 평균이윤을 비교한 차트이고, [그림 8-7]은 주문량 9개에 대한 평균이윤과 표준편차를 함께 비교한 차트이다. 만일 독자들이 주문량 각각에 대한 기대이윤의 95% 신뢰구간 상한값과 하한값을 보고 싶으면 셀L5에 =G118, 셀 M5에 =G119를 입력하고, 위의 과정을 반복하면 주문량 각각에 대한 기대이윤의 95% 신뢰구간도 비교할 수 있다. 그 외의 다른 성과도 마찬가지로 지정하여 비교할 수 있다.

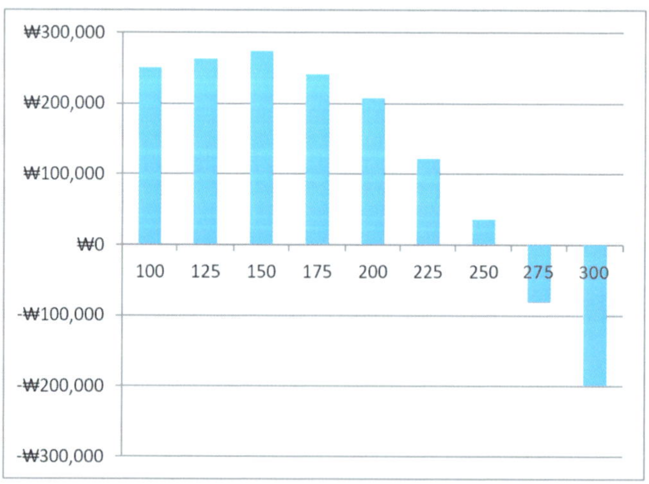

| 그림 8-6 | 주문량에 따른 평균이윤의 비교

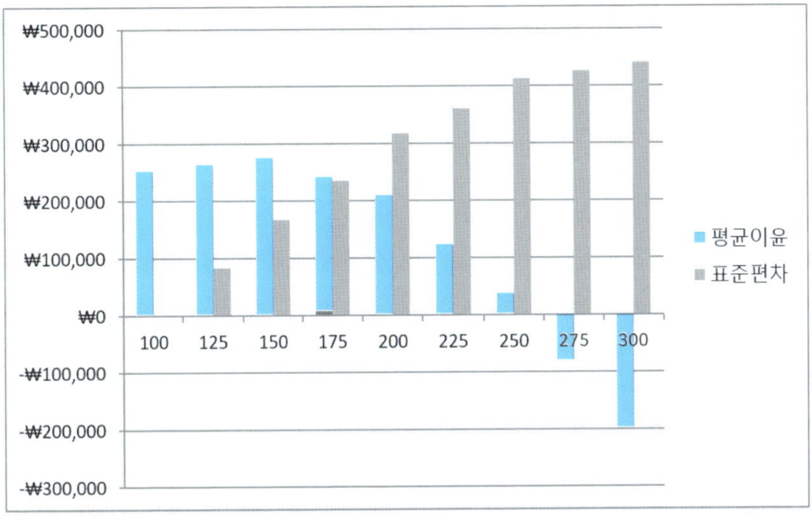

| 그림 8-7 | 주문량에 따른 평균이윤과 표준편차의 비교

(5) 이제 데이터-표 기능이 제공한 결과를 해석해 보자. 결과를 보면 주문량이 100부터 300까지 25단위로 나눠진 9개 대안의 평균이윤과 표준편차가 나타나 있다. 평균이윤을 보면 주문량이 150일 때가 가장 크게 나와 만일 평균이윤을 평가 기준으로 삼으면 9개 대안 중에는 주문량 150이 가장 좋은 대안이 될 것이다. 하지만 표준편차까지 평가 기준으로 생각하면 주문량 125와 주문량 150의 우열을 가리기 위해서는 추가적인 분석이 필요하다. 표준편차란 이윤의 기복을 나타내는 수치이므로 그 값이 작으면 이윤의 기복이 작아 해당 대안은 덜 위험하다고(less risky) 평가하는 반면, 그 값이 크면 이윤의 기복이 커서 해당 대안은 더 위험한(more risky) 대안으로 평가한다. 이제 주문량 125와 주문량 150의 두 대안을 비교해 보면 주문량 125는 주문량 150에 비해 평균이윤은 조금 작지만 덜 위험해서, 위험회피적인 성향을 보이는 사람은 오히려 주문량 125를 더 선호할 수 있다.

따라서 평균과 표준편차를 함께 고려하여 두 대안의 객관적 비교를 위한 통계적 방법이 필요하다. 대안의 통계적 비교 방법에 대해서는 나중에 구체적으로 설명할 것이다. 여기서, 독자들은 잠시 주문량이 100일 경우의 표준편차는 왜 '0'인지 생각해 보기를 바란다. 표준편차가 '0'이라는 말은 100번의 반복활동에서 발생한 100개의

이윤이 모두 250,000원으로 같다는 말이다.[10]

(1) 난수의 고정(freezing random numbers)

앞서도 언급했듯이 우리가 엑셀 시트에서 어떤 작업을 수행하면 난수는 계속 바뀌고, 이에 따라 우리가 관심을 두고 있는 각 주문량에 대한 성과(예를 들어, 평균, 표준편차, 신뢰구간의 상한값, 하한값 등)도 계속 변하는 현상을 볼 수 있다. 반복활동의 수가 매우 크면 표본의 결과는 큰 변화가 없으나, 앞의 예처럼 반복활동의 수가 100 정도 될 때는 표본 결과의 변화가 심해, 평균이윤을 가지고 가장 좋은 주문량이 무엇인지 결정하는 경우, 어떨 때는 150이 좋다가도 어떨 때는 125가 더 좋은 주문량으로 나타나는 문제가 발생한다. 또한 어떤 주문량이 가장 좋은지 공정하게 비교하기 위해서는 100번의 반복활동에서 100개의 수요량을 발생시킨 100개의 난수들이 모든 대안(주문량)에서 같아야 하지 않느냐는 문제도 제기할 수 있다.

이러한 문제를 해결하는 방법으로 난수를 고정(freeze)하는 방법이 있다. 난수를 고정하면 F9키를 누르거나 엑셀 시트에서 어떤 작업을 하더라도 난수는 변하지 않고, 난수에 따라 발생하는 확률변수의 값도 변하지 않는다. 따라서 동일한 난수집단(common random number stream)을 이용하여 공정한 대안 비교도 수행할 수 있다.[11]

난수를 고정하는 방법은 다음과 같다.

① [그림 8-8]에서 발생한 난수의 셀 범위를 선택한다. 마우스 오른쪽 버튼을 눌러 복사를 선택한다. 해당 셀 범위의 테두리가 점선으로 변하면서 반짝거릴 것이다.

② 여기서 다시 마우스 오른쪽 버튼을 눌러 값으로 선택하기 붙여넣기 한다. 그러면 이제 해당 난수 집단은 더 이상 그 값이 변하지 않게 된다. 이제 어느 셀이든 난수를 마우스로 선택해 보라. 이전까지는 해당 셀의 내용이 =RAND( ) 함수였지만 난수

10 주문량이 100일 경우 어떤 수요량이 발생하더라도 다이어리는 100개만 팔리게 되고, 따라서 판매수입과 주문비용은 각각 1,000,000원과 750,000원이 되어 이윤은 250,000원으로 일정하게 된다.

11 이를 시뮬레이션에서 CRN(common random numbers) 방법이라고 한다. CRN 방법은 특정 난수집단을 특정 확률변수 값을 발생시키는 데 사용하도록 함으로써 CRN 방법을 사용하지 않았을 때와 비교해 같은 신뢰수준 하에서 신뢰구간의 폭을 줄일 수 있는(추정의 정밀도를 높일 수 있는) 유용성을 갖는다. 이것에 대해서는 10장에서 구체적으로 설명한다.

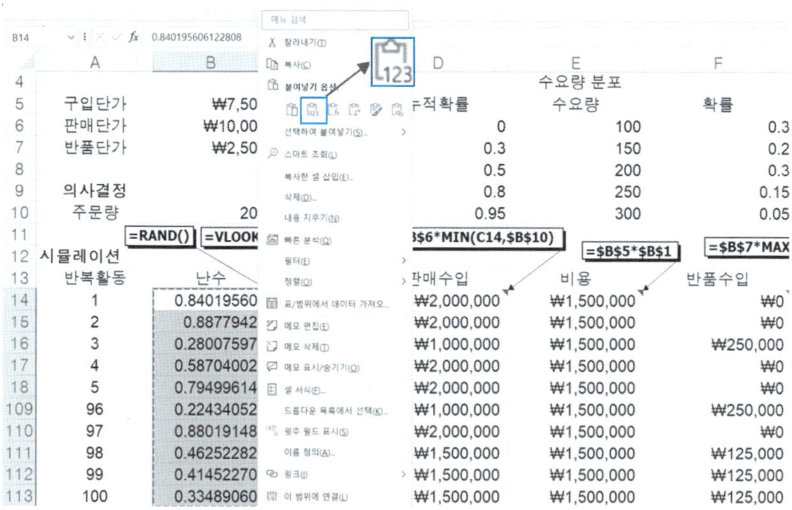

❙그림 8-8❙ 난수의 고정

를 값으로 고정함으로써 해당 셀의 내용은 숫자로 고정되었음을 알 수 있다. 값으로 고정된 난수는 F9키를 눌러도 그 값은 더 이상 바뀌지 않는다.

4 대안의 세분화

여기서 잠시 평균이윤만을 고려해서 최적의 주문량을 결정해 보자. 현재의 9개 대안 중에는 주문량 150이 최적의 대안으로 나타나고 있으나, 좀 더 많은 대안을 생각해 보자. 현재 9개 대안의 평균이윤 추이를 보면 주문량이 증가함에 따라 평균이윤은 어느 수준까지 증가하다가 그 이후로는 다시 감소하는 모습을 볼 수 있다. 즉, 특정 주문량 범위에서 평균이윤이 봉우리 형태를 보임을 알 수 있다. 따라서 봉우리를 구성하는 주문량 125와 175 사이를 좀 더 세분화하여 그 성과를 지켜볼 필요가 있을 것이다.

데이터-표 기능을 이용하여 주문량 125와 175 사이를 5단위로 세분화하고, 주문량에 따른 평균이윤과 표준편차를 구해 비교해 보자. 결과는 [그림 8-9]와 같다. [그림

8-9]를 보면 이 경우에도 150이 평균이윤을 기준으로 했을 때 가장 좋은 주문량으로 나타나고 있다. 이제 [그림 8-9]에서 평균이윤 분포의 봉우리를 이루는 145와 155 사이를 다시금 1단위로 세분화하여 최적 주문량을 살펴보자. 이때도 150이 가장 좋은 주문량으로 나타남을 알 수 있다. 이상의 세분된 주문량에 대한 분석을 통해 우리는 주문량 150이 평균이윤을 기준으로 했을 때 가장 좋은 주문량이라고 판단할 수 있다.

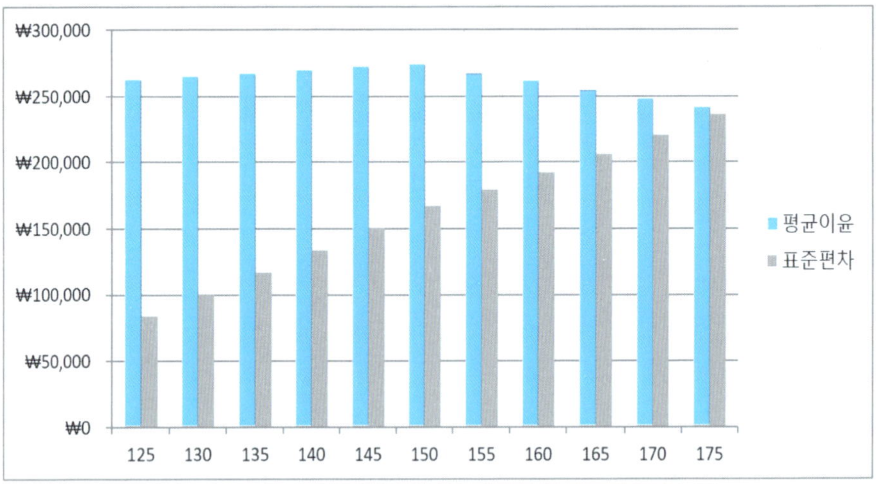

▌그림 8-9▌ 세분된 주문량에 대한 평균이윤과 표준편차

9장 확률변수 값 발생기

관심의 대상이 되는 확률변수의 값을 난수를 이용해서 발생시키는 방법에 대해 알아보자. 난수를 이용해 확률변수의 값을 발생시키는 것은 확률분포로부터 표본추출(sampling from probability distribution), 확률변수 값의 발생(random variate generation) 또는 몬테칼로 표본추출(Monte Carlo sampling) 등 여러 가지 이름으로 불린다. 서강서점 문제에서 난수를 이용해 이산형 확률변수인 수요량의 값을 발생시킨 것을 예로 들 수 있다.

1 역변환 방법

확률변수의 값을 발생시키는 방법으로는 여러 가지가 있는데, 여기서는 역변환 방법(ITM: inverse transformation method)을 설명한다. 사실, 서강서점 문제에서 이산형 분포를 하는 수요량의 값을 구할 때 사용한 방법도 역변환 방법이다.

역변환 방법은 이산형 분포와 연속형 분포 모두에 적용할 수 있고, 난수 하나에 대해 확률변수 값 하나를 발생시키게 된다. 하지만 역변환 방법은 확률분포의 누적분포함수(CDF: cumulative distribution function)를 폐쇄형(closed form)으로 나타낼 수 있는 분포에만 적용할 수 있다.[1] 예를 들어, 지수분포(exponential distribution), 일양분포(uniform distribution), 삼각분포(triangular distribution) 등이 여기에 해당

1 누적분포함수가 폐쇄형이란 말은 누적분포함수가 Σ, $\int$, Π 등을 포함하지 않는 하나의 식으로 표현되어 이의 역함수도 하나의 식으로 나타낼 수 있는 것을 의미한다.

한다.

역변환 방법이란 〈식 9-1〉과 같이 확률변수의 누적분포함수 $F(x)$와 발생한 난수 r을 같게 놓고, 이 식에서 x의 값을 찾는 것을 말한다.

$$F(x) = r \rightarrow x = F^{-1}(r) \qquad \text{〈식 9–1〉}$$

역변환 방법을 통해 확률변수의 값을 발생시킬 수 있는 이유는 다음 세 가지 때문이다. 첫째, 난수와 누적분포함수의 값은 모두 [0, 1] 범위 내의 실숫값을 갖는다. 둘째, 난수는 일양성(uniformity)과 독립성(independence)의 특성을 가지므로 발생하는 난수의 순서가 무작위적이고, 각 난수가 발생할 확률도 같다. 셋째, 누적분포함수의 값은 확률변수의 값이 증가할수록 비감소하는(non-decreasing) 특성을 갖는다.

따라서 [그림 9-1]과 같이 누적분포함수 $F(x)$와 난수 r을 일치시킴으로써 난수 하나에 상응하는 확률변수 값 하나를 구하게 된다.

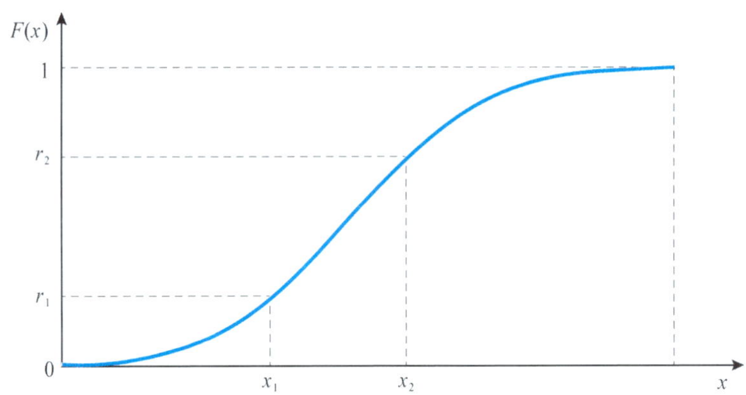

| 그림 9–1 | 역변환 방법을 통한 확률변수 값의 발생

역변환 방법을 이용하여 확률변수의 값을 발생시키는 절차를 요약하면 다음과 같다.

① 값을 발생시키기를 원하는 확률변수의 누적분포함수 $F(x)$를 구한다. 누적분포함수 $F(x)$는 〈식 9-2〉와 같이 확률변수가 특정 값 이하의 값을 취할 확률을 나타낸다.

$$F(x) = P(X \le x) = \int_{-\infty}^{x} f(x)dx \ \text{or} \ \sum_{all\, x_i \le x} p(x_i) \qquad \langle 식\ 9\text{–}2 \rangle$$

② 난수 r을 발생시킨다.

③ $F(x) = r$로 놓고, 이 식을 x에 대해서 푼다. 그러면 x의 값은 원하는 확률변수의 값이 된다.

역변환 방법은 위에 설명한 바와 같이 이해하기 쉽고 적용하기 간단하다는 장점이 있지만, 확률분포의 누적분포함수 $F(x)$를 폐쇄형으로 나타내지 못하는 경우는(예를 들어, 이항분포, 정규분포) 이 방법을 사용하기 힘든 단점이 있다.

2 역변환 방법의 적용

역변환 방법을 이용하여 〈식 9-3〉과 같은 연속형 분포를 하는 확률변수의 값을 구해 보자.

$$f(x) = \begin{cases} 2x, & 0 \le x \le 1 \\ 0, & \text{그 밖의 경우} \end{cases} \qquad \langle 식\ 9\text{–}3 \rangle$$

위 분포의 누적분포함수 $F(x)$는 적분할 필요 없이 삼각형 면적을 구하는 방법만 알면 쉽게 구할 수 있다. 즉, 위 분포의 확률밀도함수 $f(x)$를 그림으로 나타내면 [그림 9-2]와 같다. [그림 9-2]에서 누적분포함수 $F(x)$는 $0 \le x \le 1$ 범위에서 음영으로 나타낸 삼각형 면적이므로 $F(x) = x \times (2x) \div 2 = x^2$이다.

따라서 x^2과 발생한 난수 r을 일치시키면 $x^2 = r$이고, $x = \pm\sqrt{r}$이 된다. 하지만 $f(x)$는 x가 0과 1 사이의 값을 가질 때 정의되므로 음의 값은 해당이 되지 않는다. 결국, 확률변수 값 발생기(random variate generator) $x = \sqrt{r}$이 된다. 만일 발생한 난수가 0.49의 값을 가지면 확률변수 x의 값은 0.9가 되고, 이 식에 의해 어떤 난수가 발생하든 여기에 상응하는 확률변수 값 x가 발생한다.

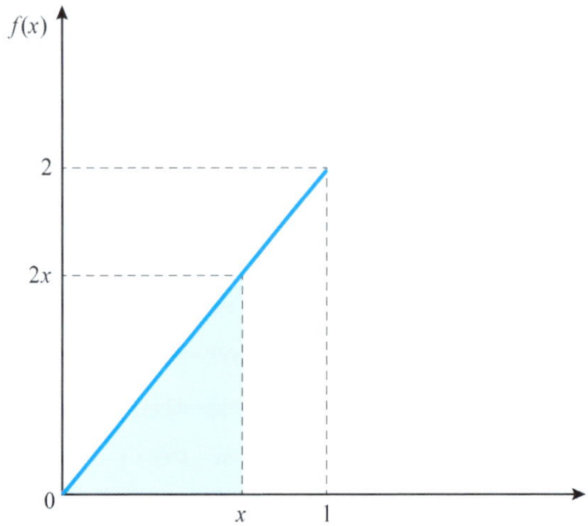

▎그림 9-2 ▎ 〈식 9-3〉의 확률밀도함수

이제 역변환 방법을 이용해 주요 연속형 확률분포인 지수분포, 일양분포, 삼각분포의 확률변수 값 발생기를 만들어 보자.

(1) 지수분포

지수분포(exponential distribution)는 연속적으로 발생하는 사건들의 시간 간격의 분포를 묘사할 때 유용하게 사용된다. 예를 들어, 은행에 도착하는 고객들의 도착시간 간격은 지수분포로 잘 나타낼 수 있다. 지수분포의 모수는 보통 λ(lambda, 람다)로 표시하는데, λ는 일정 시간이나 공간 내에 발생하는 평균 사건의 수를 나타낸다. $\lambda > 0$인 지수분포의 확률밀도함수는 다음과 같이 정의된다.

$$f(x) = \begin{cases} \lambda e^{-\lambda x}, & x \geq 0 \\ 0, & \text{그 밖의 경우} \end{cases}$$

지수분포의 누적분포함수를 구하면 다음과 같다.[2]

2 $x \geq 0$인 경우, $F(x) = \int_0^x \lambda e^{-\lambda t} dt = \left[-e^{-\lambda t}\right]_0^x = -e^{-\lambda x} - (-e^{-\lambda(0)}) = 1 - e^{-\lambda x}$

$$F(x) = \begin{cases} 1 - e^{-\lambda x}, & x \geq 0 \\ 0, & \text{그 밖의 경우} \end{cases}$$

따라서 $F(x) = r$로부터 x를 구하면

$$1 - e^{-\lambda x} = r \quad \rightarrow \quad e^{-\lambda x} = 1 - r$$

양변에 자연로그를 취하면

$$-\lambda x = \ln(1-r)$$

따라서

$$x = -\frac{1}{\lambda}\ln(1-r)\text{이다.}$$

여기서 $(1-r)$은 r로 대체할 수 있으므로[3] 지수분포의 확률변수 값 발생기는 다음과 같이 간략하게 나타낼 수 있다.

$$x = -\frac{1}{\lambda}\ln r$$

(2) 일양분포

일양분포(uniform distribution)는 확률변수 X가 일정 범위 내에서 값을 취할 가능성이 모두 같은 분포이다. 일양분포의 모양을 결정하는 모수는 확률변수 X가 취하는 값의 하한값 a와 상한값 b이다. 즉, $a \leq x \leq b$의 범위에서 일양분포를 하는 확률변수 X의 확률밀도함수는 다음과 같이 정의된다. 여기서 $a = 0$이고, $b = 1$인 경우, 이 확률변수가 취하는 값은 난수(random numbers)가 된다.

3 r이 난수이므로 $(1-r)$도 난수이다.

$$f(x)=\begin{cases}\dfrac{1}{b-a}, & a \le x \le b \\ 0, & \text{그 밖의 경우}\end{cases}$$

일양분포를 하는 확률변수의 확률밀도함수는 [그림 9-3]과 같이 수평선으로 나타나므로 누적분포함수 $F(x)$를 구하기 위해서는 적분을 이용할 필요 없이 사각형의 면적을 구하면 된다.

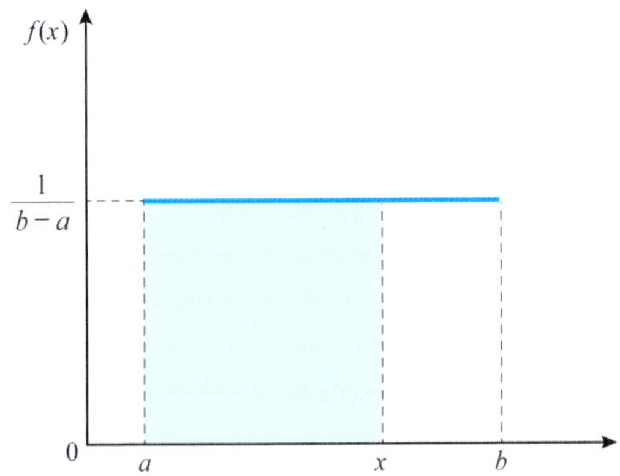

| 그림 9-3 | 일양분포의 확률밀도함수

[그림 9-3]에서 음영 부분이 바로 누적분포함수를 나타내는데, 이 면적은 다음과 같이 구할 수 있다.

$$x\left(\frac{1}{b-a}\right)-a\left(\frac{1}{b-a}\right)=\frac{x-a}{b-a}$$

따라서 누적분포함수 $F(x)$는 다음과 같이 정의된다.

$$F(x)=\begin{cases}0, & x<a \\ \dfrac{x-a}{b-a}, & a \le x \le b \\ 1, & x>b\end{cases}$$

이제 $F(x)=r$로부터 확률변수 값 발생기 x를 구하면 다음과 같다.

$$\frac{x-a}{b-a}=r \quad \rightarrow \quad x=a+(b-a)r$$

난수 r이 0이면 $x=a$가 되고, r이 0.5이면 $\frac{a+b}{2}$, 그리고 r이 1의 값을 가지면 $x=b$가 된다. 따라서 난수 r이 0에서 1 사이의 값을 가짐에 따라 일양분포를 하는 확률변수 x의 값은 a와 b 사이에서 결정된다. 예를 들어, $a=10$, $b=20$이고, 난수 $r=0.5$라면 $x=15$로 결정된다.

(3) 삼각분포

삼각분포(triangular distribution)는 확률변수가 취할 수 있는 가장 큰 값(maximum value), 가장 발생 가능성이 큰 값(most likely value), 취할 수 있는 가장 작은 값(minimum value)이라는 세 가지 모수를 갖는 연속형 확률분포로서 확률밀도함수가 삼각형의 모습을 해서 붙여진 이름이다. 세 가지 모수를 크기 순서로 a < b < c라 하면 삼각분포의 확률밀도함수는 [그림 9-4]와 같은 모습을 보인다.

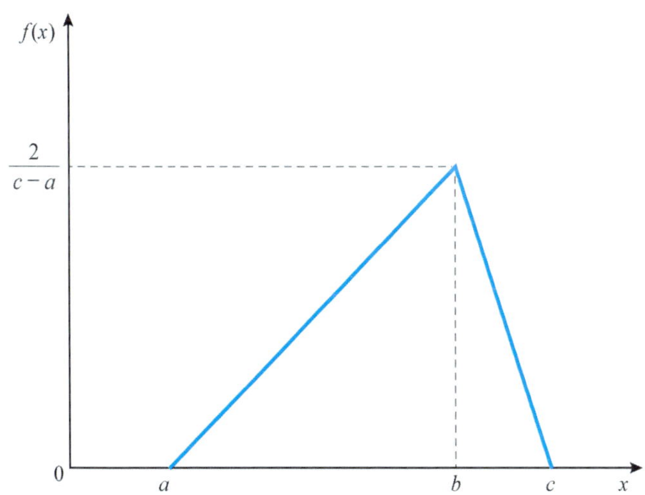

▌그림 9-4 ▌ 삼각분포의 확률밀도함수

[그림 9-4]에서 삼각형의 정점에 해당하는 $f(x)$의 값이 $\frac{2}{c-a}$인 것은 확률밀도함수 아래의 면적, 즉 삼각형의 면적이 1이 되어야 하기 때문이다.

삼각분포는 건설공사 완공시간, 프로젝트 소요시간 등 특정 활동이나 프로젝트에 걸리는 시간을 예측할 때 많이 사용된다. 예를 들어, 어떤 건설공사가 얼마나 걸릴지는 아무도 정확히 예측할 수 없는데, 그 이유는 예기치 못한 여러 가지 사건이 발생할 수 있기 때문이다. 이 경우 삼각분포는 건설공사 기간을 추정하는 데 유용하게 활용될 수 있다. 건설공사가 얼마나 걸릴지 하나의 숫자로 확실히 추정할 수는 없지만 유사한 공사를 많이 진행해 본 경험이 많은 전문가는 그들의 경험을 통해 우리에게 가장 낙관적인 시간(most optimistic time), 가장 가능성이 많은 시간(most likely time), 가장 비관적인 시간(most pessimistic time) 등 세 가지 수치를 제공해 줄 수 있다. 이제 이 세 가지 시간을 이용해 공사 기간의 분포를 만들게 되면 그 분포는 [그림 9-4]와 같은 삼각형 모양을 하게 되며, 이 그림은 공사 기간의 분포를 잘 묘사해 줄 수 있다. [그림 9-4]에서 모수 a는 가장 낙관적인 시간(가장 짧은 공사 시간)을, b는 가장 가능성이 많은 시간을, c는 가장 비관적인 시간(가장 긴 공사 시간)을 나타낸다.[4]

삼각분포의 확률변수 값 발생기를 만들어보자. 다음의 확률밀도함수는 a=2, b=3, c=6인 삼각분포의 확률밀도함수이다. 어떤 건설공사의 완공시간(단위: 달)이 이와 같은 삼각분포를 한다고 할 때, 역변환 방법을 이용해 확률변수 발생기를 만들어 보자.

$$f(x) = \begin{cases} 0.5(x-2), & 2 \le x \le 3 \\ 0.5(2-\frac{x}{3}), & 3 \le x \le 6 \\ 0, & \text{그 밖의 경우} \end{cases}$$

위 확률밀도함수는 그림으로 나타내면 [그림 9-5]와 같다.

4 삼각분포의 직선 모양을 곡선으로 유연하게 만든 분포가 퍼트(Pert) 분포이다. 퍼트분포도 삼각분포와 같은 의미를 갖는 a, b, c 세 가지 모수에 의해 분포의 모양이 결정된다. 퍼트라는 이름은 프로젝트 일정계획 수립에 많이 사용하는 PERT/CPM에서 따온 것이다.

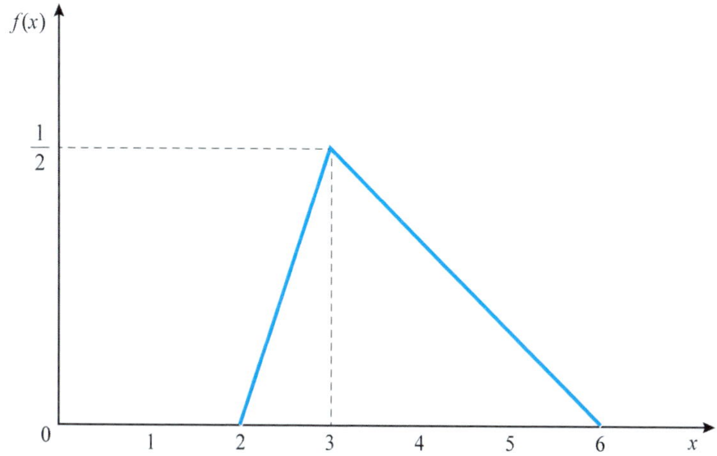

▌그림 9-5▌ a=2, b=3, c=6인 삼각분포의 확률밀도함수

삼각형의 면적을 구하는 방법을 이용해 누적분포함수 $F(x)$를 구하면 다음과 같다.

$$F(x)=\begin{cases} 0, & x<2 \\ \frac{1}{4}(x-2)^2, & 2\le x\le 3 \\ -\frac{1}{12}(x^2-12x+24), & 3\le x\le 6 \\ 1, & \text{그 밖의 경우} \end{cases}$$

위의 누적분포함수를 보면 x의 범위에 따라 두 가지 함수로 나누어짐을 알 수 있다. 즉, $2\le x\le 3$인 경우에는 $F(x)=\frac{1}{4}(x-2)^2$이고, $3\le x\le 6$인 경우에는 $F(x)=-\frac{1}{12}(x^2-12x+24)$이다.

이 누적분포함수를 그래프로 나타내면 [그림 9-6]과 같다.

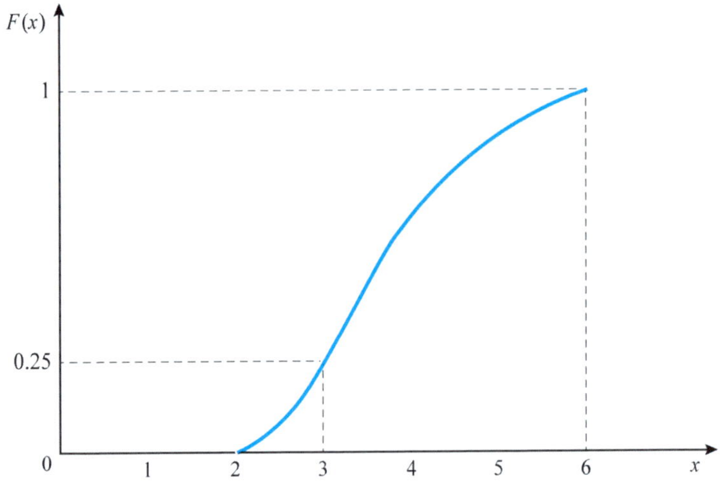

▌그림 9–6 ▌삼각분포의 누적분포함수

따라서 발생한 난수의 값이 무엇이냐에 따라 확률변수 값 발생기는 두 가지로 구분된다. 즉, 난수 r의 값이 0.25 이하일 경우의 확률변수 값 발생기는 〈식 9-4〉로 결정된다.

$$\frac{1}{4}(x-2)^2 = r,\ 0 \le r \le 0.25 \qquad \text{〈식 9–4〉}$$

그리고 난수 r의 값이 0.25 이상일 경우에는 확률변수 값 발생기는 〈식 9-5〉로 결정된다.

$$-\frac{1}{12}(x^2 - 12x + 24) = r,\ 0.25 \le r \le 1 \qquad \text{〈식 9–5〉}$$

〈식 9-4〉로부터 확률변수 값 발생기 $x = 2 + 2\sqrt{r}\ (0 \le r \le 0.25)$이고,[5] 〈식 9-5〉로부터 확률변수 값 발생기 $x = 6 - 2\sqrt{3-3r}\ (0.25 \le r \le 1)$이다.[6]

5 〈식 9-4〉에서 $x = 2 \pm 2\sqrt{r}$ 이나 $x \ge 2$이므로 $x = 2 - 2\sqrt{r}$은 실행 불가능한 값으로 버리게 된다.

6 〈식 9-5〉에서 $x = 6 \pm 2\sqrt{3-3r}$ 이나 $x \le 6$이므로 $x = 6 + 2\sqrt{3-3r}$은 실행 불가능한 값으로 버린다.

난수 r의 값이 0인 경우, 첫 번째 확률변수 값 발생기를 이용해 x의 값을 구하면 $x=2$이고, 난수 r의 값이 1인 경우는 두 번째 확률변수 값 발생기를 이용하여 $x=6$으로 산출된다. $r=0.25$일 경우는 어떤 확률변수 값 발생기를 이용하든 동일하게 $x=3$의 값을 발생시킴을 알 수 있다.

10장 주요 분포의 시뮬레이션 적용

1 정규분포의 적용

정규분포는 통계학에서 가장 중요한 분포이고, 또 여러 가지 실제 현상을 나타내는 데 많이 활용되는 연속형 분포이다. 정규분포의 모양은 두 가지 모수인 평균(μ)과 표준편차(σ)에 의해 결정된다. 엑셀에는 정규분포를 하는 확률변수의 값을 발생시킬 수 있는 함수가 있다. 이 함수는 원래 정규분포의 왼쪽꼬리면적이 ϕ[1]인 정규분포 확률변수의 값을 산출하는 함수로서 다음과 같다.

=NORM.INV(ϕ,μ,σ)

즉, 평균이 μ 이고, 표준편차가 σ 인 정규분포의 왼쪽꼬리면적이 ϕ가 되는 정규분포 확률변수의 값을 산출하라는 함수이다. 이 함수를 이용하면 정규분포 확률변수의 값을 발생시킬 수 있다. 즉, 왼쪽꼬리면적 ϕ 대신에 rand()를 입력하면, 난수가 왼쪽꼬리면적이 되는 평균이 μ 이고, 표준편차가 σ 인 정규분포 확률변수 값을 발생시킨다.

=NORM.INV(rand(),μ,σ)

위 함수에서 왼쪽꼬리면적은 0에서 1 사이의 값을 갖고, 난수도 0에서 1 사이의 값을 무작위로 갖기 때문에 =NORM.INV 함수[2]를 이용하면 원하는 평균과 표준편차

1 0에서 1 사이의 숫자 또는 해당 %를 입력한다. 예를 들어, 0.3 또는 30%를 입력하면 평균이 μ 이고, 표준편차가 σ 인 정규분포의 왼쪽꼬리면적이 30%가 되는 확률변수의 값을 산출해 준다.

2 엑셀 2007 및 그 이전 버전에서는 =NORMINV 함수를 사용하였다. 이 함수는 엑셀 2010 이후 버

를 갖는 정규분포의 확률변수 값을 난수를 이용해 구할 수 있다.

이제 앞서 본 서강서점 문제에서 수요량의 분포를 이산형 분포에서 평균이 200이고, 표준편차가 30인 정규분포로 바꾸어 보자.

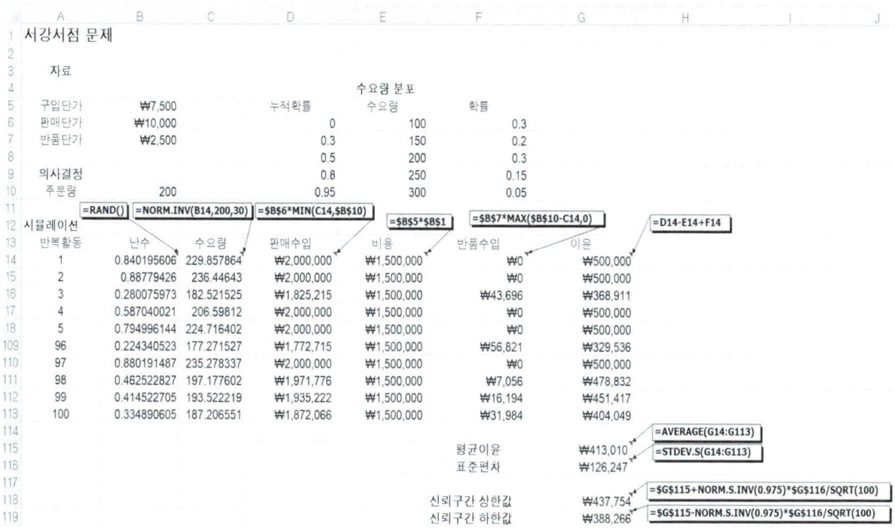

	A	B	C	D	E	F	G
1	서강서점 문제						
2							
3	자료						
4					수요량 분포		
5	구입단가	₩7,500		누적확률	수요량	확률	
6	판매단가	₩10,000		0	100	0.3	
7	반품단가	₩2,500		0.3	150	0.2	
8				0.5	200	0.3	
9	의사결정			0.8	250	0.15	
10	주문량	200		0.95	300	0.05	
11							
12	시뮬레이션						
13	반복활동	난수	수요량	판매수입	비용	반품수입	이윤
14	1	0.840195606	229.857864	₩2,000,000	₩1,500,000	₩0	₩500,000
15	2	0.88779426	236.44643	₩2,000,000	₩1,500,000	₩0	₩500,000
16	3	0.280075973	182.521525	₩1,825,215	₩1,500,000	₩43,696	₩368,911
17	4	0.587040021	206.59812	₩2,000,000	₩1,500,000	₩0	₩500,000
18	5	0.794996144	224.716402	₩2,000,000	₩1,500,000	₩0	₩500,000
109	96	0.224340523	177.271527	₩1,772,715	₩1,500,000	₩56,821	₩329,536
110	97	0.880191487	235.278337	₩2,000,000	₩1,500,000	₩0	₩500,000
111	98	0.462522827	197.177602	₩1,971,776	₩1,500,000	₩7,056	₩478,832
112	99	0.414522705	193.522219	₩1,935,222	₩1,500,000	₩16,194	₩451,417
113	100	0.334890605	187.206551	₩1,872,066	₩1,500,000	₩31,984	₩404,049
114							
115						평균이윤	₩413,010
116						표준편차	₩126,247
117							
118						신뢰구간 상한값	₩437,754
119						신뢰구간 하한값	₩388,266

❙ 그림 10-1 ❙ 수요량이 정규분포를 따르는 경우

앞서 수요량의 분포가 이산형 분포였던 [그림 8-2]에서 셀 C14에 =VLOOKUP 함수 대신에 =NORM.INV(B14,200,30)을 입력하면 평균이 200이고 표준편차가 30인 정규분포 확률변수의 값이 발생되는데, 이것이 바로 정규분포를 따르는 수요량이 된다. 여기서 수요량은 정수로 떨어지지 않고 소수점으로 나타나는데, 이는 정규분포가 연속형 분포이기 때문이다. 수요량이 소수점으로 표현되었다고 해서 우리가 시뮬레이션으로부터 얻고자 하는 정보, 예를 들어, 최적의 주문량 결정 등이 바뀌는 것은 아니다. 모든 주문량에서 같은 조건이 적용되기 때문이다. 하지만 수요량이 정수로 나오기를 원하는 독자들은 엑셀의 =ROUND나 =INT 함수를 이용해 발생하는 수요량을 정수로 만들 수 있다.[3]

전에서도 호환성을 위해 사용이 가능하다.

3 =ROUND 함수는 소수점을 반올림하고, =INT 함수는 소수점을 잘라내는 기능을 한다. 예를 들

이제 셀 C14의 식을 C113까지 끌기해서 복사해 보자. 그러면 정규분포를 따르는 수요량이 반복활동마다 무작위로 발생할 것이며, 이에 따라 이윤 등 모든 후속적 계산이 이루어진다. 또한 데이터-표 기능을 이용해 여러 가지 주문량에 따른 평균이윤, 이윤의 표준편차 등 원하는 성과를 산출함으로써 대안들의 우열을 비교할 수 있다. [그림 10-2]를 보면, 수요량의 분포를 정규분포로 가정할 경우, 9개의 주문량 중 가장 좋은 주문량은 평균이윤을 기준으로 하였을 때 200임을 알 수 있다.

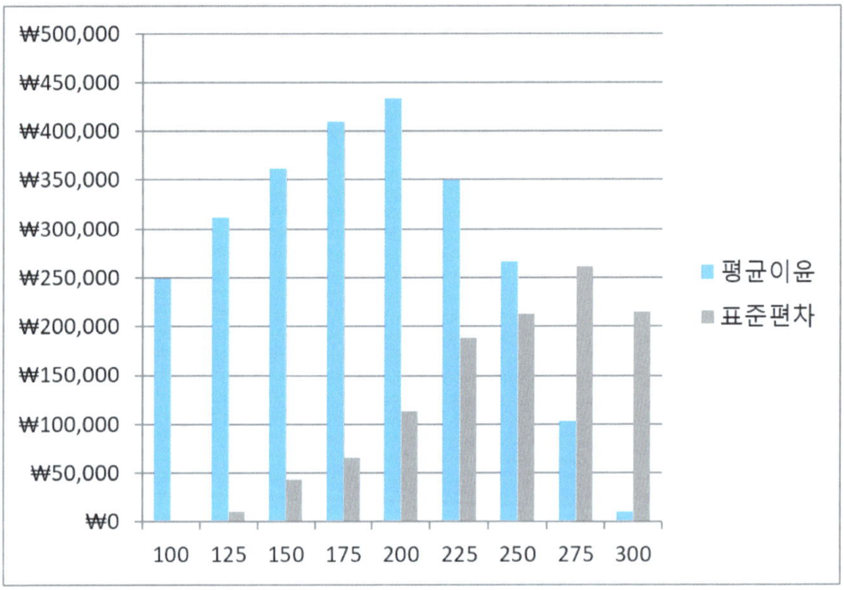

❙ 그림 10-2 ❙ 수요량의 분포가 정규분포일 때의 평균이윤과 표준편차

수요량이 정규분포 외에 다른 분포, 예를 들어, 지수분포, 일양분포, 삼각분포를 하는 경우에도, 앞서 배운 역변환 방법을 이용해 확률변수 값 발생기(random variate generator)를 만든 후, 이를 셀 C14에 입력하고 해당 분포를 따르는 수요량을 발생시켜 시뮬레이션을 수행할 수 있다. 독자들은 스스로 이를 실험해 보기 바란다.[4]

어, =ROUND(3.6,0)은 3.6을 정수로 반올림하라는 것으로 '4'가 산출된다. =ROUND 함수의 두 번째 구성인자는 몇째 자리로 반올림할 것인지를 지정한다. '0'은 정수로 반올림하라는 명령이다. 반면, =INT(3.6)은 소수점을 잘라내고 '3'을 산출해 준다.

2 두 대안의 통계적 비교

앞서 서강서점 문제에서 수요량을 이산형 분포로 가정한 경우, [그림 8-5]에서 보는 것처럼 9개의 주문량 중에서는 주문량 150이 평균이윤 측면에서 가장 좋은 대안임을 알 수 있다. 하지만 주문량이 125일 경우, 평균이윤은 주문량이 150일 때보다 1만원 낮으나, 표준편차는 주문량이 150일 때의 반밖에 안 되어 위험을 회피하는 성향을 보이는 사람은 주문량 125를 더 선호할 수 있다. 따라서 평균이윤뿐만 아니라 이윤의 기복을 나타내는 표준편차까지 고려하여 기대이윤 관점에서 주문량 125와 주문량 150의 우열을 가리기 위해서는 추가적인 통계적 분석이 필요하다.

기대이윤 관점에서 두 대안의 통계적 비교를 위해서는 통계학에서 이야기하는 두 모집단 평균 차이에 대한 검정 개념을 이용하는데, 차이 검정을 위해서 보통 두 모평균 차이에 대한 신뢰구간을 이용한다. 시뮬레이션에서 대안의 평가 기준으로는 일반적으로 성과의 기댓값을 많이 사용한다. 통계학에서 성과의 기댓값은 미지의 모집단 특성, 즉 모수(θ)를 말한다. 미지의 모집단 특성의 예로는 모평균을 들 수 있다. 서강서점 문제에서도 평가 기준으로 대안별 이윤의 모평균인 기대이윤(expected profit)을 사용하였다.

통계학을 배운 독자는 두 모집단 평균의 차이($\mu_1 - \mu_2$)에 대한 신뢰구간을 구하는 방법이 상황에 따라 조금씩 차이가 있음을 알 것이다. 상황은 세 가지인데, 첫째, 미지(未知)의 두 모집단 분산이 같다고 가정할 경우, 둘째, 미지의 두 모집단 분산이 다르다고 가정할 경우, 셋째, 두 표본자료가 쌍(pairs)을 이루는 경우로, 두 자료가 양의 상관관계를 갖는 경우이다.

시뮬레이션에서는 보통 두 대안의 비교를 위해 위의 세 가지 중 세 번째 경우를 이용한다. 세 번째 경우에서 두 표본자료란 두 가지 대안 각각에 대하여 일정 수의 반복활동을 통해 얻은 이윤의 표본자료를 말한다. 우리가 두 대안의 통계적 비교를 위해 세 번째 경우를 이용하는 이유는 우리가 대안의 공정한 비교를 위해 난수를 고정

4 2부에서 ModelRisk를 이용하게 되면 원하는 확률변수의 값을 발생시키는 과정은 훨씬 간편해진다.

하고(freezing random numbers), 같은 난수집단을 모든 대안에 동일하게 적용해 시뮬레이션을 수행했기 때문이다. 같은 난수집단을 이용하게 되면 두 대안의 표본결과를 비교할 때 난수의 차이로 인해 발생하는 오차를 제외한 두 대안의 성과 차이만을 통계적으로 규명할 수 있는데, 이 경우 쌍대 t-검정(matched pairs t-test) 기법을 이용한다.[5]

쌍대 t-검정을 이용한 두 모집단의 평균 차이($\mu_1 - \mu_2$)에 대한 신뢰수준 100×(1−α)%에서의 신뢰구간은 〈식 10-1〉과 같이 계산된다. 반복활동의 수(n)는 100으로 가정한다.

$$\overline{D} \pm t_{\alpha/2,\, n-1} \frac{s_D}{\sqrt{n}} \qquad \text{〈식 10-1〉}$$

〈식 10-1〉에서 $\overline{D}$는 차이 자료인 $D_i(i=1, 2, 3, \cdots, 100)$의 평균, 즉 주문량이 125일 때의 i번째 반복활동의 이윤과 주문량이 150일 때의 i번째 반복활동의 이윤 차이의 평균을 나타내고, s_D는 차이 자료의 표준편차를 나타낸다. 여기서 주문량이 125일 때의 i번째 반복활동의 이윤과 주문량이 150일 때의 i번째 반복활동의 이윤은 동일한 난수를 이용해 산출한 자료로서 양의 상관관계를 갖는 쌍대자료(matched pair)가 된다. 또한 t-분포의 자유도는 차이 자료의 크기(n), 즉, 반복활동의 수에서 1을 뺀 값이 된다. 따라서 서강서점 문제에서 t-분포의 자유도는 $(100-1)=99$가 되어,

---

5 두 표본자료가 양의 상관관계를 갖게 되면 두 표본자료가 독립인 경우보다 같은 신뢰수준에서 두 모평균 차이에 대한 신뢰구간이 좁아지는(추정의 정밀성이 높아지는) 효과를 볼 수 있다. 그 이유를 두 모평균 차이에 대한 신뢰구간 추정 식에서 표본오차를 구성하는 두 표본평균 차이의 분산을 이용해 설명하면 다음과 같다. n번의 반복활동으로 산출되는 한 대안의 표본자료를 X_i, 다른 대안의 표본자료를 Y_i라고 표기하자($i=1, 2, \cdots, n$). 같은 난수집단(common random number stream)을 두 대안에 동일하게 적용해 시뮬레이션을 수행했으므로 두 표본자료의 $Corr(X_i, Y_i) > 0$이고, $Var(\overline{X} - \overline{Y}) = Var(\overline{X}) + Var(\overline{Y}) - 2Cov(\overline{X}, \overline{Y})$ $= \frac{\sigma_X^2}{n} + \frac{\sigma_Y^2}{n} - 2\frac{Corr(X_i, Y_i)\sigma_X \sigma_Y}{n}$이 된다. 결과적으로 두 대안의 표본자료가 양의 상관관계를 갖는 경우의 두 모평균 차이에 대한 신뢰구간은 독립적인 난수집단을 각 대안에 적용하여 두 대안의 표본자료가 독립인 경우, 즉 $Corr(X_i, Y_i)=0$인 경우보다 같은 신뢰수준 하에서 좁아진다.

t값을 구하는 함수는 앞서 배웠듯이 =T.INV.2T(α,자유도)[6]가 된다.

[그림 10-3]은 주문량이 125일 때와 150일 때의 100번 반복활동으로 산출된 이윤자료와 그 차이 자료, 그리고 차이 자료의 평균($\overline{D}$)과 표준편차(s_D)를 보여주고 있다.

	A	B	C	D	E	F	G
1							
2		반복활동	이윤		차이자료(D_i)		
3			주문량=125	주문량=150			
4		1	₩312,500	₩375,000	-₩62,500		
5		2	₩312,500	₩375,000	-₩62,500		
6		3	₩125,000	₩0	₩125,000		
7		4	₩312,500	₩375,000	-₩62,500		
8		5	₩312,500	₩375,000	-₩62,500		
99		96	₩125,000	₩0	₩125,000		
100		97	₩312,500	₩375,000	-₩62,500		
101		98	₩312,500	₩375,000	-₩62,500		
102		99	₩312,500	₩375,000	-₩62,500		
103		100	₩312,500	₩375,000	-₩62,500		
104							
105				차이평균($\overline{D}$)	-₩11,875	=AVERAGE(E4:E103)	
106				표준편차(s_D)	₩83,662	=STDEV.S(E4:E103)	
107							

| 그림 10-3 | 주문량 125와 150의 차이 자료

일반적으로 두 모집단 모수의 차이($\theta_1 - \theta_2$)에 대한 신뢰구간을 구하면 다음과 같은 세 가지 경우가 발생한다.

① 신뢰구간의 상한값과 하한값이 모두 양수(+)인 경우, 즉, $+ \le \theta_1 - \theta_2 \le +$이다. 이 경우에는 유의수준 α로 θ_1이 θ_2보다 크다고 말할 수 있다. 즉, 성과평가 기준이 기대이윤일 경우에는 큰 쪽이 더 선호되므로 모수가 θ_1인 대안이 선호된다고 할 수 있다. 여기서 유의수준이란 이런 신뢰구간을 이용해 내린 우리의 결정이 잘못될

6 만일 반복활동의 수가 충분히 크면(즉, 표본의 크기가 충분히 크면) t분포는 표준정규분포(Z분포)에 근접하므로 =T.INV.2T(α,자유도) 대신에 =NORM.S.INV(1−α/2)를 사용해도 무방하다. =NORM.S.INV(1−α/2)는 왼쪽꼬리면적이 (1−α/2)인 Z값을 산출해 준다. 표본의 크기가 매우 크면 =T.INV.2T(α,자유도)와 =NORM.S.INV(1−α/2)의 값은 거의 일치한다. 예를 들어, 표본의 크기가 1,000이고 α=0.05일 경우, 두 함수의 값을 엑셀에서 구해 보자. 그러면 두 값은 모두 1.96에 매우 근접함을 알 수 있다. 일반적으로 모평균 추정의 경우, 표본의 크기가 충분히 크다는 것은 표본크기가 적어도 30 이상이 됨을 말한다.

가능성의 최댓값이다.

② 신뢰구간의 상한값과 하한값이 모두 음수(−)인 경우, 즉, $- \leq \theta_1 - \theta_2 \leq -$이다. 이 경우는 유의수준 α로 θ_1이 θ_2보다 작다고 말할 수 있다. 즉, 성과평가 기준이 기대이윤일 경우에는 큰 쪽이 더 선호되므로 모수가 θ_2인 대안이 이 경우에는 더 선호된다.

③ 신뢰구간의 상한값은 양수(+), 하한값은 음수(−)인 경우, 즉, $- \leq \theta_1 - \theta_2 \leq +$이다. 이 경우는 신뢰구간이 '0'을 포함하고 있어 유의수준 α로 θ_1과 θ_2가 통계적으로 의미 있는 차이를 보이지 않는다고 말한다. 즉, θ_1과 θ_2가 통계적으로 의미 있는 차이를 보이지 않으므로 두 대안의 성과는 유의수준 α로 다르지 않다고 평가한다.

Tip

반복활동이 100인 경우의 신뢰구간을 구하면 두 대안 간 차이가 존재하지 않는다고 평가되더라도 반복활동의 수를 늘리면 신뢰구간의 폭이 좁아져 두 대안 간 차이가 있는 것으로 나타날 수 있다. 따라서 앞서 설명한 원하는 크기의 신뢰구간 폭을 얻기 위한 반복활동의 수를 결정하는 것이 시뮬레이션에서 중요한 주제가 된다.

서강서점 문제에서 주문량 125와 주문량 150의 우열을 통계적으로 가리기 위해 신뢰수준이 95%인 신뢰구간(간단히 95% 신뢰구간이라 함)을 [그림 10-3]의 차이 자료 평균(−11,875)과 표준편차(83,662)를 이용해 구하면 다음과 같다. 다음 식에서 θ_1은 주문량 125일 경우의 기대이윤, θ_2는 주문량 150일 경우의 기대이윤을 나타낸다.

$$\theta_1 - \theta_2 \text{의 95\% 신뢰구간 하한값} = -11{,}875 - \text{T.INV.2T}(5\%,99) * 83{,}662/\sqrt{100}$$
$$= -28{,}475.36$$
$$\theta_1 - \theta_2 \text{의 95\% 신뢰구간 상한값} = -11{,}875 + \text{T.INV.2T}(5\%,99) * 83{,}662/\sqrt{100}$$
$$= +4{,}725.36$$

즉, $\theta_1 - \theta_2$의 95% 신뢰구간은 다음과 같다.

$$-28{,}475.36 \le \theta_1 - \theta_2 \le +4{,}725.36$$

위의 신뢰구간 계산 결과를 보면 5% 유의수준으로 주문량 125와 주문량 150의 기대이윤은 통계적으로 의미 있는 차이를 보이지 않는다는 결론을 얻는다.

3 이항분포의 적용

이항분포(binomial distribution)는 매우 중요한 이산형 분포로서 현실 세계의 많은 현상을 이항분포로 나타낼 수 있다. 이항분포 확률변수는 상호독립적인 여러 개의 베르누이 분포(Bernoulli distribution) 확률변수들의 합으로 정의된다. 따라서 이항분포를 설명하기 전에 우선 베르누이 분포부터 학습하도록 한다.

(1) 베르누이 분포

어떤 실험의 결과를 '성공'과 '실패'라는 두 가지 상호배반적인 사건[7]으로 나눌 수 있다고 하자. 이때 성공의 경우에는 '1'의 값을 부여하고, 실패의 경우에는 '0'의 값을 부여하는 규칙을 베르누이 확률변수라고 정의한다. 아울러 성공의 확률을 p라 하고, 실패의 확률을 $q\,(=1-p)$라 하면 베르누이 확률분포는 〈식 10-2〉와 같은 확률질량함수(pmf: probability mass function)로 표현된다.[8]

---

7 상호배반적인 사건(mutually exclusive events)이란 공통적인 요소를 갖지 않는 두 가지 이상의 사건들을 말한다. 즉, 곱사건이 공사건(ϕ)인 두 개 이상의 사건들을 상호배반적인 사건이라 한다. 이러한 정의는 상호배반사건들 중 어느 한 사건이 발생하면 다른 사건들은 발생할 수 없음을 의미한다. 즉, 상호배반사건은 극단적인 종속사건이다. 많은 학생이 상호배반사건과 독립사건의 의미를 잘못 알고 있는데, 이는 정확히 구별되어야 한다. 여러 개의 상호배반사건들이 모여서 전체(표본공간)를 이룰 경우, 이러한 상호배반사건들을 표본공간의 분할(partitions)이라고 부른다.

8 연속형 확률변수의 분포는 확률밀도함수(probability density function), 이산형 확률변수의 분포는 확률질량함수(probability mass function)라고 한다.

$$p(x) = \begin{cases} p, & x = 1 \\ 1-p, & x = 0 \\ 0, & \text{그 밖의 경우} \end{cases}$$ 〈식 10-2〉

여기서 '성공'이란 꼭 성공의 개념을 말하는 것이 아니라 실험의 결과를 두 가지 상호배반적인 사건으로 나눌 수 있을 때, 두 가지 사건 중 내가 관심을 두는 어느 한 사건을 성공으로 보는 것이다. 예를 들어, 주사위를 한 번 던지면 1부터 6까지 여섯 가지의 주사위 눈이 나오지만, 1이라는 주사위 눈이 나오는 사건을 성공, 그 밖의 주사위 눈들이 나오는 사건을 실패로 생각하면 성공의 확률은 1/6, 실패의 확률은 5/6인 베르누이 분포로 이 상황을 표현할 수 있다.

〈식 10-2〉의 베르누이 분포에 기댓값의 법칙을 적용하여 베르누이 확률변수의 기댓값과 분산을 구하면 기댓값은 p, 분산은 $p(1-p)$이 된다.

(2) 이항분포

이항분포 확률변수란 여러 개의 독립적인 베르누이 확률변수를 합한 것으로 〈식 10-3〉과 같이 표현할 수 있다. 〈식 10-4〉에서 이항분포 확률변수는 Y, n개의 독립적인 베르누이 확률변수는 X_1, X_2, $\cdots$, X_n로 표기하였다.

$$Y = X_1 + X_2 + \cdots + X_n$$ 〈식 10-3〉

그러면 이항분포 확률변수는 0에서 n까지의 정숫값을 취하게 되는데, 이 값은 n번의 독립적인 베르누이 시행에서 얻을 수 있는 성공의 횟수가 된다. 예를 들어, 주사위를 10번 던져 주사위 눈이 1이 나오는 경우를 성공이라고 할 때 성공의 횟수는 0에서 10까지의 값을 취할 수 있고, 각 값을 취할 확률은 이항분포로 나타낼 수 있다는 것이다. 이항분포는 〈식 10-4〉와 같은 확률질량함수로 정의된다.

$$p(x) = \begin{cases} \binom{n}{x} p^x (1-p)^{n-x}, & x = 0, 1, 2, \cdots, n \\ 0, & \text{그 밖의 경우} \end{cases}$$ 〈식 10-4〉[9]

이항분포의 모양을 결정짓는 모수(parameters)는 두 가지인데, 하나는 독립적인 베르누이 시행의 횟수 n과 각 시행에서의 성공확률 p이다.

베르누이 확률변수의 기댓값이 p, 분산은 $p(1-p)$이므로, 기댓값의 법칙을 적용하면 이항분포 확률변수의 기댓값은 np, 분산은 $np(1-p)$가 됨을 쉽게 알 수 있다.

(3) 이항분포 확률변수 값 발생시키기

시뮬레이션의 핵심은 연구자가 관심을 두고 있는 불확실한 현상의 분포를 추정해서 이 분포를 따르는 확률변수의 값을 발생시키는 것이다. 이렇게 함으로써 연구자는 불확실성을 복제할 수 있다.

이항분포의 누적분포함수(CDF)는 폐쇄형이 아니기 때문에 앞에서 배운 역변환 방법으로 이항분포의 확률변수 값 발생기를 만들 수는 없다. 하지만 정규분포와 마찬가지로 이항분포는 중요한 분포이므로 엑셀에서도 이항분포 확률변수의 값을 발생시키는 함수를 제공한다.

엑셀에서 이항분포 확률변수의 값을 발생시키는 함수는 BINOM.INV인데,[10] 이 함수는 이항분포의 누적확률을 특정 수준 이상으로 만드는 이항분포 확률변수 값 중에서 가장 작은 값을 발생시키는 기능을 한다. 구체적으로 BINOM.INV 함수는 다음과 같이 세 가지 구성인자를 갖는다.

=BINOM.INV(n,p,ϕ)

여기서, n은 독립적인 베르누이 시행 횟수, p는 각 시행에서의 성공확률, 그리고 ϕ는 특정 누적확률을 말한다. 즉, 위 함수는 n과 p라는 모수를 갖는 이항분포의 누적확률이 ϕ 이상이 되도록 만드는 이항분포 확률변수 값의 최솟값을 구하도록 한다.

예를 들어, =BINOM.INV(10,0.2,0.8)를 구해 보자. 베르누이 시행의 횟수는 10,

---

9 $\binom{n}{x}$는 $_nC_x$와 같은 의미이다.

10 엑셀 2007 및 그 이전 버전에서는 =BINOMINV 함수를 사용하였다. 이 함수는 엑셀 2010 이후의 버전에서도 호환성을 위해 사용이 가능하다.

각 시행에서의 성공확률은 0.2인 이항분포의 누적확률을 0.8 이상으로 만드는 가장 작은 확률변수 값을 찾으라는 것이다. 이항분포 표를 이용해 이 값을 찾아보면 3임을 알 수 있다. 이 값을 엑셀의 =BINOM.INV(10,0.2,0.8)을 이용해서 찾아보면 역시 3이 나옴을 확인할 수 있다.

BINOM.INV 함수를 이용하면 어떠한 n과 p를 갖는 이항분포의 확률변수 값도 발생시킬 수 있는데, 그 발생 방법은 간단하다. =BINOM.INV(n,p,ϕ)에서 누적확률의 특정 수준인 ϕ 대신에 엑셀의 난수 발생기인 RAND()를 입력하는 것이다. 그러면 0과 1 사이의 값을 갖는 난수의 두 가지 특성(일양성과 독립성)에 의해 우리는 원하는 n과 p를 갖는 이항분포 확률변수의 값을 무작위로 발생시킬 수 있다.

[그림 10-4]는 n이 6이고, p가 0.5인 이항분포 확률변수 값 250개를 =BINOM.INV(6,0.5,RAND()) 함수로 발생시킨 결과이다. 그리고 250개 값의 분포를 도수분포표와 그래프로 나타내보았다. 발생한 확률변수의 값이 그다지 많지는 않지만, 그래프를 보면 우리가 기대한 대로 p가 0.5이므로 평균을 중심으로 좌우대칭의 분포와 흡사한 모양을 하는 것을 알 수 있다. 발생시킨 확률변수 값이 많으면 많을수록 그 값들의 분포는 원래 우리가 의도한 분포 모양을 잘 나타내 준다.

	A	B	C	D	E	F	G	H	I	J
1	4	4	2	4	4	2	4	3	2	4
2	3	3	4	2	2	4	5	5	4	4
3	1	2	4	3	6	2	1	2	5	5
4	2	5	3	4	1	5	1	4	4	3
5	3	5	3	3	3	2	1	4	2	4
6	3	3	0	2	1	1	3	4	2	3
7	4	4	4	3	3	1	3	3	3	2
8	1	4	2	5	3	2	3	2	2	2
9	3	2	3	3	1	5	4	3	1	3
10	4	3	4	2	5	3	3	3	1	3
11	3	3	2	4	5	3	4	3	4	3
12	3	2	4	3	3	1	3	2	4	4
13	2	1	2	2	1	3	3	3	3	5
14	3	3	4	5	1	1	3	3	4	4
15	4	1	2	2	4	1	2	3	2	2
16	4	3	2	6	1	3	6	4	2	4
17	4	3	2	1	1	5	1	5	3	3
18	2	4	2	4	4	2	4	4	5	2
19	2	3	3	2	1	2	3	4	4	1
20	2	3	4	2	2	3	3	4	4	3
21	2	4	3	4	5	5	3	3	5	4
22	2	2	4	3	5	1	3	3	2	1
23	3	3	4	1	3	3	3	6	5	5
24	3	3	3	1	3	2	0	3	3	2
25	4	3	2	2	3	6	4	2	1	1

계급	도수
0	2
1	31
2	54
3	80
4	56
5	22
6	5
계	**250**

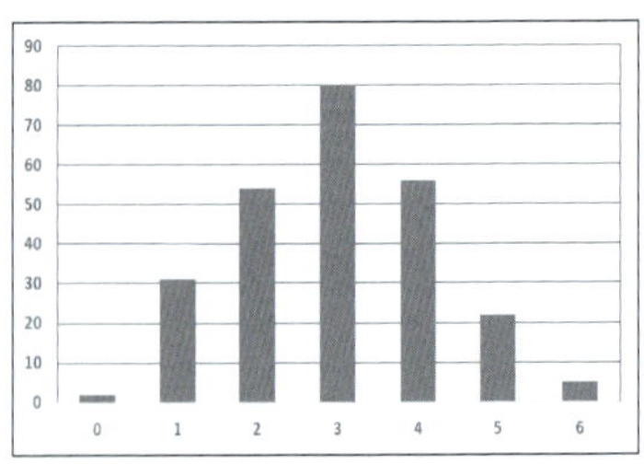

그림 10-4 | 이항분포 확률변수의 발생

Tip

앞서도 언급하였듯이 도수분포표를 만들 때 각 값의 도수는 =FREQUENCY(자료의 셀 범위, 계급의 셀 범위)를 이용해서 출력하였다. 각 계급(이항분포 확률변수가 취할 수 있는 각 값)의 도수를 산출하기 위해 우선 도수가 산출될 셀 범위 M2:M8을 선택한다. 선택한 셀 범위가 음영으로 나타나면 =FREQUENCY(A1:J25,L2:L8)를 입력하고, Ctrl+Shift+Enter를 함께 누른다.[11] 그러면 각 계급에 해당하는 도수가 해당 셀에 표시된다.

(4) 문제에의 적용

예제 1 | 항공기 예약 문제

요즘처럼 인터넷 예약이 활발하지 않던 시절에는 대부분의 항공사가 예약을 초과해서 받았다. 즉, 항공편의 좌석 수보다 예약을 많이 받는 관행이 있었다. 그 이유는 적지 않은 예약자들이 예약만 하고는 실제로 탑승을 위해 공항에 나타나지 않기 때문이다. 하지만 이런 항공사의 관행은 위험도 갖고 있는데, 만일 항공편의 좌석 수보다 많은 예약자가 탑승하기 위해 공항에 나타나게 되면 항공사는 일부 예약자에게 좌석을 양보하도록 요청해야 하기 때문이다. 물론 좌석 양보는 자발적으로 일어나야 한다. 그래서 양보를 위한 유인책도 필요하다. 만일 어떤 예약자가 공항에 나와 표를 산 후(예약자는 탑승 당일 공항에 나와 표를 산다고 가정하자), 자신의 자리를 다른 사람에게 양보해야 한다면 항공사는 이 고객에게 충분한 보상을 해야 한다. 예를 들어, 항공료 반환은 물론이고 비슷한 거리의 다른 목적지까지 갈 수 있는 별도의 항공권을 무료로 증정하는 관례가 있다. 이러한 비용의 발생에도 불구하고 항공사가 예약을 초과해서 받는 이유는 항공편 좌석을 모두 채움으로써 얻게 되는 수익이 좌석의 모자람으로 인해 발생하는 비용을 상쇄하고도 남음이 있을 것이라는 믿음 때문이다.

11 앞에서도 언급했듯이 여기서 Enter만 누르게 되면 첫 번째 계급의 도수만 나타난다. 여러 개의 셀로 구성된 셀 범위를 선택하고, 셀 범위에 있는 각 셀에 원하는 숫자가 나타나게 하려면 Ctrl+Shift+Enter를 함께 눌러야 한다.

이제 다음과 같은 상황을 고려해 보자. 한국항공은 36개의 좌석이 있는 조그마한 제트 여객기를 갖고 서울에서 울릉도를 왕복 운항하고 있다. 이 항공편의 편도 요금은 30(만원)이다. 이 여객기의 편도 운항에는 100(만원)의 고정비용이 발생하는데, 이 고정비용에는 조종사와 승무원의 인건비, 연료, 공항 이용료 등이 포함된다. 또한 편도 운항 시 승객 1인당 10(만원)의 변동비용도 추가로 발생한다. 예약하고 나타나지 않는 고객의 비율(no-show rate)은 불확실한데, 과거의 경험에 비추어 보면 예약한 고객 중 90%는 탑승을 위해 공항에 나온다고 한다. 한편 초과 예약으로 인해 자신의 좌석을 양보한 고객에 대해서 한국항공은 이 고객이 공항에서 이미 낸 항공료의 2배인 60만원을 보상한다. 이제 한국항공은 서울에서 울릉도까지 가는 항공편에 몇 명의 예약을 받는 것이 기대이익(expected profit)의 관점에서 최적일지를 결정하고자 한다. 시뮬레이션을 이용하여 한국항공의 의사결정에 도움을 주자.

이 문제의 핵심은 불확실한 변수인 실제로 공항에 나타나는 예약자의 수를 결정하는 것이다. 예약자의 수를 n이라 하고, 각 예약자가 실제로 공항에 나오는 사건을 '성공', 공항에 나오지 않는 사건을 '실패'로 간주하자. 그러면 과거의 경험에 따라 성공확률(show rate)은 0.9, 실패 확률(no-show rate)은 0.1이 된다. 또한 예약자 각각이 공항에 나오고 안 나오고는 서로 독립적인 사건이다. 따라서 예약자 중 실제로 공항에 나타나는 사람의 수는 이항분포를 따르게 된다. 이제 이 확률변수의 값을 발생시키기 위해 =BINOM.INV(n,0.9,RAND())를 이용하자.

[그림 10-5]는 이 문제를 시뮬레이션으로 해결한 엑셀 시트이다. [그림 10-5]에서 셀 범위 A4:B10에는 문제에서 주어진 자료를 입력하였다. 이 문제에서 우리가 결정해야 할 것은 한국항공에 가장 큰 이윤을 가져다줄 수 있는 예약자 수이다. 우선 예약자 수를 40명으로 설정하여 어떠한 결과가 나타나는지 시뮬레이션을 수행해 보자. 반복활동은 [그림 10-5]에서 보듯이 100번으로 하였다. 독자들의 시뮬레이션 결과는 [그림 10-5]에 나타난 수치와 조금 차이를 보일 것이다. 이는 시뮬레이션 수행 시 발생한 난수가 다르기 때문이다.

	A	B	C	D	E	F	G	H	I	J	K
1	**항공사 예약 문제**							**대안 비교**			
2							예약자 수	평균이윤	표준편차		
3	**자료**							573.6	42.629		
4	좌석 수	36					36	544.8	37.077		
5	항공요금(단위: 만원)	30					37	560	33.874		
6	고정비용(단위: 만원)	100					38	570.4	30.148		
7	변동비용(단위:만원)	10					39	575.8	33.187		
8	no-show rate	10%					40	573.6	42.629		
9	show rate	90%					41	561	54.411		
10	좌석양보 보상금(단위:만원)	60					42	540.4	66.179		
11							43	515.8	73.157		
12	**의사결정변수**						44	482.8	78.831		
13	예약자 수	40					45	448.2	83.417		
14	=RAND()	=BINOM.INV($B$13,$B$9,B16)	=C16*$B$5	=$B$6	=C16*$B$7	=MAX(C16-$B$4,0)	=G16*$B$10		=D16-E16-F16-H16		
15	반복활동	난수	탑승대상자 수	항공료 수입	고정비용	변동비용	양보자 수	총 보상금	이윤		
16	1	0.038979298	32	960	100	320	0	0	540		
17	2	0.034117286	32	960	100	320	0	0	540		
18	3	0.250239226	35	1050	100	350	0	0	600		
113	98	0.922720368	39	1170	100	390	3	180	500		
114	99	0.091067394	33	990	100	330	0	0	560		
115	100	0.46504072	36	1080	100	360	0	0	620		
116											
117											
118							평균이윤	573.6	=AVERAGE(I16:I115)		
119							표준편차	42.62877	=STDEV(I16:I115)		

| 그림 10-5 | 항공사 예약 문제

셀 B16부터 셀 I16까지 우리의 논리를 식으로 표현해 보자. 이것이 바로 시뮬레이션 모형이 된다. 우선, 셀 B16에는 =RAND()를 입력해 난수를 발생시킨다. 다음으로 셀 C16은 탑승대상자 수를 나타내는데, 이는 예약을 하고 공항에 나타나 항공권 결제를 마친 사람의 수로 이항분포 확률변수 값이다. 따라서 셀 C16에는 예약자의 수가 n(베르누이 시행의 횟수)이고, 'show rate'가 p(각 시행에서의 성공확률)인 이항분포 확률변수 값을 발생시켜야 하므로 다음의 함수를 입력한다.

=BINOM.INV($B$13,$B$9,B16)

여기서, $B$13는 예약자 수, $B$9는 show rate[12]

다음으로 셀 D16(항공료 수입)에는 =C16*$B$5, 셀 E16(고정비용)에는 =$B$6, 셀 F16(변동비용)에는 =C16*$B$7을 입력한다.[13] 양보자의 수는 예약하고 공항에

12 셀 번호에 절대참조기호($)를 붙인 이유는 B16:I16에 입력한 식을 아래로 끌기하여 복사할 때 절대참조로 지정한 셀 번호의 내용은 바뀌지 않도록 하기 위해서이다. 참고로 C16에는 =BINOM.INV($B$13,$B$9,RAND())를 입력해도 탑승대상자 수를 산출할 수 있으나, 대안의 성과 비교 시 공통난수집단의 이용을 위해 난수 열(B열)을 별도로 만들었다.

13 이 문제에서 변동비용은 예약하고 공항에 나와 항공권 결제를 마친 모든 탑승대상자에게 적용되

나와 항공권 결제를 마쳤지만, 항공사의 초과 예약으로 인해 자리를 자발적으로 양보하는 사람의 수를 말한다. 자리의 양보는 셀 B16의 탑승대상자 수가 좌석 수보다 많은 경우 발생하고, 탑승대상자 수가 좌석 수보다 적으면 발생하지 않는다. 따라서 셀 G16에는 =MAX(C16-$B$4,0)를 입력한다. 물론 IF 문을 이용해 양보자의 수를 표현해도 무방하다.[14] 셀 H16에는 총보상금인 =G16*$B$10을 입력한다. 마지막으로 이윤을 나타내는 셀 I16에는 =D16-E16-F16-H16을 입력한다.

이제 셀 범위 B16:I16을 마우스로 선택하고 아래로 끌기하여 반복활동 100까지 같은 내용의 식을 복사한다. 그러면 100개의 이윤이 산출되고, 이들의 평균과 표준편차를 구할 수 있다. 반복활동을 100번 수행한 결과, 예약자 수가 40일 때의 평균이윤(표본평균)은 573만6천원, 이윤의 표준편차(표본 표준편차)는 42만 6,288원으로 나타났음을 알 수 있다.

다음으로 대안의 성과 비교를 위해 셀 범위 B16:B115의 난수를 동결하여(freeze) 모든 대안에 공통난수집단(common random number stream)이 적용되도록 하고, 데이터-표 기능을 이용하여 대안의 평균이윤과 표준편차를 비교해 보자.

F	G	H	I	J
		대안 비교		
	예약자 수	평균이윤	표준편차	
		573.6	42.629	
	36	544.8	37.077	
	37	560	33.874	
	38	570.4	30.148	
	39	575.8	33.187	
	40	573.6	42.629	
	41	561	54.411	
	42	540.4	66.179	
	43	515.8	73.157	
	44	482.8	78.831	
	45	448.2	83.417	

그림 10-6 | 예약자 수에 따른 대안의 성과 비교

는 것으로 가정하였다. 만일 변동비용이 탑승대상자 중 실제로 항공기에 탑승한 사람에게만 적용된다면 셀 F16에는 =MIN(C16,$B$4)*$B$7을 입력한다.

14 =IF(C16>$B$4,C16-$B$4,0)

예약자 수가 36부터 45까지 10개의 대안의 성과를 비교한 결과는 [그림 10-6]과 같다.[15] [그림 10-6]의 결과를 보면, 예약자 수가 39명일 때 평균이윤이 575.8만원으로 가장 큼을 알 수 있다. 하지만 예약자 수가 38명일 때 이윤의 표준편차는 가장 작은 것으로 나타나 기대이윤 차원에서 두 대안의 우열을 가리기 위해서는 후속적인 통계적 비교가 필요함을 알 수 있다. 만일 예약자 수가 39명일 때 평균이윤이 가장 크고, 이윤의 표준편차도 가장 낮은 것으로 나타났다면 이 대안은 통계적 비교 없이도 다른 대안에 비해 우월한 대안임을 알 수 있다.[16]

4 일양분포의 적용

일양분포가 포함된 문제 상황이 시뮬레이션을 통해 어떻게 해결되는지 다음의 입찰문제를 고려해 보자.

예제 2 | 입찰문제

서울건설(주)은 다음 주에 있을 소규모 건설공사 입찰에 참여하고자 한다. 이 공사에 낙찰되어 공사를 수행하게 되면 1,000만원의 비용이 들 것으로 서울건설은 생각하고 있다. 서울건설 외에도 4곳의 건설회사가 입찰에 참여할 것으로 예상되는데, 가장 낮은 입찰가를 제시한 건설회사가 낙찰되며, 낙찰자는 제시한 입찰금액으로 공사를 수행하게 된다. 과거의 경험에 따르면, 각 경쟁자의 입찰가는 서울건설이 프로젝트를 수행하는 데 드는 비용 1,000만원과 이 비용의 3배인 3,000만원 사이의 값이 될 것으로 추정하고 있는데, 이 범위 내 각 값의 발생 가능성은 같을 것으로 생각하고 있다. 4곳 경쟁사의 입찰가는 서로 독립이라고 가정한다. 서울건설은 입찰가로 1,100만원에서 2,000만원까지 100만원 간격으로 얼마를 써낼까 고민하고 있다. 입찰가를 얼마로 제시하는 것

15 예약자의 수가 항공기의 좌석 수보다 적은 경우는 대안으로 고려할 필요가 없다.

16 [그림 10-6]에서 예약자 수가 40인 대안은 예약자 수가 39인 대안과 경쟁 대안이 아니다. 전자는 후자보다 평균이윤이 작을 뿐만 아니라 이윤의 표준편차도 크기 때문이다.

이 서울건설의 기대이윤(expected profit)을 최대화할 수 있는지 시뮬레이션을 이용하여 답하시오.

이 문제에서 확률변수는 경쟁자의 입찰가이다. 문제에 따르면 각 경쟁자의 입찰가는 서로 독립이며, 1,000만원과 3,000만원 사이의 일양분포(uniform distribution)를 하는 것을 알 수 있다. 따라서 시뮬레이션을 이용해서 이 문제를 해결하기 위해서는 우선 각 경쟁자의 입찰가를 발생시키는 것이 필요하다. 경쟁자 i의 입찰가격을 확률변수 X_i라 하자. 그러면 앞에서 배운 역변환 방법(ITM)을 이용해서 일양분포를 하는 확률변수 X_i의 값, x_i를 발생시키는 식은 다음과 같이 나타낼 수 있다.

$$x_i = 1{,}000 + (3{,}000 - 1{,}000) \times r$$

여기서, r = 난수

이제 엑셀 시트에 문제에서 제공한 정보를 입력해 보자. [그림 10-7]은 입찰 문제의 시뮬레이션 결과를 보여주고 있다.

	A	B	C	D	E	F	G
1	입찰문제						
2							
3	서울건설 공사비용(단위: 만원)	1,000.000					
4	경쟁자 1 입찰가(단위: 만원)	2,049.964	=$B$3+(3*B3$B$3)*RAND()				
5	경쟁자 2 입찰가(단위: 만원)	1,294.465					
6	경쟁자 3 입찰가(단위: 만원)	1,919.907					
7	경쟁자 4 입찰가(단위: 만원)	1,077.419					
8							
9	서울건설의 입찰가	1,100					
10	서울건설의 이윤	0	=IF($B$9<MIN($B$4:$B$7),$B$9-$B$3,0)				
11							
12	반복활동	서울건설 공사비용	경쟁자 1 입찰가	경쟁자 2 입찰가	경쟁자 3 입찰가	경쟁자 4 입찰가	서울건설 이윤
13	1	1000	1,371.563	1,952.431	2,718.843	2,509.487	100
14	2	1000	2,042.134	1,162.132	2,424.548	1,480.280	100
15	3	1000	2,532.808	2,277.265	2,657.161	1,678.098	100
16	4	1000	2,934.637	2,069.642	2,527.073	2,960.003	100
17	5	1000	1,439.217	2,609.365	1,817.171	1,542.316	100
107	95	1000	2,285.449	1,585.888	1,680.761	1,138.302	100
108	96	1000	2,030.325	2,349.787	1,842.822	2,097.047	100
109	97	1000	1,273.663	1,433.532	2,563.205	1,702.192	100
110	98	1000	1,274.224	2,108.242	1,959.668	2,955.829	100
111	99	1000	1,902.029	2,677.371	1,136.955	1,604.446	100
112	100	1000	2,596.633	2,335.110	1,387.465	2,029.910	100
113							
114						평균이윤	83.000
115						표준편차	37.753

	I	J	K	L	M	N	O
1	대안비교						
2	대안	평균이윤	표준편차		세부대안	평균이윤	표준편차
3		83.000	37.753			83.000	37.753
4	1,100	83.000	37.753		1,300	159	150.484
5	1,200	144.000	90.252		1,320	160	160.806
6	1,300	159.000	150.484		1,340	163.2	170.72
7	1,400	164.000	197.724		1,360	165.6	180.327
8	1,500	160.000	234.413		1,380	163.4	189.077
9	1,600	132.000	249.800		1,400	164	197.724
10	1,700	119.000	264.268		1,420	168	206.794
11	1,800	120.000	287.096		1,440	167.2	214.646
12	1,900	108.000	293.939		1,460	165.6	221.912
13	2,000	90.000	287.623		1,480	153.6	225.037
14					1,500	160	234.413

| 그림 10-7 | 입찰 문제의 분석 결과

[그림 10-7]에서 문제에 대한 기본 논리부터 살펴보자. 서울건설의 공사비용 1,000

만원은 셀 B3에 입력했고, 각 경쟁사의 입찰가는 최솟값이 1,000만원이고 최댓값이 3,000만원인 일양분포를 따른다고 하였으므로 셀 B4에 =$B$3+(3*$B$3-$B$3)*RAND()를 입력하고, 이 식을 B7까지 끌기하여 복사하였다. 그러면 난수의 특성 중 하나가 독립성이므로 4곳 경쟁사의 입찰가 각각은 서로 독립적으로 발생한다. 다음으로 서울건설의 입찰가는 우리가 결정해야 할 대상이므로 대안의 역할을 한다. 입찰가를 1,000만원 이하 또는 3,000만원 이상으로 하는 것은 의미가 없으므로(왜 그런가?) 하나의 대안으로 입찰가 1,100만원을 셀 B9에 입력하였다.

이제 서울건설의 입찰가가 1,100만원일 때의 이윤을 구해 보자. 서울건설이 낙찰되면 그때의 이윤은 입찰가에서 건설비용을 뺀 값이 되며, 낙찰되지 못하면 그때의 이윤은 '0'이 될 것이다. 그렇다면 서울건설은 어떤 경우에 낙찰받게 되는가? 문제를 보면 최저가 낙찰제가 적용되는 상황이므로 서울건설의 입찰가가 4곳 경쟁사와 비교하여 가장 작으면 서울건설이 낙찰될 것이다. 따라서 셀 B10에 서울건설의 이윤을 나타내는 식을 다음과 같이 입력한다.

=IF($B$9<MIN($B$4:$B$7),$B$9-$B$3,0)

즉, IF 문을 이용하여 낙찰되는 경우와 그렇지 않은 경우의 이윤이 각각 산출되도록 하였다.

다음으로 셀 B13에는 =$B$3을 입력하였고, C13에는 =$B$3+(3*$B$3-$B$3)*RAND()를 입력한 후, F13까지 끌기하여 복사하였다. 그리고 G13에는 이윤을 나타내는 식인 =IF($B$9<MIN(C13:F13),$B$9-B13,0)을 입력하였다. 그런 후, 100번의 반복활동을 수행하기 위해 셀 범위 B13:G13을 마우스로 선택하고 아래로 끌기하여 B112:G112까지 복사하였다. 셀 범위 G13:G112에는 100개의 이윤이 발생했음을 볼 수 있다. 이제 발생한 100개 이윤의 평균과 표준편차를 구하기 위해 셀 G114에는 =AVERAGE(G13:G112), 셀 G115에 =STDEV.S(G13:G112)를 각각 입력하였다.

지금까지의 과정은 입찰가가 1,100만원인 경우의 표본 결과를 보기 위한 것이었다. 반복활동을 100회 수행한 결과, 이윤의 표본평균은 83만원, 표준편차는 37만 7,530원으로 나타났음을 알 수 있다.

이제 대안들의 성과를 비교해 보자. 데이터 표 기능을 이용하여 1,100(만원)부터 2,000(만원)까지 100만원 간격으로 나눈 10개 대안의 성과를 비교한 결과는 [그림 10-8]의 왼쪽에 나타나 있다. 이 경우 동일한 난수집단을 이용하여 대안을 비교하기 위해 [그림 10-7]의 셀 범위 C13:F112를 숫자로 선택하여 붙여넣기 기능을 이용해 난수 발생 함수인 RAND()를 숫자로 동결하였다. 그 결과는 셀 범위 I4:K13에 나타나 있다.

I	J	K	L	M	N	O
대안비교						
대안	평균이윤	표준편차		세부대안	평균이윤	표준편차
	83.000	37.753			83.000	37.753
1,100	83.000	37.753		1,300	159	150.4841
1,200	144.000	90.252		1,320	160	160.8061
1,300	159.000	150.484		1,340	163.2	170.7197
1,400	164.000	197.724		1,360	165.6	180.327
1,500	160.000	234.413		1,380	163.4	189.0765
1,600	132.000	249.800		1,400	164	197.7244
1,700	119.000	264.268		1,420	168	206.7937
1,800	120.000	287.096		1,440	167.2	214.646
1,900	108.000	293.939		1,460	165.6	221.9123
2,000	90.000	287.623		1,480	153.6	225.0366
				1,500	160	234.4131

▌그림 10-8▌ 대안의 성과 비교

셀 범위 I4:K13의 대안의 성과 비교 결과를 보면, 평균이윤 관점에서 10개 대안 중 입찰가 1,400만원이 가장 좋은 대안인 것으로 나타났다. 또한 평균이윤은 입찰가가 1,400만원까지는 증가하는 추이를 보이다가 그 이후로는 다시 감소하는 봉우리 모습을 보임을 알 수 있다. 따라서 최적 입찰가는 1,300만원에서 1,500만원 사이에 있음을 추정할 수 있다.

최적의 입찰가가 무엇인지 좀 더 구체적으로 파악하기 위해 1,300만원에서 1,500만원 사이의 범위를 20만원 단위로 세분화하고, 데이터-표 기능을 다시 이용해 1,300만원부터 1,500만원까지 11개 대안의 평균이윤과 표준편차를 구하였다. 결과는 [그림 10-8]의 셀 범위 M4:O14에 나타나 있다. 결과를 보면 평균이윤 관점에서는 입찰가를 1,420만원으로 책정하는 것이 가장 좋음을 알 수 있다. 더 세부적인 입찰가를 원하는 독자들은 앞의 과정을 반복하여 다시금 범위를 세분화할 수 있다.

하지만 표본평균은 기대이윤(expected profit)이 아님을 독자들은 알고 있다. 따라서 기대이윤 관점에서 최적의 입찰가를 구하기 위해서는 표본평균뿐만 아니라 표준편차도 함께 고려하여 두 대안의 기대이윤을 통계적으로 비교하기 위한 분석도 추가로 진행할 필요가 있다. 즉, 대안 1,420만원보다 평균이윤은 조금 떨어지나 이윤의 기복이 작아 덜 위험한 대안을 경쟁 대안으로 삼아 두 대안의 기대이윤 차이에 대한 신뢰구간을 구함으로써 어떤 입찰가가 일정 유의수준 하에서 통계적으로 더 큰 기대이윤을 갖는 우월한 대안인지 결정할 수 있다. 독자들 스스로 앞에서 배운 내용을 토대로 대안 비교를 수행해 보기 바란다.

(1) 낙찰 가능성의 계산

입찰 문제에서 입찰가에 따른 낙찰 가능성을 구해 보자. 그리고 입찰가가 증가함에 따라 낙찰 가능성은 어떻게 변화하며, 입찰가는 평균이윤과는 어떠한 관계에 있는지 시뮬레이션을 이용해 알아보자.

상식적으로 생각하면 입찰가가 높아짐에 따라 낙찰 가능성은 떨어질 것이다. 하지만 입찰가와 평균이윤과의 관계는 모호하다. 입찰가가 낮아지면 낙찰 가능성은 커지지만 이윤은 줄어들 것이고, 입찰가가 높으면 낙찰 가능성은 떨어지지만 이윤은 높아지는 낙찰 가능성과 이윤의 절충 관계(trade-offs) 때문이다.

우선, 특정 입찰가의 낙찰 가능성을 계산하기 위해 [그림 10-9]에서 보는 바와 같이 기존 엑셀 시트의 H열에 낙찰 여부라는 제목의 새로운 열을 만든다. 그리고 셀 H13에 다음과 같이 입력한다.

```
=IF($B$9<MIN(C13:F13),1,0)
```

이 식은 서울건설의 입찰가가 다른 경쟁사의 입찰가보다 작으면 '1'이 발생하도록 하고, 그렇지 않으면 '0'이 발생하도록 하는 식이다. 즉, 숫자 '1'은 낙찰을 의미하고, '0'은 낙찰되지 않음을 나타낸다. 이 식을 아래로 끌기하여 H112까지 복사한다.

이제 어떤 대안(입찰가)의 낙찰 가능성은 반복활동에서 산출되는 낙찰 여부를 나타내는 '1'과 '0'의 평균이 된다. [그림 10-9]에서 반복활동은 100회이므로 100개의 이진변수(binary variables)[17] 값의 평균이 바로 낙찰 가능성이 되는 것이다. 따라서 입찰가가 1,100만원인 경우의 낙찰 가능성은 셀 I114에 =AVERAGE(H13:H112)를 입력하면 구할 수 있다. 결과는 0.83으로 나타났음을 알 수 있다. 이제 입찰가가 증가함에 따라 낙찰 가능성은 어떤 추이를 보이는지, 그리고 낙찰 가능성과 평균이윤은 어떠한 관계에 있는지 데이터-표 기능을 이용해서 살펴보자.

	A	B	C	D	E	F	G	H	I	J	K	L	M
1	입찰문제									낙찰가능성 비교			
2										대안	낙찰 가능성	평균이윤	
3	서울건설 공사비용(단위: 만원)	1,000.000									0.83	83.000	
4	경쟁자 1 입찰가(단위: 만원)	2,879.397								1,100	0.83	83.000	
5	경쟁자 2 입찰가(단위: 만원)	2,890.752								1,200	0.72	144.000	
6	경쟁자 3 입찰가(단위: 만원)	1,890.566								1,300	0.53	159.000	
7	경쟁자 4 입찰가(단위: 만원)	2,415.515								1,400	0.41	164.000	
8										1,500	0.32	160.000	
9	서울건설의 입찰가	1100								1,600	0.22	132.000	
10										1,700	0.17	119.000	
11										1,800	0.15	120.000	
12	반복활동	서울건설 공사비용	경쟁자 1 입찰가	경쟁자 2 입찰가	경쟁자 3 입찰가	경쟁자 4 입찰가	서울건설 이윤	낙찰 여부		1,900	0.12	108.000	
13	1	1000	1,371.563	1,952.431	2,718.843	2,509.487	100	1		2,000	0.09	90.000	
14	2	1000	2,042.134	1,162.132	2,424.548	1,480.280	100	1					
15	3	1000	2,532.808	2,277.265	2,657.161	1,678.098	100	1					
16	4	1000	2,934.637	2,069.642	2,527.073	2,960.003	100	1					
17	5	1000	1,439.217	2,609.365	1,817.171	1,542.316	100	1					
107	95	1000	2,285.449	1,585.888	1,680.761	1,138.302	100	1					
108	96	1000	2,030.325	2,349.787	1,842.822	2,097.047	100	1					
109	97	1000	1,273.663	1,433.532	2,563.205	1,702.192	100	1					
110	98	1000	1,274.224	2,108.242	1,959.668	2,955.829	100	1					
111	99	1000	1,902.029	2,677.371	1,136.955	1,604.446	100	1					
112	100	1000	2,596.633	2,335.110	1,387.465	2,029.910	100	1					
113													
114						평균이윤	83.000	낙찰가능성	0.83				
115						표준편차	37.753						

=IF($B$9<MIN(C13:F13),1,0)

=AVERAGE(H13:H112)

▌그림 10-9 ▌낙찰 가능성과 평균이윤의 관계

[그림 10-9]의 셀 범위 J4:L13에 나타난 대안 비교 결과를 보면 우선 입찰가가 높아질수록 낙찰 가능성은 단조 감소하는 것으로 나타났다. 이러한 결과는 우리의 상식과도 일치하는데 입찰가가 높아질수록 다른 경쟁사가 낙찰될 가능성이 커지기 때문이다. 하지만 입찰가가 높아질수록 평균이윤은 일정 수준까지는 증가하다가 다시 감소하는 봉우리 형태를 보인다. 이는 앞서 우리가 예상했듯이 입찰가의 변화에 따른 낙찰 가능성과 이윤의 절충 관계 때문에 나타나는 현상이다.

17 이진변수(binary variables)란 '0'과 '1' 두 가지 값만을 갖는 변수를 말한다. 입찰 문제에서 낙찰 여부는 이진변수의 예가 된다.

11장 엑셀의 데이터 분석 기능 활용하기

엑셀의 데이터 분석 도구는 독자들이 통계학에서 접하는 여러 가지 분석을 손쉽게 할 수 있도록 도와주는 유용한 도구이다. 이 도구를 이용하여 시뮬레이션 결과에 대한 요약 통계량 값을 구하는 방법을 학습해 보자.

1. 기술 통계법 기능의 활용

반복활동으로부터 산출된 표본자료의 특성을 좀 더 구체적으로 살펴보기 위해서 엑셀의 데이터 분석 기능을 이용해 보자. 데이터 분석 기능은 엑셀의 기본 메뉴에서 데이터 탭을 누르면 나타난다.[1] 데이터 분석 기능을 선택하면 화면에 [그림 11-1]과 같은 통계 데이터 분석 대화상자가 나타나는데, 분석 도구(A)에서 기술 통계법을 선택하면 [그림 11-2]와 같은 기술 통계법 대화상자가 나타난다.

기술 통계법 대화상자에 자료의 셀 범위를 입력하고 필요한 옵션을 선택하면 입력한 자료에 대한 요약 통계량을 구할 수 있다. 예를 들어, 앞서 입찰 문제에서 입찰가가 1,100만원일 때, 100번의 반복활동으로 산출된 100개 이윤의 셀 범위를 입력 범위(I) 상자에 입력하고(해당 셀 범위를 엑셀 시트에서 마우스로 선택하면 셀 범위가 자동으로 입력됨), 원하는 항목을 선택한 후 확인을 누르면 [그림 11-3]과 같이 입력한 데이터에 대한 여러 가지 요약 통계량 값이 산출된다.[2] 이 요약 통계량에는 여러분

1 데이터 분석 기능은 엑셀을 표준 설치할 때 자동으로 설치되지 않는다. 엑셀의 추가기능 옵션을 이용해서 이 기능을 추가로 설치해야 한다.

이 통계학에서 배운 여러 가지 기술 통계량(descriptive statistic)이 담겨있다.

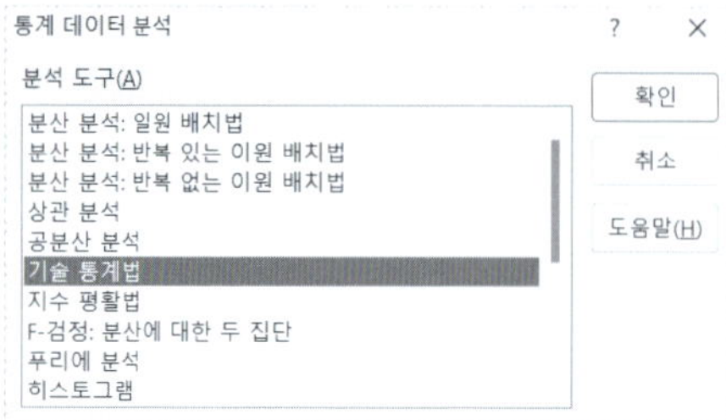

▌그림 11-1 ▌ 분석 도구 대화상자

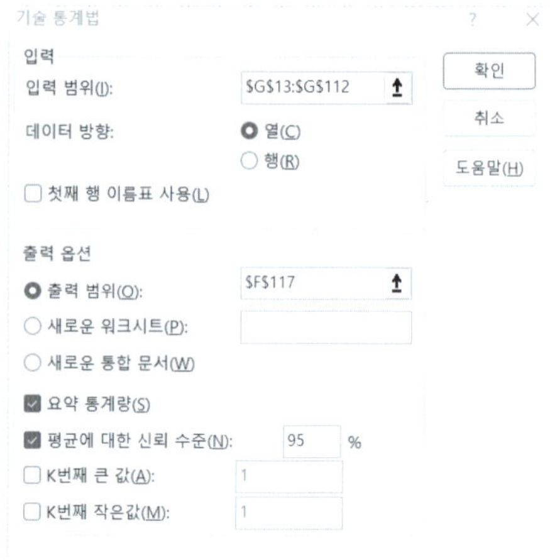

▌그림 11-2 ▌ 기술 통계법 대화상자

F	G
요약통계량	
평균	83
표준 오차	3.775252
중앙값	100
최빈값	100
표준 편차	37.752517
분산	1425.252525
첨도	1.206042
왜도	-1.783906
범위	100
최소값	0
최대값	100
합	8300
관측수	100
신뢰 수준(95.0%)	7.490918

▌그림 11-3 ▌ 요약 통계량

2 요약 통계량의 출력 옵션은 세 가지가 있다. [그림 11-2]에서 보듯이 출력 범위(O)를 선택하고, 출력이 시작될 셀 번호를 입력하면 현재의 활성 시트에 요약 통계량이 출력된다. 새로운 워크시트나 새로운 통합 문서에 출력하기를 원할 경우, 해당 항목을 선택한다.

2 요약 통계량의 의미

[그림 11-3]에 나타난 요약 통계량을 설명하면 다음과 같다.

① 평균은 해당 자료의 산술평균을 말하고, 중앙값은 자료를 크기 순서로 정렬했을 때 가운데에 위치하는 관측값을 말한다. 최빈값은 자료를 구성하는 관측값 중 가장 발생빈도가 높은 값을 말한다. 분산과 표준편차는 자료의 기복을 측정하는 수치로서 표준편차는 분산을 제곱근 한 값이다. 표준편차의 측정 단위는 관측값의 측정 단위와 같다.

② 첨도는 자료의 분포 모양(봉우리 모양)이 얼마나 뾰족한지 또는 꼬리분포가 얼마나 길고 두꺼운지를 측정하는 수치이다. 엑셀의 데이터 분석 도구에서 산출되는 정규분포의 첨도는 '0'이다.[3] 정규분포의 첨도를 '보통 첨도(mesokurtic)'라고 한다. 자료의 분포 모양이 요약 통계량에 나타나 있는 평균과 표준편차를 갖는 정규분포보다 뾰족할 경우, 첨도는 양(+)의 값을 갖고 이를 '높은 첨도(leptokurtic)'라고 부른다. 높은 첨도의 경우, 정규분포보다 길고 두꺼운 꼬리분포(longer and fatter tails)를 갖는다. 정규분포보다 길고 두꺼운 꼬리분포를 갖는다는 말은 평균으로부터 멀리 떨어진 관측값(달리 표현하면, 희귀한 사건)이 발생할 가능성이 정규분포보다 큼을 의미한다. 반면, 자료의 분포 모양이 요약 통계량에 나타나 있는 평균과 표준편차를 갖는 정규분포보다 편평하면 첨도는 음(−)의 값을 갖는다. 이를 '낮은 첨도(platykurtic)'라고 부른다. 낮은 첨도의 경우, 정규분포보다 짧고 얇은 꼬리분포(shorter and thinner tails)를 갖는다.

③ 왜도는 비대칭도를 측정하는 수치이다. 자료의 분포가 오른쪽 꼬리분포(skewed to the right, positively skewed)일 경우, 즉 평균이 중앙값보다 크면 왜도는 양(+)의 값을 갖고, 자료의 분포가 왼쪽 꼬리분포(skewed to the left, negatively skewed)일 경우, 즉 평균이 중앙값보다 작으면 왜도는 음(−)의 값을 갖는다. 자료

3 일반적으로 정규분포의 첨도는 '3'이지만, 엑셀의 기술 통계법 도구가 산출하는 정규분포의 첨도는 첨도를 계산하는 원래 식의 값에서 3을 뺀 '0'으로 나타난다. 이를 초과 첨도(excess kurtosis)라고 부른다.

의 분포가 완전한 좌우대칭일 경우, 왜도는 '0'의 값을 갖는다.

④ 표준오차(standard error of the mean)는 표본평균의 표준편차를 말한다. 표본자료를 이용해 모평균의 신뢰구간을 구하는 식에서 마지막 항인 '표본의 표준편차를 반복활동의 수(표본크기)의 제곱근으로 나눈 값'이다. 앞서 서강서점 문제에서 t분포를 이용해 모평균의 신뢰구간을 구하는 식을 학습한 바 있는데, 그 식을 다시 나타내면 〈식 11-1〉과 같다. 〈식 11-1〉에서 표준오차는 G116/SQRT(100)를 나타낸다. 여기서 셀 G116은 표본자료의 표준편차를 의미한다.

95% 신뢰구간의 상한값: =G115+T.INV.2T(5%,99)*G116/SQRT(100) 〈식 11-1〉
95% 신뢰구간의 하한값: =G115−T.INV.2T(5%,99)*G116/SQRT(100)

⑤ 요약 통계량의 마지막 행에 보이는 신뢰수준(95.0%)은 신뢰수준 95%에서의 표본오차(sampling error)를 나타낸다. 표본오차란 신뢰구간 길이의 반으로 〈식 11-1〉에서 T.INV.2T(5%,99)*G116/SQRT(100)를 말한다. 즉, 모평균과 표본평균의 차이를 말한다.

⑥ 범위는 최댓값과 최솟값의 차이를 말하고, 관측수는 관측값의 수로 반복활동의 수를 나타낸다.

3 두 대안의 비교

앞서 우리는 두 대안의 기대이윤(expected profit)을 비교하기 위해 쌍대자료(matched pairs)의 차이를 이용해 두 대안의 기대이윤 차이에 대한 신뢰구간을 구한 바 있다. 신뢰구간은 앞서 학습한 10장 〈식 10-1〉을 이용해 구할 수도 있으나 차이자료에 대한 요약 통계량을 이용하면 더 쉽게 구할 수 있다. 독자들의 이해를 돕기 위해 두 대안의 기대이윤 차이에 대한 신뢰구간 식을 다시 나타내면 〈식 11-2〉와 같다.

$$\overline{D} \pm t_{\alpha/2,\, n-1} \frac{s_D}{\sqrt{n}} \qquad \langle식\ 11\text{–}2\rangle$$

이제 서강서점 문제로 다시 돌아가 기대이윤 관점에서 주문량 125와 150의 우열을 다시 비교해 보자. [그림 11-4]는 주문량이 125일 때 100번의 반복활동으로부터 산출된 100개의 이윤과 주문량이 125일 때 100번의 반복활동으로부터 산출된 100개 이윤의 차이(앞의 [그림 10-3] 참조)에 대한 요약 통계량이다. 여기서 주문량이 125일 때와 150일 때 산출된 100개 이윤 각각은 쌍을 이루는 자료이다.

B	C
요약통계량	
평균	-11875
표준 오차	8366.175813
중앙값	-62500
최빈값	-62500
표준 편차	83661.75813
분산	6999289773
첨도	-0.911993098
왜도	1.051976507
범위	187500
최소값	-62500
최대값	125000
합	-1187500
관측수	100
신뢰 수준(95.0%)	16600.30787

▌그림 11-4▌ 차이 자료에 대한 요약 통계량

[그림 11-4]에서 평균(−11,875)은 차이 자료의 평균($\overline{D}$)을 나타내고, 표준편차는 차이 자료의 표준편차(s_D)를 나타낸다. 이 수치는 앞서 [그림 10-3]에서 함수를 이용해 구한 수치와 같음을 알 수 있다.

또한 요약 통계량의 두 번째 항목인 표준오차는 〈식 11-2〉에서 $\frac{s_D}{\sqrt{n}}$를 나타낸다. 그 값은 8,366.176임을 알 수 있는데, 이 수치는 〈식 11-2〉에서 보듯이 표준편차

83,661.76을 반복활동의 제곱근인 $\sqrt{100}$ 으로 나눈 수치와 일치한다. 아울러 요약 통계량의 마지막 항목인 신뢰수준(95.0%)은 신뢰수준 95%에서의 표본오차(sampling error)를 나타낸다. 표본오차는 〈식 11-2〉에서 $t_{\alpha/2,\,n-1}\dfrac{s_D}{\sqrt{n}}$ 이다. 요약 통계량에 나타난 표본오차의 값은 16,600.31로서 이는 앞서 엑셀 함수를 이용해 구한 T.INV.2T(5%,99)에 표준오차 8,366.176을 곱한 수치와 일치한다.

따라서 두 대안의 기대이윤 차이에 대한 95% 신뢰구간은 [그림 11-4]의 요약 통계량을 이용해 다음과 같이 쉽게 구할 수 있다.

$$
\begin{aligned}
\text{평균} \pm \text{신뢰수준(95.0\%)} &= -11{,}875 \pm 16{,}600.31 \\
&= (-28{,}475.31,\ +4{,}725.31)
\end{aligned}
$$

이 신뢰구간은 앞서 엑셀로 식을 만들어 구한 신뢰구간과 일치함을 알 수 있다. 신뢰구간이 '0'을 포함하므로 5% 유의수준으로 주문량 125와 주문량 150의 기대이윤은 통계적으로 의미 있는 차이를 보이지 않는다는 결론을 내린다.

12장 다수 대안의 비교

앞서 우리는 두 대안의 성과를 통계적으로 비교하는 방법에 대해 학습하였다. 만일 비교 대안이 두 개가 아니라 세 개 이상인 경우의 성과 비교는 어떻게 이루어질 수 있을까? 결론적으로 말하면 두 대안의 비교 방법을 확장함으로써 다수 대안의 성과도 비교할 수 있다. 하지만 비교 대안이 증가함에 따라 통계적인 복잡성도 증가한다.

일반적으로 대안의 수가 증가함에 따라 비교의 수는 기하급수적으로 증가한다. 예를 들어, 두 개의 대안을 짝을 지워 비교하자면 대안이 두 개일 경우에는 한 번의 비교만이 필요하나 대안이 세 개일 경우에는 3번의 비교, 대안이 네 개일 경우에는 6번의 비교, 대안이 다섯일 때는 10번의 비교 등으로 대안의 수는 선형적으로 하나씩 증가하지만, 비교의 수는 큰 폭으로 증가한다. 일반적으로 대안이 n개일 경우에는 ${}_nC_2 = n(n-1)/2$번의 비교가 필요하다.

1 대안 비교의 문제점

대안의 수가 증가하면 비교의 수가 증가할 뿐만 아니라 통계적인 측면에서 신뢰구간의 정밀도(precision)와 관련한 문제가 발생한다. 이 문제를 설명하기 위해 다음과 같이 세 가지 대안의 성과, 예를 들어, 기대이윤(expected profit)을 통계적으로 비교하는 문제를 고려해 보자.

대안 1, 2, 3의 기대이윤을 각각 μ_1, μ_2, μ_3로 표기하자. 앞서 10장과 11장에서 학습한 두 대안의 통계적 비교 방법을 이용해 두 대안의 기대이윤 차이의 신뢰구간을 각각 5%의 유의수준(95%의 신뢰수준)에서 구한 결과가 다음과 같다고 가정하자.

$$+ \leq \mu_1 - \mu_2 \leq +,\ - \leq \mu_2 - \mu_3 \leq +,\ + \leq \mu_1 - \mu_3 \leq +$$

위의 세 가지 신뢰구간을 보면 각각 5%의 유의수준으로 대안 1은 대안 2보다 선호되고, 대안 2는 대안 3과 통계적으로 의미 있는 차이가 없고, 대안 1은 대안 3보다 선호됨을 알 수 있다.[1] 만일 이 세 가지 신뢰구간 모두가 진정한 모수(기대이윤 차이)를 포함한다면 우리는 이 세 가지 신뢰구간을 함께 고려하여 대안 1이 기대이윤 관점에서 세 대안 중 가장 좋은 대안이라는 결론을 내릴 수 있다.

하지만 이러한 결론은 방금 언급하였지만 세 가지 신뢰구간 모두가 진정한 모수를 포함한다는 조건에서 성립한다. 그런데 위의 예에서 각각의 신뢰구간이 해당 모수를 포함하지 않을 가능성의 최댓값(유의수준)은 5%이다. 따라서 어느 한 신뢰구간이라도 해당 모수를 포함하지 않는다면 이들 신뢰구간에 근거해 내린 우리의 결론은 잘못될 것이고, 그 가능성은 세 가지 신뢰구간의 유의수준을 모두 합한 15%까지 증가할 수 있다. 바꾸어 말하면 세 가지 신뢰구간으로부터 추론한 결과를 신뢰할 수 있는 수준은 최악의 경우 85%까지 낮아질 수 있는 문제가 발생한다. 즉, 하나의 신뢰구간으로부터 두 대안의 우열을 가릴 때는 결과가 틀릴 가능성이 기껏해야 유의수준에 그쳤지만, 신뢰구간을 여러 개 함께 고려하여 결론을 내릴 때는 유의수준도 함께 증가하는 문제가 발생한다.

위의 논리를 불의 부등식(Boole's inequality)[2]을 이용해 설명하면 다음과 같다.

신뢰구간 i가 해당 모수를 포함하지 않는 사건을 A_i로 표기하자. 그러면 유의수준의 정의에 따라 $P(A_i) = \alpha_i$이다. 이제 세 가지 신뢰구간 중 적어도 하나의 신뢰구간이 해당 모수를 포함하지 않는 사건의 확률을 구해 보자. 세 가지 신뢰구간 중 적어도 하나의 신뢰구간이 해당 모수를 포함하지 않는 사건은 $A_1 \cup A_2 \cup A_3$이므로 불의 부등식에 의해 〈식 12-1〉이 성립한다.

1 기대이윤이 클수록 대안은 선호된다.

2 영국의 수학자 George Boole(1815~1864)의 이름을 딴 부등식이다. 합사건(union)이 발생할 확률의 상한값을 제공한다.

$$P(A_1 \cup A_2 \cup A_3) \le \sum_{i=1}^{3} \alpha_i = (0.05 + 0.05 + 0.05) = 0.15 \quad \langle \text{식 12–1} \rangle$$

즉, 어느 한 신뢰구간이라도 해당 모수를 포함하지 않아 세 가지 신뢰구간을 함께 고려해 내린 우리의 결론이 틀릴 가능성은 최대 15%가 된다. 여기서 우리가 내린 결론이 틀릴 가능성의 상한값 15%를 전반적 오류수준(overall error probability)이라고 하고, α_E로 표기한다. 전반적 오류수준은 복수의 신뢰구간에 근거해 내린 결론이 잘못될 가능성의 상한값을 제공한다.

〈식 12-1〉에서 사건 $A_1 \cup A_2 \cup A_3$의 여사건(complement)은 $\overline{A_1} \cap \overline{A_2} \cap \overline{A_3}$이다. $\overline{A_1} \cap \overline{A_2} \cap \overline{A_3}$는 세 가지 신뢰구간 모두가 해당 모수를 포함하는 사건을 말한다. 따라서 다음과 같은 식이 성립한다.

$$P(\overline{A_1} \cap \overline{A_2} \cap \overline{A_3}) \ge 1 - \sum_{i=1}^{3} \alpha_i = 1 - (0.05 + 0.05 + 0.05) = 0.85 \quad \langle \text{식 12–2} \rangle$$

〈식 12-2〉는 세 가지 신뢰구간 모두가 해당 모수를 포함할 가능성이 적어도 85%는 됨을 나타낸다. 즉, 세 가지 신뢰구간으로부터 우리가 내린 결론이 참(true)이라고 믿을 수 있는 정도는 최악의 경우 85%까지 낮아진다는 의미이다. 〈식 12-2〉는 여러 개의 신뢰구간에 근거해 내린 우리의 결론이 참일 가능성, 즉 전반적 신뢰수준(overall confidence level)의 하한값을 제공한다. 하지만 우리가 신뢰구간을 통해 어떤 통계적 결론을 내릴 때 신뢰수준은 보통 90% 이상으로 설정하는 것이 관례이다. 따라서 90%에 못 미치는 신뢰수준을 갖는 주장은 그 타당성에 문제가 제기될 수 있다.

따라서 전반적 오류수준을 낮추기 위해서는 다수 대안의 성과 비교 시 이원비교(pairwise comparisons)의 수, 즉 신뢰구간의 수를 줄이는 방법을 생각할 수 있다. 이원비교의 수를 줄이는 방법으로 실무적으로 추천할만한 것은 여러 대안을 특정 기준과 비교하는 것이다. 예를 들어, 현재의 시스템을 기준으로 삼아 여러 가지 대안 시스템을 현재의 시스템과 비교하는 것이다. 이럴 경우, 대안의 수가 증가함에 따라 비교의 수는 기하급수적으로 증가하는 것이 아니라 대안의 증가 폭과 마찬가지로 비교의 수도 선형적으로 증가한다.

즉, 기준 시스템 이외의 대안이 하나일 경우에는 비교도 하나, 대안이 두 개일 경우에는 비교도 둘, 대안이 셋일 경우에는 세 번의 비교 등으로 n개의 대안 시스템이 있는 경우 n번의 비교만 수행하면 된다. 이렇게 함으로써 현재 시스템보다 우수한 대안들을 우선 1차로 추리고, 1차로 추린 대안 간의 후속적인 비교를 2차로 수행하면 비교의 수를 줄일 수 있다.

2 본페로니(Bonferroni) 방법

지금까지 논의한 내용을 일반적인 상황으로 확장해 보자. θ_i와 θ_j를 각각 시스템 i와 시스템 j의 성과지표의 모평균(예를 들어, 기대이윤, 기대비용, 기대효용 등)이라고 가정하자. 그러면 두 시스템 i와 j의 성과를 통계적으로 비교하기 위한 기본가설(null hypothesis)[3]은 다음과 같이 설정할 수 있다.

$$H_0: \theta_i - \theta_j = 0$$

즉, 위의 기본가설은 특별한 증거가 없는 한 '시스템 i와 시스템 j의 성과는 통계적으로 차이가 없다'는 것이다. 이제 위의 가설을 검정하기 위해 시뮬레이션을 이용해 두 시스템의 성과자료를 반복활동(replications)을 통해 발생시키고, 이 표본자료를 이용해서 두 시스템의 성과 차이에 대한 신뢰구간을 구하게 된다. 그리고 위의 기본가설을 기각할 만한, 즉 어느 한 시스템의 성과가 다른 시스템의 성과보다 낫다고

3 가설검정에서 기본가설(또는 귀무가설)이란 다른 특별한 증거가 없는 한 현재 우리가 믿고 있는 바(status quo)를 말한다. 기본가설의 반대되는 가설은 대립가설(alternative hypothesis) 또는 연구가설(research hypothesis)이라고 하며 검정의 대상이 된다. 표본자료를 통해 대립가설을 받아들일 만한 충분한 증거가 있으면 기본가설을 기각하고 대립가설을 받아들인다. 그렇지 않으면 현재의 상태를 나타내는 기본가설을 기각할 수 없으므로 기본가설을 그대로 받아들인다. 표본자료를 이용해 이루어지는 가설검정의 결과는 항상 통계적 오류의 가능성을 갖는다.

주장할만한 충분한 증거가 있는지를 일정한 유의수준으로 검정하는 것이다.[4]

이제 대안의 수가 증가하여 비교의 수가 증가하면 신뢰구간의 수도 증가하게 될 것이다. 앞서도 언급하였듯이 신뢰구간의 수가 증가하게 되면 여러 개의 신뢰구간을 함께 고려해 내리는 결론이 잘못될 가능성의 상한값인 전반적인 오류수준(overall error probability)도 따라서 증가하는 문제가 발생한다. 불의 부등식(Boole's inequality)을 일반화한 본페로니 부등식(Bonferroni inequality)[5]은 전반적인 오류수준을 추정하는 방법을 제공한다.

본페로니 부등식을 설명하기 위해 다음과 같은 상황을 고려하자. $s_1, s_2, \cdots, s_m$이라는 m개의 문장이 있고, 문장 $s_i(i=1, 2, \cdots, m)$가 참(true)이 아닐 가능성은 α_i이다. 이제 문장 s_i가 참이 아닌 사건을 A_i라고 표기하면 m개의 문장 중 적어도 하나의 문장이 참이 아닐 가능성은 〈식 12-3〉과 같이 표현할 수 있다. 이를 본페로니 부등식이라고 한다.[6]

$$P(\text{적어도 하나의 문장이 참이 아닌 사건})$$
$$= P(A_1 \cup A_2 \cup \cdots \cup A_m) \le \sum_{i=1}^{m} \alpha_i = \alpha_E \quad \text{〈식 12–3〉}$$

〈식 12-3〉에서 '적어도 하나의 문장이 참이 아닌 사건'의 여사건은 m개의 문장 모두가 참인 사건이다. 따라서 m개의 문장 모두가 참일 가능성은 〈식 12-4〉와 같이 표현할 수 있다.

4 만일 성과 차이에 대한 신뢰구간이 '0'을 포함하면 두 시스템의 성과는 통계적으로 의미 있는 차이가 없다는 결론을 내린다. 그렇지 않을 경우, 즉 성과 차이에 대한 신뢰구간의 상한값과 하한값이 둘 다 양수(+)이거나 둘 다 음수(−)로 나타날 경우, 한 시스템이 다른 시스템보다 낫다고 판단한다.

5 이탈리아의 수학자 Carlo Emilio Bonferroni(1892~1960)의 이름을 딴 부등식으로 불의 부등식(Boole's inequality)을 일반화한 것이다.

6 여기서는 불의 부등식과 본페로니 부등식이 차이가 없는 것처럼 보이나 본페로니 부등식의 부분집합이 불의 부등식이다. 일반적으로 시뮬레이션에서 다수 대안의 비교를 위한 방법을 이야기할 때는 본페로니 부등식이라는 표현을 많이 사용한다.

$$P(\text{모든 문장이 참인 사건}) = P(\overline{A_1} \cap \overline{A_2} \cap \cdots \cap \overline{A_m}) \geq 1 - \sum_{i=1}^{m} \alpha_i = 1 - \alpha_E$$

〈식 12-4〉

〈식 12-3〉과 〈식 12-4〉에서 $\alpha_E = \sum_{i=1}^{m} \alpha_i$는 전반적 오류수준을 나타낸다.

이제 문장 s_i에 '신뢰구간 i는 해당 모수를 포함한다'는 내용이 쓰여 있다고 생각하자. 그러면 m개의 신뢰구간 중 적어도 하나의 신뢰구간이 모수를 포함하지 않을 가능성은 〈식 12-3〉에 따라 〈식 12-5〉와 같이 표현할 수 있다.

$$P(\text{적어도 하나의 신뢰구간이 해당 모수를 포함하지 않는 사건}) \leq \sum_{i=1}^{m} \alpha_i = \alpha_E$$

〈식 12-5〉

즉, m개의 신뢰구간을 통해 우리가 내린 결론이 잘못될 가능성은 최대 α_E까지 커질 수 있다는 의미이다.

또한 〈식 12-3〉과 〈식 12-4〉가 동일한 것처럼 〈식 12-5〉는 〈식 12-6〉으로 바꾸어 표현할 수 있다.

$$P(\text{모든 신뢰구간이 해당 모수를 포함하는 사건}) \geq 1 - \sum_{i=1}^{m} \alpha_i = 1 - \alpha_E$$

〈식 12-6〉

〈식 12-6〉은 m개의 신뢰구간으로부터 우리가 내린 결론의 전반적 신뢰수준은 최악의 경우 $1 - \alpha_E$까지 낮아질 수 있다는 말이다.

본페로니 방법의 단점은 비교의 수가 많아지면 신뢰구간의 수가 증가해 전반적 오류 수준이 증가한다는 것이다. 예를 들어, 유의수준이 각각 5%인 신뢰구간을 10개 만들어 이에 근거해 어떤 결론을 내릴 경우, 전반적 오류수준은 50%가 되어 결론의 신뢰도가 무척 손상되는 문제가 발생한다.

이러한 문제를 해소하기 위해 개별 신뢰구간의 유의수준을 낮추는(신뢰수준을 높이는) 방법도 생각할 수 있으나, 개별 신뢰구간의 유의수준을 낮추게 되면 신뢰구간의 폭은 넓어지게 되어 두 대안의 성과 차이가 없는 것으로 나타나기가 쉽다. 즉, 실제로는 두 대안의 성과 차이가 있음에도 불구하고 차이가 없다는 결론을 내릴 위험이 증가한다.

따라서 본페로니 방법을 이용해서 다수 대안을 비교할 때는 우선 전반적 오류 수준을 설정한 다음 이러한 전반적 오류수준에 맞는 개별 신뢰구간의 유의수준을 정한다. 예를 들어. 네 가지 대안을 비교하는 문제를 고려하자. 네 가지 대안을 쌍(pair)으로 모두 비교하게 되면 ${}_4C_2=6$번의 비교를 해야 하므로 네 가지 대안 중 하나의 대안(예를 들어, 현재 시스템)을 기준으로 놓고, 나머지 세 대안을 이 기준 대안과 비교하는 방법을 취하도록 하자. 그러면 비교의 수는 세 번으로 줄어든다.

기준 대안의 성과 모평균을 θ_0로 표기하고, 나머지 세 대안의 성과 모평균을 각각 θ_1, θ_2, θ_3로 표기하자. 비교의 수가 세 번이므로 $\theta_0-\theta_1$에 대한 신뢰구간, $\theta_0-\theta_2$에 대한 신뢰구간, $\theta_0-\theta_3$에 대한 신뢰구간 등 세 가지 신뢰구간을 만들게 된다. 만일 우리가 전반적 오류수준(α_E)을 10%로 억제하고자 하면, 개별 신뢰구간의 유의수준 α_i는 각각 3.3%가 된다.[7] 그러면 세 개의 신뢰구간 중 적어도 하나의 신뢰구간이 해당 모수를 포함하지 않을 가능성은 10% 이하가 된다. 즉, 세 가지 신뢰구간을 함께 고려해 내린 대안의 우열에 관한 결론이 틀릴 가능성이 최대 10%로 제한된다는 말이다.

본페로니 방법은 비교의 수가 많지 않을 때(경험칙으로 보았을 때 10개 이내일 때) 사용하는 것이 추천된다. 예를 들어, 비교의 수가 10개인 경우 전반적인 오류 수준을 5%로 설정하게 되면 개별 신뢰구간의 유의수준은 0.5%가 되어 개별 신뢰구간의 폭이 무척 넓어지기 때문이다. 전반적 오류수준과 개별 신뢰구간의 폭은 절충 관계에 있다. 전반적 오류수준을 낮게 설정하면 개별 신뢰구간의 폭은 넓어지고, 개별 신뢰구간의 폭을 적절히 유지하고자 하면 전반적 오류수준은 높아지므로 필요한

7 개별 신뢰구간의 유의수준 3.3%는 전반적 오류수준 10%를 신뢰구간의 수인 3으로 나눈 수치이다. 개별 신뢰구간의 유의수준은 반드시 모두 같을 필요는 없으나 일반적으로 전반적 오류수준을 신뢰구간의 개수로 나누어 개별 신뢰구간의 유의수준을 같게 정한다.

신뢰구간의 수에 따라 전반적 오류수준을 10% 이내에서 적절히 조정하는 것이 필요하다.

다음의 예제를 이용하여 본페로니 방법이 문제에 어떻게 적용되는지 구체적으로 살펴보자.

· 예제

신촌의 한 마트에는 다섯 곳의 계산대가 있다. 현재 이 마트는 소량의 물품을 사는 사람들이 이용할 수 있는 급행 계산대(express lane)를 마련하지 않아 계산대에서 기다리는 시간이 너무 길다는 불평이 고객들 사이에서 나오고 있다. 마트의 주인은 이러한 고객의 불만을 해소하고자 5곳의 계산대 중 일부를 구입 물건이 6개 이하인 고객들을 위한 급행 계산대로 바꿀 생각을 하고 있다. 두 가지 대안을 생각하고 있는데, 한 대안은 다섯 곳의 계산대 중 한 곳만 급행 계산대로 바꾸는 안이고(대안 2), 또 다른 대안은 다섯 곳 중 두 곳의 계산대를 급행 계산대로 바꾸는 안(대안 3)이다. 마트의 주인은 근처 대학에 다니는 아들의 도움을 받아 현재 시스템(대안 1)을 포함한 세 가지 대안 시스템의 성과를 시뮬레이션을 통해 복제하였다. 시스템의 성과지표는 고객이 시스템에 평균적으로 체류하는 시간으로 하였다. 즉, 하루 개장시간 동안 고객이 입장해서 쇼핑하고 계산대를 통과해 나갈 때까지 걸리는 평균 체류시간(단위: 분)을 시뮬레이션을 통해 산출하였다. 시뮬레이션을 수행할 때 세 대안의 성과를 공정하게 비교하기 위해 공통난수집단(CRN: common random numbers)을 이용하였다. 마트의 주인은 세 대안 중 고객이 마트에 체류하는 평균시간을 최소화할 수 있는 대안을 찾고자 한다. 시뮬레이션 결과는 [표 12-1]에 요약되어 있다. 전반적 오류수준(α_E)을 6%로 설정하여 대안을 통계적으로 비교하시오.

▎표 12-1 ▎고객의 마트 평균 체류시간(단위: 분)

반복활동 번호	대안 1(현재 시스템)	대안 2(급행 계산대 1곳)	대안 3(급행 계산대 2곳)
1	9.49	5.81	18.23
2	22.40	11.10	20.48
3	9.24	6.16	24.47
4	15.25	12.45	22.88

5	26.58	11.14	20.60
6	30.97	17.72	29.30
7	6.67	5.13	24.27
8	11.04	7.58	21.29
9	16.28	10.62	23.93
10	13.70	11.03	22.07

공통난수법을 이용해 대안들의 성과를 산출하였으므로 10장에서 학습한 쌍대 t-검정 기법을 이용한다. 우선 대안을 둘씩 짝을 지워 성과 차이를 계산한다. [그림 12-1]은 시뮬레이션 결과를 이용해 (대안 1 − 대안 2), (대안 2 − 대안 3), (대안 1 − 대안 3) 등 세 쌍의 성과 차이, 그리고 성과 차이의 평균, 분산, 표준편차, 표준오차(standard error of the mean)를 계산한 결과를 보여주고 있다. 평균, 분산, 표준편차는 각각 엑셀의 =AVERAGE, =VAR.S, =STDEV.S 함수를 이용해 구하였고, 표준오

고객의 마트 평균 체류 시간(단위: 분)

반복활동	대안 1	대안 2	대안 3
1	9.49	5.81	18.23
2	22.40	11.10	20.48
3	9.24	6.16	24.47
4	15.25	12.45	22.88
5	26.58	11.14	20.60
6	30.97	17.72	29.30
7	6.67	5.13	24.27
8	11.04	7.58	21.29
9	16.28	10.62	23.93
10	13.70	11.03	22.07
평균	16.16	9.87	22.75
분산	64.71	14.59	9.15
표준편차	8.04	3.82	3.03
표준오차	2.54	1.21	0.96

=AVERAGE(B4:B13)

=VAR.S(B4:B13)

=STDEV.S(B4:B13)

=B18/SQRT(10)

성과 차이

대안 1 - 대안 2	대안 2 - 대안 3	대안 1 - 대안 3
3.68	-12.42	-8.74
11.30	-9.38	1.92
3.08	-18.31	-15.23
2.80	-10.43	-7.63
15.44	-9.46	5.98
13.25	-11.58	1.67
1.54	-19.14	-17.60
3.46	-13.71	-10.25
5.66	-13.31	-7.65
2.67	-11.04	-8.37
6.29	-12.88	-6.59
25.63	11.64	57.55
5.06	3.41	7.59
1.60	1.08	2.40

| 그림 12-1 | 차이 자료의 산출

차는 표준편차를 반복활동 수의 제곱근으로 나누어(=STDEV.S(셀 범위)/SQRT(10)) 구하였다.

전반적 오류수준을 6%로 설정하였으므로 세 가지 신뢰구간의 유의수준은 2%씩으로 설정한다. 즉, 대안 1, 2, 3의 체류시간 모평균을 각각 μ_1, μ_2, μ_3라고 표기하면 $\mu_1 - \mu_2$, $\mu_2 - \mu_3$, $\mu_1 - \mu_3$에 대한 신뢰구간을 98%의 신뢰수준으로 구한다.

신뢰구간을 구하기 위해 10장에서 학습한 신뢰구간을 구하는 식을 이용할 수도 있으나 여기서는 11장에서 학습한 데이터 분석 도구의 요약 통계량을 이용한다. 성과 차이에 대한 요약 통계량을 구하게 되면, 그 요약 통계량에는 신뢰구간 설정을 위한 모든 정보가 포함되어 있다. [그림 12-2]는 세 가지 차이 자료의 요약 통계량을 데이터 분석 도구의 기술 통계법 기능을 활용해 구한 것이다.

	A	B	C	D	E	F	G
1							
2		대안 1 - 대안 2		대안 2 - 대안 3		대안 1 - 대안 3	
3							
4		평균	6.29	평균	-12.88	평균	-6.59
5		표준 오차	1.60	표준 오차	1.08	표준 오차	2.40
6		중앙값	3.57	중앙값	-12.00	중앙값	-8.01
7		최빈값	#N/A	최빈값	#N/A	최빈값	#N/A
8		표준 편차	5.06	표준 편차	3.41	표준 편차	7.59
9		분산	25.63	분산	11.64	분산	57.55
10		첨도	-0.67	첨도	0.08	첨도	-0.69
11		왜도	1.03	왜도	-1.05	왜도	0.36
12		범위	13.90	범위	9.76	범위	23.58
13		최소값	1.54	최소값	-19.14	최소값	-17.60
14		최대값	15.44	최대값	-9.38	최대값	5.98
15		합	62.88	합	-128.78	합	-65.90
16		관측수	10.00	관측수	10.00	관측수	10.00
17		신뢰 수준(98.0%)	4.52	신뢰 수준(98.0%)	3.04	신뢰 수준(98.0%)	6.77
18							

▌그림 12-2▐ 차이 자료의 요약 통계량

[그림 12-2]에 나타난 세 가지 차이 자료의 평균, 분산, 표준편차, 표준오차는 앞서 [그림 12-1]에서 엑셀 함수를 이용해 구한 결과와 일치함을 알 수 있다. 요약 통계량을 보고 가장 손쉽게 신뢰구간을 구하는 방법은 [그림 12-2]의 마지막 행에 나타난 신뢰수준(98%)을 이용하는 것이다. 신뢰수준(98%)은 신뢰수준 98%에서[8] 표본오차

(sampling error)를 나타냄은 11장에서 설명한 바 있다. 따라서 $\mu_1 - \mu_2$, $\mu_2 - \mu_3$, $\mu_1 - \mu_3$에 대한 98% 신뢰구간 각각은 해당 차이 자료의 (평균± 표본오차)이므로 다음과 같이 구할 수 있다.[9]

$\mu_1 - \mu_2$의 98% 신뢰구간 $= 6.29 \pm 4.52 = (1.77, 10.81)$

$\mu_2 - \mu_3$의 98% 신뢰구간 $= -12.88 \pm 3.04 = (-15.92, -9.84)$

$\mu_1 - \mu_3$의 98% 신뢰구간 $= -6.59 \pm 6.77 = (-13.36, 0.18)$

문제에서 성과지표는 고객이 시스템에 평균적으로 체류하는 시간이므로 그 값이 작을수록 시스템은 선호된다.[10] 우선, $\mu_1 - \mu_2$의 신뢰구간 결과를 보면 대안 2는 대안 1보다 통계적으로 선호됨을 알 수 있다. $\mu_2 - \mu_3$의 신뢰구간 결과에서도 대안 2는 대안 3보다 선호된다. 마지막으로 $\mu_1 - \mu_3$의 신뢰구간 결과를 보면 신뢰구간이 '0'을 포함하고 있어 대안 1과 대안 3은 통계적으로 의미 있는 성과 차이가 존재하지 않음을 알 수 있다. 따라서 세 개의 신뢰구간 결과를 종합하면 세 가지 대안 중 대안 2가 가장 좋은 시스템임을 알 수 있다. 즉, 기존 5곳의 계산대 중 한 곳만을 급행 계산대로 전환하는 것이 고객의 평균 체류시간 관점에서 가장 우수한 시스템이라는 결론을 내릴 수 있다. 하지만 세 개의 98% 신뢰구간을 고려해 내린 이 결론은 잘못될 가능성도 존재하는데, 결론이 잘못될 가능성의 최댓값은 문제에서 주어진 전반적 오류 수준(overall error probability) 6%이다. 달리 표현하면 세 개의 신뢰구간을 이용해 내린 우리의 결론이 참일 가능성, 즉 전반적 신뢰수준(overall confidence level)은 적어도 94%가 된다는 말이다.

8 신뢰수준(confidence level)은 기술 통계법 대화상자에서 사용자가 설정할 수 있다.

9 독자들은 앞서 10장에서 학습한 두 모평균 차이에 대한 신뢰구간을 구하는 식을 이용해 같은 결과가 나옴을 확인하기 바란다.

10 여기서는 고객의 시스템 체류시간이 짧을수록 고객 회전율이 증가해 마트의 수익 창출에 더 도움이 됨을 가정한다.

부록 1 ▌ 확률변수와 확률분포

시뮬레이션을 수행하고 그 결과를 올바로 해석하기 위해서는 확률변수와 확률분포에 대한 개념을 이해하는 것이 필요하다. 확률분포는 시뮬레이션에서 다루는 불확실성을 객관적으로 표현할 수 있는 수학적 도구이다. 본 장에서는 확률변수와 확률분포가 무엇인지 정의하고, 확률함수, 누적분포함수, 결합확률분포, 조건부 확률분포, 확률변수의 독립성 등 확률분포와 관련된 기본적인 내용에 대하여 학습한다.

1 확률변수

확률변수(random variables)란 실험의 결과에 수치를 부여하는 규칙으로 정의된다. 예를 들어, 주사위를 한 번 던지는 실험에서 나타날 수 있는 실험 결과의 집합은 다음과 같이 표본공간(sample space) S로 표시할 수 있다.

$S = \{$ 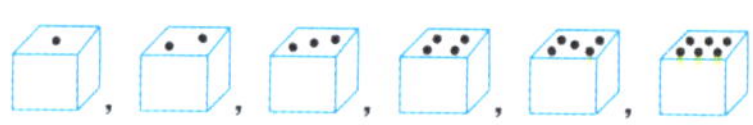 $\}$

여기서 X를 주사위를 한 번 던져 나타나는 주사위 눈의 수라고 정의하면, 실험 결과 에는 1이라는 수치가, 실험 결과  에는 2라는 수치, 실험 결과 에는 3이라는 수치 등이 부여되고, 이러한 수치 부여 규칙을 확률변수라고 한다. 쉽게 이야기하면 주사위를 던져 나타나는 주사위 눈의 수와 같이 수치로 표시한 실험의 결과를 확률변수라 한다.

위의 예에서 '주사 위를 한 번 던져 나타나는 주사위 눈의 수'라고 정의된 X를 확률변수라 하고, 이 확률변수 X는 1, 2, 3, 4, 5, 6 등 여섯 개의 값을 취하고, 각 값을 취할 가능성(확률)은 1/6로 같다. 즉, 주사위를 던지기 전에는 X가 어떠한 값을 가질지 모르나, X가 취할 수 있는 값은 여섯 개의 숫자 중 하나가 될 것이다.

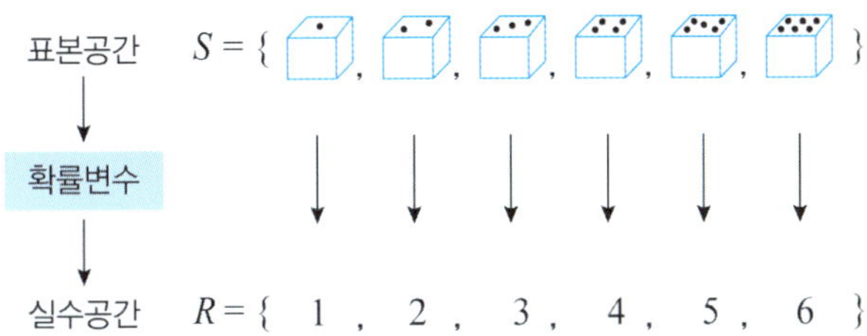

| 그림 A1-1 | 확률변수의 개념 (1)

또 다른 예로 X를 주사위를 한 번 던져 주사위 눈의 수가 홀수로 나타나면 '0'의 값을 갖고, 짝수로 나타나면 '1'의 값을 갖는 확률변수로 정의하면, 확률변수 X는 0과 1의 두 가지 값을 갖고 각 값을 가질 확률은 0.5가 된다. 즉, 실험의 결과는 같더라도 실험의 결과에 수치를 부여하는 규칙을 달리함에 따라 확률변수의 정의도 달라지고, 그 확률변수가 취할 수 있는 값과 그 값을 취할 확률도 달라진다.

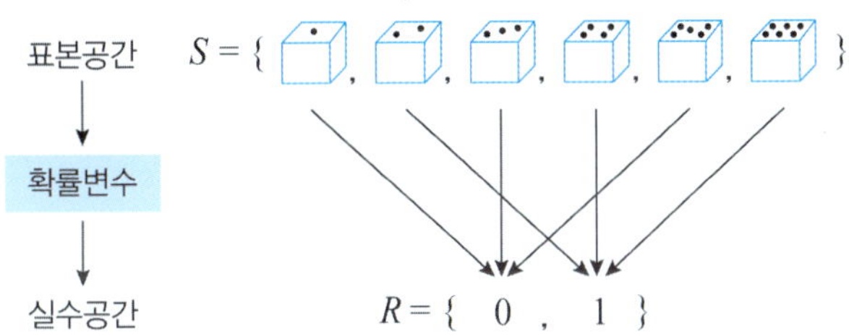

| 그림 A1-2 | 확률변수의 개념 (2)

수학적으로 확률변수는 $X : S \rightarrow R$이라고 표현하는데, 여기서 X는 확률변수, S는 표본공간, 그리고 R은 실수공간을 나타낸다. [그림 A1-1]과 [그림 A1-2]는 이러한 확률변수의 개념을 그림으로 나타낸 것이다.

(1) 확률변수의 종류

확률변수에는 이산형 확률변수(discrete random variables)와 연속형 확률변수(continuous random variable)가 있다. 이산형 확률변수란 주사위를 던지는 실험에서와 같이 확률변수가 취할 수 있는 값이 한정되어 있거나, 한정되어 있지 않아도 셀 수 있는(countable) 확률변수를 말하고, 연속형 확률변수는 취할 수 있는 값이 무한한(따라서 셀 수 없는) 연속적인 값(소수점 이하로 얼마든지 나타낼 수 있는 값)을 취하는 확률변수를 말한다. 예를 들어, 확률변수 X를 어느 은행에 10시부터 11시 사이에 들어오는 고객의 수라고 정의하면 X가 취할 수 있는 값은 셀 수 있으므로 X는 이산형 확률변수가 된다. 반면에, 은행에 도착하는 고객들의 도착시간 간격을 확률변수 Y라 하면, 고객들의 도착시간 간격은 정밀히 측정하면 얼마든지 소수점 이하로도 표시할 수 있으므로 Y는 연속형 확률변수가 된다.

이산형 확률변수의 값은 보통 센다고(count) 말하고, 연속형 확률변수의 값은 측정한다고(measure) 말한다. 또한 확률변수 자체는 보통 알파벳 대문자로 표기하고, 그 확률변수가 취하는 값(value of random variable)은 소문자로 표기한다. 예를 들어, $P(X=x)$라는 표현(이를 간단히 $p(x)$라고도 표기)은 확률변수 X가 특정 값 x를 취할 확률을 나타낸다.

2 확률분포

확률분포(probability distribution)란 확률변수가 취할 수 있는 값(수치)과 그러한 값을 취할 가능성(확률)을 표, 그래프, 함수 등의 형태로 일목요연하게 나타낸 것을 말한다. 예를 들어, 주사위를 한 번 던지는 실험(experiment)에서 나타나는 주사위 눈의 수와 각 주사위 눈이 나타날 확률을 표로써 나타내면 [표 A1-1]과 같다.

[표 A1-1]에서와 같이 확률변수의 정의에 따라 실험의 모든 가능한 결과를 수치로 표시하고, 확률변수가 각 수치의 값을 가질 확률을 일목요연하게 나타낸 것이 확률

| 표 A1-1 | 주사위 실험의 확률분포(표)

주사위 눈의 수	확률
1	1/6
2	1/6
3	1/6
4	1/6
5	1/6
6	1/6

분포이다. 이러한 표현은 상대도수분포와 유사한데, 확률분포는 실험으로부터 발생할 수 있는 결과 모두에 관한 것이므로 모집단(population)에 대한 상대도수분포(relative frequency distribution)라고 말할 수 있다.

확률분포는 표를 이용해서뿐만 아니라 그래프나 함수로도 표현할 수 있다. 위의 예에 대한 확률분포를 그래프로 표시하면 [그림 A1-3]과 같다. 여기서 각 선의 높이는 확률변수 X가 특정 값을 취할 확률을 나타낸다.

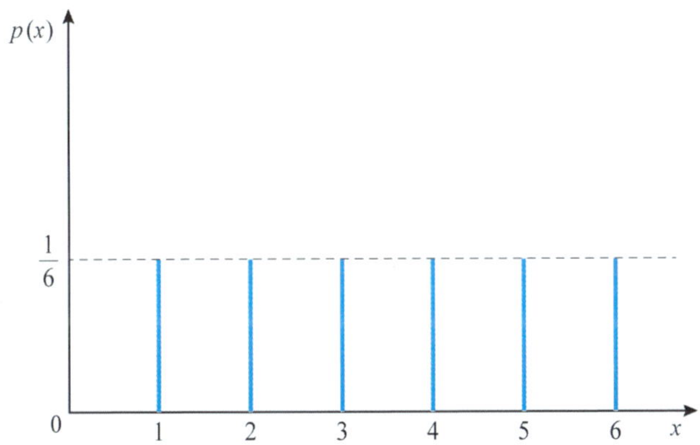

| 그림 A1-3 | 주사위 실험의 확률분포(그래프)

또한 확률분포는 다음과 같이 함수의 형태로도 표시할 수 있으며, 이를 확률함수(probability function)라고 한다. 즉, 다음의 식은 확률변수 X를 주사위를 한 번 던지는 실험에서 나타나는 주사위 눈의 수라고 정의했을 때의 X에 대한 확률함수이다.

$$p(x) = \begin{cases} \frac{1}{6}, & x = 1, 2, \cdots, 6 \\ 0, & \text{그 밖의 경우} \end{cases}$$

(1) 확률분포의 종류

확률분포도 취급하는 확률변수가 이산형이냐 연속형이냐에 따라 이산형 확률분포(discrete probability distribution)와 연속형 확률분포(continuous probability distribution)로 나누어진다. 즉, 이산형 확률변수의 분포를 이산형 확률분포라 하고, 연속형 확률변수의 분포를 연속형 확률분포라고 한다. 또한 이산형 확률분포의 확률함수는 확률질량함수(probability mass function, 또는 간단히 pmf)라고 부르고, $p(x)$로 표시한다. 그리고 연속형 확률분포의 확률함수는 확률밀도함수(probability density function, 또는 간단히 pdf)라고 부르고, $f(x)$로 표시한다.

우리가 확률분포를 배우는 이유는 확률변수가 어떠한 값이나 어떠한 범위 내에 값을 취할 확률을 미리 파악하기 위함이며, 이는 불확실한 사건이 발생할 가능성에 대한 평가라고 말할 수 있다. 예를 들어, 복권을 한 장 구매했을 때 이 복권이 10만원에 당첨될 가능성은 어떻게 될 거라든지, 어떤 교량 공사가 앞으로 10주에서 12주 사이에 완성될 가능성은 어떻게 될지 등을 확률분포를 이용하여 평가할 수 있는 것이다. 이제 이산형 확률분포와 연속형 확률분포에 대해 보다 구체적으로 설명하기로 하자.

1) 이산형 확률분포

이산형 확률변수는 보통 유한개의 값을 가지므로[1] 확률변수 X가 $x_1, x_2, \cdots, x_r$이라는 r개의 값을 가지는 이산형 확률변수이고, 확률변수 X가 x_i라는 특정 값을 가질 확률을 $p(x_i)$라 하면, 확률질량함수 $p(x_i)$는 다음 두 조건을 만족한다.

① $0 \le p(x_i) \le 1,\ i = 1, 2, \cdots, r$

1 이산형 확률변수는 앞서 언급한 바와 같이 셀 수 있는 무한개의 값도 가질 수 있다. 예를 들어, 포아송분포가 이에 해당한다.

② $\sum_{i=1}^{r} p(x_i) = 1$

즉, X가 어떤 값 x_i를 가질 확률은 0을 포함한 1보다 크지 않은 양수이고, X가 취할 수 있는 모든 값에 대한 확률을 더하면 1이라는 것이다.

주사위를 던지는 실험의 예에서 확률변수 X가 취할 수 있는 값은 1, 2, ⋯, 6으로 여섯 개이고, X가 이 여섯 개의 값 중 어떤 값을 취할 확률은 $\frac{1}{6}$로 이는 1보다 크지 않은 양수일뿐만 아니라 X가 취할 수 있는 모든 값에 대한 확률을 더하면 1이 됨을 알 수 있다.

2) 연속형 확률분포

연속형 확률분포는 연속형 자료의 도수다각형[2]에서 관측값의 수를 늘리고, 계급의 수를 제한 없이 늘림으로써(즉, 계급구간의 폭을 제한 없이 줄여나감으로써) 얻을 수 있는 [그림 A1-4]와 같은 원활한 곡선의 그래프를 말한다. 연속형 확률변수는 [그림 A1-4]에서 보는 바와 같이 $-\infty$에서 $+\infty$까지 모든 실숫값을 취할 수 있고, 연속형 확률변수의 분포(연속형 확률분포)는 확률밀도함수[$f(x)$로 표기]라는 수학적인 식으로 나타낼 수 있다.

함수 $f(x)$가 확률밀도함수가 되기 위해서는 다음의 세 가지 조건을 만족해야 한다.

① $f(x) \geq 0, \ -\infty < x < \infty$

② $\int_{-\infty}^{\infty} f(x)dx = 1$

③ 임의의 수 c, d에 대하여 $P(c \leq X \leq d) = \int_{c}^{d} f(x)dx$

2 도수다각형(frequency polygon)이란 연속형 자료의 히스토그램에서 각 계급의 계급값(보통 평균을 사용)과 도수를 점으로 찍어 선으로 이은 꺾은선 그래프 형태의 그림을 말한다.

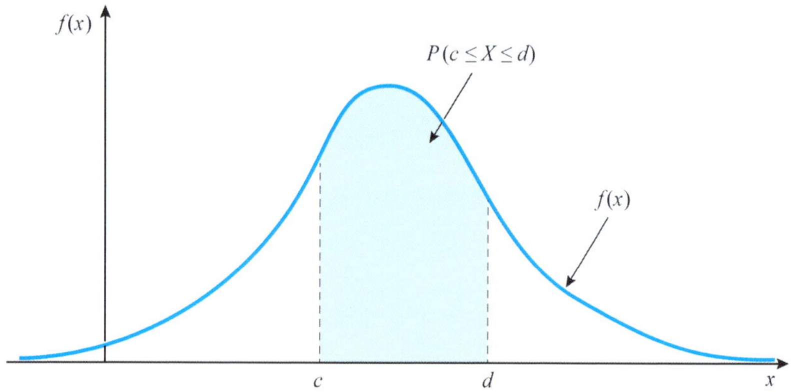

▌그림 A1-4▌ 확률밀도함수

위의 세 가지 조건은 이산형 확률함수인 확률질량함수의 조건과 유사해 보이지만 다음과 같은 세 가지의 다른 특성을 갖는다.

첫째, 이산형 확률분포에서 $p(x)$, 즉, 확률질량함수의 값은 확률을 의미한다. 따라서 $p(x)$는 반드시 0과 1 사이의 값을 가져야 한다. 하지만 연속형 확률분포에서의 $f(x)$, 즉, 확률밀도함수의 값은 0 이상의 모든 실숫값을 취할 수 있다. 따라서 확률밀도함수의 값은 확률이 아니며, 1을 초과할 수도 있다.

예를 들어, 일양분포(uniform distribution)는 연속형 확률분포인데, 주어진 구간 내에서 모든 실숫값을 취할 확률이 같은 분포이다. 만일 확률변수 X가 0과 0.1 사이의 모든 실숫값을 취할 수 있는 일양분포를 한다면, X의 확률분포는 [그림 A1-5]와 같은 확률밀도함수로 표현될 수 있다. [그림 A1-5]에서 보는 바와 같이 $f(x)$의 값은 0과 0.1의 구간에서 10으로 같은 것을 알 수 있으며, 이 값은 1을 초과함을 알 수 있다.

[그림 A1-5]에서 $f(x)$의 값이 10인 이유는 확률밀도함수의 두 번째 조건을 만족시키기 위함이다. 즉, 0과 0.1 구간에서 확률밀도함수 $f(x)$(여기서는 일양분포이므로 $f(x)$는 직선으로 표시되었음) 아래의 면적은 1이 되어야 하기 때문이다. 그렇다면 $f(x)$의 값은 무엇을 나타내는가? 이를 이해하기 위해 [그림 A1-6]의 연속형 확률분포를 고려하자. [그림 A1-6]은 확률변수 X가 0에서 100 사이의 모든 실숫값을 값으로 취하는 연속형 확률분포를 예시하고 있다.

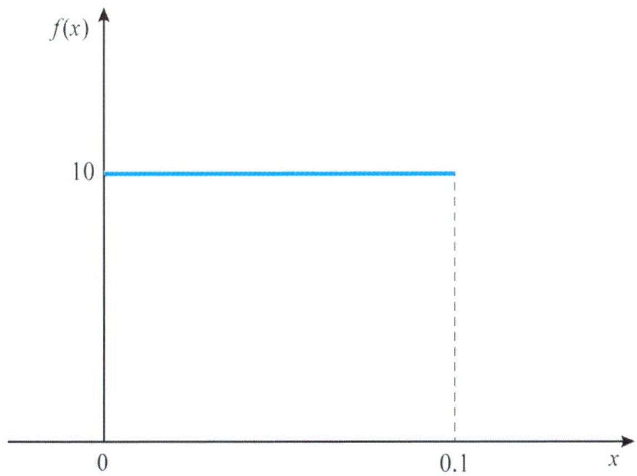

| 그림 A1-5 | 일양분포(0, 0.1)

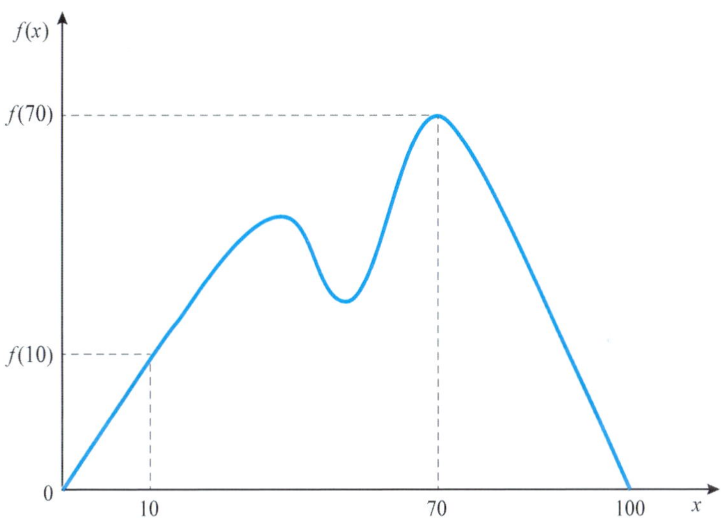

| 그림 A1-6 | 확률밀도함수 $f(x)$ 값의 의미

[그림 A1-6]에서 $f(70) = 3 \times f(10)$이라면 이는 다음과 같은 의미이다.

$$P(70 - \triangle \le X \le 70 + \triangle) \approx 3 \times P(10 - \triangle \le X \le 10 + \triangle)$$

여기서 $\triangle$는 매우 작은 양수를 나타낸다. 즉, 연속형 확률변수 X가 70 주위의 값을 취할 확률은 10 주위의 값을 취할 확률의 3배 정도가 된다는 의미이며, △가 0에 가까울수록 위의 식은 등호로 성립한다. 즉, $f(x)$의 값은 연속형 확률변수 X가 특정 값 x 주위의 값을 취할 상대적 가능성(relative likelihood)을 나타낸다.

둘째, 이산형 확률변수 X에 대해서 $c \le X \le d$일 확률 $P(c \le X \le d)$는 X가 c와 d 사이에서 취할 수 있는 값들의 확률을 더하여 다음과 같이 나타낼 수 있다. 여기서 확률변수 X가 해당 범위에서 취할 수 있는 값은 c와 d라고 가정하자.

$$P(c \le X \le d) = \sum_{x=c}^{d} p(x)$$

그러나 연속형 확률변수 X에 대해서 $c \le X \le d$일 확률 $P(c \le X \le d)$는 [그림 A1-4]에서 보는 바와 같이 해당 범위에서 확률밀도함수 $f(x)$ 아래의 면적을 말하고, 이는 다음과 같이 $f(x)$를 해당 범위에서 적분함으로써 구할 수 있다.

$$P(c \le X \le d) = \int_{c}^{d} f(x)dx$$

셋째, 이산형 확률변수 X가 어떤 값 k를 갖는다면 $X=k$일 확률 $P(X=k)=p(k)$가 존재한다. 그러나 연속형 확률변수의 경우에는 $P(X=k)=0$으로 정의한다. 따라서 연속형 확률변수의 경우 $P(X=k)$는 $X=k$에서의 확률함수의 높이인 $f(k)$와 같지 않다. 그 이유는 연속형 확률변수의 확률을 계산할 때, 확률 $P(c \le X \le d)$는 c와 d 사이에 있는 함수 $f(x)$ 아래의 면적이라고 하였는데, $P(X=k)$는 함수 $f(x)$ 아래에 직선만 있고 면적은 존재하지 않으므로 확률은 '0'이 되는 것이다.

하지만 연속형 확률변수의 경우 $P(X=k)=0$이라고 해서 연속형 확률변수 X가 k라는 값을 취할 수 없다는 말은 아니다. 다만 연속형 확률변수 X는 특정 범위 내의 무한히 많은 실숫값으로 취할 수 있으므로 X가 어떤 특정한 값을 취할 확률은 수학적으로 '0'으로 정의하는 것이다. 따라서 연속형 확률변수의 경우 다음의 확률은 모두 같다.

$$P(a \le X \le b) = P(a < X < b) = P(a \le X < b) = P(a < X \le b)$$

그러나 이산형 확률변수의 경우, 위 확률은 각각 다를 수 있음을 유의해야 한다.

3 누적분포함수

확률변수 X의 누적분포함수(cumulative distribution function 또는 간단히 CDF)는 $F(x)$로 표기하며, 어떠한 실수 $x(-\infty < x < \infty)$에 대하여 다음과 같이 정의된다.

$$F(x) = P(X \le x)$$

위의 정의는 이산형과 연속형 확률변수 모두에 같이 적용된다. 예를 들어, 앞서 언급한 주사위 실험의 누적분포함수를 구해보고, 이를 그래프로 표시해 보자. 주사위를 한 번 던져 나타나는 주사위 눈의 수를 확률변수 X라 하면 X의 확률질량함수는 다음과 같다.

$$p(x) = \begin{cases} \dfrac{1}{6}, & x = 1, 2, 3, 4, 5, 6 \\ 0, & \text{그 밖의 경우} \end{cases}$$

누적분포함수의 정의를 이용하여 계산하면 $F(x) = P(X \le x)$이므로,

$$F(x) = \begin{cases} 0, & x < 1 \\ \frac{1}{6}, & 1 \le x < 2 \\ \frac{1}{6} + \frac{1}{6} = \frac{2}{6}, & 2 \le x < 3 \\ \frac{1}{6} + \frac{1}{6} + \frac{1}{6} = \frac{3}{6}, & 3 \le x < 4 \\ \frac{1}{6} + \frac{1}{6} + \frac{1}{6} + \frac{1}{6} = \frac{4}{6}, & 4 \le x < 5 \\ \frac{1}{6} + \frac{1}{6} + \frac{1}{6} + \frac{1}{6} + \frac{1}{6} = \frac{5}{6}, & 5 \le x < 6 \\ 1 \end{cases}$$

이다. 이 누적분포함수를 그래프로 표시하면 [그림 A1-7]과 같다.

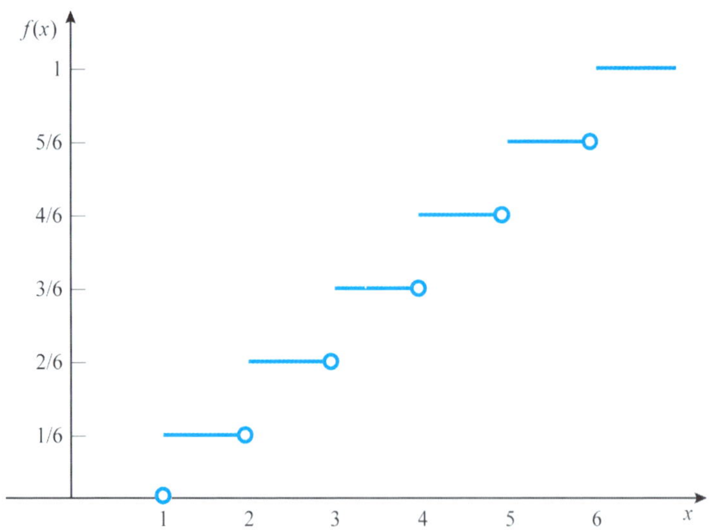

▌그림 A1-7▌ 누적분포함수 그래프

[그림 A1-7]을 보면 $F(x)$의 특징을 다음과 같이 나타낼 수 있다.

① $F(x)$는 x에 대한 비감소함수(non-decreasing function)이다.

② $\lim_{x \to \infty} F(x) = F(\infty) = 1$

③ $\lim_{x \to -\infty} F(x) = F(-\infty) = 0$

첫 번째 특징은 x가 증가하면 $F(x)$의 값은 그 이전보다 작아질 수 없다는 것이고, 두 번째와 세 번째 특징은 그래프와 $F(x)$의 정의를 보면 쉽게 이해할 수 있다. 또한 $F(x)$를 이용하면 확률변수 x가 어떤 범위 내에 값을 취할 확률도 다음과 같이 구할 수 있다.

$$P(a < X \le b) = F(b) - F(a)$$

4 결합확률분포

지금까지 우리는 한 확률변수의 분포를 주제로 공부하였다. 그러나 때때로 우리는 두 개 이상의 확률변수가 확률적으로 어떠한 관계에 있는가를 파악할 필요가 있다. 예를 들어, 두 개의 확률변수 X와 Y가 있을 때 우리는 X가 어떤 값을 취하고, 동시에 Y가 어떤 값을 취할 확률을 알고 싶을 때도 있다. 이럴 때, 두 확률변수의 결합확률분포(joint probability distribution)를 이용하면 문제를 해결할 수 있다. 여기서는 두 확률변수 X, Y가 모두 이산형일 경우를 가정하고 결합확률분포를 소개한다.[3]

확률변수 X가 취할 수 있는 값이 $x_1, x_2, \cdots, x_m$이고 확률변수 Y가 취할 수 있는 값이 $y_1, y_2, \cdots, y_n$이라면, 모든 (x, y)에 대하여 결합확률(joint probability)은 다음과 같이 표시한다.

$$P(X = x, Y = y) = p(x, y)$$

3 두 확률변수 X, Y가 연속형일 경우도 개념은 동일하게 적용된다.

여기서 콤마(,)는 "and"를 의미한다. 위의 경우 결합확률은 모두 $m \times n$개가 존재하며, 이러한 결합확률을 일목요연하게 정리한 것을 결합확률분포라 한다. 이해를 돕기 위해 다음과 같은 예제를 고려해 보자.

예제

신촌에 있는 한 컴퓨터 판매상은 컴퓨터와 프린터를 취급하고 있다. 이 판매상은 과거의 판매실적을 기초로 다음 달 판매량을 예측해 보았는데, 컴퓨터는 30대, 35대, 40대, 45대 팔린다고 보고 있고, 프린터의 판매량은 25대, 30대, 35대로 추정하고 있다. 다음 달 컴퓨터 판매량을 확률변수 X로, 프린터 판매량을 확률변수 Y로 정의하여 작성한 결합확률분포가 다음 표와 같다고 가정하자.

| 표 A1-2 | 결합확률분포

		컴퓨터 판매 예측량				
	Y \ X	30	35	40	45	
프린터 판매 예측량	25	0.03	0.05	0.08	0.09	0.25
	30	0.10	0.15	0.15	0.10	0.50
	35	0.08	0.09	0.05	0.03	0.25
		0.21	0.29	0.28	0.22	

위의 표를 보면 모두 12개의 결합확률이 존재하는데, 예를 들어, 다음 달 컴퓨터는 30대 팔리고, 프린터는 25대 팔릴 결합확률인 $P(X=30, Y=25)=0.03$임을 알 수 있다. 또한 위의 결합확률분포 주변에 있는 확률을 주변확률(marginal probability)이라고 부른다.[4] 결합확률분포에서 어떤 확률변수가 특정 값을 취할 주변확률은 예를 들어 다음과 같이 나타낼 수 있다.

4 경계확률이라고도 부른다.

$$P(X=30) = P(X=30, Y=25) + P(X=30, Y=30) + P(X=30, Y=35)$$
$$= 0.03 + 0.10 + 0,08 = 0.21$$

즉, 주변확률은 두 확률변수의 결합확률분포에서 한 변수에 대한 확률을 말하는 것으로 다음과 같이 정의된다.

$$P(X=x) = \sum_{\text{모든 } y} P(X=x, Y=y)$$

$$P(Y=y) = \sum_{\text{모든 } x} P(X=x, Y=y)$$

5 조건부 확률분포

결합확률분포를 이용하면 조건부 확률분포(conditional probability distribution)의 개념도 쉽게 이해할 수 있다. 조건부 확률분포란 한 확률변수의 값이 주어질 때 다른 확률변수의 확률분포를 말한다.

우선 두 확률변수 X와 Y에 대한 조건부 확률(conditional probability)은 다음과 같이 정의한다.

$$P(X=x \mid Y=y) = \frac{P(X=x, Y=y)}{P(Y=y)} = \frac{p(x, y)}{p_Y(y)}$$

여기서 $p_Y(y)$에 첨자 Y를 붙인 이유는 특정 값 y가 어떤 확률변수의 값인가를 명확히 하기 위함인데, 여기서는 Y의 주변확률을 나타낸다.

앞의 [예제]를 이용하여 조건부 확률과 조건부 확률분포를 구해 보자.

① 프린터가 30대 팔릴 경우, 컴퓨터가 35대 팔릴 조건부 확률은 다음과 같이 계산된다.

$$P(X=35 \mid Y=30) = \frac{P(X=35,\ Y=30)}{P(Y=30)}$$
$$= \frac{0.15}{0.5}$$
$$= 0.3$$

② 만일 프린터가 30대 팔릴 경우, 컴퓨터 판매량의 조건부 확률분포를 구하면 다음과 같은 식으로 나타낼 수 있다.

$$P(X=x \mid Y=30) = \begin{cases} \dfrac{0.1}{0.5} = 0.2, & x=30 \\ \dfrac{0.15}{0.5} = 0.3, & x=35 \\ \dfrac{0.15}{0.5} = 0.3, & x=40 \\ \dfrac{0.1}{0.5} = 0.2, & x=45 \\ 0, & \text{그 밖의 경우} \end{cases}$$

질문 ①과 ②의 차이점은 조건부 확률(①)을 구하는 것이냐, 조건부 확률분포(②)를 구하는 것이냐이다. ①에서는 특정 조건부 확률을 구했으나 ②에서는 확률변수 X의 값에 따라 조건부 확률이 달라지는 것을 볼 수 있으며, 이 조건부 확률의 합은 당연히 1이 되어야 한다.

6 독립적인 확률변수

두 확률변수 X와 Y가 통계적으로 독립이라는 것은 두 확률변수 X와 Y가 취할 수 있는 모든 값 (x,y)에 대하여 $P(X=x \mid Y=y) = P(X=x)$ 또는 $P(Y=y \mid$

$X=x)=P(Y=y)$가 성립함을 의미한다. 즉, 두 확률변수가 독립이라는 것은 한 확률변수가 특정 값을 취했다는 정보가 다른 확률변수의 확률 평가에 아무런 영향을 미치지 않음을 나타낸다.

두 확률변수의 결합확률분포를 보고 두 확률변수의 독립 여부를 판단하는 방법은 다음과 같다. 만일 X와 Y가 독립적인 확률변수라면

$$P(X=x \mid Y=y)=\frac{P(X=x,\ Y=y)}{P(Y=y)}=P(X=x)$$

이 성립해야 하므로

$$P(X=x, Y=y)=P(X=x)\times P(Y=y)$$

위의 식이 모든 (x,y)에 대해 성립하면 두 확률변수는 독립적인 확률변수라고 판단한다. 즉, 두 확률변수가 통계적으로 독립이 되려면, 두 확률변수가 취하는 모든 값에 대하여 두 확률변수의 결합확률은 각 확률변수의 주변확률의 곱과 같아야 함을 의미한다. 이 방법을 [예제]에 적용하면 컴퓨터 판매량과 프린터 판매량은 독립적인 확률변수가 아님을 알 수 있다.

부록 2 | 확률분포의 요약

확률분포의 요약이란 확률분포의 특성을 하나의 수치로 나타내는 것을 말한다. 확률분포의 특성도 자료의 평균이나 분산처럼 하나의 수치로 요약할 수 있는데, 자료를 요약할 때는 실제 관측값이 우리에게 주어지지만, 여기서는 실제 관측값이 주어지는 게 아니라 확률변수의 분포가 주어진다.

1 확률변수의 기댓값

확률변수의 기댓값(expected value)은 모집단의 평균, 즉 모평균의 개념이다. 어떤 확률변수 X의 기댓값은 $E(X)$나 EX 또는 그리스 문자 μ(mu: 뮤)로 표기한다. 예를 들어, 유한개의 값 $x_1, x_2, \cdots, x_r$을 갖는 이산형 확률변수의 기댓값은 그 확률변수가 취할 수 있는 값에 그 값을 취할 확률을 각각 곱하여 모두 더한 값으로 다음과 같이 정의된다.[1]

$$E(X) = \sum_{i=1}^{r} x_i p(x_i)$$

예를 들어, 주사위를 한 번 던지는 실험에서 나타나는 주사위 눈의 수를 확률변수 X로 정의하면 확률변수 X의 기댓값은 X가 취할 수 있는 값이 $1, 2, \cdots, 6$이고 각각의 값

1 연속형 확률변수에 대해서 합의 기호 Σ는 적분기호 $\int$ 로 바뀐다. 즉, 확률변수 X가 연속형 확률변수라면 $E(X) = \int_{-\infty}^{\infty} xf(x)dx$이다.

을 취할 확률이 $\frac{1}{6}$이므로 $E(X) = 1(\frac{1}{6}) + 2(\frac{1}{6}) + 3(1\frac{1}{6}) + 4(1\frac{1}{6}) + 5(\frac{1}{6}) + 6(\frac{1}{6}) = 3\frac{1}{2}$이다. 이 예에서 알 수 있듯이 어떤 확률변수의 기댓값은 이 확률변수가 취할 수 있는 값이 아닐 수도 있다.

다른 예로 동전을 던져 앞면이 나오면 1,000원을 상대방으로부터 받고, 뒷면이 나오면 500원을 상대방에게 주는 내기를 할 때 이 내기의 기댓값은 얼마인지 계산해 보자. 이 내기에서는 1,000원을 받든지 또는 500원을 주든지 두 가지 경우가 발생할 수 있는데, 각각의 확률은 $\frac{1}{2}$이므로 동전 던지기 내기는 [표 A2-1]과 같은 확률분포로 나타낼 수 있다.

▌표 A2-1 ▌ 동전 던지기 내기의 확률분포

x	$p(x)$
1,000	$\frac{1}{2}$
−500	$\frac{1}{2}$

따라서 구하는 기댓값 $E(X) = (1,000)(\frac{1}{2}) + (-500)(\frac{1}{2}) = 250$원이다. 즉, 이 내기에서는 평균 250원을 벌 수 있으므로 유리한 내기가 될 것이다. 그러나 이 250원은 한 번의 게임으로 벌 수 있는 것이 아니고 이러한 내기를 무수히 반복했을 때 평균적으로 벌 수 있는 돈이라는 점에 유의해야 한다. 이처럼 기댓값은 어떤 실험을 같은 조건에서 무수히 반복했을 때 얻을 수 있는 장기적 관점에서의 평균값(long-run average of repeated observations)을 의미한다.

2 확률변수의 분산과 표준편차

확률변수의 분산이란 확률변수가 취할 수 있는 값들의 변동(기복)을 확률함수(확률질량함수 또는 확률밀도함수)를 이용해 하나의 숫자로 나타낸 것이다. 확률변수의 분산은 확률변수의 산포도(measure of dispersion)를 측정하는 수치로 $Var(X)$ 또는 그리스 문자로 σ^2(sigma square, 시그마 제곱)으로 표시한다. 확률변수의 분산을 제곱근 한 값은 표준편차라고 부르고 σ(sigma, 시그마)로 표기한다. 확률변수의 표준편차 단위는 확률변수가 취하는 값의 단위와 같다. 예를 들어, 이산형 확률변수 X의 기댓값이 $E(X)$이고 확률변수 X가 특정 값 x를 취할 확률을 $p(x)$라고 표시하면, X의 분산 $Var(X)$는 다음의 식으로 정의된다.[2]

$$Var(X) = \sum_{\text{모든 } x} [x - E(X)]^2 p(x)$$

이 식을 계산하기 좋은 형태로 풀어쓰면 다음과 같다.

$$\begin{aligned} Var(X) &= \sum_{\text{모든 } x} x^2 p(x_i) - 2E(X) \sum_{\text{모든 } x} xp(x) + [E(X)]^2 \sum_{\text{모든 } x} p(x) \\ &= \sum_{\text{모든 } x} x^2 p(x) - [E(X)]^2 \\ &\quad (\text{왜냐하면 } \sum_{\text{모든 } x} xp(x) = E(X) \text{이고 } \sum_{\text{모든 } x} p(x) = 1 \text{이므로}) \\ &= E(X^2) - [E(X)]^2 \\ &\quad (\text{왜냐하면 } \sum x^2 p(x) = E(X^2) \text{이므로}) \end{aligned}$$

즉, $Var(X) = E(X^2) - [E(X)]^2$이다.

---

2 여기서도 이산형 확률변수의 경우를 취급하고 있는데, 연속형 확률변수 X에 대해서는 $Var(X) = \int_{-\infty}^{\infty} [x - E(X)]^2 f(x) dx$가 된다.

예를 들어, 주사위를 한 번 던져 나타나는 주사위 눈의 수 X에 대한 분산을 구해 보자. $E(X) = \frac{7}{2}$이므로 [표 A2-2]의 계산과정을 이용하면 $Var(X)$는 다음과 같다.

| 표 A2-2 | 이산형 확률변수의 분산 계산 과정

x	$p(x)$	x^2	$x^2p(x)$
1	1/6	1	1/6
2	1/6	4	4/6
3	1/6	9	9/6
4	1/6	16	16/6
5	1/6	25	25/6
6	1/6	36	36/6

$$E(X^2) = \sum_{i=1}^{6} x_i^2\, p(x_i) = \frac{91}{6}$$

$$\begin{aligned} Var(X) &= E(X^2) - [E(X)]^2 = 91/6 - (7/2)^2 = 15.17 - 12.25 \\ &= 2.92 \end{aligned}$$

따라서 표준편차 $\sigma = \sqrt{2.92} = 1.71$이다.

3 확률변수의 함수에 대한 기댓값과 분산

이상에서 설명한 확률변수의 기댓값과 분산을 계산하는 방법은 통계학에서 중요한 기초가 된다. 이제 단순한 확률변수가 아닌 확률변수의 함수로 구성된 새로운 확률변수의 기댓값과 분산을 계산하는 방법에 대해서도 알아보자. 두 개 이상의 확률변수의 합이나 곱도 확률변수인데, 여기서는 어떤 확률변수 X의 일차함수로 표시된 $3X+5$와 같은 확률변수 또는 두 확률변수 X_1과 X_2의 합으로 나타난 확률변수 $X_1 + X_2$의 기댓값과 분산을 계산하는 법이라든지 X_1과 X_2의 곱인 $X_1 \times X_2$의 기댓값

을 계산하는 법을 알아보자.[3]

(1) 확률변수 $aX+b$의 기댓값

어떤 확률변수 X에 상수 a를 곱하고 상수 b를 더한 새로운 확률변수 $aX+b$의 기댓값과 분산은 어떻게 될지 생각해 보자. 확률변수에 상수 a를 곱하면 확률변수의 값이 a배 될 것이므로 기댓값도 a배 될 것이고 상수 b를 더하면 확률변수의 값이 전체적으로 b만큼 더해지므로 기댓값도 b만큼 더해져야 할 것이다.

표 A2-3 X의 확률분포

x	$p(x)$
−2	0.3
5	0.1
7	0.6

예를 들어, 확률변수 X가 [표 A2-3]과 같은 확률분포를 하고 있을 때 $a=4$, $b=3$이라 하면 새로운 확률변수는 $4X+3$이 되는데, 그 확률분포는 [표 A2-4]와 같이 주어질 것이며, 기댓값 $E(4X+3)=(-5)(0.3)+(23)(0.1)+(31)(0.6)=19.4$가 될 것이다.

표 A2-4 $4X+3$의 확률분포

$4x+3$	$p(x)$
−5	0.3
23	0.4
31	0.6

3 일반적으로 이산형 확률변수 X의 함수 $G(X)$의 기댓값은 다음과 같이 정의된다. $E[G(X)]=\sum_{\text{모든 }x} G(x)p(x)$. 따라서 $G(X)=X^2$일 경우 $E[G(X)]=\sum_{\text{모든 }x} x^2p(x)$이다.

그런데 $E(X) = (-2)(0.3) + (5)(0.1) + (7)(0.6) = 4.1$이므로 $4E(X) + 3 = 4(4.1) + 3 = 19.4$가 되어 $E(4X+3)$과 $4E(X)+3$의 계산 결과는 같음을 알 수 있다. 따라서 다음과 같은 식이 일반적으로 성립한다.

$$E(aX+b) = aE(X) + b$$

$$E(aX) = aE(X)$$

$$E(X+b) = E(X) + b$$

(2) 확률변수 $aX+b$의 분산

어떤 확률변수가 취할 수 있는 값이 항상 상수 c라면 그 기댓값도 c가 될 것이고, 분산은 '0'이 될 것이다. 그리고 어떤 확률변수 X에 상수 b를 더하면 그 기댓값은 b만큼 증가할 것이지만, 확률변수 X가 취하는 값들도 모두 b만큼 증가하므로 확률변수 $X+b$와 그 기댓값 $E(X+b)$과의 차이는 변하지 않게 될 것이다. 즉, $X+b-E(X+b) = X - E(X)$이다.

이제 새로운 확률변수 $X+b$의 분산을 구해 보자. 분산의 정의로부터 $Var(X+b) = \sum_{\text{모든 } x} [x+b-E(X+b)]^2 p(x) = \sum_{\text{모든 } x} [x-E(X)]^2 p(x) = Var(X)$이므로 $Var(X+b) = Var(X)$임을 알 수 있다. 따라서 어떤 확률변수에 상수를 더해도 분산은 변하지 않음을 알 수 있다. 즉, 확률변수가 취할 수 있는 값이 모두 b만큼 동일하게 변화하였으므로 확률변수의 산포도는 변함이 없는 것이다.

만일 확률변수 X에 상수 a를 곱한 새로운 확률변수 aX와 그 기댓값과의 차이는 $aX - E(aX) = a[X - E(X)]$가 되어 확률변수 X와 그 기댓값 EX의 차이의 a배가 되는데 분산의 정의로부터

$Var(aX) = \sum_{\text{모든 } x} [ax - E(aX)]^2 p(x) = \sum_{\text{모든 } x} a^2 [x - E(X)]^2 p(x) = a^2 Var(X)$가 된다. 즉, $Var(aX) = a^2 Var(X)$가 성립한다. 결국 확률변수 X에 상수 a를 곱하면 분산은 a^2배로 증가하는 것이다.

위의 결과를 종합하여 확률변수 X에 상수 a를 곱하고 상수 b를 더한 새로운 확률변수 $aX+b$의 분산은 분산의 정의식으로부터 다음과 같이 계산된다.

$$\begin{aligned} Var(aX+b) &= \sum_{\text{모든 } x} [ax+b-E(aX+b)]^2 p(x) \\ &= \sum_{\text{모든 } x} [ax+b-aE(X)-b]^2 p(x) \\ &= \sum_{\text{모든 } x} [ax-aE(X)]^2 p(x) \\ &= a^2 Var(X) \end{aligned}$$

예를 들어, [표 A2-3]에서 제시한 확률변수 X의 분산 $Var(X)$는 $E(X)$가 4.1이므로

$$\begin{aligned} Var(X) &= E(X^2)-[E(X)]^2 \\ &= (-2)^2(0.3)+5^2(0.1)+7^2(0.6)-(4.1)^2 \\ &= 16.29 \end{aligned}$$

이다.

한편 [표 A2-4]에서 제시한 확률변수 $4X+3$의 분산 $Var(4X+3)$은 $E(4X+3)$가 19.4이므로

$$\begin{aligned} Var(4X+3) &= E[(4X+3)^2]-[E(4X+3)]^2 \\ &= (-5)^2(0.3)+(23)^2(0.1)+(31)^2(0.6)-(19.4)^2 \\ &= 260.64 \end{aligned}$$

이다.

따라서 $Var(4X+3)=4^2 Var(X)$가 성립함을 알 수 있다.

(3) 확률변수 X_1+X_2의 기댓값

두 확률변수 X_1과 X_2의 합인 X_1+X_2의 기댓값은 확률변수 X_1과 X_2 각각의 기

댓값의 합과 같다. 즉, $E(X_1+X_2)=E(X_1)+E(X_2)$이다.

예를 들어, X_1을 동전을 던져 나타나는 결과(앞면 또는 뒷면)에 대한 확률변수라 하고, 앞면이 나오면 1, 뒷면이 나오면 0의 값을 갖는다고 하자. 그리고 X_2를 주사위를 던져 나타나는 주사위 눈의 수라고 하면 X_1과 X_2는 각각 [표 A2-5]의 (가)와 (나)의 확률분포를 하게 된다.

표 A2-5 동전과 주사위 실험의 확률분포

x_1	$p(x_1)$	x_2	$p(x_2)$
0	1/2	1	1/6
1	1/2	2	1/6
(가)		3	1/6
		4	1/6
		5	1/6
		6	1/6
		(나)	

[표 A2-5]로부터 $E(X_1)=(0)(1/2)+(1)(1/2)=1/2$이고,

$$E(X_2)=1\left(\frac{1}{6}\right)+2\left(\frac{1}{6}\right)+3\left(\frac{1}{6}\right)+4\left(\frac{1}{6}\right)+5\left(\frac{1}{6}\right)+6\left(\frac{1}{6}\right)=3\frac{1}{2}$$ 이다.

한편, X_1+X_2의 확률분포는 [표 A2-6]과 같이 될 것이다.

표 A2-6 X_1+X_2의 확률분포

x_1+x_2	$p(x_1+x_2)$
1	1/12
2	1/6
3	1/6
4	1/6
5	1/6
6	1/6
7	1/12

[표 A2-6]으로부터

$$E(X_1+X_2) = 1(\frac{1}{12}) + (2)(\frac{1}{6}) + (3)(\frac{1}{6}) + (4)(\frac{1}{6}) + (5)(\frac{1}{6}) + (6)(\frac{1}{6}) + (7)(\frac{1}{6}) = 4$$

이다. 따라서 $E(X_1+X_2) = E(X_1) + E(X_2)$임을 알 수 있다. 이 식은 두 확률변수 X_1과 X_2가 독립인지의 여부와 관계없이 성립한다.

(4) 확률변수 $X_1 + X_2$의 분산

그러면 $X_1 + X_2$의 분산 $Var(X_1 + X_2)$는 어떻게 될까? 만일 X_1과 X_2가 독립적인 확률변수이면 다음의 식이 성립한다.[4]

$$Var(X_1 + X_2) = Var(X_1) + Var(X_2)$$

[표 A2-5]로부터

$$Var(X_1) = 0^2(\frac{1}{2}) + 1^2(\frac{1}{2}) - (\frac{1}{2})^2 = \frac{1}{4}\text{이고,}$$

$$Var(X_2) = 1^2(\frac{1}{6}) + 2^2(\frac{1}{6}) + 3^3(\frac{1}{6}) + 4^2(\frac{1}{6}) + 5^2(\frac{1}{6}) + 6^2(\frac{1}{6}) - (3)(\frac{1}{2})^2$$

$$= \frac{35}{12}\text{이다.}$$

한편, [표 A2-6]으로부터 $Var(X_1 + X_2)$를 계산하면 다음과 같다.

$$Var(X_1 + X_2) = 1^2(\frac{1}{12}) + 2^2(\frac{1}{6}) + 3^3\frac{1}{6} + 4^2(\frac{1}{6}) + 5^2\frac{1}{6} + 6^2\frac{1}{6} +$$

$$7^2(\frac{1}{12}) - 4^2 = \frac{38}{12}$$

4 여기서 독립적인 확률변수라고 하는 것은 한 확률변수의 값이 다른 확률변수의 값에 아무런 영향을 미치지 않는다는 것이다. 동전과 주사위 실험의 예에서 동전을 던져 앞면이 나왔다고 해서 특정한 주사위 눈이 나와야 하는 법은 없다는 것이다.

만일 두 확률변수 X_1과 X_2가 종속적이라면 $Var(X_1+X_2)$는 다음과 같이 유도된다.

분산의 정의식 $Var(X)=E(X^2)-[E(X)]^2$을 이용하면,

$$
\begin{aligned}
Var(X_1+X_2) &= E[(X_1+X_2)^2]-[E(X_1+X_2)]^2 \\
&= E[(X_1^{\ 2}+2X_1X_2+X_2^2]-[E(X_1)]^2-2E(X_{1)}E(X_2)-[E(X_2)]^2 \\
&= E(X_1^{\ 2})+2E(X_1X_2)+E(X_2^{\ 2})-[E(X_1)]^2-2E(X_1)E(X_2)-[E(X_2)]^2 \\
&= E(X_1^{\ 2})-[E(X_1)]^2+E(X_2^{\ 2})-[E(X_2)]^2+2[E(X_1X_2)-E(X_1)E(X_2)]
\end{aligned}
$$

여기서 $E(X_1^{\ 2})-[E(X_1)]^2$은 $Var(X_1)$이고, $E(X_2^{\ 2})-E(X_2)]^2$은 $Var(X_2)$이다. 그리고 $[E(X_1X_2)-E(X_1)E(X_2)]$는 두 확률변수 X_1과 X_2의 공분산(covariance)이라고 부른다.

공분산은 $Cov(X_1,X_2)$로 표기하는데, 이 수치는 두 확률변수 X_1과 X_2의 연관도를 측정하는 도구이다.[5] 그런데 만일 두 확률변수 X_1, X_2가 독립이면 $E(X_1X_2)=E(X_1)E(X_2)$가 되어, $Cov(X_1,X_2)=0$이 된다.

즉, 일반적으로 $Var(X_1+X_2)=Var(X_1)+Var(X_2)+2Cov(X_1,X_2)$인데, 여기서 확률변수 X_1과 X_2가 독립이면 $Var(X_1+X_2)=Var(X_1)+Var(X_2)$이 된다.

(5) 확률변수 $X_1\times X_2$의 기댓값

마지막으로 두 확률변수의 곱 $X_1\times X_2$의 기댓값 $E(X_1\times X_2)$는 어떻게 되는지 알아보자, 만일 X_1과 X_2가 독립이고 그 기댓값을 각각 $E(X_1)$, $E(X_2)$라 하면 $E(X_1\times X_2)=E(X_1)\times E(X_2)$이 성립한다.

예를 들어, 확률변수 X_1을 [표 A2-5]의 (가)에 나타난 동전 던지기 실험의 확률변수, X_2를 [표 A2-5]의 (나)에 나타난 주사위를 던지는 실험의 확률변수라 하면

5 [부록 2]의 5. 두 확률변수의 연관도를 참조하시오.

$X_1 \times X_2$의 확률분포는 [표 A2-7]과 같이 될 것이다.

▌표 A2-7 ▌ $X_1 \times X_2$의 확률분포

$x_1 \cdot x_2$	$p(x_1 \cdot x_2)$
0	1/2
1	1/12
2	1/12
3	1/12
4	1/12
5	1/12
6	1/12

따라서 [표 A2-7]로부터

$$E(X_1 \times X_2) = (0)(\frac{1}{2}) + 1(\frac{1}{12}) + 2(\frac{1}{12}) + 3(\frac{1}{12}) + 4(\frac{1}{12}) + 5(\frac{1}{12}) + 6(\frac{1}{12}) = \frac{7}{4}$$

이 되고, $E(X_1 \times X_2) = E(X_1) \times E(X_2)$임을 알 수 있다.

(6) 기댓값의 성질

기댓값의 성질을 요약하면 다음과 같다.

① 어떠한 상수 c에 대하여 $E(c) = c$이고, $Var(c) = 0$이다.

② 어떠한 상수 a, b에 대하여

$$E(a + bX) = a + bE(X),\quad Var(a + bX) = b^2 Var(X)$$

예 $Var(1 + X) = Var(1 - X)$

③ 어떠한 확률변수 $X_1, X_2, \cdots, X_n$과 임의의 상수 $a_1, a_2, \cdots, a_n$에 대하여

$$E(\sum_{i=1}^{n} a_i X_i) = \sum_{i=1}^{n} a_i E(X_i)$$

예 $E(X_1 + X_2 + \cdots + X_n) = E(X_1) + E(X_2) + \cdots + E(X_n)$

$E(X_1 - X_2) = E(X_1) - E(X_2)$

④ 독립적인 확률변수 $X_1, X_2, \cdots, X_n$과 임의의 상수 $a_1, a_2, \cdots, a_n$에 대하여

$$Var(\sum_{i=1}^{n} a_i X_i) = \sum_{i=1}^{n} a_i^2 Var(X_i)$$

예 $Var(X_1 + X_2 + \cdots + X_n) = Var(X_1) + \cdots + Var(X_n)$

$Var(X_1 - X_2) = Var(X_1) + Var(X_2)$

⑤ 확률변수 X_1과 X_2가 독립이 아니라면

$$Var(X_1 + X_2) = Var(X_1) + Var(X_2) + 2Cov(X_1, X_2)$$

만일 X_1과 X_2가 독립이라면 $Cov(X_1, X_2) = 0$이 되어 ④가 성립한다.
일반적으로, 어떠한 확률변수 $X_1, X_2, \cdots, X_n$에 대하여

$$\begin{aligned} Var(X_1 + X_2 + \cdots + X_n) &= Var(X_1) + \cdots + Var(X_n) + \sum_{i \neq j} Cov(X_i, X_j) \\ &= Var(X_1) + \cdots + Var(X_n) + 2\sum_{i > j} Cov(X_i, X_j) \end{aligned}$$

가 성립한다.

예제 1

다음의 자료는 특정 기계가 1년 동안 고장 나는 횟수와 그 확률을 나타낸다.

고장 횟수	1	2	3	4
확률	0.25	0.38	0.21	0.16

기계가 고장이 나면 비용이 발생하는데 기계 고장에 따른 비용은 고정비용 1,500(만원)과 수리비 등과 같이 고장 횟수에 따라 증가하는 변동비용 200(만원)으로 구성된다고 하자. 1년 동안 발생하는 비용의 기댓값과 분산을 구하라.

확률변수 X를 1년 동안 발생하는 고장 횟수라고 하면,

$$E(X) = \sum_{\text{모든 } x} xp(x)$$

$$= (1)(0.25) + (2)(0.38) + (3)(0.21) + (4)(0.16)$$

$$= 2.28$$

$$E(X^2) = \sum_{\text{모든 } x} x^2 p(x)$$

$$= (1)^2(0.25) + (2)^2(0.38) + (3)^2(0.21) + (4)^2(0.16)$$

$$= 6.22$$

따라서 $Var(X) = \sigma_X^2 = E(X^2) - (EX)^2$

$= 6.22 - (2.28)^2 = 1.0216$이고

표준편차 $\sigma_X = \sqrt{1.0216} = 1.0107$이다.

이제 1년 동안 발생하는 비용을 확률변수 C로 놓으면 $C = 200X + 1{,}500$으로 나타낼 수 있다.

따라서 비용의 기댓값 $E(C) = E(200X + 1{,}500)$

$= 200E(X) + 1{,}500$

$= 200(2.28) + 1{,}500 = 1{,}956$(만원)이고,

비용의 분산 $Var(C) = \sigma_C^2 = Var(200X + 1,500)$

$$= 200^2 Var(X)$$

$$= 40,000(1.0216) = 40,864(\text{만원})^2$$

비용의 표준편차 $\sigma_C = \sqrt{40,864} = 202.148(\text{만원})$이다.

4 확률변수의 기댓값과 표준편차와의 관계

(1) 체비셰프의 법칙(Chebyshev's Inequality)

만일 확률변수 X가 기댓값(평균)이 μ이고 분산이 σ^2인 임의의 분포를 한다면, 1보다 큰 상수 k에 대하여 다음의 부등식이 성립한다.

$$P(|X-\mu| \le k\sigma) = P(\mu - k\sigma \le X \le \mu + k\sigma) \ge 1 - \frac{1}{k^2}$$

이 식을 체비셰프의 부등식이라고 하는데, 이 법칙은 확률변수 X가 어떠한 분포를 하든지 상관없이 확률변수 X가 평균을 중심으로 $\pm k$개의 표준편차 범위 내에 값을 취할 확률은 적어도 $1 - \dfrac{1}{k^2}$이 됨을 나타낸다.

(2) 경험에 의한 법칙(Rule of thumb, Normal Approximation)

만일 기댓값(평균)이 μ이고 분산이 σ^2인 확률변수 X가 기댓값을 중심으로 좌우 대칭인 종 모양(bell-shaped)과 유사한 분포 모습을 보인다면 다음과 같은 확률이 개략적으로 성립한다.

① $P(|X-\mu| \le \sigma) \approx 0.68$

② $P(|X-\mu| \le 2\sigma) \approx 0.95$

③ $P(|X-\mu| \le 3\sigma) \approx 0.997$

즉, 확률변수 X가 기댓값을 중심으로 ±1개의 표준편차 범위 내에 값을 취할 확률은 68% 정도 되고, 기댓값을 중심으로 ±2개의 표준편차 범위 내에 값을 취할 확률은 약 95%, 그리고 확률변수 X가 기댓값을 중심으로 ±3개의 표준편차 밖의 값을 취할 확률은 매우 희박함을 의미한다.

만일 확률변수 X의 분포가 기댓값을 중심으로 완전한 좌우대칭의 종 모양을 한다면 이 분포는 정규분포(normal distribution)라고 한다.

예제 2

어떤 투자안의 수익률이 경기 상황에 따라 다음과 같이 예상되고, 각 경기 상황이 발생할 확률은 아래와 같다고 하자.

상황	확률(p_i)	수익률(R_i)
호황	0.30	0.30
보통	0.40	0.20
불황	0.30	0.10

기대수익률은 수익률(R)의 기댓값으로 수익률과 그 수익률이 발생할 확률을 가중치로 한 가중평균이기 때문에 다음과 같이 20%가 된다.

$$
\begin{aligned}
E(R) &= \sum_{i=1}^{3} r_i p_i \\
&= 0.30(0.30) + 0.20(0.40) + 0.10(0.30) \\
&= 0.20(20\%)
\end{aligned}
$$

투자안의 위험(변동성)을 나타내는 지표는 수익률의 분산으로 실제 발생할 수익률과 기대수익률의 차이 제곱의 기댓값으로 구해진다.

$$\sigma_R^2 = E[R - E(R)]^2$$

기댓값을 구하는 원리에 의하여 괄호 안을 풀어 정리하면 분산은 아래와 같이 표현될 수 있다.

$$\sigma_R^2 = E[R - E(R)]^2 = E(R^2) - [E(R)]^2$$
$$= (0.3)^2(0.3) + (0.2)^2(0.4) + (0.1)^2(0.3) - (0.2)^2 = 0.006$$

따라서 수익률의 표준편차는 다음과 같다.

$$\sigma_R = \sqrt{\sigma_R^2} = \sqrt{0.006} = 0.0775(7.75\%)$$

만약에 수익률의 분포가 정규분포와 흡사한 모양을 한다면 이 투자안의 수익률이 12.25%에서 27.75% 사이($E(R) \pm 1 \times \sigma_R$)에 존재할 확률은 68% 정도가 되며 4.5%에서 35.5% 이내 ($E(R) \pm 2 \times \sigma_R$)에 들어갈 확률은 95% 정도가 됨을 알 수 있다.

5 두 확률변수의 연관도

연관도(measure of association)란 두 확률변수 X와 Y의 선형관계의 존재 여부, 방향, 그리고 그 강도를 나타내는 것으로 이를 측정하는 수치로는 공분산(covariance)과 상관계수(correlation)가 있다. 공분산은 두 변수 사이 선형관계의 존재 여부와 방향을 측정하고, 상관계수는 두 변수 사이 선형관계의 존재 여부와 방향뿐만 아니라 그 강도까지 측정한다.

(1) 공분산

우선 확률변수 X와 Y의 공분산은 $Cov(X,Y)$ 또는 σ_{XY}로 표기하며, 다음과 같은 식으로 정의된다.[6]

$$\begin{aligned} Cov(X,Y) &= E[(X-EX)(Y-EY)] \\ &= E(XY)-E(X)E(Y) \\ &= \sum_{\text{모든}\,x}\sum_{\text{모든}\,y} xy\,p(x,y)-E(X)E(Y) \end{aligned}$$

여기서, $p(x,y)$는 결합확률을 나타냄.

예를 들어, [부록 1]의 [예제] 컴퓨터 판매상 문제의 경우, X와 Y의 공분산은 다음과 같이 계산된다.

$Cov(X,Y) = E(XY)-(EX)(EY)$에서

$$\begin{aligned} E(XY) = {} & 30(25)(0.03)+35(25)(0.05)+40(25)(0.08)+45(25)(0.09)+ \\ & 30(30)(0.10)+35(30)(0.15)+40(30)(0.15)+45(30)(0.10)+ \\ & 30(35)(0.08)+35(35)(0.09)+40(35)(0.05)+45(35)(0.03) \\ = {} & 1121.5 \end{aligned}$$
이고,

$EX = 30(0.21)+35(0.29)+40(0.28)+45(0.22) = 37.55$,

$EY = 25(0.25)+30(0.5)+35(0.25) = 30$이다.

따라서 $Cov(X,Y) = 1121.5-(37.55)(30) = -5$이다.

공분산은 양수(+), 음수(−), '0' 등 세 가지 수치를 가질 수 있다. 만일 공분산이 양수(+)라면 이는 확률변수 X와 Y가 정(正)의 선형관계(비례의 관계)에 있음을 나타내고, 음수(−)라면 부(負)의 선형관계(반비례의 관계)에 있음을 나타낸다. 그리고

6 여기서는 이산형 확률변수의 공분산에 대해서 언급한다. 연속형 확률변수일 경우에도 개념은 같다.

공분산이 '0'이라면 두 확률변수는 선형관계가 없음을 나타낸다. 따라서 공분산의 부호를 보고 두 변수 사이 선형관계의 존재 여부와 그 방향을 파악할 수 있다.

여기서 유의할 점은 공분산은 두 변수 사이 선형관계의 존재 여부와 그 방향을 파악하는 도구이지 선형관계의 강도는 일반적으로 파악하지 못한다는 것이다. 그 이유는 공분산이 두 확률변수가 취하는 값의 측정 단위를 달리함에 따라 그 값이 변할 수 있기 때문이다. 예를 들어, X가 취할 수 있는 값의 단위가 kg이고 Y가 취할 수 있는 값의 단위가 cm일 경우 $Cov(X, Y) = 5$라고 계산되었다고 가정하자. 같은 문제의 경우, 만일 우리가 X가 취할 수 있는 값의 단위를 그램(g)으로 변경하고, Y가 취할 수 있는 값의 단위를 미터(m)로 변경하면 동일한 두 변수 X와 Y의 공분산은 50이 될 것이다. 이 경우 공분산의 값은 변하였지만 두 변수 사이 선형관계의 강도가 변한 것은 아니다.

따라서 공분산은 확률변수 값의 측정 단위를 달리함에 따라 그 크기가 변하므로 일반적으로 두 변수 사이 선형관계의 강도를 측정하는 도구로는 미흡하다. 이 경우 우리는 상관계수를 이용하여 두 변수 사이 선형관계의 강도를 측정할 수 있다.

(2) 상관계수

확률변수 X와 Y의 상관계수는 $Corr(X, Y)$ 또는 ρ_{XY}(rho)로 표기하며, 다음과 같이 정의된다.

$$Corr(X, Y) = \frac{Cov(X, Y)}{\sigma_X \cdot \sigma_Y}$$

즉, X와 Y의 상관계수는 X와 Y의 공분산을 X와 Y 각각의 표준편차로 나누어 준 것으로 단위가 없는 수치(unitless quantity)이며, 항상

$$-1 \leq Corr(X, Y) \leq 1$$

이다.

상관계수의 정의에서 볼 수 있듯이, 상관계수는 공분산과는 달리 X와 Y의 측정 단위가 변하더라도 그 값이 변하지 않고 측정 단위에 상관없이 항상 -1에서 1 사이의 값을 갖는 특성이 있다. 즉, 상관계수는 공분산을 표준화시켜 부호(sign)뿐만 아니라 그 크기(magnitude)도 의미를 갖게 하여 두 확률변수 사이 선형관계의 강도(strength of linear relationship)를 측정하는 도구로 적절히 사용될 수 있다.

상관계수의 부호(+, 0, 또는 −)는 공분산의 부호와 같은 의미가 있으며(즉, 선형관계의 유무와 방향을 알려준다), 이에 더해 상관계수의 크기는 선형관계의 강도를 나타내 준다. 만일 상관계수의 절댓값이 1이라면, 즉 $|Corr(X, Y)| = 1$이면, 확률변수 X와 Y는 완전한 선형의 관계에 있는 것이며, 이 말은 X와 Y의 관계가 정확하게 $Y = aX + b$(또는 $X = aY + b$)로 표현될 수 있다는 것이다.

따라서 $Corr(X, Y) = 1$이라면 X와 Y는 완전한 정(正)의 선형관계를 보이게 되며, $Corr(X, Y) = -1$이라면 완전한 부(負)의 선형관계를 보이게 된다. 그리고 상관계수의 절댓값이 크면 클수록 확률변수 X와 Y는 보다 밀접한 선형관계를 보인다고 말한다. 즉, X와 Y의 관계를 하나의 직선으로 더욱 잘 표현할 수 있다는 의미이다.

[부록 1]의 [예제]의 경우, X와 Y의 상관계수는 다음과 같이 계산된다.

$$Corr(X, Y) = \frac{Cov(X, Y)}{\sigma_X \cdot \sigma_Y}$$

여기서, $Cov(X, Y) = -5$

$$\sigma_X = \sqrt{E(X^2) - (EX)^2}$$

$$= \sqrt{30^2(0.21) + 35^2(0.29) + 40^2(0.28) + 45^2(0.22) - (37.55)^2}$$

$$= 5.27$$

$$\sigma_Y = \sqrt{E(Y^2) - (EY)^2}$$

$$= \sqrt{26^2(0.25) + 30^2(0.50) + 35^2(0.25) - 30^2}$$

$= 3.54$ 이므로

$$Corr(X, Y) = \frac{-5}{(5.27)(3.54)}$$
$$= -0.268\text{이다.}$$

즉, 상관계수의 부호는 앞에서 계산된 공분산의 부호와 같이 음(−)으로 나타나 X와 Y는 부(負)의 선형관계에 있다고 말할 수 있으며, 상관계수의 크기는 0.268로 X와 Y의 선형관계의 강도는 그다지 크지 않음을 알 수 있다.

여기서 한 가지 강조하자면, 공분산과 상관계수는 두 변수 사이의 선형관계를 파악하는 데 이용된다는 것이다. 예를 들어, 확률변수 X와 Y가 다음과 같은 함수관계에 있다고 하자.

$$Y = X^2$$

이 경우 X와 Y는 정확한 곡선 관계에 있지만, $Cov(X, Y) = 0$이 된다. 즉, 공분산 그리고 상관계수는 두 변수 간의 선형관계만을 파악하는 데 이용된다.

또 다른 유의점은 공분산과 상관계수는 원인과 결과의 인과관계, 즉 한 변수가 다른 변수에 미치는 영향의 방향과 그 영향력을 나타내는 것이 아니라 두 변수가 함께 어떠한 방향으로 선형관계를 갖는지를(비례의 관계인지 반비례의 관계인지를) 나타내는 수치이다.

한편, 앞서 기댓값의 성질에서 잠깐 언급한 바와 같이 X와 Y가 독립적인 확률변수이면 $Cov(X, Y) = 0$이 항상 성립한다. 그러나 역은 반드시 성립하는 것은 아니다. 즉, $Cov(X, Y) = 0$이라고 해서 X와 Y가 독립적인 확률변수라고는 확신할 수 없다. 왜냐하면 앞에서 예로 보았듯이 $Y = X^2$의 관계에 있는 확률변수 X와 Y의 공분산은 두 변수 사이에 선형관계가 없으므로 '0'으로 나타난다. 그러나 두 변수는 $Y = X^2$이라는 밀접한 종속관계에 있음을 우리는 알고 있다.

(3) 표본자료의 공분산과 상관계수

만일 우리가 두 변수 X와 Y의 선형관계에 관심이 있어 표본으로 두 변수에 대한

n개의 관측값 (x, y)를 수집했다고 가정하자. 여기서 우리가 수집한 자료는 표본의 역할을 한다. 이 경우, 과연 두 변수 X와 Y 사이에 선형관계가 있는지를 파악하고, 그 강도가 어느 정도인지를 알기 위해서는 표본의 공분산과 표본의 상관계수를 계산할 필요가 있다.

표본의 공분산(sample covariance)은 s_{XY}로 표기하며 다음과 같이 정의된다.

$$s_{XY} = \frac{\sum_{i=1}^{n}(x_i - \bar{x})(y_i - \bar{y})}{n-1} = \frac{\sum_{i=1}^{n}x_i y_i - n\bar{x}\bar{y}}{n-1}$$

위 식의 분자는 두 변수 X와 Y의 관측값 (x_i, y_i)가 각각의 평균으로부터 떨어진 거리(편차)의 곱으로서, 만일 X와 Y가 정(正)의 선형관계를 보인다면, 분자는 양수가 되어(왜냐하면 큰 x_i와 큰 y_i가 쌍을 이루고 작은 x_i와 작은 y_i가 쌍을 이룰 것이기 때문에) 공분산의 부호는 양(+)이 될 것이고, 반대로 X와 Y가 부(負)의 선형관계를 보인다면, 분자는 음(-)이 될 것이다. 그리고 X와 Y가 선형관계를 보이지 않는다면 공분산은 '0'에 가까워질 것이다.

표본의 상관계수(sample correlation coefficient)는 r_{XY}로 표기하며 다음과 같이 정의된다.[7]

$$r_{XY} = \frac{s_{XY}}{s_X \cdot s_Y}$$

여기서, s_X는 X의 표본 표준편차, s_Y는 Y의 표본 표준편차

---

7 이를 피어슨 상관계수(Pearson's correlation coefficient)라고 부른다. 피어슨 상관계수를 사용하기 위한 조건은 두 변수가 정규성(normality)을 가져야 한다는 것이다. 사회과학 데이터는 정규성을 따르지 않는 경우가 많으므로 시뮬레이션 전문 소프트웨어에서는 정규성 조건이 필요 없는 스피어만 상관계수(Spearman's correlation coefficient)를 기본값(default)으로 많이 사용한다. 스피어만 상관계수는 관측치 자체를 이용하지 않고 관측치의 순위(rank)를 이용해 구한 상관계수로 순위상관계수(rank correlation coefficient)라고도 부른다. 순위상관계수에 대한 자세한 설명은 이 책의 2부에서 다룬다.

따라서

$$\gamma_{XY} = \frac{\sum_{i=1}^{n} x_i y_i - n\bar{x}\,\bar{y}}{\sqrt{\sum_{i=1}^{n} x_1^2 - n\bar{x}^2}\sqrt{\sum_{i=1}^{n} y_i^2 - n\bar{y}^2}}$$

로 계산된다.

자료의 공분산과 상관계수의 의미는 앞서 설명한 두 확률변수의 공분산 및 상관계수의 의미와 같다. 아래 그림은 두 변수 X와 Y에 대한 관측값을 이용하여 그린 여러 유형의 산점도(scattergrams)를 보여주고 있다.

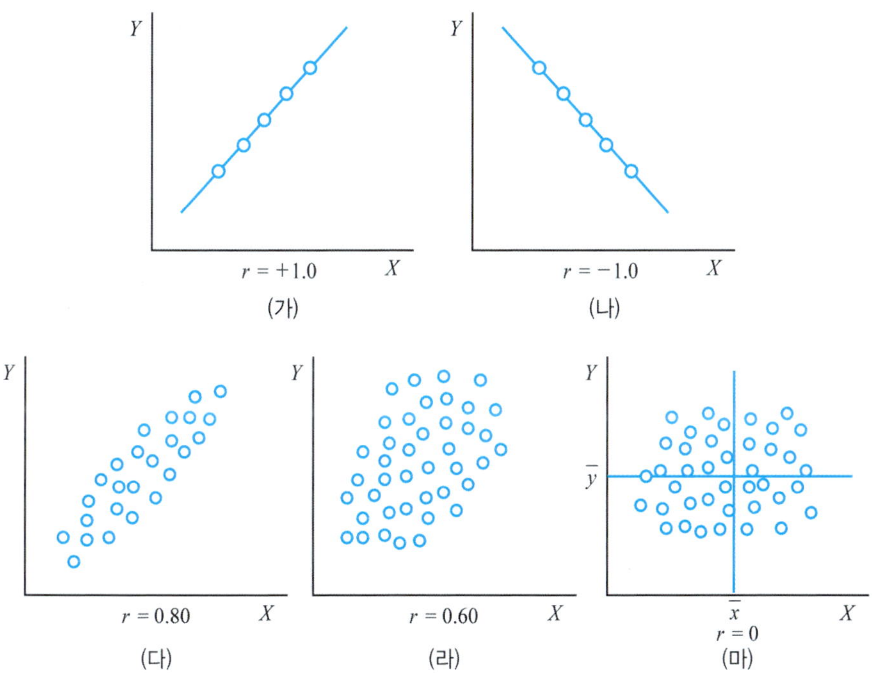

| 그림 A2-1 | 산점도와 표본상관계수

2부

ModelRisk를 이용한 몬테칼로 시뮬레이션

운 좋은 사람들은 운이 별로 없다고 생각하는 사람에 비해 불확실성을 즐긴다.

– 리처드 와이즈먼(Richard Wiseman), 영국의 심리학자

1장 ModelRisk의 시작

지금까지 독자들은 엑셀을 이용하여 시뮬레이션을 수행하였다. 물론 엑셀은 시뮬레이션을 수행할 수 있는 기본적인 기능은 갖추고 있지만, 시뮬레이션을 수행하면서 여러 가지 불편한 점도 느꼈을 것이다. 예를 들어, 반복활동(replications)을 수행하기 위해 행마다 동일한 식을 복사해 시스템의 성과를 복제한다든지, 여러 가지 대안의 성과를 비교하기 위해 데이터-표(Data-Table) 기능을 이용한 점, 그리고 특정 확률변수의 값을 발생시키기 위해 확률변수 값 발생기(random variate generator)를 만들어야 하고(예를 들어, 삼각분포 확률변수 값을 발생시키기 위해 역변환 방법을 이용해 삼각분포 확률변수 값 발생기 수식을 도출하는 것), 반복활동 후의 성과의 요약 통계량을 구하기 위해 엑셀의 통계함수 또는 데이터 분석 기능을 추가로 이용하는 등 여러 가지 불편한 점이 있었다.

이제부터 독자들은 세계적으로 가장 많이 활용되는 몬테칼로 시뮬레이션 소프트웨어 중 하나인 ModelRisk를 이용하여 시뮬레이션을 더 쉽게 수행하는 방법과 과정에 대해 학습할 것이다. ModelRisk는 엑셀 기반의 소프트웨어로 엑셀을 이용할 수 있는 독자들은 ModelRisk 또한 쉽게 익힐 수 있으며, 엑셀의 모든 기능을 ModelRisk에서도 이용할 수 있다.

ModelRisk는 Vose Software의 몬테칼로 시뮬레이션 소프트웨어이다. 유사한 소프트웨어로 Lumivero[1]의 @RISK와 Oracle Corporation의 Crystal Ball이 있다. @RISK와 Crystal Ball을 이용해 본 경험이 있는 독자들은 사용법이 유사한 ModelRisk도 쉽게 익힐 수 있다. 아울러 후발주자인 ModelRisk는 시장 점유율 확대를 위해 처음 이용하는 사용자들에게 Complete edition을 15일 동안 사용하도록 허락하고, 이후 180일 동안 기능이 제한된 Basic edition을 180일 동안 무료로 이용할 수 있도록 한다. 또한 180일의 기간이 지나면 자동으로 또다시 180일을 계속 이용할 수 있도록 하는 자동 연장 서비스를 지원하고 있다. ModelRisk의 Basic Edition은 Complete Edition에 비해 사용 가능한 확률분포의 종류 및 몇 가지 기능 사용에 제한이 있을 뿐 일반적인 시뮬레이션을 수행하는 데는 별 불편이 없다. 이런 이유로 데모 버전의 이용이 15일로 제한된 @RISK와 Crystal Ball에 비해 ModelRisk의 시장 점유율이 점점 증가하고 있다. 아울러 ModelRisk는 @RISK와 Crystal Ball로 만들어진 시뮬레이션 모형을 자동으로 ModelRisk 모형으로 전환해주는 기능(Convert Model)도 제공하고 있다.

ModelRisk에서 사용자는 시뮬레이션의 반복활동을 100번이 아니라 1,000번, 10,000번 등 본인이 원하는 횟수만큼 지정만 해주면 되고, 여러 대안의 성과 비교도 매우 쉽게 수행할 수 있다. 또한 불확실한 현상을 복제하기 위해 지금까지는 확률변수의 값을 발생시키는 수식을 꽤나 지루한 과정을 통해 도출하곤 했는데, ModelRisk를 이용함으로써 원하는 확률변수의 값을 매우 손쉬운 함수를 이용해 복제해낼 수 있다.

예를 들어, 세 가지 모수(minimum value, most likely value, maximum value)의 값이 (10,20,50)인 삼각분포 확률변수의 값을 발생시키고자 하면 단순히 =VoseTriangle(10,20,50)이라는 식을 해당 셀에 입력하면 된다. 평균이 100이고 표준편차가 20인 정규분포의 확률변수 값을 발생시키려면 =VoseNormal(100,20), 독립적인 시행의 수(n)가 50이고, 각 시행에서의 성공확률(p)이 0.4인 이항분포 확률변수 값을 발생시키려면 =VoseBinomial(50,0.4)을 입력하는 등 어떠한 확률분포든지 =Vose 다음에 해당 분포의 이름을 나타내는 단어를 입력한 후 해당 분포의 모수 값을 괄호 안에 입력하면 해당 분포의 확률변수 값을 복제하게 된다.

1 @RISK를 개발한 Palisade는 2022년 10월, QSR International, Addinsoft와 전략적으로 합병하여 새로운 회사 Lumivero가 설립되었다.

1 ModelRisk의 설치[2]

다음의 절차에 따라 Vose Software에 접속하여 ModelRisk를 내려받는다.

1 아래의 링크로 접속한다.

https://www.vosesoftware.com/products/modelrisk/register.php

2 Download installation file을 클릭하여 ModelRisk를 내려받는다.

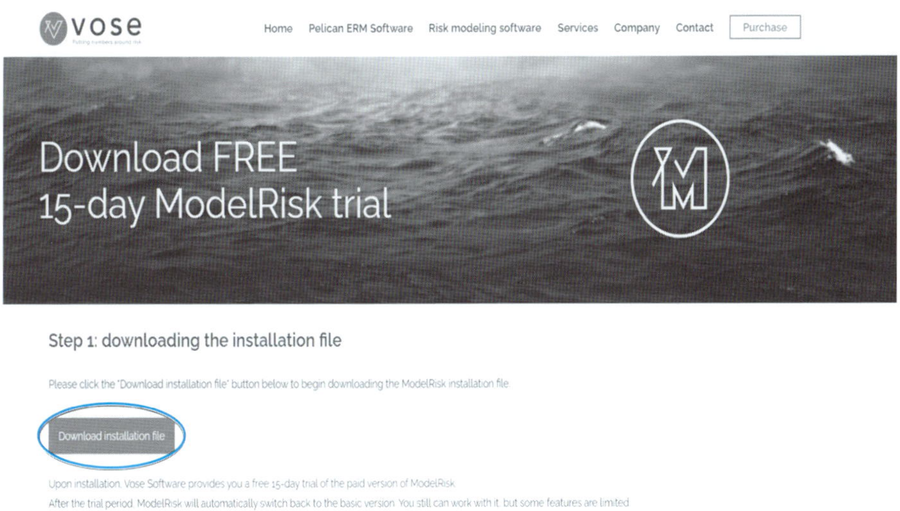

3 아래로 스크롤 하여 필요한 정보들을 입력하고 Request licence code를 클릭한다.

(※ 이메일 주소는 학교 또는 조직의 도메인 주소(예 서강대 메일 도메인 sogang.ac.kr)을 입력하여 원활하게 코드를 받을 수 있도록 한다)

2 Mac OS를 이용하는 사용자는 본 장 [부록]의 설치방법을 참조하기를 바란다.

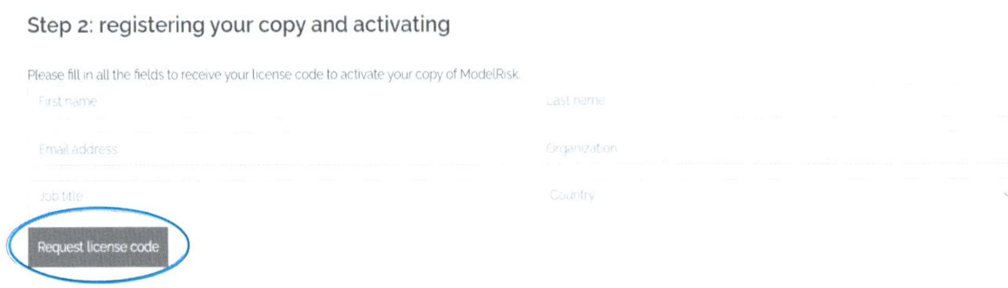

4 Request licence code를 클릭하면 아래와 같은 화면이 나온다. 이제 입력한 이메일 주소로 라이센스 코드가 발송되었을 것이다.

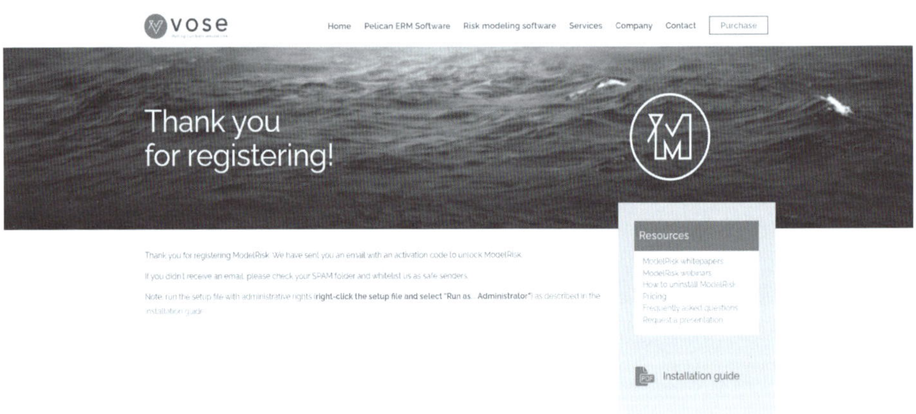

5 바탕화면이나 개인이 설정한 곳에 나타나는 ModelRisk 실행 아이콘( ) 또는 ModelRisk 설치 파일을 마우스 오른쪽 버튼으로 클릭하여 관리자 권한으로 실행한다.

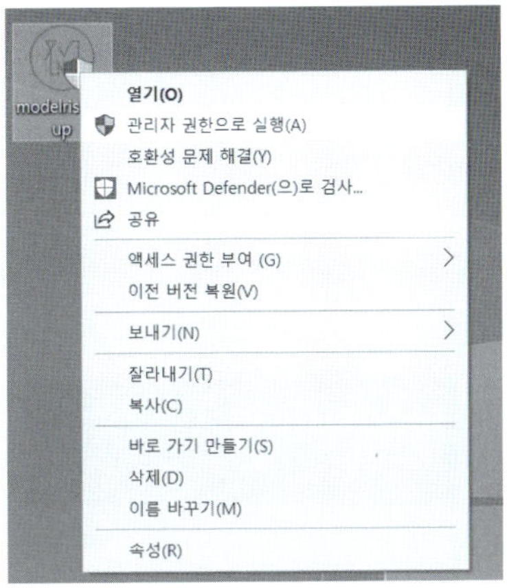

6 ModelRisk을 설치한 후 구동하면 엑셀 시트 안에 [그림 1-1]과 같이 ModelRisk의 버전을 선택할 수 있는 창이 나온다. 우리가 사용할 버전은 ModelRisk Free Basic Edition이다.

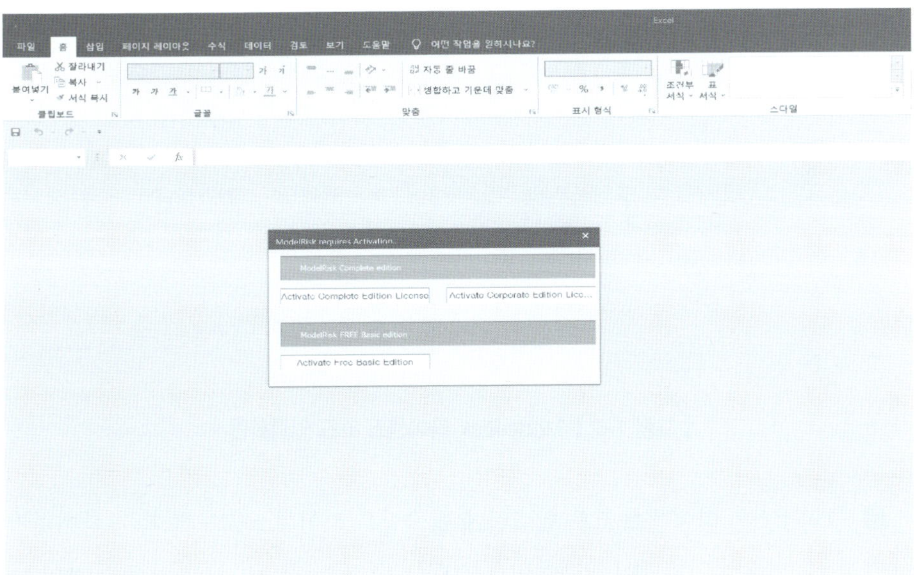

▌그림 1-1 ▌ModelRisk의 시작 구동 화면

7 [그림 1-1]의 ModelRisk 창 하단에 있는 Activate Free Basic Edition 버튼을 누르면 [그림 1-2]와 같이 라이센스를 입력하는 창이 나온다. 여기에 Step 2에서 입력한 이메일 주소로 받은 라이센스 코드를 복사해서 붙여넣기 한다.

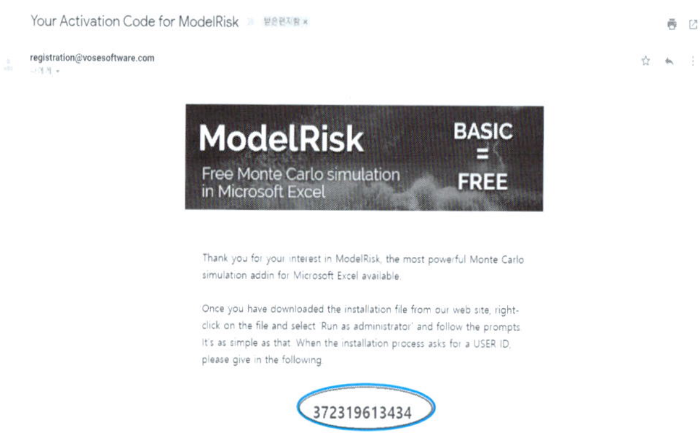

(동그라미 안의 숫자가 라이센스 코드)

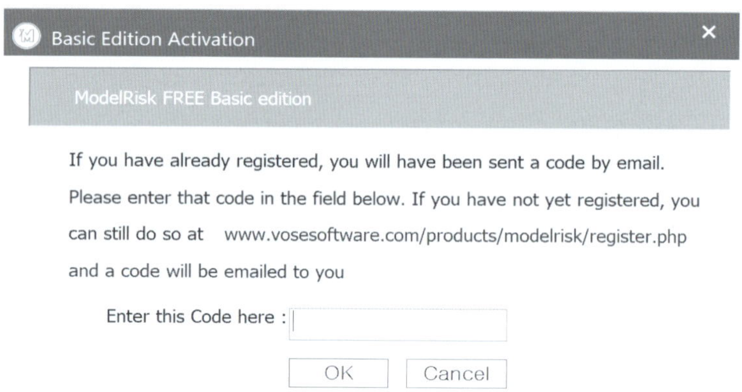

| 그림 1-2 | ModelRisk 라이센스 코드 입력화면

8 [그림 1-2]의 라이센스 코드 입력란에 발급받은 라이센스 코드를 복사-붙여넣기 하면 ModelRisk의 인터페이스 템플릿을 선택할 수 있는 화면이 [그림 1-3]과 같이 나타난다.

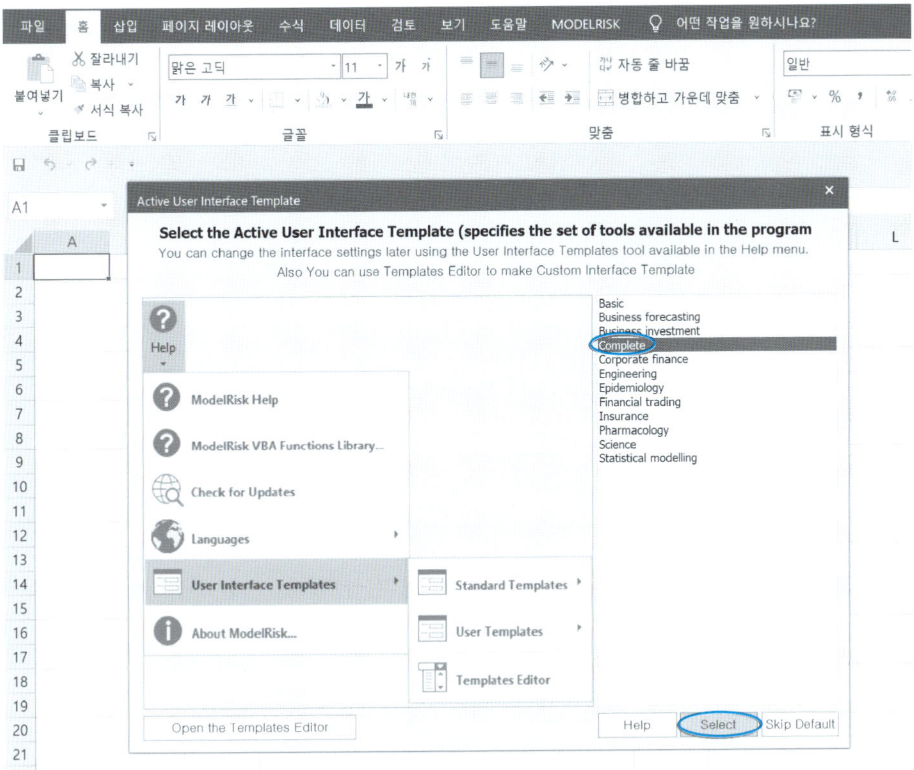

▌그림 1-3▌ 인터페이스 템플릿 선택 화면

여기서 Complete을 선택한 후[3] Select 버튼을 누르면 [그림 1-4]와 같이 ModelRisk 탭이 추가된 엑셀 화면이 나타난다.

3 여기서 Complete를 선택하여야 15일 동안 Complete edition을 사용할 수 있다. 15일 후 Basic edition으로 자동 전환된다.

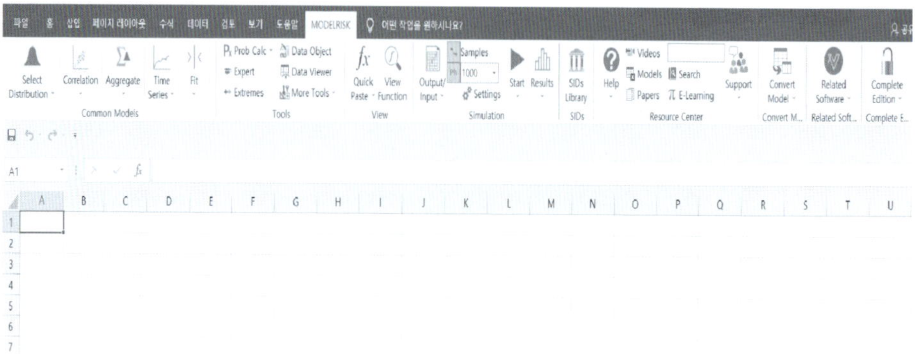

▌그림 1-4▌ModelRisk 기본 화면

[그림 1-4]에서 우리가 시뮬레이션을 수행하기 위해 주로 사용할 아이콘은 [그림 1-5]와 같다. 주요 아이콘은 크게 모형화(Common Models)와 시뮬레이션(Simulation)이라는 두 가지 부분으로 나누어진다. 참고로 [그림 1-4]의 오른쪽 끝에서 세 번째에 있는 Convert Model()은 @RISK와 Crystal Ball로 만들어진 시뮬레이션 모형을 ModelRisk 모형으로 자동 변환해주는 유용한 기능이다.

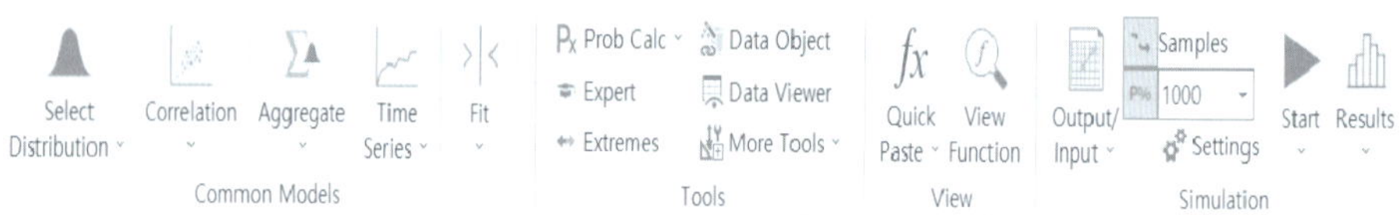

▌그림 1-5▌몬테칼로 시뮬레이션을 위한 주요 아이콘

[그림 1-5]에서 모형화 아이콘은 필요시 시뮬레이션 모형을 만들 때 사용하고, 시뮬레이션 아이콘은 시뮬레이션을 수행하는 데 사용한다. 시뮬레이션 아이콘 중 결과 아이콘()은 시뮬레이션 수행 결과를 다양한 양식으로 나타내는 데 사용된다.

ModelRisk의 최초 설치 시 Free Basic edition을 선택해도 [그림 1-3]의 템플릿 선택 화면에서 Complete을 선택하면 15일간 무료로 Complete edition을 사용할 수 있으므로 [그림 1-6]의 동그라미로 표시한 것처럼 '15 Trial Days Left'라는 메시지가 나타난다. 날짜가 지남에 따라 남은 기한이 나타나고, 15일이 지난 후에는 Basic edition으로 자동 전환된다. Basic edition은 Complete edition보다 기능은 제한되지만, 180일 동안 무료로 이용할 수 있고, 180일이 지난 후 라이센스 코드를 다시 발급받으면 180일 동안 또다시 무료로 사용할 수 있다.

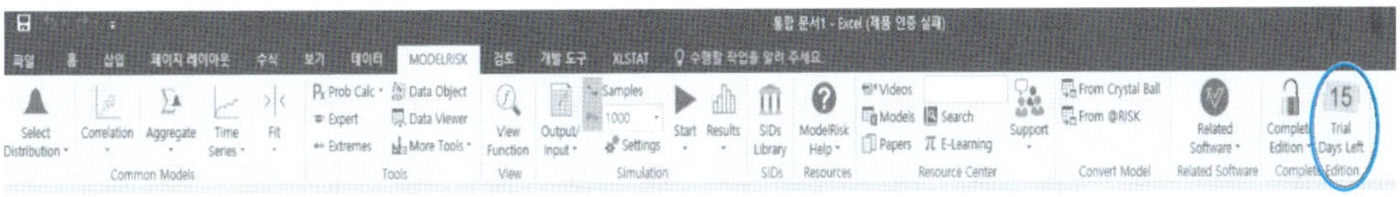

▌그림 1-6▌ Complete edition의 사용 기한 안내

Complete 이외의 다른 인터페이스 템플릿이 궁금한 사용자는 [그림 1-3]의 인터페이스 템플릿 선택 화면으로 들어가 선택을 바꿀 수 있다.

부록 | Mac OS에서의 ModelRisk 설치

1 아래의 링크로 접속한다. https://www.vosesoftware.com/contactus.php

2 링크 접속 후 Installaion licensing and bug reporting을 클릭한다.

3 이후 Other을 클릭한다.

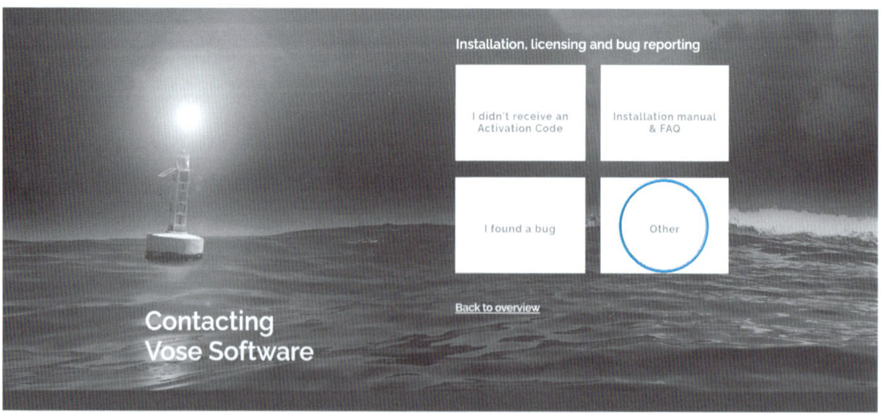

4 Boot Camp를 클릭한다.

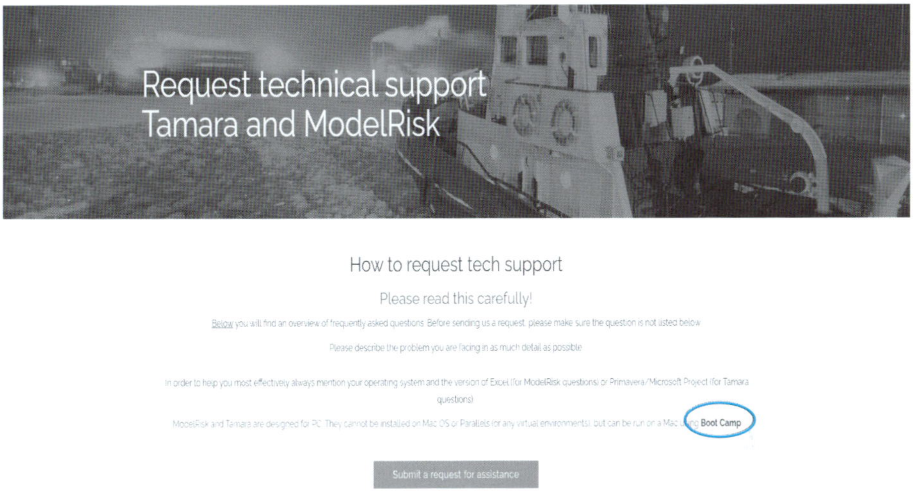

5 설치방법 정독 후, 자신의 Mac OS 버전에 알맞은 프로그램을 설치한다.

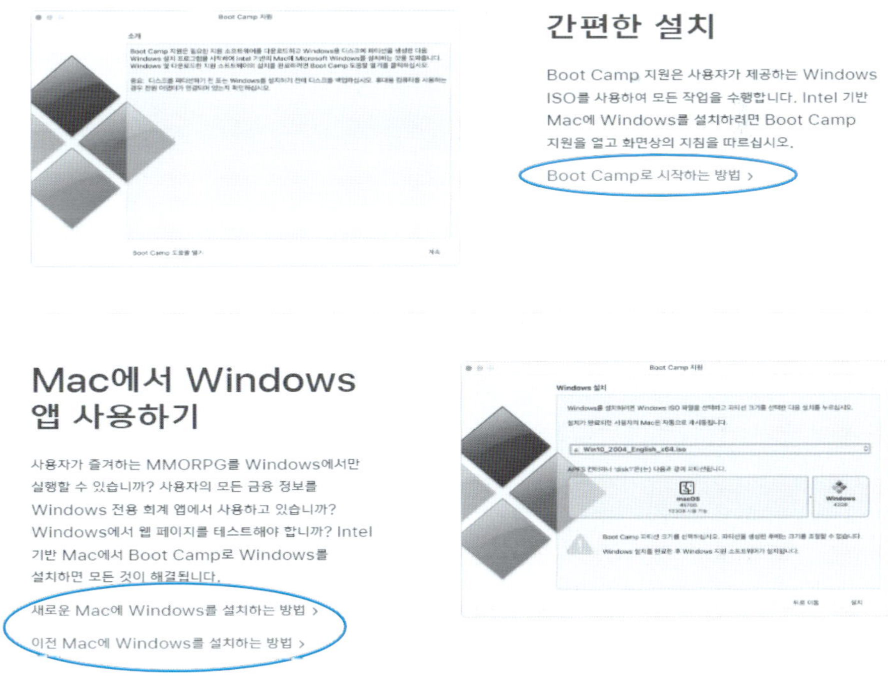

6 Mac OS에 Window OS를 설치한 후에는 본문에서 설명한 ModelRisk의 설치 과정을 단계에 따라 수행한다.

2장 ModelRisk 익히기

ModelRisk의 기본 기능을 학습하기 위해 1부에서 기본 예제로 이용했던 서강서점을 다시 방문해 보자. [그림 2-1]은 서강서점 문제를 ModelRisk를 이용해 시뮬레이션을 수행하기 위해 엑셀 시트에 입력한 모형이다. 학습의 편의를 위해 서강서점 문제를 다시 기술하면 다음과 같다.

예제

서강서점은 매년 10월 다음 해 다이어리를 인쇄소에 몇 개나 주문해야 할지 결정해야 한다. 다이어리 하나의 주문비용은 7,500원이고, 10,000원에 판매한다. 새해 1월이 지나도 안 팔린 다이어리는 제작사에 다시 반품할 수 있는데, 이때 반품 다이어리 하나에 2,500원씩 받을 수 있다. 서강서점은 내년 1월까지의 다이어리 수요가 [표 2-1]과 같은 확률분포를 할 것으로 믿고 있다.

표 2-1 다이어리 수요량 분포

다이어리 수요량	확률
100	.30
150	.20
200	.30
250	.15
300	.05

즉, 서강서점은 다이어리가 100부 팔릴 가능성은 30%이고, 150부 팔릴 가능성은 20%

등으로 보고 있다. 과연 서강서점은 기대이익(expected profit)을 최대화하기 위해 다이어리를 몇 부나 주문하는 것이 좋을지 시뮬레이션을 이용하여 답해 보자.

[그림 2-1]을 보면 앞서 엑셀을 이용해 시뮬레이션을 수행할 때보다 모형이 훨씬 간단해 진 것을 시각적으로도 느낄 수 있다. 예를 들어, 반복활동을 위한 행들도 보이지 않고, 수요량 분포에서도 =VLOOKUP 기능을 이용하기 위해 누적확률 열을 따로 추가하지 않고 수요량과 해당 확률만이 나타나 있다. 또한 대안별 결과변수의 값(이윤)을 보기 위해 데이터-표 기능을 사용한 흔적도 보이지 않는다.

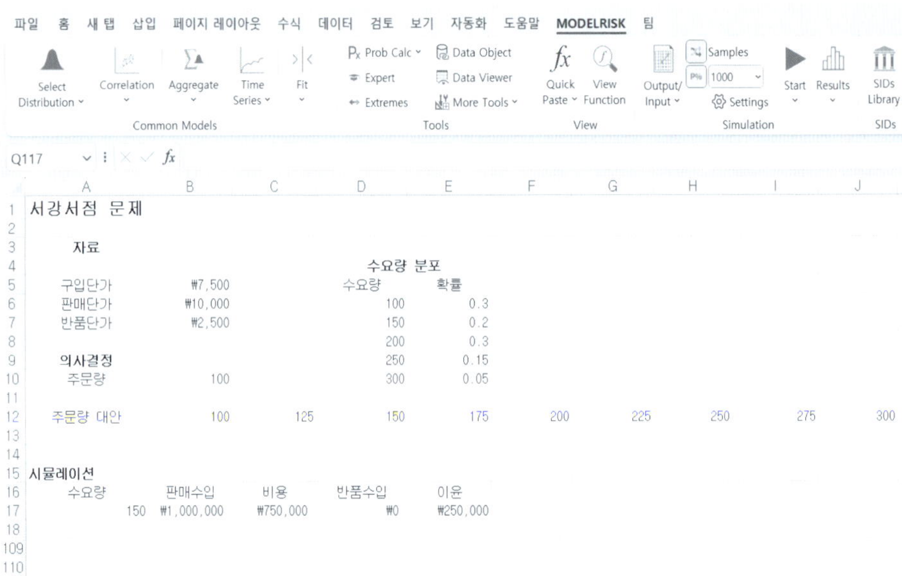

▌그림 2-1▐ ModelRisk로 표현한 서강서점 모형

우선 [그림 2-1]의 상단 아이콘들의 중간 정도에 보이는 Samples(1000 ⌄) 안의 숫자는 반복활동 수를 나타낸다. 여러분이 상자에 원하는 반복활동 수를 직접 입력하거나 상자 우측의 작은 화살표(1000 ⌄)를 눌러 원하는 반복활동 수를 선택할 수 있다. 현재 1,000번의 반복활동을 수행하라고 입력되어 있음을 알 수 있다.

다음으로 ⚙Settings 를 누르면 [그림 2-2]와 같은 Simulation settings 대화상자가 나타난다. 이 대화상자의 Simulation Setup 부분에 있는 Samples는 앞서 우리가 지정한 반복활동 수를 나타내고, Simulations는 대안의 수를 나타낸다. 서강서점 문제에서 우리가 결정하고자 하는 것은 주문량을 얼마로 하는 것이 기대이윤(expected profit)의 최대화를 위해 가장 바람직하냐는 것이다. [그림 2-1]의 셀 범위 B12:J12를 보면 우리가 고려하는 9가지 대안(주문량)을 입력하였다. 따라서 [그림 2-2]의 Simulations 상자에는 대안의 수인 '9'가 입력되었음을 알 수 있다.

한편, [그림 2-2]의 Seed 부분에서 Seed generating은 Random 또는 Manual로 선택할 수 있는데, 기본값은 Random이다. 하지만 여러 대안의 성과를 동일한 난수를 이용해 비교하고자 할 때는, 즉 공통난수집단(common random number stream)을 이용해 비교하고자 할 때는 Manual을 선택하고, Multiple Simulations seeds로는 All Use Same Seed, 그리고 Go To Sample은 'On'으로 선택한다. Seed generating 옵션을 'Random'으로 설정하면 대안마다 다른 난수집단이 적용되어 대안들의 성과가 나타난다.

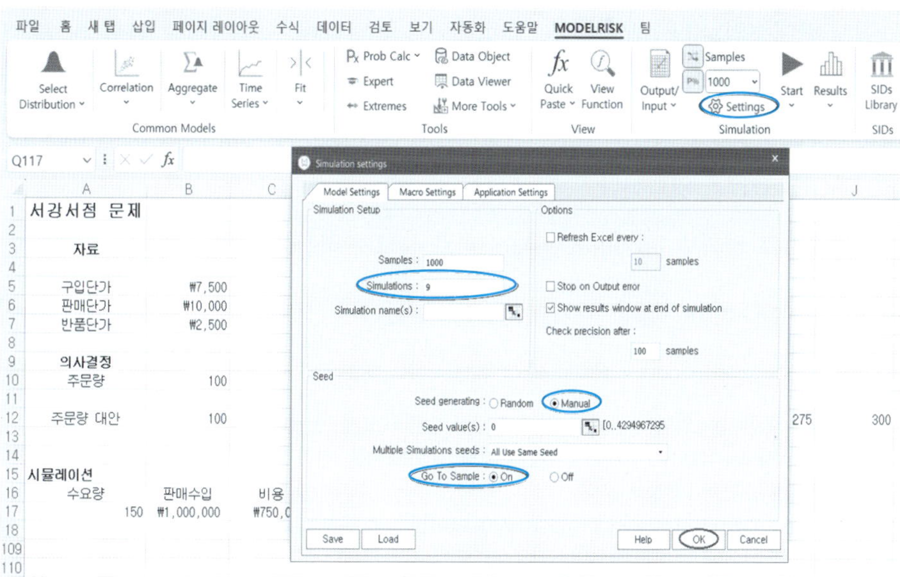

▌그림 2-2 ▌ Simulation settings 대화상자

이제 엑셀 시트에 어떤 식이 입력되어 있는지 살펴보자. 우선 이 문제에서 주문량을 나타내는 셀 B10에는 =VoseSimTable(B12:J12)을 입력한다.[1] 즉, 동일한 시뮬레이션 과정을 9개 주문량 대안 각각에 대하여 수행하라는 의미이다.

엑셀 시트에 입력한 시뮬레이션 모델은 엑셀을 이용했을 때와 거의 같다. 다만 확률변수 값을 발생시키는 과정이 단순해진다. 이 문제에서 유일한 확률변수는 수요량이다. 수요량을 발생시키기 위해 셀 A17에 이산형 분포(discrete distribution) 확률변수 값을 발생시키라는 다음의 함수를 입력한다.

=VoseDiscrete(D6:D10,E6:E10)

위 =VoseDiscrete 함수의 괄호 안 첫 번째 인자는 이산형 분포 확률변수가 취할 수 있는 값들을 나타내는 셀 범위이고, 두 번째 인자는 각 값을 취할 확률들을 나타내는 셀 범위이다.

ModelRisk Basic Edition의 경우, Discrete 함수가 지원되지 않는다. 이 경우 [그림 2-3]과 같이 수요량 왼쪽에 누적확률을 입력한 후, 엑셀의 =VLOOKUP 함수를 이용한다. 즉, 셀 A17에 =VLOOKUP(RAND(),$C$6:$D$10,2)를 입력한다.

이제 판매수입, 비용, 반품수입, 그리고 이윤을 나타내는 식은 앞서 엑셀을 이용해 만든 수식과 동일하다. 즉, 셀 B17에는 =$B$6*MIN(A17,$B$10)을 입력하고, 셀 C17에는 =$B$5*$B$10, 셀 D17에는 =$B$7*MAX($B$10-A17,0), 그리고 셀 E17에는 =B17-C17+D17을 입력한다.[2]

마지막으로 결과변수(output variables)로 삼고자 하는 셀을 클릭한 후 Settings 왼쪽에 있는 Output/Input 아이콘(Output/Input)을 누른다.[3] 그러면 [그림 2-4]와 같이 창이

---

1 대안들을 셀 범위로 입력하지 않고 직접 숫자로 입력하고자 할 때는 B10에 =VoseSimTable({100,125,150,175,200,225,250,275,300})을 입력한다. 즉, 대안들을 직접 숫자로 입력할 때는 중괄호({ })를 씌운다.

2 셀 B17, C17, D17의 식은 엑셀을 이용해 시뮬레이션을 수행할 때와는 달리 다른 곳에 복사하지 않을 것이므로 여기서 절대참조 기호($)는 생략해도 무방하다.

3 Output/Input 은 원하는 셀을 결과변수 또는 입력변수로 설정하는 기능을 한다.

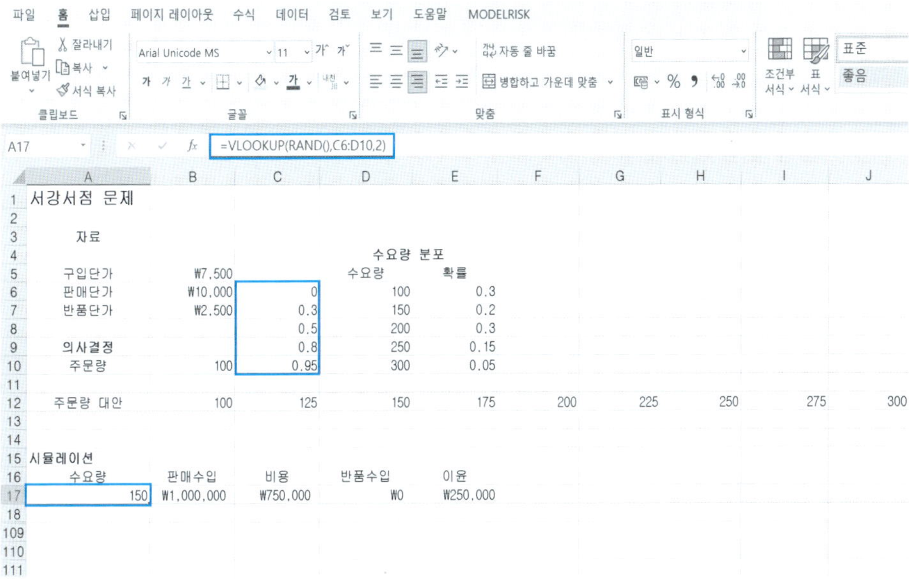

| 그림 2-3 | =VLOOKUP 함수를 이용한 이산형 확률변수 값의 발생

나오는데, 여기서 Output의 이름을 지정하고 싶은 경우 Name(s)에 이름을 입력하고 (이름은 지정하지 않아도 상관없음), 맨 밑의 Type을 Output(Output)으로 선택한 후 OK 버튼을 누른다. 그러면 해당 셀의 식 앞에는 자동적으로 'VoseOutput()+'이 추가된다. 즉, 이윤을 나타내는 셀 E17을 클릭한 후 이름 입력 없이 Output/Input 을 누르면 셀 E17의 식은 다음과 같이 자동으로 변형된다.[4]

=VoseOutput()+B17-C17+D17

이것으로 위 문제에 대한 시뮬레이션 준비가 완료되었다.

4 결과 셀(결과변수)에 이름을 지정하지 않은 경우이다. 결과변수에 이름을 지정하고 싶으면 원하는 이름을 입력 상자에 입력한다. 예를 들어, 결과 셀(E17)의 이름을 profit으로 하고 싶으면 이름 입력 상자에 profit이라고 입력한다. 그러면 E17의 식은 자동으로 =VoseOutput("profit")+B17-C17+D17으로 바뀐다.

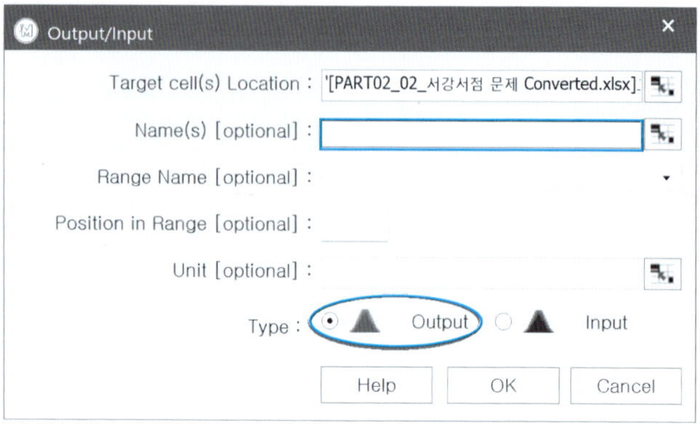

▎그림 2-4 ▎결과변수/입력변수 설정 대화상자

이제 시뮬레이션을 수행해 보자. 시뮬레이션의 시작을 위해 Start 아이콘(Start)을 눌러보자. 그러면 9개 대안 각각에 대한 시뮬레이션이 1,000번씩 수행되고, 각 대안의 결과를 볼 수 있다. Start 을 누르면 엑셀 시트 오른쪽 아래에 시뮬레이션 수행과정이 [그림 2-5]처럼 나타난다.

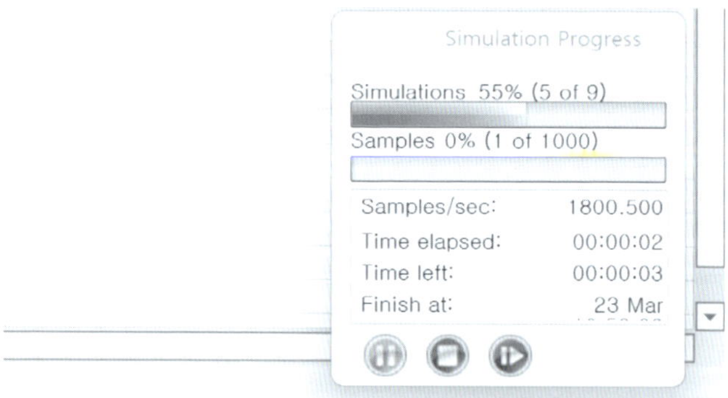

▎그림 2-5 ▎시뮬레이션 수행과정 보기

시뮬레이션이 종료되면 첫 번째 대안의 결과변수인 이윤의 분포 및 요약 통계량이 [그림 2-6]과 같이 나타난다.

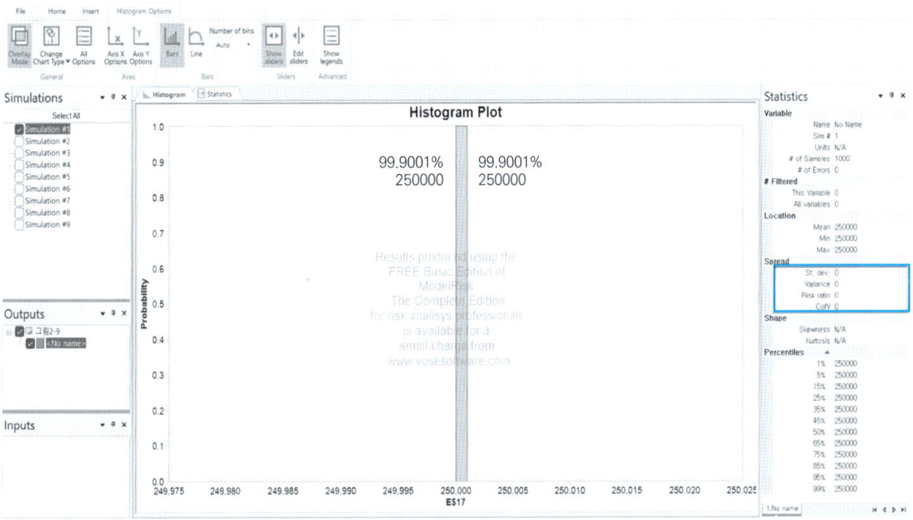

| 그림 2-6 | 주문량이 100일 때의 이윤 분포

[그림 2-6]을 보면 주문량이 100일 때의 이윤은 1,000번의 반복활동 모두에서 250,000원으로 일정함을 알 수 있다(독자들은 왜 그런지 스스로 생각해 보기를 바란다). [그림 2-6]의 그래프는 1,000번의 반복활동에서 발생하는 1,000개 이윤의 분포를 보여준다. 그리고 그래프 오른쪽에는 1,000개 이윤의 요약 통계량(Statistics)이 제공된다. 요약 통계량을 보면 1,000개 이윤의 평균(Mean), 최솟값(Minimum), 최댓값(Maximum)이 나타나고, 1,000개 이윤의 기복을 나타내는 지표(Spread)로 표준편차(St. dev.), 분산(Variance), 리스크 비율(Risk ratio), 변동계수(CofV) 값을 보여주고 있다.

여기서 리스크 비율(Risk ratio)은 상위 10%에 해당하는 값(90th percentile)에서 하위 10%에 해당하는 값(10th percentile)을 뺀 십분위수 범위(interdecile range)를 중앙값(median, 50th percentile)으로 나눈 값을 말한다. 그리고 변동계수(CofV: Coefficient of Variation)는 평균값을 고려한 표준편차의 크기로 표준편차를 평균으로 나눈 값이다. 변동계수는 단위가 없는 척도로서 자료의 크기나 측정 단위가 다른 자료의 변동성을 비교할 때 사용된다. [그림 2-6]의 경우, 시뮬레이션을 통해 발생한 1,000개의 이윤이 모두 같은 값 250,000원을 갖으므로 결과변수 값의 기복을 나타내는 네 가지 지푯값 모두는 당연히 '0'이 된다.

이제 9개 주문량에 대한 결과변수(이윤)의 분포를 비교해 보자. 이를 위해 시뮬레이션을 수행한 후 나타나는 결과 창 왼쪽의 Simulations 밑에 있는 Select All 을 누른다. 그 후 Insert 탭에서 Statistics 아이콘을 누르면 [그림 2-7]과 같이 모든 대안의 요약 통계량이 나타난다.

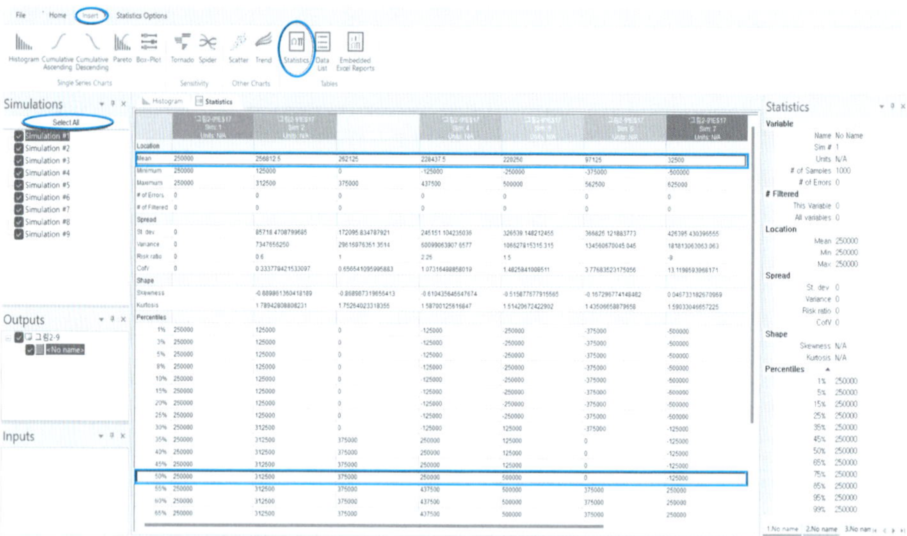

| 그림 2-7 | 대안별 이윤의 요약 통계량(Statistics)

[그림 2-7]의 Statistics 창에서 Sim #는 대안의 번호를 나타낸다. 즉, Sim 1은 주문량이 100인 경우, Sim 2는 주문량이 125인 경우의 이윤 분포를 나타낸다. 이 요약 통계량에는 9개 주문량 대안별 이윤의 평균(Mean), 최솟값(Minimum), 최댓값(Maximum), 표준편차(St. dev.), 분산(Variance), 리스크 비율(Risk ratio), 변동계수(CofV), 비대칭도(Skewness), 첨도(Kurtosis), 그리고 백분위수(Percentiles) 값이 나타남을 알 수 있다. 요약 통계량을 보면 평균이윤[5]의 관점에서 주문량이 150일 때가 가장 바람직

5 여기서 평균이윤(mean profit, average profit)은 기대이윤(expected profit)을 말하는 것이 아니라 표본평균(sample mean)을 의미한다. 하지만 통계학의 대수의 법칙(law of large numbers)에 따라 반복활동 수가 커짐에 따라 표본평균(평균이윤)은 모평균(기대이윤)에 접근한다.

한 것을 알 수 있다.

주문량이 150인 경우(Sim 3)의 요약 통계량(Statistics)을 구체적으로 살펴보자. [그림 2-8]은 [그림 2-7]의 Statistics를 확대한 것이다. 우선, 평균(Mean), 최솟값(Minimum), 최댓값(Maximum), 표준편차(St. Dev.), 분산(Variance), 리스크 비율(Risk ratio), 변동계수(CofV)의 의미는 이미 설명한 바 있다.

다음으로 비대칭도(Skewness)는 결과변수(여기서는 이윤)의 분포가 평균을 중심으로 좌우대칭의 모습에서 어느 한쪽으로 얼마큼 치우쳐 있는가를 나타내는 수치로, 양(+)의 값을 가질 때는 오른쪽 꼬리분포(skewed to the right), 음(−)의 값을 가질 때는 왼쪽 꼬리분포(skewed to the left), '0'의 값을 가질 때는 좌우대칭의 모습을 나

	'그림2-9'!E$17 Sim: 1 Units: N/A	'그림2-9'!E$17 Sim: 2 Units: N/A	'그림2-9'!E$17 Sim: 3 Units: N/A
Location			
Mean	250000	256812.5	262125
Minimum	250000	125000	0
Maximum	250000	312500	375000
# of Errors	0	0	0
# of Filtered	0	0	0
Spread			
St. dev.	0	85718.4708799685	172095.834787921
Variance	0	7347656250	29616976351.3514
Risk ratio	0	0.6	1
CofV	0	0.333778421533097	0.656541095995883
Shape			
Skewness		-0.889861360418189	-0.868987319656413
Kurtosis		1.78942808808231	1.75264023318355
Percentiles			
1%	250000	125000	0
3%	250000	125000	0
5%	250000	125000	0
8%	250000	125000	0
10%	250000	125000	0
15%	250000	125000	0
20%	250000	125000	0
25%	250000	125000	0
30%	250000	312500	0
35%	250000	312500	375000
40%	250000	312500	375000
45%	250000	312500	375000
50%	250000	312500	375000
55%	250000	312500	375000
60%	250000	312500	375000
65%	250000	312500	375000

❙그림 2-8❙ 요약 통계량 구체적으로 보기

타냄을 의미한다.[6] 비대칭도의 절댓값이 크면 클수록 분포의 비대칭 정도가 심함을 나타낸다. 아울러 오른쪽 꼬리분포에서는 평균이 중앙값보다 크고, 왼쪽 꼬리분포에서는 평균이 중앙값보다 작게 나타난다. 좌우대칭분포에서는 평균과 중앙값이 일치한다. Sim 3(주문량 150)에서 비대칭도는 음의 값을 가지므로 왼쪽 꼬리분포의 모습을 보이고, 이때 평균(262,125원)은 중앙값(median)보다 작음을 확인할 수 있다. 중앙값은 그 정의에 따라 하위 50%에 해당하는 값(50% percentile)으로 375,000원으로 나타났다.

다음으로 첨도(Kurtosis)는 분포 봉우리의 뾰족함 정도 또는 꼬리분포의 모양을 나타내는 척도이다. 특정 평균과 표준편차를 갖는 정규분포의 봉우리 뾰족함 정도를 보통 첨도라 하는데, 보통 첨도를 나타내는 수치는 '3'이다.[7] 첨도가 '3'보다 큰 수치일 경우, 높은 첨도라 부르고, '3'보다 작은 수치일 경우, 낮은 첨도라 한다. 높은 첨도일 경우 분포의 봉우리가 동일한 평균과 표준편차를 갖는 정규분포의 봉우리보다 뾰족함을 나타내고, 낮은 첨도일 경우, 정규분포의 봉우리보다 납작함을 나타낸다. 분포 아래의 면적은 '1'이 되어야 하므로 높은 첨도의 꼬리분포는 정규분포의 꼬리보다 길고 두껍고(longer and fatter tails), 낮은 첨도의 꼬리분포는 정규분포보다 짧고 얇게(shorter and thinner tails) 나타난다. 꼬리분포가 길고 두껍다는 것은 평균에서 멀리 벗어난 희귀사건(rare events)의 발생 가능성이 큼을 의미한다. Sim 3에서 분포의 첨도는 '1.75'인데, 이는 '3'보다 작게 나타나 낮은 첨도임을 알 수 있다.

백분위수(Percentiles)는 하위 몇 %에 해당하는 결과변수 값을 나타낸다. 따라서 '50% Percentile'은 결과변수(이윤)의 중앙값을 나타낸다.

6 오른쪽으로 꼬리를 늘어뜨린 오른쪽 꼬리분포를 왼쪽으로 치우친 분포라 부르기도 하고, 왼쪽으로 꼬리를 늘어뜨린 왼쪽 꼬리분포를 오른쪽으로 치우친 분포라고 부르기도 한다.

7 앞서 엑셀의 데이터분석 도구를 이용해 첨도를 구할 경우 보통 첨도는 '0'으로 나타나는데, 엑셀 데이터분석 도구에서 산출해 주는 첨도 값은 원래의 첨도 값에서 '3'을 뺀 수치로 초과첨도(excess kurtosis)라고 부른다. ModelRisk는 원래의 첨도를 계산해 준다.

(1) 수요량 분포의 변화

ModelRisk를 이용하면 확률변수의 분포를 쉽게 바꿀 수 있다. 예를 들어, 서강서점의 다이어리 수요량 분포가 기존처럼 이산형 분포가 아니라 평균이 200이고, 표준편차가 30인 정규분포라고 가정해 보자. 수요량 분포를 바꾸기 위해서는 [그림 2-1]의 기존 모형에서 셀 범위 D6:E10에 입력된 이산형 수요량 분포를 삭제하고, 셀 D6과 셀 E6에 정규분포의 평균과 표준편차 200과 30을 각각 입력한다. 그리고 수요량을 나타내는 셀 A17의 식을 =VoseDiscrete(D6:D10,E6:E10)에서 =VoseNormal(D6,E6)로 바꾸어 준다. 그다음 시뮬레이션을 수행하는 과정은 앞서 언급한 기존 과정과 같다.

[그림 2-9]는 수요량의 분포를 정규분포로 바꾸었을 때의 Statistics 창을 보여주고 있다. 주문량이 커짐에 따라 평균이윤은 증가하는 추이를 보이다가 주문량이 175(Sim 4)일 때 정점을 찍고 다시 감소하는 추세를 보임을 알 수 있다.

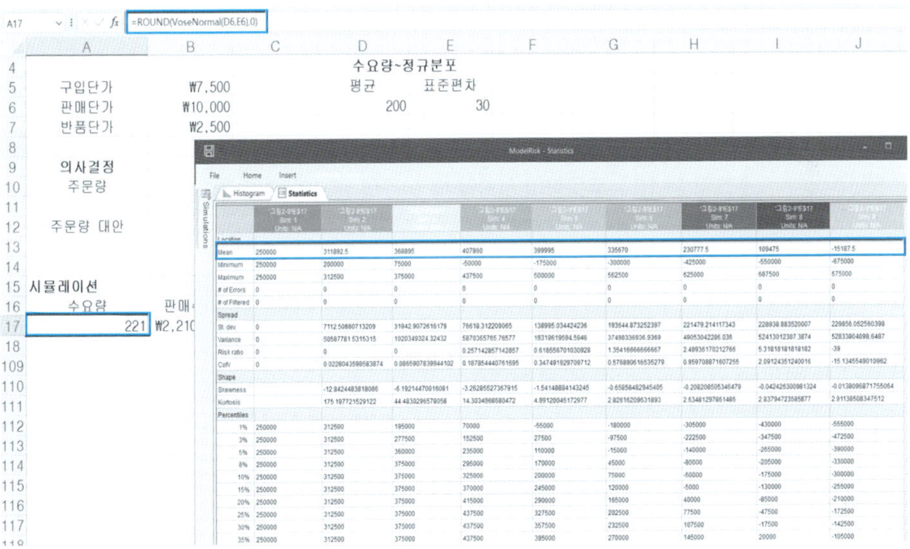

| 그림 2-9 | 수요량의 분포가 N(200,30)일 경우의 Statistics

여기서 셀 A17에 =VoseNormal(D6,E6)이 아닌 =ROUND(VoseNormal(D6,E6),0)을 입력한 이유는 소수점으로 표시되는 정규분포 수요량을 반올림하여 정수로 만들기

위해서이다.[8]

[그림 2-10]은 주문량이 300일 경우(Sim 9), 발생한 이윤의 분포와 요약 통계량을 보여준다. 수요량의 분포가 연속형 분포로 바뀜에 따라 이윤의 분포도 이산형이 아닌 연속형으로 나타남을 알 수 있다. 그 밖의 창의 내용은 앞서 학습한 내용과 같다.

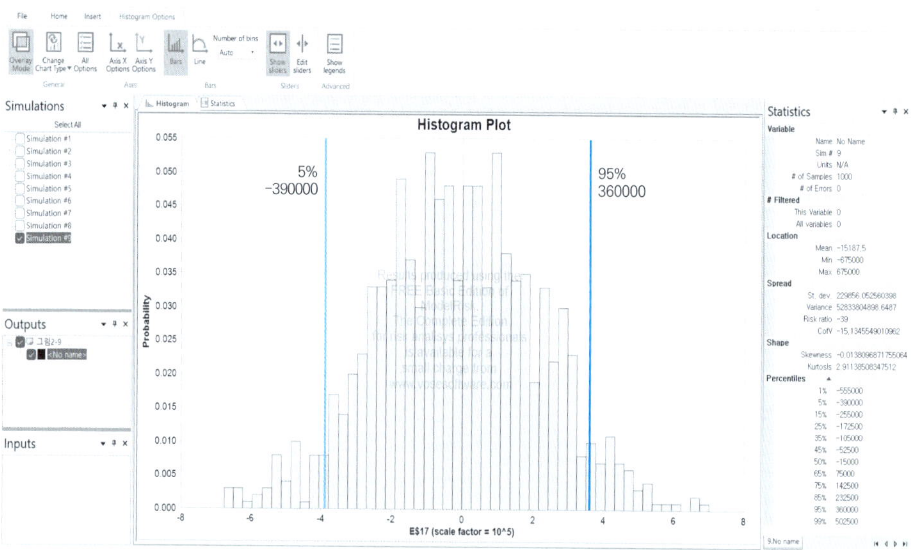

▎그림 2-10▎ 주문량이 300일 때 이윤의 분포와 요약 통계량

지금까지 ModelRisk의 기본적인 실행방법 및 결과의 해석에 대해 살펴보았다. 앞으로 여러 가지 불확실성이 개입된 문제에 대하여 시뮬레이션을 수행함으로써 시뮬레이션 모델링과 ModelRisk의 다른 기능에 대해서도 학습할 것이다.

8 다이어리 수요량이 정규분포를 따를 경우, 다이어리 수요량은 소수점을 포함한 실숫값을 갖게 된다. 하지만 위의 모형에서처럼 이를 정숫값으로 변환하지 않더라도 문제해결 과정 및 결과의 특성은 변하지 않는다.

3장 ModelRisk를 이용한 입력자료분석

시뮬레이션에서 중요한 단계 중의 하나는 불확실한 현상의 확률분포를 추정하여 불확실성을 복제하는 일이다. 예를 들어, 서강서점의 이윤을 최대화할 수 있는 다이어리 주문량을 결정하기 위해서는 내년 1월에 팔릴 다이어리의 수요량 분포를 추정해야 하고, 마트 계산대에서 고객의 체크아웃 대기시간을 줄이기 위한 구조를 새로이 디자인하기 위해서는 고객들이 마트에 도착하는 시각(또는 도착시간 간격), 고객들의 장 보는 시간, 계산대 직원의 체크아웃 서비스 시간 등을 관찰하고, 해당 자료를 수집한 뒤, 자료에 걸맞은 확률분포를 추정하여야 한다. 그래야 시뮬레이션을 통해 이러한 불확실한 행태를 실제와 유사하게 복제한 후 문제를 해결할 수 있다.

우리는 불확실한 현상의 분포가 당연히 문제에서 주어지는 것으로 오해할 수도 있다. 하지만 실제 상황에서 이러한 분포의 추정은 연구자의 몫이다. 불확실한 현상의 분포를 추정하는 제반 과정을 입력자료분석(input data analysis)이라 하는데, 이 과정의 수행 없이는 시뮬레이션을 통해 문제를 해결하는 것은 불가능하다.

우리는 이미 이 책의 1부에서 입력자료분석의 내용을 개념적으로 학습한 바 있다. 사실 입력자료분석은 시뮬레이션에서 가장 중요하면서도 시간이 많이 소요되는 과정이다. 본 장에서는 ModelRisk의 Fit 기능을 이용해서 수집한 자료에 걸맞은 분포를 추정하는 과정을 학습한다.

1 입력자료분석의 절차

입력자료분석이란 관심의 대상이 되는 시스템을 관찰하여 불확실한 행태에 대한 자료를 수집하고, 자료에 걸맞은 확률분포를 추정하는 일련의 과정을 의미한다. 만일 현상을 관찰하여 수집한 자료가 실제 시스템의 행태를 잘 대표하지 못하거나, 추정된 확률분포가 수집한 자료에 적합하지 않다면 시뮬레이션을 통해 유용한 결과를 기대하기 힘들다. 입력자료분석의 절차를 간략히 설명하면 다음과 같다.

(1) 시스템의 관찰 및 자료의 수집

관심의 대상이 되는 시스템의 불확실한 행태를 관찰하여 자료를 수집한다. 시스템에 대한 예비 관찰을 통해 자료 수집 양식 및 방법 등을 미리 계획하는 것이 필요하고, 이에 따라 자료를 수집한다.

(2) 자료의 도시 및 분포의 추정

수집한 자료를 히스토그램(histogram), 도수다각형(frequency polygon) 등과 같은 그림을 이용하여 도시하고, 그림에 걸맞은 확률분포 군(families of input distributions)을 추정한다. 수집한 자료와 유사한 형태를 보이는 이론적 확률분포를 추정하는 단계이다. 예를 들어, 히스토그램으로 수집한 자료의 분포 모양을 보았더니 좌우대칭인 종 모습(bell-shaped)과 유사한 형태를 보인다면 정규분포(normal distribution)로 추정하는 것을 말한다. 여기에서 문제는 일반인들이 아는 분포가 매우 한정되어 있어 해당 자료에 걸맞은 분포를 제한된 분포로 추정하거나 잘못 추정할 위험이 있다.

(3) 확률분포의 모수 추정

확률분포의 정확한 모습은 모수(population parameters)에 의해 정해진다. 예를 들어, 정규분포의 모습은 정규분포의 모수인 평균(μ)과 표준편차(σ)에 의해 결정되고, 지수분포(exponential distribution)는 일정 시간 내에 발생하는 평균 사건의 수(λ, lambda)라는 모수에 의해 그 모습이 결정된다. 이항분포는 독립적인 시행의 수(n)와 각 시행에서의 성공확률(p)에 의해 그 모습이 결정된다. 이 단계는 분포의 모습을 결정짓는 모수의 값을 수집한 자료를 이용해 추정하는 단계이다.

모수의 좋은 추정량(estimator)이 되기 위해서는 첫째, 추정량의 기댓값이 모수와 같아야 하고, 둘째, 추정량의 기댓값이 모수와 같은 추정량이 두 개 이상이라면 추정량의 분산이 가장 작은 추정량이 좋은 추정량이 된다. 전자의 조건을 만족시키는 추정량을 불편(不偏) 추정량(unbiased estimator), 후자의 조건을 만족시키는 추정량을 최소분산 추정량(minimum variance estimator)이라고 부르며, 이 두 가지 조건을 합쳐 최소분산 불편 추정량(MVUE: minimum variance unbiased estimator)이라고 칭한다.

예를 들어, 우리가 수집한 자료의 모습이 정규분포와 흡사하게 보인다면, 정규분포의 모수인 평균(μ)과 표준편차(σ)의 값을 수집한 자료로부터 추정해야 한다. 그런데 자료의 평균(표본평균)과 중앙값(표본의 중앙값)의 기댓값은 모평균과 같다.[1] 하지만 표본평균의 분산이 중앙값의 분산보다 작으므로[2] 이 경우 정규분포의 모평균을 추정할 수 있는 최소분산 불편 추정량은 표본평균이 되어, 표본평균의 값을 모평균의 값으로 추정한다는 것이다. 모수를 추정하는 방법인 최대우도 추정량(MLE: maximum likelihood estimator) 방법에 대해서는 본 장의 [부록]을 참조하기를 바란다.

이제 자료로부터 모수의 값이 추정되었으면, 수집한 자료의 분포를 그러한 모수 값을 갖는 확률분포로 가정한다. 여기서 중요한 점은 우리가 확률분포를 추정했다고 그것을 시뮬레이션에 바로 이용하지는 않는다는 것이다. 우리가 추정한 분포를 시뮬레이션에 이용하기 위해서는 우리의 추정이 타당한지를 통계적으로 검정하는 것이 필요한데, 이것을 적합도 검정(goodness of fit tests)이라고 한다. 우리가 추정한 분

1 여기서 표본평균과 표본중앙값은 해당 표본이 어떠한 개체들로 구성되느냐에 따라 그 값이 달라지므로 확률변수이다. 모수를 추정하는 데 사용되는 확률변수를 추정량(estimators)이라 하고, 특정 표본에서의 추정량의 값을 추정치(estimates)라고 한다.

2 표본 중앙값의 분산은 표본평균의 분산보다 약 1.57배 크다.

포를 시뮬레이션에 사용해도 된다는 하나의 허가 과정을 말한다.

(4) 적합도 검정

적합도 검정(goodness of fit tests)이란 우리가 수집한 자료의 분포가 우리가 가정한 이론적 분포와 의미 있는 차이를 보이는지 아닌지를 일정한 유의수준(significance level)으로 검정하는 것을 말다. 만일 그 차이가 통계적으로 의미 있다고 인정될 만큼 크지 않으면 우리가 가정한 분포를 받아들이고, 그렇지 않을 경우 우리가 가정한 분포는 기각된다. 즉, 적합도 검정에서 연구자가 설정하는 기본가설(H_0)과 대립가설(H_1)의 형태는 다음과 같다.[3]

H_0: 수집한 자료는 가정한 이론적 분포를 따른다.

($X \sim$ distributional assumption)

H_1: 수집한 자료는 가정한 이론적 분포를 따르지 않는다.

($X \nsim$ distributional assumption)

만일 우리가 가정한 분포가 적합하지 않은 것으로 결론지어지면 (2)번의 단계로 돌아가 다른 분포를 추정하는 것이 요구된다. 최악의 경우 어떠한 이론적 분포로도 수집한 자료에 적합한 이론적 분포를 찾을 수 없는 경우, 경험적 분포(empirical distributions), 즉, 수집한 자료 그대로의 분포를 이용한다.[4] 일반적으로 적합도 검정에

3 기본가설(null hypothesis)은 귀무가설라고도 하고, 대립가설(alternative hypothesis)은 연구가설(research hypothesis)이라고도 부른다. 기본가설은 현재의 생각(status quo, current thinking)을 의미하고, 대립가설은 새로운 이론(new theory)을 의미한다. 검정의 대상은 대립가설로서 대립가설을 입증할 만한 충분한 증거가 있으면 대립가설을 받아들이고, 그렇지 않으면 대립가설을 기각하고 기본가설을 받아들인다(정확히 표현하면 '기각하지 못한다'). 여기서 기본가설을 '받아들인다'('기각하지 못한다')라는 말은 기본가설이 참(true)이어서 받아들인다(기각하지 못한다)는 말이 아니라 기본가설을 받아들이지 않을 충분한 증거가 존재하지 않는다는 말이다. 마치 법정에서 피의자를 유죄로 입증할 만한 충분한 증거가 없으면, 무죄 추정 원칙에 따라 피의자에게 무죄를 선고하는 것과 마찬가지 논리이다. 피의자가 무죄로 선고되었다고 해서, 그 사람이 실제로 죄가 있는지는 본인과 신(神)만이 알 수 있는 것이다.

4 하지만 이론적인 확률분포는 매우 많아 우리가 수집한 자료는 거의 모든 경우 하나 이상의 이론적

서 수집한 자료의 크기(표본의 크기)가 작으면 어떠한 분포도 해당 자료에 적합한 것으로 나타나기 쉽고, 자료의 크기가 크면 적합한 분포를 찾기 어렵다.

적합도 검정을 위한 전통적인 기법으로는 Chi-square (χ^2) test, Kolmogorov-Smirnov (K-S) test, Anderson-Darling (A-D) test가 있는데, 최근 많이 사용하는 적합도 검정 기법으로는 AIC(Akaike Information Criterion), SIC(Schwarz Information Criterion),[5] HQIC(Hannan-Quinn Information Criterion) 등이 있다. ModelRisk는 이러한 검정 기법을 모두 이용해 수집한 자료에 가장 적합한 분포를 발견해 알려주는 유용한 기능을 갖고 있다.

2 ModelRisk를 이용한 분포의 추정

ModelRisk의 분포 추정 기능을 이용해 이산형 자료와 연속형 자료 각각에 적합한 분포를 찾아보자.

예제 1

공덕동 네거리에서 발생하는 하루 접촉 사고의 수를 50일간 관찰한 결과는 [표 3-1]과 같다. 이 자료에 가장 적합한 분포를 추정해 보자.

표 3-1 | 공덕동 네거리에서 발생하는 하루 접촉 사고의 수(50일분)

8	6	4	2	4	5	6	7	6	11
0	5	5	4	7	7	5	4	3	9
6	8	5	6	1	7	6	3	4	5
4	4	7	3	3	5	8	6	4	8
3	6	4	5	3	2	3	2	1	3

분포에 적합한 것으로 나타난다.

5 BIC(Bayesian Information Criterion)라고도 칭한다.

수집한 자료의 확률분포를 추정하기 위해서는 앞서 기술한 입력자료분석의 절차를 밟아야 한다. 우선 자료의 분포를 시각적으로 나타낼 수 있는 히스토그램을 그려 히스토그램에 적합한 이론적 분포를 추정하고, 해당 분포의 모수를 추정한 후, 적합도 검정을 거쳐야 한다. 히스토그램을 그리기 위해서는 도수분포표를 만들어야 하고, 도수분포표를 만들기 위해서는 계급의 수와 구간의 폭을 정해야 한다. 또한 앞서 기술한 바와 같이 일반인들이 아는 이론적 분포가 그리 많지 않은 현실에서 히스토그램과 흡사하다고 생각하는 이론적 분포도 제한적이거나 찾기 어렵고, 또 해당 분포의 모수의 값을 추정하여 적합도 검정을 수행하는 과정도 통계학에 익숙하지 않은 독자에게는 무척 부담되는 일이다.

ModelRisk는 입력자료분석의 번거로운 작업을 한 번에 처리해주는 Distribution Fit 기능을 갖고 있다. 엑셀 시트에 해당 자료를 입력하고 ModelRisk 메뉴에서 Fit 아이콘()을 누르면 [그림 3-1]과 같이 여러 가지 메뉴가 나오는데 여기서 Distribution Fit을 선택한다. 그러면 나타나는 Distribution fitting 창에서 데이터의 셀 범위 등 필요 정보를 입력하면 앞서 언급한 입력자료분석의 모든 절차가 순식간에 수행되고,

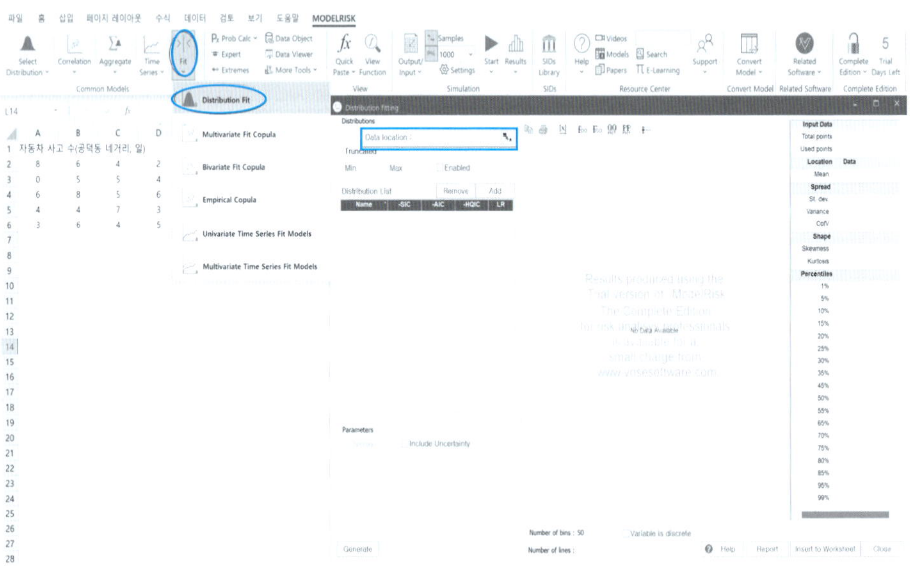

▎그림 3-1 ▎ Distribution Fit 기능의 활용

해당 자료에 가장 적합한 분포를 모수의 추정치와 함께 찾아준다.

구체적으로 [그림 3-1]은 엑셀 시트에 [표 3-1]의 데이터를 입력하고, 이 데이터에 가장 적합한 분포를 찾는 과정을 보여준다. 데이터를 입력한 후 Fit 아이콘( )을 누르고 Distribution Fit을 선택한다. 그러면 나타나는 Distribution fitting 창에서 Data location 항목의 을 누른다.

그러면 [그림 3-2]와 같이 Data Location 창이 나온다. 여기서 엑셀 시트의 셀 범위 A2:J6를 마우스로 선택하고 확인을 누른다.

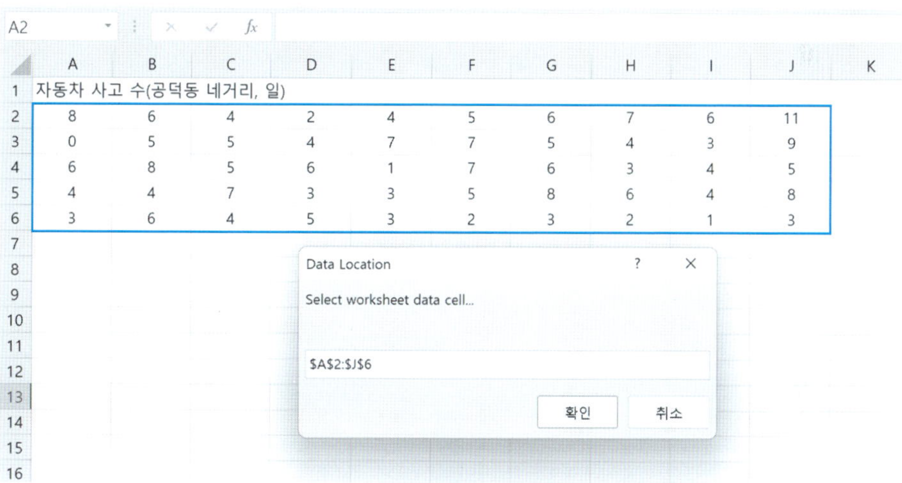

▌그림 3-2▌ Distribution Fit을 적용할 데이터의 입력

데이터의 입력을 마쳤으면 Distribution fitting 창에서 Add 버튼을 누른다. 그러면 [그림 3-3]과 같은 Select Distribution 창이 나타나는데 여기서 Type of distribution으로 'All univariate'을 선택한다.[6] 그러면 모든 이용 가능한 분포가 나타난다. 이제 이용할 수 있는 분포 중 데이터에 가장 적합한 분포를 찾기 위해 아이콘을 누르고 OK 버튼을 누른다. 그러면 [그림 3-4]처럼 데이터에 가장 적합한 분포가 모수의 추정값과 함께 나타난다.

6 사용자가 데이터가 이산형인지 연속형인지 알 때는 'Discrete' 또는 'Continuous'를 선택한다.

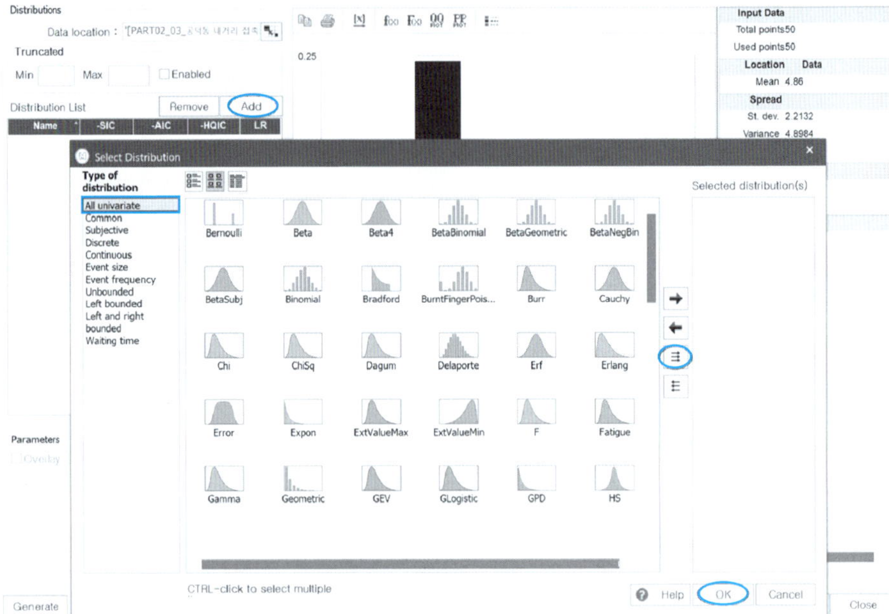

| 그림 3-3 | 적합한 분포를 찾는 과정

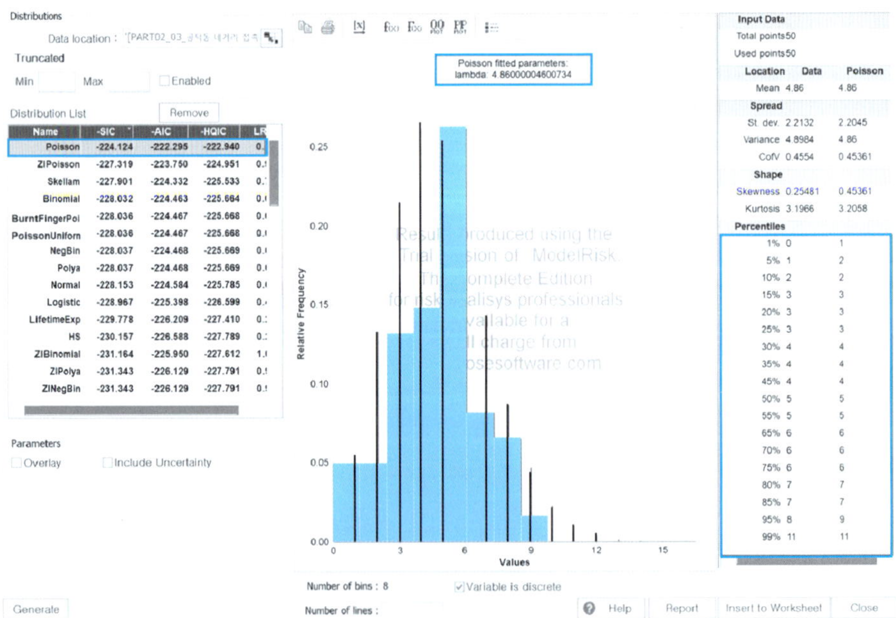

| 그림 3-4 | 가장 적합한 분포의 추정

[그림 3-4]는 크게 세 가지 정보를 보여준다. 우선 [그림 3-4]의 왼쪽 부분은 어떤 적합도 검정 기법을 이용했을 때 어떤 분포가 가장 적합한지를 알려준다. 데이터에 가장 적합한 분포 순으로 나타난다. 데이터에 적합한 분포일수록 순서가 위에 자리한다. [그림 3-4]를 보면 적합도 검정 기법으로 SIC(BIC), AIC, HQIC를 이용했을 때 모두 데이터에 가장 적합한 분포는 포아송(Poisson) 분포로 나타났음을 알 수 있다.

다음으로 가운데 그래프 부분의 상단을 보면 자료에 가장 적합한 분포가 무엇인지 모수의 추정치와 함께 그 이름을 보여준다. 여기서는 포아송(Poisson) 분포가 데이터에 가장 적합한 분포로 선택되었는데, 포아송 분포의 모양을 결정짓는 모수 람다(λ)의 추정치는 4.86으로 나타났다. 포아송 분포는 모수가 하나인 이산형 분포로 일정 시간이나 공간에서 발생하는 평균 사건의 수를 나타내는 λ(lamda)를 모수로 한다. 모수의 추정치 '4.86'은 공덕동 네거리에서 발생한 접촉 사고 데이터 50개의 평균이다. 분포의 이름 아래에는 그래프가 나타나는데,[7] 모수가 4.86인 포아송 분포의 이론적 분포(검정색 직선)와 경험적 분포(파란색)를 겹쳐서 보여주고 있다.

[그림 3-4]의 오른쪽 부분은 수집한 자료의 실제 분포(왼쪽의 Data)와 이론적 분포(오른쪽의 Poisson) 각각의 요약 통계량과 Percentile 값을 보여주고 있다. 통계량의 값도 실제 분포(경험적 분포)와 이론적 분포가 매우 유사함을 알 수 있다. 참고로 포아송 분포는 '0'에서 무한대까지의 정숫값을 확률변수의 값으로 가질 수 있는 이산형 분포이다.

이번에는 연속형 자료의 분포를 Distribution Fit 기능을 이용해 찾는 과정을 실험해 보자. [표 3-2]는 삼송전자에서 생산하는 45인치 고화질 TV 50대의 색상 밀도(color density)를 측정한 결과이다. 색상밀도는 측정치가 '100'일 때 이상적인 성능을 보인다.

앞서 이산형 자료의 경우와 마찬가지로 엑셀 시트에 해당 자료를 입력하고, ModelRisk 메뉴에서 Fit 아이콘( )을 누른다. 그런 후 메뉴에서 Distribution Fit을 선택한다. 그러면 나오는 Distribution fitting 창에서 Data location 항목의 을

7 이산형 자료의 분포 함수는 확률질량함수(pmf: probability mass function)라고 하고, 연속형 자료의 분포 함수는 확률밀도함수(pdf: probability density function)라고 한다.

| 표 3-2 | 50대 TV의 색상 밀도 자료

92.3	104.6	97.8	80.7	111.7
92.8	72.0	88.3	107.9	101.5
106.8	86.0	97.5	103.2	95.1
108.9	102.4	97.4	116.4	92.8
106.6	99.8	93.7	101.7	88.5
115.2	87.5	99.7	84.8	74.4
94.8	111.4	122.7	101.9	98.9
106.4	105.9	100.2	99.1	111.9
110.0	90.7	106.5	102.2	96.5
90.9	99.2	105.5	102.5	95.9

눌러 데이터 셀 범위를 입력한다. 데이터의 입력을 마쳤으면 Distribution fitting 창에서 Add 버튼을 누른다. 그러면 앞서와 같은 Select Distribution 창이 나타나는데([그림 3-3] 참조), 여기서 'All univariate'을 선택한다.[8] 그러면 모든 이용 가능한 분포가 나타난다. 이제 이용할 수 있는 분포 중 데이터에 가장 적합한 분포를 찾기 위해 ≡ 아이콘을 누르고 OK 버튼을 누른다. 그러면 [그림 3-5]처럼 50대 TV의 색상 밀도 데이터에 가장 적합한 분포가 모수의 추정값과 함께 나타난다.

[그림 3-5]를 보면 데이터에 가장 적합한 분포는 로지스틱(Logistic) 분포로 나타남을 알 수 있다. 로지스틱 분포의 모양을 결정짓는 모수는 두 가지로 알파(alpha)와 베타(beta)인데, 두 모수 각각의 추정치는 99.61과 5.60으로 나타났다. 참고로 로지스틱 분포는 정규분포와 같이 좌우대칭인 분포로서 정규분포보다 봉우리의 뾰족함(첨도)이 더 높은 분포(첨도 4.2)이다. [그림 3-5]의 오른쪽에 있는 요약 통계량의 첨도 값을 보면 이를 확인할 수 있다. 참고로 50개 TV 색상 밀도 데이터에 적합한 분포로 세 번째 순위는 정규분포가 자리했음을 알 수 있다.

8 앞서 언급하였듯이 여기서 Type of distribution으로 'Continuous'를 선택하면 이용할 수 있는 연속형 분포만 나타난다. 데이터의 유형이 연속형임을 알 때는 이렇게 하는 것도 좋다.

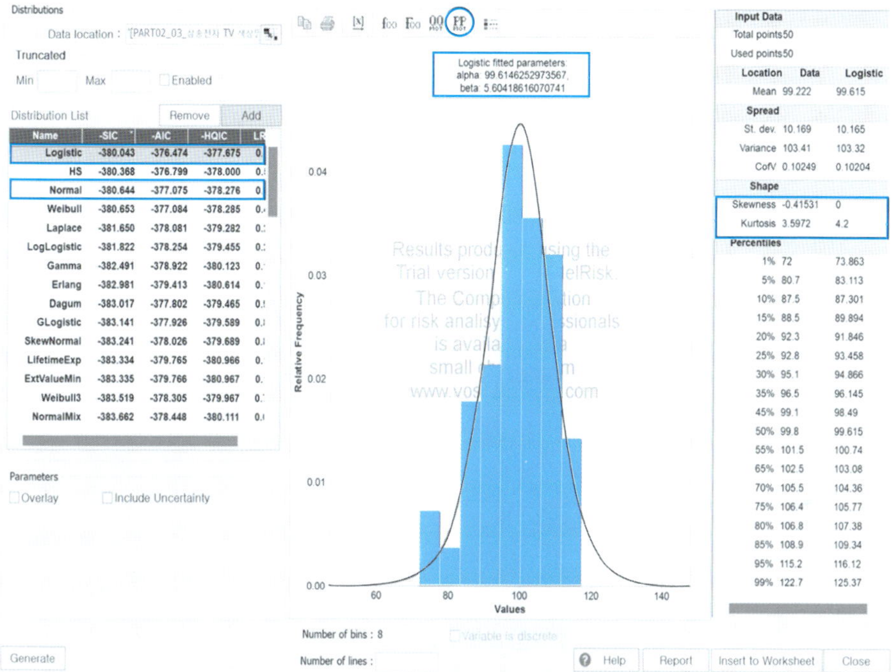

| 그림 3-5 | TV 색상 밀도에 가장 적합한 분포

3 P-P 그래프와 Q-Q 그래프

두 가지 추가적인 적합도 그래프에 대하여 알아보자. 우선, [그림 3-5]의 상단에 있는 PP plot 아이콘(PP PLOT)을 눌러보자. 그러면 [그림 3-6]과 같은 그래프가 나타나는데, 이를 P-P(probability-probability) 그래프라고 한다. P-P 그래프는 수집한 자료의 누적확률(횡축)과 이론적 분포의 누적확률(종축)이 얼마나 일치하는가를 나타내는 그래프로 선택된 이론적 분포가 수집한 자료에 적합할수록 그래프는 직선에 가깝게 나타난다.

다음으로 PP plot 아이콘 왼쪽에 있는 Q-Q plot 아이콘(QQ PLOT)을 눌러보자. 그러면 [그림 3-7]과 같은 그래프가 나타나는데, 이를 Q-Q(quantile-quantile) 그래프라고 한다.

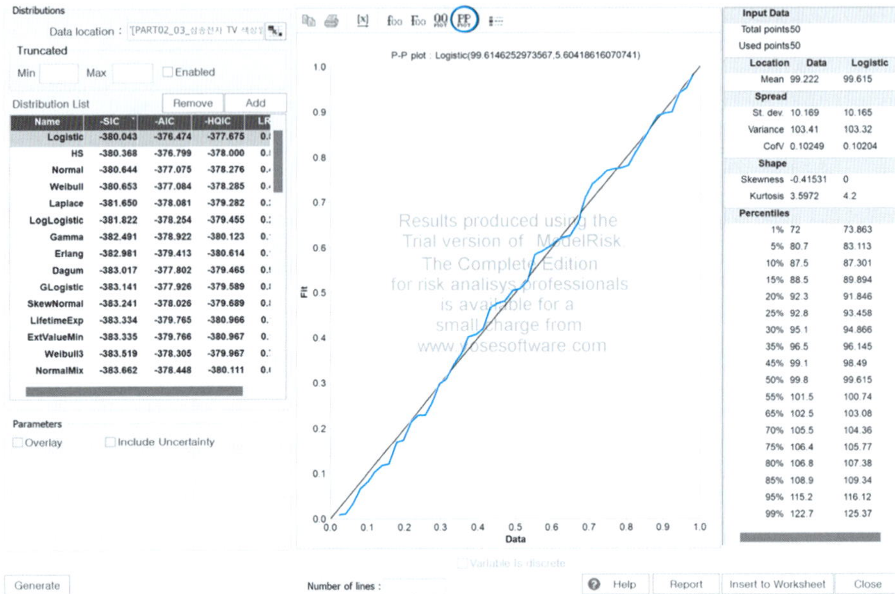

| 그림 3-6 | P-P 그래프

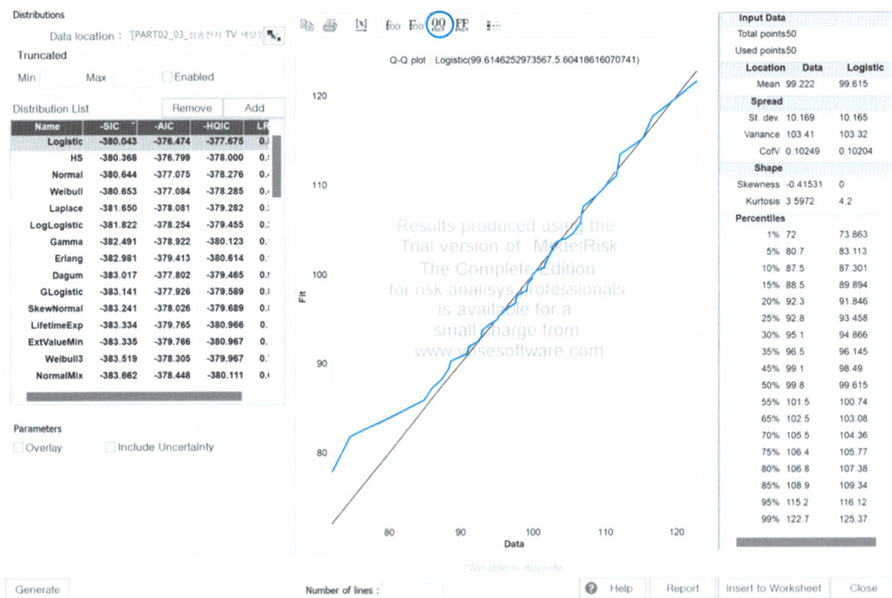

| 그림 3-7 | Q-Q 그래프

Q-Q 그래프는 수집한 자료에서 j번째로 작은 관측값(횡축)과 이론적 분포에서 j번째로 작은 확률변수 값(종축)[9]이 얼마나 일치하는가를 나타내는 그래프이다. 선택한 이론적 분포가 수집한 자료에 적합할수록 그래프는 직선에 가깝게 나타난다.

9 이론적 분포에서 j번째로 작은 확률변수 값은 $F^{-1}(\frac{j-0.5}{n})$로 나타낼 수 있다. 여기서 F^{-1}은 이론적 분포의 누적분포함수(CDF) $F(x)$의 역함수를 의미한다.

부록 | 최대우도 추정량 방법

시뮬레이션에서 중요한 단계 중의 하나는 불확실한 현상에 대한 자료를 수집해서 그 자료에 가장 적절한 분포를 추정하는 일이다. 분포의 추정은 해당 분포의 모양을 결정짓는 모수(population parameters)의 값을 추정하는 것도 포함하는데, 여기서 모수를 무엇으로 추정하느냐 하는 것은 중요한 주제가 된다. 모수를 추정하는 통계량(sample statistics)을 추정량(estimators)이라고 하는데, 이 추정량의 값, 즉 추정치(estimates)를 수집한 자료로부터 구하게 된다.

예를 들어, 우리가 수집한 자료에 가장 적절한 분포가 정규분포라고 가정하자. 그러면 정규분포의 모양을 결정짓는 두 가지 모수는 평균(μ)과 분산(σ^2)인데, 모수의 값은 우리가 알 수 없는 값이므로 수집한 자료로부터 모수를 대리할 추정량의 값을 구하게 된다. 정규분포의 경우, 두 가지 모수 μ와 σ^2의 추정량으로 보통 표본의 평균($\overline{X}$)과 표본의 분산(S^2)을 사용한다. 지금부터 학습하고자 하는 최대우도 추정량(MLE: maximum likelihood estimator) 방법은 왜 정규분포의 모수를 대리하는 추정량으로 표본의 평균과 표본의 분산을 이용하는지에 대한 논리적 근거를 제시한다.

최대우도 추정량이란 현재 수집한 자료의 발생 가능성을 최대로 하는 모수의 추정량을 말한다. 확률함수(probability function)가 $f(x|\theta_1, \theta_2, \cdots, \theta_k)$인 확률분포의 우도함수(likelihood function)를 $\mathcal{L}$로 표기하면, $\mathcal{L}$은 미지의 모수 $\{\theta_1, \theta_2, \cdots, \theta_k\}$와 표본자료 $\{x_1, x_2, \cdots, x_n\}$을 이용하여 〈식 3-1〉과 같이 표현할 수 있다. 즉, $\mathcal{L}$은 모수가 k개이고, 표본크기가 n인 결합확률함수(joint probability function)로 표현된다.

$$\mathcal{L} = f(x_1, x_2, \cdots, x_n | \theta_1, \theta_2, \cdots, \theta_k) \qquad \text{〈식 3–1〉}$$

만일 수집한 자료의 분포를 이산형으로 추정할 경우, 〈식 3-1〉의 결합확률함수는 〈식 3-2〉와 같이 결합확률질량함수(joint probability mass function)로 표현된다.

$$\mathcal{L}(\theta) = p_\theta(x_1) \times p_\theta(x_2) \times \cdots \times p_\theta(x_n) \qquad \text{〈식 3–2〉[10]}$$

만일 수집한 자료의 분포가 연속형으로 추정된 경우, 〈식 3-1〉의 결합확률함수는 〈식 3-3〉과 같이 결합확률밀도함수(joint probability density function)로 표현된다.

$$\mathcal{L}(\theta) = f_\theta(x_1) \times f_\theta(x_2) \times \cdots \times f_\theta(x_n) \qquad \text{〈식 3–3〉}$$

MLE 방법의 원리는 표본자료 $\{x_1, x_2, \cdots, x_n\}$의 결합확률함수(joint probability function)의 값을 최대로 만드는 모수의 추정량을 선택하는 것이다. 따라서 〈식 3-4〉를 만족하는 $\hat{\theta}$을 구하는 것이다. 여기서 $\hat{\theta}$은 우리가 수집한 자료를 가장 잘 설명해 주는 모수 θ의 추정량이다.

$$\underset{(\theta_1, \theta_2, \cdots, \theta_k)}{Max} \ \mathcal{L} \qquad \text{〈식 3–4〉}$$

즉, 〈식 3-4〉는 모든 θ에 대하여 $\mathcal{L}(\hat{\theta}) \ge \mathcal{L}(\theta)$을 만족시키는 $\hat{\theta}$을 구함을 의미한다. 이를 위해 우도함수 $\mathcal{L}$을 모수 $\theta_i (i = 1, 2, \cdots, k)$에 대하여 편미분(partial differentiation)한 것을 '0'으로 놓고 θ_i에 대하여 식을 풀게 된다.

즉, $\dfrac{\partial \mathcal{L}}{\partial \theta_i} = 0$으로 놓거나 또는 $\dfrac{\partial \ln \mathcal{L}}{\partial \theta_i} = 0$으로 놓고 θ_i에 대하여 푼다. 여기서 우도함수 $\mathcal{L}$을 모수 θ_i에 대하여 편미분하기 어려운 경우에는 후자처럼 우도함수 $\mathcal{L}$에 자연로그(natural logarithm)를 씌워 우도함수 $\mathcal{L}$을 $\ln \mathcal{L}$로 단조 변환(monotonic transformation)한 후[11] 모수 θ_i에 대하여 편미분을 한다.

최대우도 추정량 방법이 구체적으로 어떻게 적용되는지 이해하기 위해 몇 가지 분

10 이후부터 θ는 $(\theta_1, \theta_2, \cdots, \theta_k)$를 나타내는 벡터를 의미한다.

11 함수의 단조 변환(monotonic transformation)이란 해당 함수의 특성은 변화시키지 않으면서 미분하기 쉽게 함수의 모양을 변환하는 것을 말한다.

포를 예로 들어보자.

예제 1

우리가 수집한 자료의 분포를 정규분포로 추정하고자 하는데, 정규분포의 두 가지 모수 μ와 σ^2의 추정량을 MLE 방법으로 구해 보자.

우리가 수집한 독립적인 표본자료(independent sample points)를 $(x_1, x_2, \cdots, x_n)$라 하자. 그러면 $X \sim N(\mu, \sigma^2)$이므로 정규분포의 확률밀도함수 $f(x) = \frac{1}{\sqrt{2\pi}\,\sigma} \exp(-\frac{(x_i - \mu)^2}{2\sigma^2})$이다. 따라서 우도함수 $\mathcal{L} = \frac{1}{(2\pi)^{\frac{n}{2}} \sigma^n} \exp(-\sum_{i=1}^{n} \frac{(x_i - \mu)^2}{2\sigma^2})$로 나타낼 수 있다. 이제 $\mathcal{L}$에 자연로그를 씌워 단조 변환을 하면 그 결과는 〈식 3-5〉와 같다.

$$\ln \mathcal{L} = -\frac{n}{2}(\ln 2\pi + \ln \sigma^2) - \frac{\sum (x_i - \mu)^2}{2\sigma^2} \qquad \text{〈식 3-5〉}$$

이제 〈식 3-5〉를 두 모수 μ와 σ^2에 대하여 각각 편미분을 하고, 그 결과를 '0'으로 놓자.

먼저 $\frac{\partial \ln \mathcal{L}}{\partial \mu} = \frac{2\sum (x_i - \mu)}{2\sigma^2} = 0$이므로 $n\mu = \sum x_i$이다. 따라서 $\hat{\mu} = \frac{\sum x_i}{n} = \hat{\theta}_1$이다.

다음으로 $\frac{\partial \ln \mathcal{L}}{\partial \sigma^2} = -\frac{n}{2} \times \frac{1}{\sigma^2} + \frac{\sum (x_i - \mu)^2}{2(\sigma^2)^2} = 0$이므로 $\hat{\sigma^2} = \frac{\sum (x_i - \mu)^2}{n} = \hat{\theta}_2$이다. 이 식에서 μ는 미지의 모수이므로 μ 대신에 μ의 추정량 $\hat{\mu} = \hat{\theta}_1 = \overline{X}$를 사용한다.

그런데 좋은 추정량이 되기 위해서는 추정량의 기댓값이 모수와 같다는 불편 추정량(unbiased estimator)의 조건이 필요한데, 위에서 구한 $\widehat{\sigma^2}$의 기댓값 $E(\widehat{\sigma^2}) < \sigma^2$이다. 반면, 표본의 분산 S^2의 기댓값 $E(S^2) = \sigma^2$이 성립되어 표본분산 S^2는 모분산 σ^2의 불편 추정량이 된다. 따라서 모분산의 추정량 $\widehat{\sigma^2}$으로는 표본분산 S^2을 사용하며, S^2의 추정치 $s^2 = \dfrac{\sum(x_i - \overline{x})^2}{n-1}$로 계산한다.

예제 2

지수분포의 모수 λ의 추정량을 MLE 방법으로 구해 보자.

지수분포의 확률밀도함수 $f(x) = \lambda e^{-\lambda x}$이므로 우도함수 $\mathcal{L}$은 〈식 3-6〉과 같이 표현된다.

$$\mathcal{L} = (\lambda e^{-\lambda x_1}) \times (\lambda e^{-\lambda x_2}) \times \cdots \times (\lambda e^{-\lambda x_n}) = \lambda^n \exp(-\lambda \sum_{i=1}^{n} x_i) \quad \text{〈식 3–6〉}$$

우도함수 $\mathcal{L}$을 최대화하는 λ를 구하기 위해 우선 $\mathcal{L}$에 자연로그를 씌워 〈식 3-7〉과 같이 단조 변환한다.

$$\ln \mathcal{L} = n ln \lambda - \lambda \sum x_i \quad \text{〈식 3–7〉}$$

〈식 3-7〉을 λ에 대해 편미분을 하고 이를 "0"으로 놓으면 $\dfrac{\partial \ln \mathcal{L}}{\partial \lambda} = \dfrac{n}{\lambda} - \sum x_i = 0$이다.

따라서 모수 λ의 추정량 $\hat{\lambda} = \dfrac{n}{\sum x_i} = \dfrac{1}{\overline{x}}$이다. 즉, $\hat{\lambda}$은 수집한 자료 평균의 역수가 된다.

예제 3

독립적인 시행의 결과를 '성공'과 '실패' 두 가지로 구분할 수 있고, 각 시행에서의 '성공' 확률을 p로 표기하자.

이제 확률변수 X를 일련의 시행에서 첫 번째 성공이 나오기까지 발생한 실패의 수(number of failures before the first success)라고 정의하면 X는 기하분포(geometric distribution)를 따른다. 기하분포는 모수가 p인 이산형 분포로 확률질량함수(probability mass function)는 〈식 3-8〉과 같다.

$$p(x) = p(1-p)^x \ \text{ for } x = 0, 1, \cdots \qquad \text{〈식 3–8〉}$$

따라서 기하분포의 우도함수 $\mathcal{L} = p^n(1-p)^{\sum x_i}$이고, $\ln\mathcal{L} = nlnp + \sum x_i \ln(1-p)$이다. $\ln\mathcal{L}$ 을 모수 p에 대해 편미분하고, 그 결과를 '0'으로 놓으면 〈식 3-9〉와 같다.

$$\frac{\partial \ln\mathcal{L}}{\partial p} = \frac{n}{p} - \frac{\sum x_i}{1-p} = 0 \qquad \text{〈식 3–9〉}$$

따라서 $\dfrac{n(1-p) - p\sum x_i}{p(1-p)} = 0$이고, $p(n + \sum x_i) = n$이다.

결국, 모수 p의 추정량 $\hat{p} = \dfrac{n}{n + \sum x_i} = \dfrac{1}{1+\overline{x}}$가 된다.

4장 미래 계획기간의 불확실성 분석

미래의 계획기간(future planning horizon) 동안 현금흐름이 발생하는 프로젝트를 고려해 보자. 프로젝트에서 발생하는 수입과 비용이 매년 가변적인 상황에서 미래의 현금흐름은 불확실한 행태를 보일 것이고, 따라서 기업의 경영자들은 중요한 프로젝트를 실제로 수행하기 전에 다음과 같은 몇 가지 질문에 대한 답을 꾀하고자 할 것이다. 이 프로젝트는 우리에게 어느 정도의 가치를 가져올 수 있을까? 이 프로젝트가 우리에게 손실을 안겨줄 가능성은 얼마나 될까? 이 프로젝트를 수행함으로써 우리가 얻게 될 이윤이 목표 수준을 달성할 가능성은 얼마나 될까? 이 프로젝트의 수행으로 우리가 얼마만큼 이상의 손실을 볼 가능성은 어떻게 될까? 시뮬레이션은 많은 불확실성이 개입된 상황에서 이러한 질문에 대한 답을 제공하는 데 도움을 줄 수 있는 유용한 도구이다.

본 장에서는 시뮬레이션 모형을 이용하여 가상의 프로젝트를 대상으로 위와 같은 질문에 답을 모색하도록 한다. 아울러 불확실성이 개입된 문제에서는 민감도 분석(sensitivity analysis)이 중요한 위치를 차지한다. 본 장에서는 ModelRisk의 민감도 분석 기능을 이용하여 관련 내용을 함께 학습한다.

1 프로젝트의 수익성 분석

다음의 예제를 이용하여 미래의 계획기간 동안 프로젝트의 수익성을 분석해 보자.

예제

㈜신라자동차는 새로운 소형 전기차 모델인 Q3을 시장에 소개할지를 고심하고 있다. 신라자동차 경영진은 Q3의 수익성이 다음의 요인들에 의해 결정될 것으로 예상한다.

첫째, Q3을 개발하는 데 드는 고정비용(fixed cost)은 상황에 따라 3,000억원 또는 5,000억원이 들 것으로 추정된다. 3,000억원일 가능성은 60%, 5,000억원일 가능성은 40%로 추정된다.

둘째, 판매량에 대한 추정치이다. 이 회사 경영진은 시장에 소개한 첫 번째 해의 판매량은 평균이 200,000대이고, 표준편차는 50,000대인 정규분포를 따를 것으로 예상한다. 각 해의 판매량은 서로 연결되어 있어, 두 번째 해의 판매량은 평균이 첫 번째 해의 실제 판매량이고, 표준편차는 50,000인 정규분포를 따를 것으로 추정한다. 마찬가지로 세 번째 해의 판매량 평균은 두 번째 해의 실제 판매량이고, 표준편차는 50,000인 정규분포를 따를 것으로 예상한다. 예를 들어, 만약 첫 번째 해의 판매량이 180,000대라면 두 번째 해 판매량의 평균은 180,000대가 될 것이다.

셋째, 판매가이다. 첫 번째 해의 판매가는 1,300만원으로 책정하고 하며, 두 번째 해부터의 가격은 다음과 같이 결정하고자 한다.

두 번째 해의 가격=1.05×[(첫 번째 해의 가격)+3만원×(첫 번째 해의 예상 판매량에 대한 첫 번째 해의 실제 판매량 초과분 %)], 여기서 1.05는 인플레이션을 고려한 물가상승 계수이다.

세 번째 해의 가격=1.05×[(두 번째 해의 가격)+3만원×(두 번째 해의 예상 판매량에 대한 두 번째 해의 실제 판매량 초과분 %)]

예를 들어, 만약 첫 번째 해의 실제 판매량이 180,000대라면, 두 번째 해의 가격은 1.05×[1,300만원+3만원(−10)]=1,333.5(만원)로 결정된다.

넷째, Q3 대당 변동비용(variable cost)은 다음과 같다.

첫 번째 해의 Q3 대당 변동비용은 500(만원), 600(만원), 700(만원) 또는 800(만원)으로 추정하고 있으며, 변동비용 각각의 발생 가능성은 같다. 두 번째 해부터의 변동비용은 인플레이션을 고려하여 다음과 같이 추정된다.

두 번째 해의 변동비용=1.05×(첫 번째 해의 변동비용)

세 번째 해의 변동비용=1.05×(두 번째 해의 변동비용)

이제 귀하는 Q3에 대한 향후 3년 동안의 NPV(net present value, 순현재가치)를 추정하고자 한다. 현금흐름은 연간 10%로 할인한다고 가정한다. 즉, 현재의 100원은 1년 후의 110원과 같다. 시뮬레이션을 이용해 다음 문항에 답하시오.

① 반복활동(replications)을 1,000번 수행하여 향후 3년간 NPV의 평균과 표준편차를 추정하시오.
② NPV가 음(−)이 될 가능성은 얼마인가?
③ 시뮬레이션을 통해 발생한 NPV의 상위 5%(95th percentile)와 하위 5%(5th percentile)를 답하시오.
④ NPV 기댓값(expected NPV)의 95% 신뢰구간을 구하시오.
⑤ Q3의 NPV에 가장 큰 영향을 미치는 요소가 무엇인지 토네이도 그래프(tornado graph)를 이용하여 답하시오.

먼저 위 문제 상황에서 우리가 입력변수로 사용해야 하는 것들 대부분은 하나의 값으로 추정되기보다는 확률변수로 나타나고 있음을 알 수 있다. 따라서 앞서 기본 예제로 사용한 서강서점보다는 복잡한 문제임을 알 수 있다. 위 문제를 해결하기 위한 시뮬레이션 모형은 [그림 4-1]과 같다.

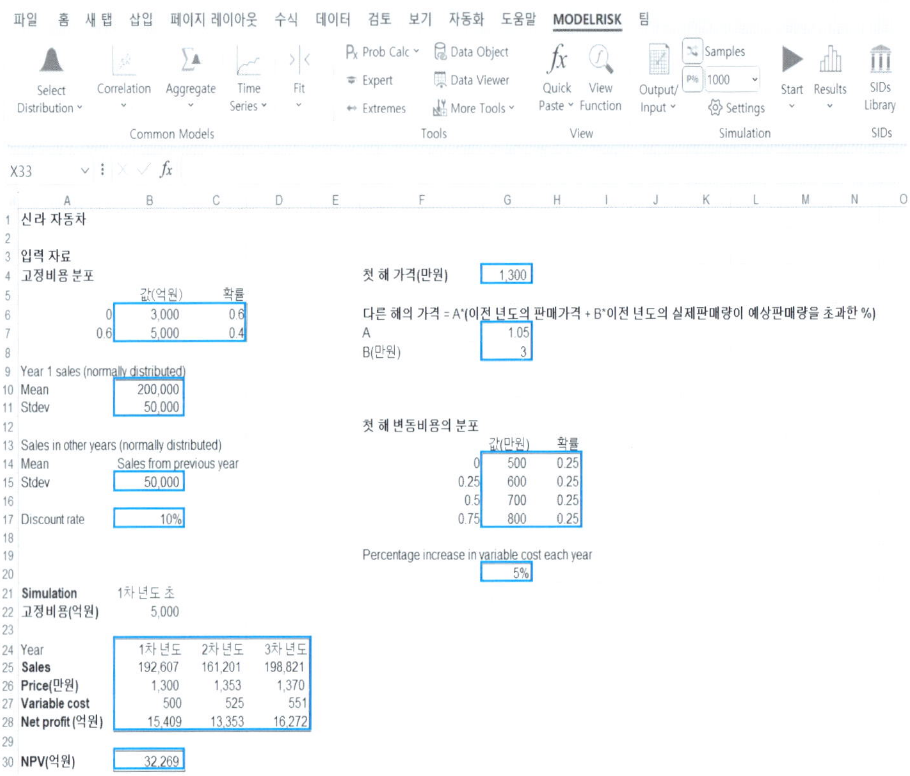

| 그림 4-1 | 프로젝트 수익성 분석 문제

이 문제에서 우리가 결과변수로 설정해야 하는 것은 3개 연도의 이익을 현재 시점의 가치로 할인한 NPV이다. NPV를 구하기 위해서는 우선 1차 연도, 2차 연도, 3차 연도의 이윤을 각각 구하는 것이 필요하다. 이를 위한 과정을 단계별로 기술해 보자.

먼저 이 문제에 포함된 확률변수부터 확인해 보자. 첫째, 1차 연도 초에 발생하는 고정비용이다. 고정비용은 [그림 4-1]의 셀 범위 B6:C7에서 보듯이 이산형 분포를 하는 확률변수이다. 따라서 셀 범위 B6:C7의 정보를 이용하여 셀 B22에 =VoseDiscrete(B6:B7,C6:C7)를 입력한다. 하지만 ModelRisk Basic Edition을 이용하면 Discrete 함수가 지원되지 않으므로, 대안적인 방법으로 =VLOOKUP 함수를 이용한다. 즉, [그림 4-1]에서 보는 바와 같이 셀 범위 A6:A7에 누적확률을 한 단계씩 밀려 쓴 다음 셀 B22에 =VLOOKUP(RAND(),A6:B7,2)를 입력한다.

둘째, 첫 번째 해의 판매량(sales)으로 평균이 200,000이고, 표준편차가 50,000인 정규분포를 가정하고 있다. 따라서 B25에 =VoseNormal($B$10,$B$11)을 입력한다. 2차 연도, 3차 연도의 판매량은 이전 연도의 실제 판매량을 평균으로 하고, 표준편차가 50,000인 정규분포를 한다고 가정했으므로 C25에는 =VoseNormal(B25, $B$15)을 입력하고, 이 식을 끌기하여 D25에 복사한다. 그러면 D25에는 =VoseNormal(C25, $B$15)가 자동으로 입력된다.

다음으로 판매가를 나타내는 셀 범위 B26:D26을 고려해 보자. 우선 1차 연도 판매가를 나타내는 B26에는 =G4를 입력한다. 그리고 C26에는 =$G$7*(B26+$G$8*(B25-$B$10)/$B$10*100)을 입력한다. 그리고 이 식을 D26으로 끌기하여 복사한다.

또 다른 확률변수는 변동비용이다. 우선 1차 연도의 변동비용은 이산형 확률변수로 가정하고 있다. 따라서 B27에 =VoseDiscrete(G14:G17,H14:H17)를 입력한다.[1] 다만 Basic edition에서는 이 함수를 지원하지 않으므로 [그림 4-1]에서 보는 바와 같이 셀 범위 F14:F17에 누적확률을 한 단계씩 밀어서 쓴 다음 셀 B27에 =VLOOKUP(RAND(),$F$14:$G$17,2)를 입력한다. 그리고 C27에는 =B27*(1+$G$20)을 입력한 후, 이 식을 끌기하여 D27에 복사한다.

이제 각 연도의 이윤(net profit, net cashflow)를 구해야 한다. 이윤은 (판매수입-비용)이므로 1차 연도 이윤을 나타내는 B28에는 =(B26-B27)*B25/10000을 입력한다. 여기서 식을 10,000으로 나누어준 이유는 이윤의 단위를 만원에서 억원으로 바꾸기 위해서이다.

마지막으로 셀 B30에는 향후 3년 동안 Q3 판매로 인한 순현재가치(NPV)를 나타내는 식인 =NPV($B$17,B28:D28)-B22를 입력한다. 이 식은 3개년에 걸쳐 발생한 각 연도의 이윤(각 연도의 이윤은 각 년도 말에 발생한다고 가정)을 10%의 할인율을 적용해 현재 시점(1차 연도 초)의 가치로 할인한 것을 합한 후 1차 연도 초에 발생한 고정비용을 차감한 것이다.

---

1 1차 연도 변동비용을 나타내는 대안적 방법으로 =VoseDuniform(G14:G17)을 입력해도 마찬가지 확률변수 값을 발생시킨다. =VoseDuniform(확률변수 값의 셀 범위)은 이산형 분포의 확률변수 값들이 모두 같은 발생 가능성(확률)을 가질 때 사용한다. 하지만 이 함수도 Basic edition에서는 지원하지 않는다.

이제 이 셀을 결과 셀로 지정하기 위해 ModelRisk 메뉴의 Output/Input 을 누른다. 그러면 [그림 4-2]와 같은 창이 나오는데, 여기서 이름 입력 상자에 NPV(억원)을 입력하고, 맨 밑의 Type를 Output으로 선택한 후 OK 버튼을 누른다.[2] 그러면 셀 B30에 입력한 식 앞에는 자동으로 VoseOutput("NPV(억원)")+이 추가되어 셀 B30의 식은 =VoseOutput("NPV(억원)")+NPV($B$17,B28:D28)-B22로 바뀐다. 이제 셀 B30은 결과변수의 역할을 한다.

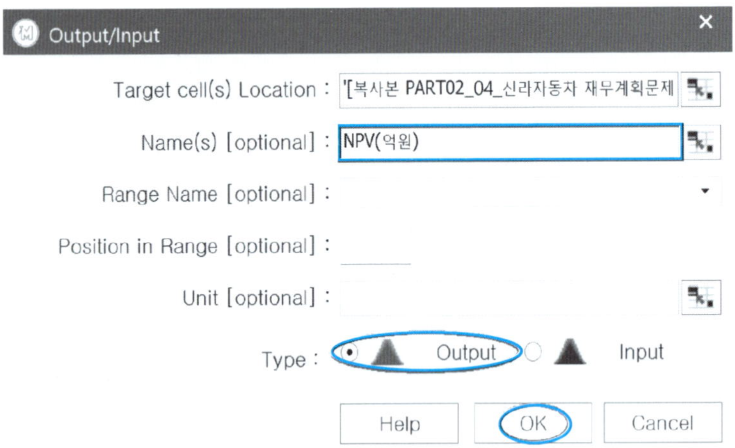

| 그림 4-2 | 결과변수/입력변수의 지정

엑셀 시트에 시뮬레이션 모형을 만들었으므로 시뮬레이션을 수행해보자. 반복활동의 수를 1,000으로 하여 수행한 결과는 [그림 4-3]과 같다. 여기서는 여러 대안의 성과를 비교하는 것이 목적이 아니므로 시뮬레이션의 수는 '1'로 설정한다.

2 결과변수의 이름 입력은 선택사항이므로 입력하지 않아도 무방하나, 결과변수가 여러 개일 경우에는 이름을 입력해 구분하는 것이 추후 분석 결과를 해석하기 쉽게 만든다.

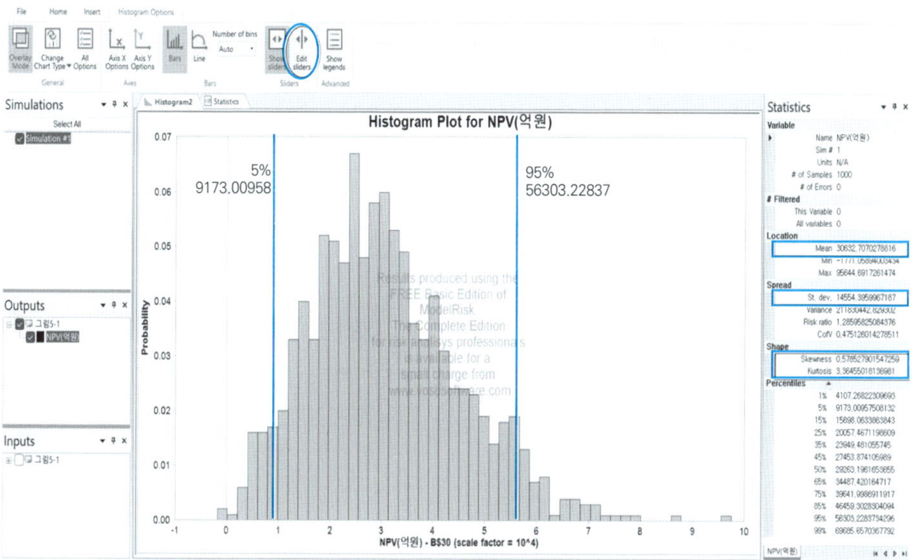

▌그림 4-3▌ 시뮬레이션 수행 결과(NPV의 분포)

우선, [그림 4-3]을 보면 결과변수인 NPV의 분포가 정규분포와 흡사한 모양을 함을 알 수 있다. 이러한 모습은 시뮬레이션을 통해 발생한 1,000개 NPV의 요약 통계량을 보고서도 알 수 있다. 즉, NPV 분포의 비대칭도(0.57)와 첨도(3.36)가 정규분포의 그것(비대칭도 0, 첨도 3)과 크게 다르지 않게 나타난 것을 확인할 수 있다.

이제 앞서 요구한 질문에 대해 답해 보자.

① 시뮬레이션 반복활동(replications)을 1,000번 수행하여 향후 3년간 NPV의 평균과 표준편차를 추정하시오.

➡ [그림 4-3]의 요약 통계량을 보면 1,000번의 반복활동으로 나타난 1,000개 NPV의 평균(Mean)은 30,632.71(억원), 표준편차(St. dev.)는 14,554.40(억원)임을 알 수 있다.

② NPV가 음(−)이 될 가능성은 얼마인가?

➡ 1,000개의 NPV 중 '0' 이하의 NPV가 발생한 상대빈도를 구하는 문제이다. 이

질문의 답은 [그림 4-3]의 그래프의 왼쪽 슬라이더(Slider 1)를 횡축의 '0'에 맞추는 방법으로 구할 수 있다. [그림 4-3]의 왼쪽 슬라이더를 그래프상에서 직접 움직여 횡축의 '0'

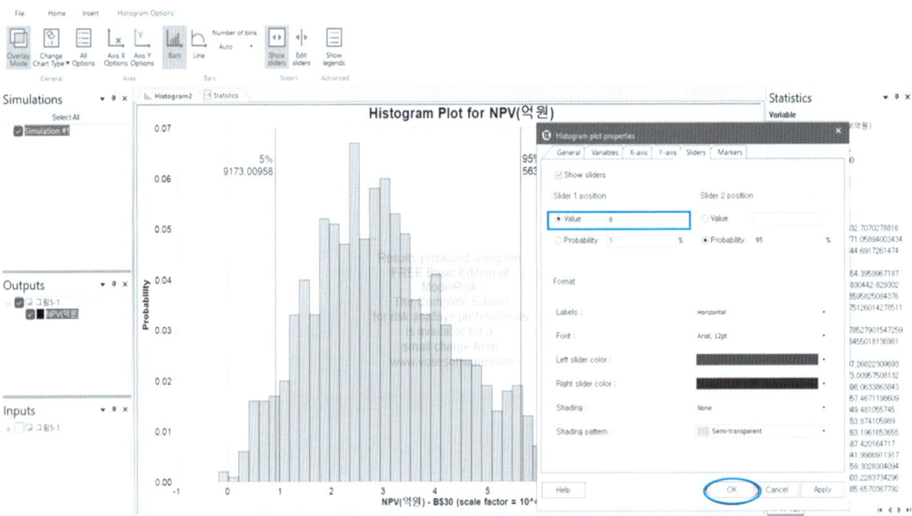

▌그림 4-4▌ 슬라이더의 설정

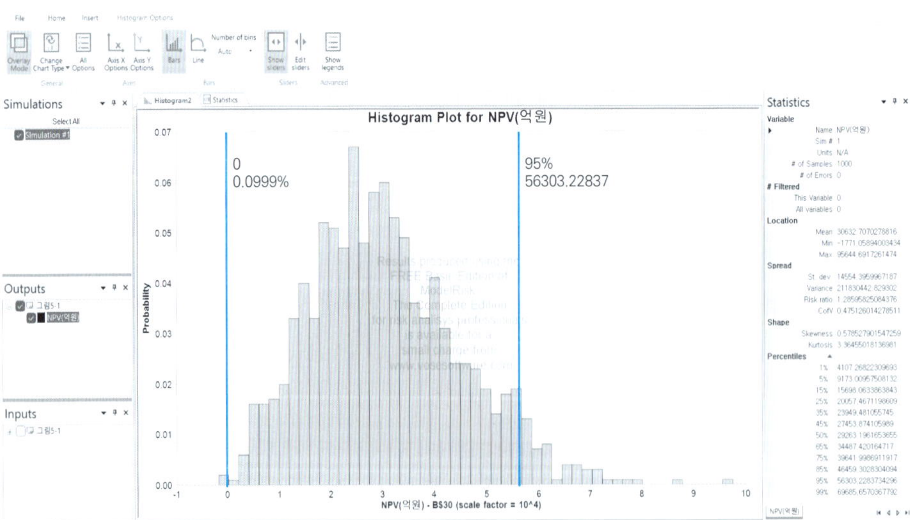

▌그림 4-5▌ NPV가 음(-)의 값을 가질 가능성

에 맞추면 그래프에서 해당 가능성을 바로 알 수 있다. 하지만 슬라이더를 정확한 지점으로 움직이는 것이 힘들 경우에는 다음과 같은 과정을 따른다. [그림 4-3]에서 을 클릭하면 [그림 4-4]와 같은 창이 뜨는데, 여기서 Slider 1 position에서 Value를 선택하고, 입력란에 '0'을 입력한 후, OK 버튼을 누른다.[3] 그러면 그래프에서 질문에 대한 답을 바로 확인할 수 있다. 결과는 [그림 4-5]와 같다.

[그림 4-5]의 그래프를 보면 NPV가 음(−)의 값을 가질 가능성은 0.0999%로 나타남을 알 수 있다. 그래프의 왼쪽 또는 오른쪽 슬라이더를 직접 움직이거나 슬라이더의 값을 지정함으로써 결과변수가 특정 값 이하나 이상을 취할 가능성을 그래프에서 바로 확인할 수 있다.

③ 시뮬레이션을 통해 발생한 NPV의 상위 5%(95th percentile)와 하위 5%(5th percentile)를 답하시오.

➡ 시뮬레이션 수행 후 나타나는 [그림 4-3]의 그래프를 보면 하위 5%에 해당하는 NPV는 9173.01(억원), 상위 5%(하위 95%)에 해당하는 NPV는 56,303.23(억원)임을 알 수 있다. 다른 백분위수(percentiles)를 보고자 하면 아이콘을 클릭하여 [그림 4-4]와 같은 창에서 Slider 1 position 또는 Slider 2 position에서 Probability를 선택한 후, 입력란에 해당 백분위수를 입력하면 된다. 예를 들어, 하위 8%에 해당하는 NPV(8th percentile)와 상위 15%에 해당하는 NPV(85th percentile)를 알고 싶으면, Slider 1 position에서 Probability를 선택한 후 입력란에 '8'을 입력하고, Slider 2 position에서는 Probability를 선택한 후 입력란에 '85'를 입력한다. 그러면 그래프에서 해당 NPV 값을 볼 수 있다.

④ NPV 기댓값(expected NPV)의 95% 신뢰구간을 구하시오.

➡ NPV의 기댓값은 미지의 모평균을 의미한다. 따라서 NPV 기댓값의 95% 신뢰

3 Slider 1은 그래프의 왼쪽 슬라이더, Slider 2는 오른쪽 슬라이더를 말한다.

구간은 다음과 같은 식으로 표현된다.

$$\text{표본평균} \pm \text{Z값(또는 t값)} \times \text{표준편차} / \sqrt{\text{표본의 크기}}$$

여기서는 반복활동 수가 1,000으로 충분히 크므로 Z값을 사용한다.[4] 좌측과 우측 꼬리 면적이 각각 2.5%가 되는 Z값은 1.96이므로 95% 신뢰구간은 다음과 같이 계산된다.

$$30{,}632.71 \pm 1.96(14{,}554.40 / \sqrt{10{,}000}) = (29{,}730.62,\ 31{,}534.80)$$

지금까지의 질문은 미래 계획기간의 불확실한 현금흐름과 관련한 것이었다. 이제 위의 예제를 이용하여 ModelRisk의 민감도 분석(sensitivity analysis) 기능에 대하여 학습해 보자.

2 민감도 분석

민감도 분석이란 입력변수 값의 변화에 따른 결과변수 값의 변화 정도를 분석함을 말한다. ModelRisk에서 민감도 분석을 수행하기 위해서는 입력변수와 결과변수를 지정해 주어야 한다. NPV는 이미 결과변수로 지정하였으므로 입력변수를 지정하는 것부터 설명하도록 한다.

입력변수는 확률변수로 표현된 변수로서 결과변수의 지정과 마찬가지로 ModelRisk 메뉴의 Output/Input 아이콘을 눌러 지정한다. 문제에서 확률변수로 표현된 변수는 1차 연도 초에 발생하는 고정비용(B22), 1, 2, 3차 연도의 판매량(B25, C25, D25), 그리고 1차 연도의 변동비용(B27)이다. 따라서 이들 변수를 입력변수로 지정하기 위해 각 입력변수가 위치한 셀을 선택한 후 [그림 4-6]처럼 Output/Input 아이콘을 눌러 나타나는

4 이 경우 엑셀의 =T.INV.2T(5%,999) 함수를 이용해 t값을 구하면 1.962341로 나타나 Z값과 거의 같음을 알 수 있다.

창에 각 셀의 이름을 이름 입력 상자에 입력한다. 그리고 변수의 형태(Type)를 Input으로 선택하고 OK 버튼을 누른다. 입력변수가 여러 개일 경우, 후속적인 분석에서 입력변수를 구별하기 위해 이름을 입력하기를 추천한다.

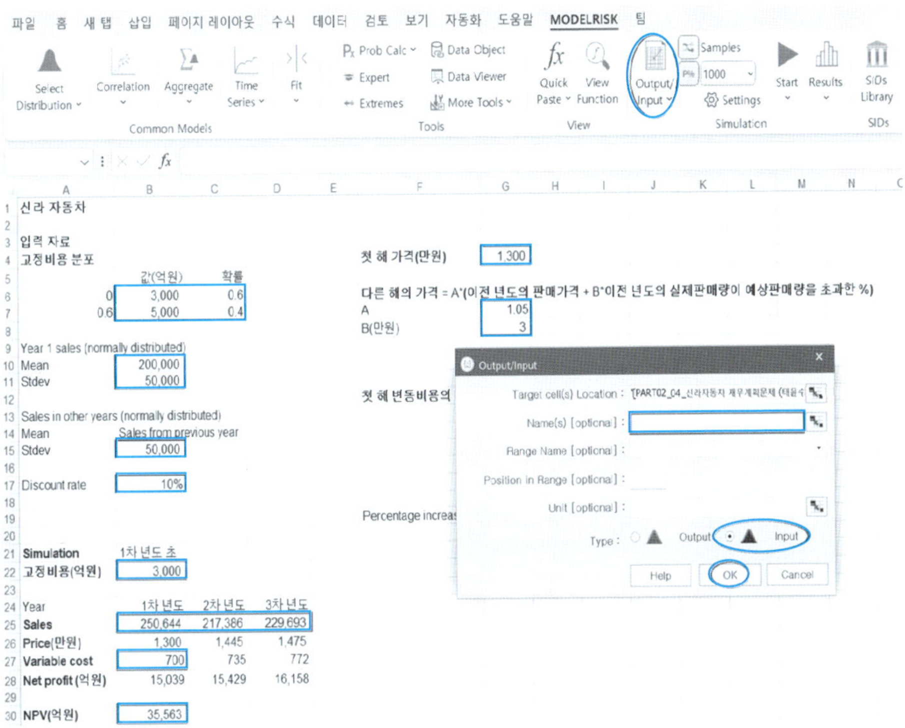

| 그림 4-6 | 입력변수의 설정

이 문제에서는 고정비용(B22)의 이름은 Fixed Cost, 1, 2, 3차 연도의 판매량(B25, C25, D25) 이름은 각각 Sales1, Sales2, Sales3, 그리고 1차 연도의 변동비용(B27) 이름은 1st year variable cost로 설정하였다. 이제 시뮬레이션을 수행한 후 나오는 결과 창에서 Insert 탭을 누르고 Tornado 아이콘을 클릭해 보자. 그러면 [그림 4-7]과 같이 토네이도 그래프가 나타난다. '토네이도'라는 이름은 이 그래프의 모양이 아메리카 대륙 및 유럽의 대평원에서 발생하는 용오름 현상인 토네이도와 그 모양이 흡사하다고 해서 만들어졌다. 이제 토네이도 그래프를 보고 마지막 질문 ⑤에 대해 답해 보자.

⑤ Q3의 NPV에 가장 큰 영향을 미치는 요소가 무엇인지 토네이도 그래프(tornado graph)를 이용하여 답하시오.

➡ [그림 4-7]의 토네이도 그래프를 보면 질문에 대한 답을 바로 할 수 있다. 토네이도 그래프의 유형은 여러 가지가 있는데, 가장 많이 사용되는 유형은 Conditional Mean, Conditional Cumulative Percentile, Regression (best for linear models), Rank Correlation 등 네 가지이다. [그림 4-7]은 이 중 Conditional Mean 유형의 토네이도 그래프를 보여주고 있다. Conditional Mean 유형에서 막대 길이는 반복활동마다 해당 입력변수의 가장 작은 값과 가장 큰 값을 대입했을 때의 결과변수 값(여기서는 NPV)의 평균 차이를 나타낸다.[5] 막대 길이가 길수록 해당 입력변수가 결과변수에 미치는 영향력이 더 큼을 의미한다.

토네이도 그래프에서는 영향력이 가장 큰 입력변수가 가장 위에 위치하면서 영향력 순으로 막대가 그려져 있어 토네이도 형태의 모습을 보여줌을 알 수 있다.

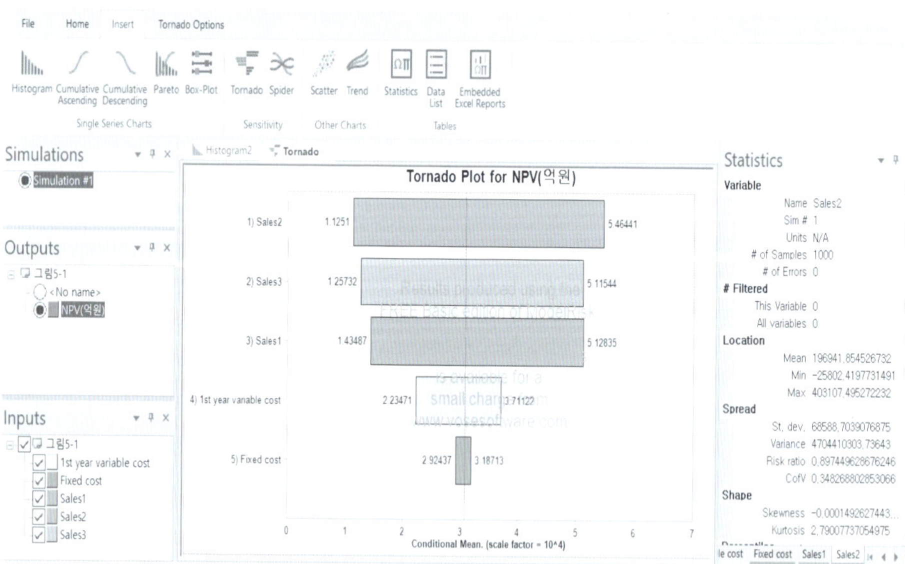

┃그림 4-7┃ 토네이도 그래프(Conditional Mean 유형)

5 다른 입력변수의 값은 해당 확률분포에 따른 값이 무작위로 배정된다.

가장 긴 막대가 가장 위에 위치하고, 가장 짧은 막대가 가장 아래에 자리한다. [그림 4-7]을 보면 가장 영향력이 큰 입력변수는 2차 연도 판매량(Sales2)이고, 다음으로 3차 연도 판매량(Sales3), 1차 연도 판매량(Sales1), 1차 연도의 변동비용(1st year variable cost), 고정비용(Fixed cost) 순임을 알 수 있다.

토네이도 그래프의 유형을 달리하려면 Tornado Options 탭을 눌러 유형(Mode)에서 원하는 유형을 선택하면 된다. 참고로 가장 많이 사용하는 토네이도 그래프의 나머지 세 가지 유형을 보면 다음과 같다.

우선, Conditional Cumulative Percentile 유형의 토네이도 그래프는 [그림 4-8]과 같다. [그림 4-8]에서는 백분위수(Percentile)를 90%로 설정한 경우이다. 이 유형에서의 막대 길이는 반복활동마다 각 입력변수의 가장 작은 값과 가장 큰 값을 대입했을 때의 결과변수 값의 특정 백분위수(여기서는 하위 90%) 값(즉, 백분위수를 90%로 설정했으므로 상위 10%에 해당하는 값)의 평균 차이를 나타낸다. 이 유형을 이용하면 결과변수의 특정 꼬리 값에 가장 큰 영향을 미치는 입력변수를 판별할 수 있다. [그

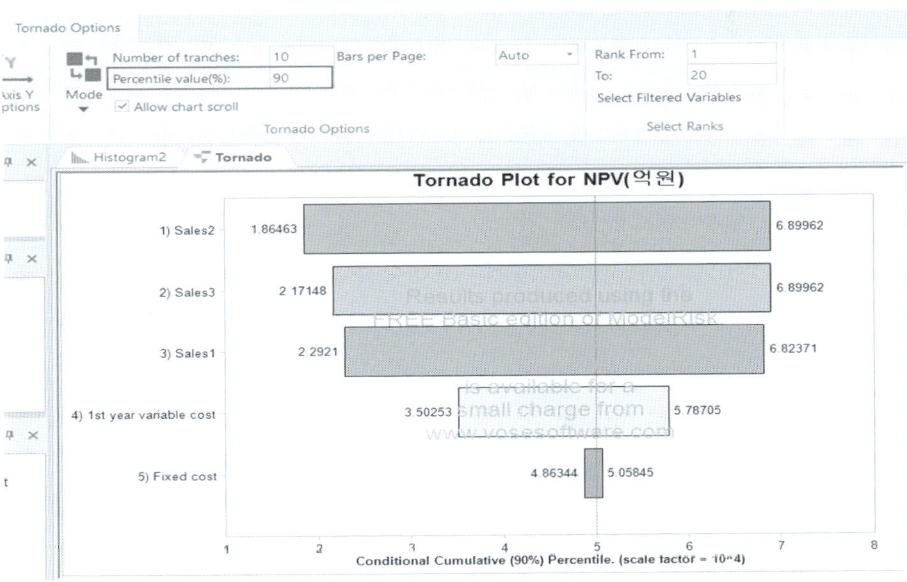

| 그림 4-8 | 토네이도 그래프(Conditional Cumulative Percentile 유형)

림 4-8]을 보면 결과변수의 상위 10%에 해당하는 값(즉, 상위 10%에 해당하는 큰 NPV 값)에 가장 큰 영향을 미치는 입력변수는 Sales2이고, 가장 영향을 덜 미치는 입력변수는 Fixed cost임을 알 수 있다.

[그림 4-9]와 [그림 4-10]은 각각 Regression과 Rank Correlation 유형의 토네이도 그래프를 보여주고 있다.

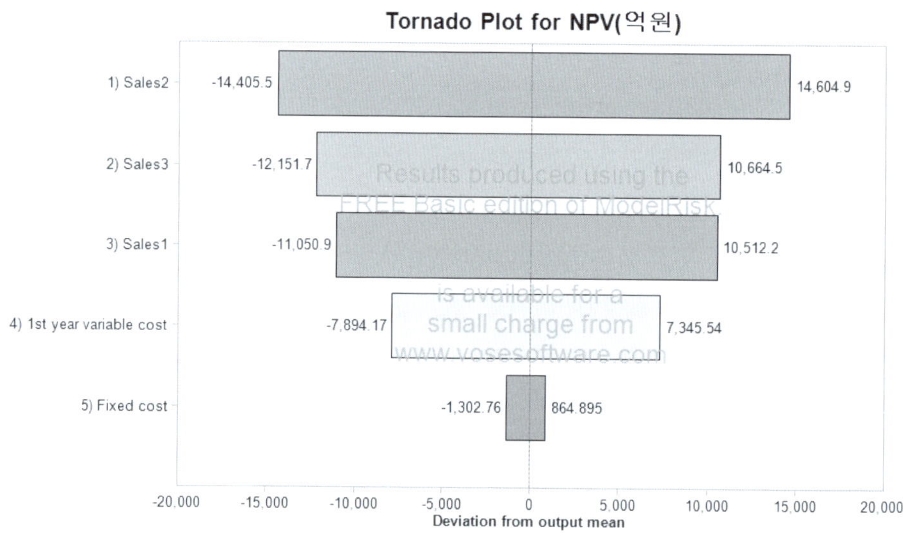

▌그림 4-9▐ 토네이도 그래프(Regression 유형)

[그림 4-9]의 Regression 유형에서의 각 입력변수의 막대 길이는 모든 입력변수를 독립변수로 하여 결과변수(종속변수)를 추정하기 위한 다중회귀식(multiple regression estimation equation)을 만든 후, 반복활동마다 해당 입력변수의 하위 1% 값(1st percentile)과 상위 1% 값(99th percentile)을 이 회귀식에 대입했을 때의 결과변수 추정값의 평균 차이를 나타낸다. 이 유형은 입력변수와 결과변수의 관계를 선형의 식으로 잘 나타낼 수 있을 때 사용하면 유용하다. 이 유형의 그래프 역시 영향력이 큰 순으로 막대가 위로부터 그려지게 된다.

마지막으로, 토네이도 그래프의 Rank Correlation 유형은 각 입력변수와 결과변수의 서열상관계수의 크기를 막대로 나타내어 위로부터 긴 순으로 나타내고 있다. 서열상관계수는 −1에서 +1 사이의 값을 갖는데, 어떤 입력변수와 결과변수의 서열상관계수가 양(+)의 값을 가질 경우 해당 입력변수와 결과변수는 비례의 관계에 있고, 음(−)의 값을 가지면 반비례의 관계에 있음을 나타낸다. 서열상관계수의 절대값이 클수록 선형관계의 강도는 세짐을 의미한다. 극단적으로 두 변수의 서열상관계수가 '1'인 경우 두 변수는 완전한 양(+)의 선형관계에 있고(양의 기울기를 가진 하나의 직선으로 두 변수의 관계를 표현할 수 있음), 두 변수의 서열상관계수가 '−1'인 경우 두 변수는 완전한 음(−)의 선형관계에 있음(음의 기울기를 가진 하나의 직선으로 두 변수의 관계를 표현할 수 있음)을 의미한다. 그리고 상관계수가 '0'일 경우, 두 변수 사이에는 선형관계가 존재하지 않음을 의미한다.

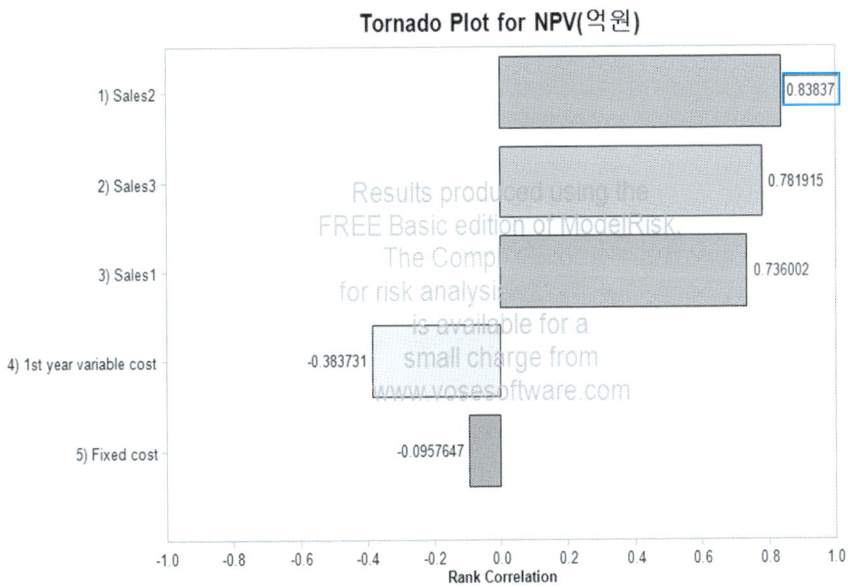

❙ 그림 4-10 ❙ 토네이도 그래프(Rank Correlation 유형)

여기서 한 가지 유의해야 할 점은 ModelRisk에서 산출하는 상관계수(서열상관계수)는 기초 통계학에서 자주 보는 피어슨의 상관계수(Pearson's correlation coefficients)와는 다른 것이다. 피어슨의 상관계수는 입력변수와 결과변수의 측정값 자체를 이용해서 산출하나, 서열상관계수(Spearman's rank correlation coefficients)는 측정값 자체를 사용하는 것이 아니라 측정값의 순위를 사용하여 상관계수를 구한 것이다. 하지만 해석은 비슷하게 할 수 있다.

[그림 4-10]을 보면 2차 연도 판매량(Sales2)과 결과변수(NPV)의 서열상관계수(0.83837)가 가장 큼을 알 수 있다. 그리고 Sales2, Sales3, Sales1은 결과변수인 NPV와 양(+)의 선형관계(비례관계)에 있고, 1st year variable cost와 Fixed cost는 결과변수인 NPV와 음(−)의 선형관계(반비례관계)에 있음을 알 수 있다. 예를 들어, Sales2의 값이 커지면 NPV 값도 커지는 경향이 있고, 1st year variable cost의 값이 커지면 NPV 값은 작아지는 경향이 있음을 의미한다.

마지막으로 독자들이 또 하나 주의해야 할 사실은 상관계수는 입력변수와 결과변수의 인과관계를 나타내는 것이라기보다 두 변수의 선형관계(관측값 자체를 사용하든 그 순위를 사용하든) 방향과 그 강도를 나타낸다는 것이다.

(1) 서열상관계수와 피어슨 상관계수의 차이

ModeRisk에서 산출하는 Rank correlation은 스피어만의 서열상관계수(Spearman's rank correlation coefficients)를 말하는 것으로, 피어슨의 상관계수(Pearson's correlation coefficients)와는 다른 개념이다. 하지만 해석은 유사하게 할 수 있다. 우리가 보통 상관계수라고 말하는 피어슨 상관계수(r)는 두 변수의 선형관계의 방향과 강도를 나타내는 개념으로 그 값은 −1에서 +1 사이에 존재한다. 만일 피어슨 상관계수의 절댓값이 1에 가까울수록 두 변수의 관계는 하나의 직선으로 보다 잘 나타낼 수 있다는 의미이다. 즉, 보다 강한 비례 또는 반비례의 관계를 갖는다는 것이다. 상관계수가 +1에 가까울수록 하나의 변수 값이 증가하면 다른 변수의 값도 증가하고, 한 변수의 값이 감소하면 다른 변수의 값도 감소한다는 의미이고, 상관계수가 −1에 가까울수록 하나의 변수 값이 증가하면 다른 변수의 값은 감소하고, 한 변수의 값이 감소하면 다른 변수의 값은 증가한다는 의미이다. 피어슨 상관계수의 값이 '0'에 가까울수록 두 변수의 관계는 선형으로 나타내기 부적절함을 의미한다. 피어슨 상관계수는 〈식 4-1〉로 정의된다.

$$r = \frac{\sum_{i=1}^{n}(x_i - \overline{x})(y_i - \overline{y})}{n-1} = \frac{\sum_{i=1}^{n} x_i y_i - n\overline{x}\,\overline{y}}{n-1} \qquad \text{〈식 4–1〉}$$

여기서, x_i는 한 변수의 값, y_i는 다른 변수의 값, $\overline{x}$, $\overline{y}$는 각 변수의 평균을 나타냄.

하지만 ModelRisk에서는 피어슨 상관계수보다는 스피어만의 서열상관계수(r_s)를 사용한다. 서열상관계수는 두 변수의 값을 직접 사용하여 구한 상관계수가 아니라 두 변수가 취하는 값들의 크기 순위를 이용하여 구한 상관계수를 말한다. 서열상관계수는 두 변수 값들의 분포가 정규성(normality)을 만족하지 않을 때 사용하는데, 사회과학 분야의 많은 자료가 정규성을 만족하지 않는 경우가 많으므로 ModelRisk에서는 스피어만의 서열상관계수를 산출한다. 서열상관계수의 값도 −1에서 +1 사이에 존재한다. 서열상관계수의 값이 +1이라는 것은 두 변수 값의 순위가 완전히 일치함을 말하고, 그 값이 −1이라는 것은 두 변수 값의 순위가 완전히 반대라는 의미이다. 스피어만의 서열상관계수는 〈식 4-2〉와 같이 정의된다.

$$r_s = 1 - \frac{6\sum_{i=1}^{n} d_i^2}{n^2(n-1)} \qquad \text{〈식 4–2〉}$$

여기서, d_i는 관측값 i의 두 변숫값(속성값)의 순위 차이, n은 관측값의 수를 나타냄.

(2) 스파이더 그래프

토네이도 그래프와 함께 유용하게 활용할 수 있는 그래프는 스파이더 그래프(spider plot)이다. 거미줄과 흡사한 모습이라는 의미에서 이름이 붙여진 그래프이다. 스파이더 그래프도 여러 가지 유형이 있는데 [그림 4-11]은 기본 유형인 Conditional Mean 유형을 보여주고 있다. 스파이더 그래프에서 색이 다른 여러 선은 각 입력변수를 나타내고 있다. [그림 4-11]의 오른쪽 아래 끝을 보면 각 입력변수의 이름과 선의 색이 나타나 있다. 횡축은 각 입력변수의 하위 0%(0.0)에서 하위 100%(1.0)의 백분위수 값을 나타내고, 종축은 반복활동마다 횡축에 있는 각 입력변수의 백분위수 값을 대입했을 때의 결과변수 값(여기서는 NPV)의 평균을 나타낸다. 따라서 선의 경사가 높은 변수일수록(해당 입력변수의 최솟값과 최댓값을 대입했을 때 NPV 평균 차이가 큼을 나타내므로) 결과변수에 영향을 많이 미치는 입력변수임을 알 수 있다.

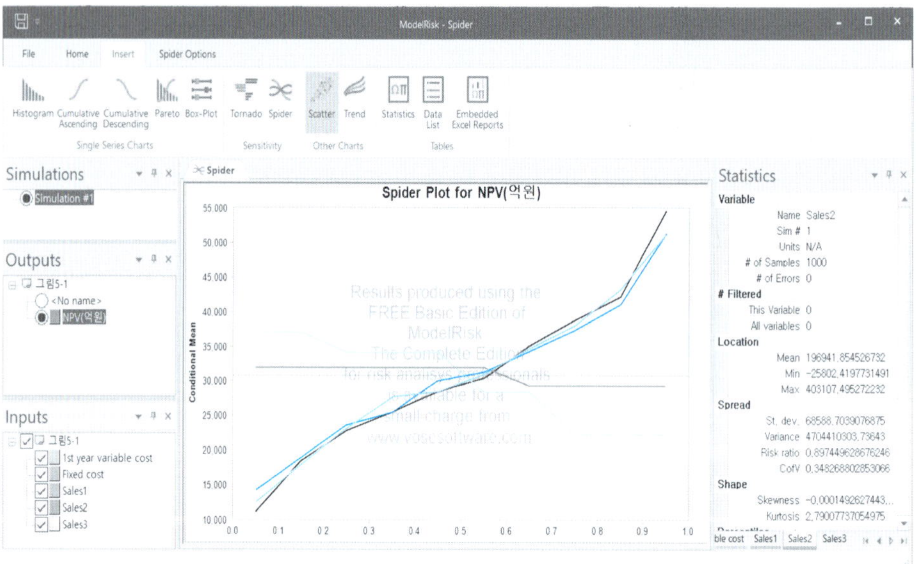

▌그림 4-11 ▌스파이더 그래프

스파이더 그래프가 유용한 이유는 결과변수에 영향을 크게 미치는 입력변수가 무엇인지 알려줌과 동시에 영향력의 방향까지도 나타내 주기 때문이다. 선의 기울기가 양수인 경우, 해당 입력변수는 결과변수에 양(+)의 영향을 줌을 의미하고, 선의 기울기가 음수인 경우, 해당 입력변수는 결과변수에 음(−)의 영향을 줌을 의미한다. 예를 들어, [그림 4-11]에서 Sales1, Sales2, Sales3는 NPV에 양(+)의 영향을 주며(각 입력변수의 값이 커짐에 따라 NPV도 커짐), 1st year variable cost와 Fixed cost는

NPV에 음(−)의 영향을 주는 것(1st year variable cost와 Fixed cost는 각각 그 값이 커짐에 따라 NPV는 작아짐)을 의미한다. 즉, 스파이더 그래프는 각 입력변수의 결과변수에 대한 영향력과 함께 영향의 방향을 함께 파악할 수 있는 그래프이다. [그림 4-11]의 가운데 위치한 수평선은 평균 NPV를 나타낸다.

5장 입찰가는 얼마로 결정할까?

기업에서 건설공사 또는 프로젝트에 경쟁 입찰(competitive bidding)할 기회는 많다. 이 경우, 우리가 가장 관심을 두는 부분은 과연 입찰가를 얼마로 써내는 것이 우리가 원하는 성과(예를 들어, 이윤)를 최대로 할 수 있는가이다. 하지만 입찰에는 많은 불확실성이 개입되어 있다. 가장 큰 불확실성은 우리의 경쟁자들이 과연 입찰가로 얼마를 써낼 것이냐 하는 것이다. 물론 경쟁자의 입찰가를 사전에 알기는 불가능하다. 하지만 그들의 과거 입찰 행태로부터 그들이 써낼 입찰가에 대한 분포 정보를 조금이라도 알 수 있다면 시뮬레이션은 우리의 성과를 최대화할 수 있는 입찰가를 결정하는 데 많은 도움을 줄 수 있다.

본 장에서는 경쟁 입찰에서 입찰가를 얼마로 써내는 것이 가장 바람직할지 시뮬레이션을 이용해 해결해 보도록 한다. 아울러 입찰가와 낙찰 가능성, 그리고 성과와의 관계도 파악해 보자.

예제

동아건설(주)은 다음 주에 있을 소규모 건설공사에 입찰할 것인지를 결정하고자 한다. 동아건설은 이 공사를 수행하는 데 1,000만원이 들 것으로 생각하고 있으며, 입찰을 준비하는 데는 35만원이 들 것으로 예상한다. 동아건설 외에도 4곳의 건설사가 입찰에 참여할 것으로 보고 있는데, 가장 낮은 입찰가를 제시한 건설사가 낙찰되며, 낙찰자는 제시한 입찰가로 공사를 수행하게 된다. 과거 자료를 보면, 각 경쟁자의 입찰가는 동아건설이 공사를 수행하는 데 드는 비용의 배수(multiple)로 제시된 것으로 알려져 있다. 그리고 이 배수는 최솟값(minimum value)이 0.9, 가장 가능성이 많은 값(most likely value)이 1.3, 그리고 최댓값(maximum value)이 2.5인 삼각분포(triangular distribution)를 하는 것으로 알려져 있다. 4곳 경쟁사들의 입찰가격은 서로 독립이라고 가정한다.[1] 만일 동아건설이 입찰을 준비한다면, 입찰가격은 1,050만원에서 1,500만원까지 50만원 간격으로 제시할 예정이다.

① 입찰가를 얼마로 제시하는 것이 동아건설의 기대이익(expected profit)을 최대화할 수 있는지 시뮬레이션을 이용하여 답하시오.

② 여러 가지 입찰가의 낙찰 가능성과 그때의 평균이익의 관계를 직관적으로 생각해보고, 시뮬레이션 결과가 귀하의 생각과 일치하는지 확인하시오.

이 문제에서 확률변수는 경쟁사들의 입찰가이고, 의사결정변수(우리가 결정하고자 하는 대상)는 우리의 입찰가이다. 그리고 입찰가의 대안으로는 1,050만원에서 1,500만원까지 50만원 간격으로 10개 대안의 성과(여기서는 기대이익)를 비교하여 이 중 가장 바람직한 입찰가를 제안하고자 한다. 이 문제에 대한 시뮬레이션 모형은 [그림 5-1]과 같다.

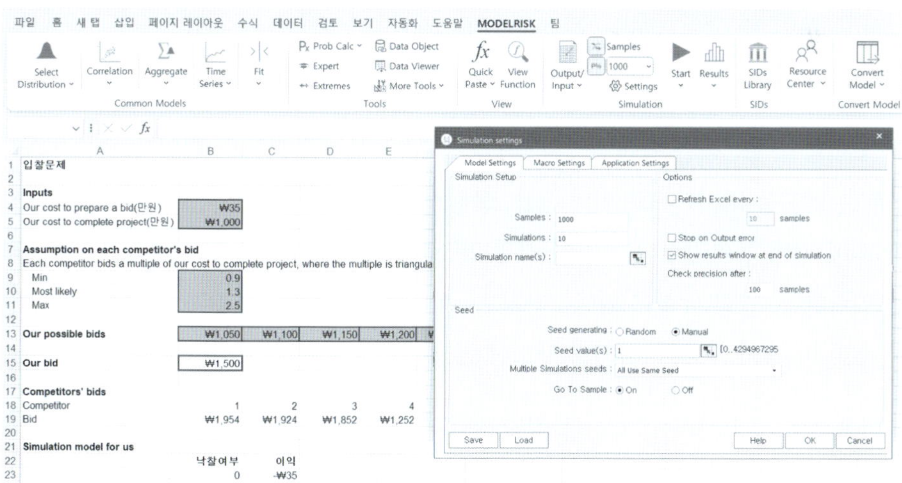

▌그림 5-1 ▌입찰 문제

1 경쟁사들의 입찰가격은 상식적으로도 독립이 되어야 하며, 만일 독립이 아니라면 이는 담합을 의미한다.

우선 [그림 5-1]의 Settings 아이콘(⚙Settings)을 클릭한 후 나오는 창에서 Simulations 상자(Simulations)에 10을 입력한다. 그러면 각 대안에 대해 1,000번의 반복활동을 수행하며, 대안의 수는 10개인 시뮬레이션 세팅이 된다. 아울러 각 대안에 동일한 난수 집단(common random number stream)을 적용하여 시뮬레이션을 수행하기 위해 난수 발생을 Manual로 지정하였다.

우선, 문제에서 주어진 자료, 예를 들어, 동아건설의 프로젝트 수행 비용, 입찰 준비 비용, 경쟁자 입찰가 분포(삼각분포)의 모수, 입찰가 대안 등을 모형에 입력하였다. 그리고 셀 B15에는 =VoseSimTable(B13:K13)을 입력하고, 4곳 경쟁사의 입찰가를 B19:E19에 입력하였다. 경쟁사 입찰가를 입력하기 위해 먼저 셀 B19에 =VoseTriangle($B$9,$B$10,$B$11)*$B$5를 입력하였다. 이 식에서 =VoseTriangle($B$9,$B$10,$B$11)은 세 가지 모수 값을 갖는 삼각분포의 확률변수 값을 발생시킴을 의미하고, 이 값에 동아건설의 입찰가인 $B$5를 곱해 경쟁사 1의 입찰가를 발생시킨 것이다. 그런 다음 이 식을 셀 범위 C19:E19로 끌기하여 복사한다. 여기서 4곳 경쟁사의 입찰가는 독립을 유지하게 되는데, 그 이유는 =VoseTriangle($B$9,$B$10, $B$11)을 이용하여 4곳 경쟁사의 입찰가 계수(multiples)를 발생시킬 때 사용된 난수(random numbers)에 독립성의 특성이 있기 때문이다.

이제 동아건설의 낙찰 가능성을 파악하기 위해 셀 B23에 =IF(B15<MIN(B19:E19),1,0)를 입력한다. 이 식은 동아건설의 입찰가가 경쟁사 4곳 모두의 입찰가보다 작으면 그때는 낙찰을 의미하므로 '1'의 값을, 그렇지 않으면 '0'의 값을 갖도록 한다. 그리고 이 식에 따라 동아건설의 이익이 결정되므로 셀 C23에는 =IF(B23=1,B15-B5,0)-B4를 입력한다. 만일 낙찰이 되면, 그때의 동아건설의 이익은 (입찰가 − 공사 비용 − 입찰 준비 비용)이 되고, 낙찰되지 않으면 입찰 준비 비용만 발생하게 된다.

다음으로 셀 B23과 셀 C23을 각각 마우스로 선택하고 Output/Input을 눌러 셀 B23과 셀 C23을 결과 셀(결과변수)로 지정하고, 결과변수의 이름을 '낙찰여부'와 '이익'으로 각각 입력한다. 여기서 셀 B23은 특정 입찰가를 제시했을 때의 낙찰 가능성을 계산하기 위한 결과 셀이고, 셀 C23은 그때의 평균이익을 계산하기 위한 결과 셀이다. 결과적으로, 셀 B23은 =VoseOutput("낙찰여부")+IF(B15<MIN(B19:E19),1,0), 셀 C23은 =VoseOutput("이익")+IF(B23 = 1,B15-B5,0)-B4로 나타난다.

시뮬레이션을 수행한 후 제공되는 결과(Statistics)는 [그림 5-2]와 같다. [그림 5-2]는 10개의 입찰가에 따른 두 가지 결과변수의 여러 가지 요약 통계량 값을 보여주고

그림 5-2 입찰 문제의 요약 통계량

있다. [그림 5-2]의 위쪽 그림은 셀 B23의 결과를 보여준다. 여기서 셀 B23의 평균(Mean)은 각 입찰가의 낙찰 가능성을 나타내는데, 입찰가가 커질수록 낙찰 가능성은 떨어짐을 알 수 있다. 이 결과는 우리의 상식과 일치하는 것이다.

[그림 5-2]의 화면을 오른쪽으로 넘기면 이익을 나타내는 셀 C23의 결과가 [그림 5-2]의 아래쪽 그림처럼 나타난다. 입찰가에 따른 평균이익은 입찰가가 커짐에 따라 증가하다가 입찰가가 1,200만원(Sim 4)일 때 정점을 찍고, 그 이후에는 다시 떨어짐을 알 수 있다. 입찰가가 커짐에 따라 낙찰 가능성은 떨어지지만 일단 낙찰이 되면 이익은 커지고, 반대로 입찰가가 떨어짐에 따라 낙찰 가능성은 증가하지만, 그때의 이윤은 작아지므로 낙찰 가능성과 이익은 절충 관계(trade-offs)를 보임을 알 수 있다.

이러한 분석 결과를 토대로 기대이익[2]의 관점에서 10개의 입찰가 대안 중에서는 1,200만원을 입찰가로 제시하는 것이 가장 바람직함을 알 수 있다.

(1) =VoseSimMean의 활용

여기서 ModelRisk의 유용한 함수인 =VoseSimMean을 학습해 보자. 지금까지는 시뮬레이션을 수행한 결과(예를 들어, 요약 통계량)를 보고, 입찰가에 따른 낙찰 가능성이나 그때의 평균이익을 볼 수 있었는데, =VoseSimMean은 이러한 결과를 시뮬레이션 수행 후 모형 시트에서 바로 볼 수 있도록 하는 기능이다. [그림 5-3]은 [그림 5-1]의 아랫부분을 나타낸 것이다.

[그림 5-3]의 셀 범위 B26:C35에 나타난 숫자들은 각 입찰가에 따른 낙찰 가능성과 그때의 평균이익을 보여주는데, 이 수치들은 [그림 5-2]의 결과와 같음을 알 수 있다.

시뮬레이션 결과를 모형 시트에 바로 나타내기 위해서는 셀 B26에는 =VoseSimMean($B$23,A26), 셀 C26에는 =VoseSimMean($C$23,A26)을 입력한 후, 두 식을 B35:C35까지 아래로 끌기하여 복사한다. 그런 후 시뮬레이션을 수행하면 모형 시트에서 원하는 시뮬레이션 결과변수의 평균값을 바로 볼 수 있다. 여기서 =VoseSim

2 시뮬레이션 결과로 나온 평균이익(average profit)과 기대이익(expected profit)은 엄밀하게는 다른 개념이다. 평균이익은 표본평균을 말하고, 기대이익은 미지의 모평균 개념이다. 하지만 현재의 반복활동 수가 1,000으로 매우 크므로 평균이익은 기대이익에 근접한다고 생각해도 무방하다.

Mean(Output Cell, Sim #)은 시뮬레이션 수행 후 특정 대안(Sim #)에 따른 특정 결과 셀(Output Cell 번호)의 평균값을 모형 시트에서 바로 볼 수 있게 하는 함수이다.

	A	B	C	D	E	F	G	H	I	J	K
1	입찰문제										
2											
3	**Inputs**										
4	Our cost to prepare a bid(만원)	₩35									
5	Our cost to complete project(만원)	₩1,000									
6											
7	**Assumption on each competitor's bid**										
8	Each competitor bids a multiple of our cost to complete project, where the multiple is triangularly distributed with parameters:										
9	Min	0.9									
10	Most likely	1.3									
11	Max	2.5									
12											
13	**Our possible bids**	₩1,050	₩1,100	₩1,150	₩1,200	₩1,250	₩1,300	₩1,350	₩1,400	₩1,450	₩1,500
14											
15	**Our bid**	₩1,500									
16											
17	**Competitors' bids**										
18	Competitor	1	2	3	4						
19	Bid	₩1,954	₩1,924	₩1,852	₩1,252						
20											
21	**Simulation model for us**										
22		낙찰여부	이익								
23		0	-₩35								
24											
25	**Simulation number**	낙찰가능성	평균이익								
26	1	0.867	₩8.35								
27	2	0.753	₩40.30								
28	3	0.646	₩61.90								
29	4	0.526	₩70.20								
30	5	0.432	₩73.00								
31	6	0.322	₩61.60								
32	7	0.22	₩42.00								
33	8	0.16	₩29.00								
34	9	0.109	₩14.05								
35	10	0.074	₩2.00								
36											

| 그림 5-3 | =VoseSimMean의 이용

6장 위험자산에 얼마를 투자할까?

미국의 벨 연구소(Bell Labs)에 근무하던 존 켈리(John Kelly)는 1956년 많은 투자자와 도박사가 흥미를 느낄만한 재미있는 논문 하나를 발표하였다.[1] 이 논문은 당신이 가진 재산을 앞으로 매 기간 연속적으로 투자한다고 가정할 때 가진 재산의 얼마큼을 위험자산에 투자하는 것이 수익률을 가장 크게 할 수 있느냐는 것이다. 이 논문에서 제안한 투자규칙이 바로 켈리 기준(Kelly criterion)이다.

켈리 기준을 구체적으로 기술하면 다음과 같다. 당신이 투자한 금액을 K배로 증가시킬 수 있는(즉, 당신의 투자 원금을 빼고 증가하는 금액이 투자 금액의 K배일) 확률이 p이고, 투자 금액을 잃을 확률이 q인 위험자산에 향후 매 기간 연속적으로 투자를 고려하고 있다고 가정하자. 이 경우 당신의 최적 투자전략은 매 기간 당신이 가진 돈의 $[p(K-1)-q]/(K-1)$만큼 투자하는 것이고, 이 전략은 당신이 가진 재산의 기대성장률(expected growth rate)을 최대화할 수 있다고 한다.

이제 시뮬레이션을 이용하여 켈리 전략의 타당성을 검토해 보자.

예제

현재 당신은 100(만원)을 가지고 있다. 매주마다 당신은 가지고 있는 돈의 범위 내에서 위험자산에 투자할 수 있다. 귀하의 투자가 3배가 될 확률은 0.4이고(예를 들어, 당신이 100만원을 투자했다면 당신은 재산을 300만원 증가시킬 수 있고), 당신의 투자 금액을 모두 잃을 확률은 0.6이다. 다음의 세 가지 투자전략을 고려해 보자.

1 Kelly, J. (1956), "A New Interpretation of Information Rule," *Bell System Technical Journal*, 35, pp. 917-926.

전략 1. 매주 당신이 가진 돈의 10%를 투자한다.
전략 2. 매주 당신이 가진 돈의 30%를 투자한다.
전략 3. 매주 당신이 가진 돈의 50%를 투자한다.

전략별로 100주 동안 시뮬레이션을 수행하고, 당신 재산의 주당 기대성장률(expected weekly growth rate) 차원에서 어떤 전략이 가장 좋은지를 결정하시오. 켈리 기준의 결과와 시뮬레이션 결과가 일치하는지 확인하시오.

해당 문제에서 확률변수는 매주의 투자가 성공할지(재산을 증가시킬지)의 여부이다. 그리고 재산의 주당 기대성장률을 최대화하기 위해 매주 가진 돈의 몇 %를 투자할지를 결정하는 것이 문제의 핵심이다. 시뮬레이션을 통해 매주 가진 돈의 10% 투자, 30% 투자, 50% 투자의 세 가지 투자전략을 비교하여 가장 바람직한 투자전략을 결정할 것이다. 문제의 기본모형은 [그림 6-1]과 같다.

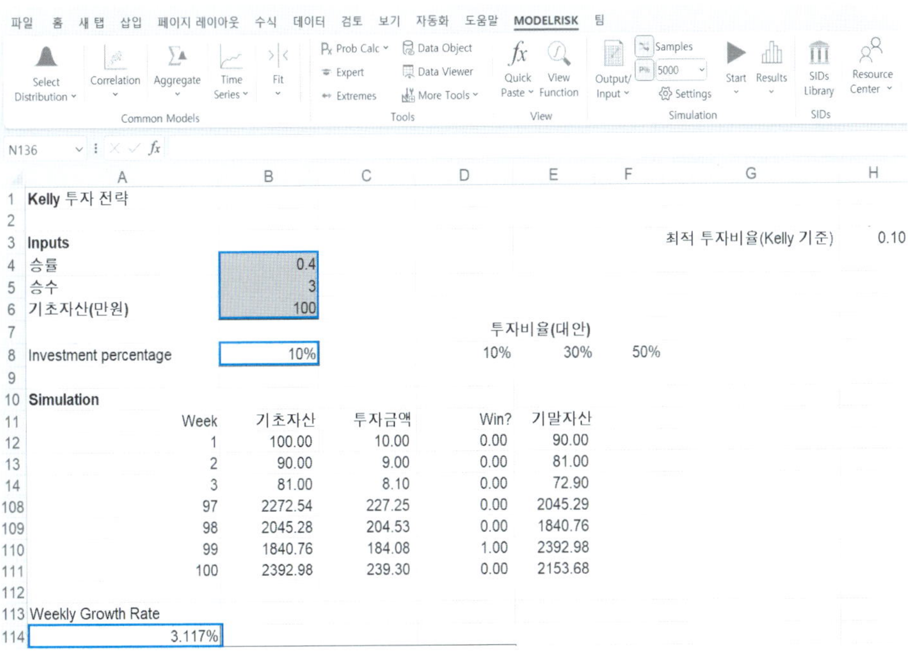

	A	B	C	D	E	F	G	H
1	**Kelly 투자 전략**							
2								
3	**Inputs**						최적 투자비율(Kelly 기준)	0.10
4	승률	0.4						
5	승수	3						
6	기초자산(만원)	100						
7					투자비율(대안)			
8	Investment percentage	10%		10%	30%	50%		
9								
10	**Simulation**							
11	Week	기초자산	투자금액	Win?	기말자산			
12	1	100.00	10.00	0.00	90.00			
13	2	90.00	9.00	0.00	81.00			
14	3	81.00	8.10	0.00	72.90			
108	97	2272.54	227.25	0.00	2045.29			
109	98	2045.28	204.53	0.00	1840.76			
110	99	1840.76	184.08	1.00	2392.98			
111	100	2392.98	239.30	0.00	2153.68			
112								
113	Weekly Growth Rate							
114	3.117%							

▌그림 6-1▐ 켈리 기준 모형

[그림 6-1]에서 보듯이 대안의 수는 3개이며, 각 대안에 대해 5,000번의 반복활동을 수행할 것이다. 세 가지 대안을 D8:F8에 입력하고, 셀 B8에는 =VoseSimTable(D8:F8)을 입력하였다. 이는 동일한 시뮬레이션 과정을 세 가지 대안 각각에 대하여 수행하라는 명령이다.

1주 차의 기초자산을 나타내는 셀 B12에는 =B6를 입력하고, 1주 차의 투자금액을 나타내는 셀 C12에는 =B12*$B$8을 입력한다, 다음으로 투자가 재산을 증가시킬지를 나타내는 셀 D12에는 =IF(RAND()<=$B$4,1,0)을 입력한다. 즉, 난수(RAND())를 발생시켜 이 난수의 값이 승률 0.4($B$4)보다 작거나 같으면 당신의 재산이 투자금액의 3배만큼 늘어난 것을 의미하는 '1'의 값을 갖도록 하고, 그렇지 않으면 투자금액을 잃는 것을 나타내는 '0'의 값을 갖도록 한다. 1주 차의 마지막 칼럼인 기말자산을 나타내는 셀 E12에는 =IF(D12=1, B12+$B$5*C12, B12-C12)을 입력한다. 즉, 투자가 성공하면 1주 차의 기말자산은 (기초자산+3×투자금액)이 되고, 투자가 실패하면 기말자산은 (기초자산−투자금액)이 됨을 의미한다.

이제 2주 차의 기초자산은 1주 차의 기말자산이므로 셀 B13에는 =E12를 입력한다. 그리고 2주 차의 투자금액을 나타내는 셀 C13에는 =B13*$B$8, 투자의 성공 여부를 나타내는 셀 D13에는 =IF(RAND()<=$B$4,1,0), 2주 차의 기말자산을 나타내는 셀 E13에는 =IF(D13=1,B13+$B$5*C13,B13-C13)을 입력한다.

이제 3주 차부터 100주 차까지의 식은 2주 차의 식을 복사하면 되므로 셀 범위 B13:E13을 마우스로 선택하고 아래로 끌기하여 셀 범위 B111:E111까지 같은 식을 채운다.[2]

문제에서 결과변수는 재산의 주당 성장률(weekly growth rate)이다. 재산의 주당 성장률은 복리의 개념을 이용해 계산될 수 있다. 1주 차의 기초자산, n주차의 기말자산, 그리고 재산의 주당 성장률의 관계는 〈식 6-1〉과 같이 정의된다.

$$B = A(1+r)^n \text{ 이므로 } r = \left(\frac{B}{A}\right)^{\frac{1}{n}} - 1 \qquad \langle\text{식 } 6\text{–}1\rangle$$

2 [그림 6-1]에서는 행을 숨기기 하여 행 15에서 행 107까지는 화면에 나타나지 않는다. 행 숨기기는 행의 길이가 긴 모형을 하나의 화면으로 간략히 보여줄 수 있는 기능이다.

〈식 6-1〉에서 A는 1주 차의 기초자산, B는 n주차의 기말자산, r은 주당 성장률, 그리고 n은 주(week)의 수를 뜻한다. 따라서 [그림 6-1]에서 결과변수를 나타내는 셀 A114에는 =(E111/B12)^0.01-1을 입력한다. 그리고 셀 A114를 결과 셀로 만들기 위해 을 눌러 결과변수로 지정한다. 결과적으로 셀 A114는 =VoseOutput()+(E111/B12)^0.01-1로 나타난다.[3]

이제 전략별로 100주 동안 시뮬레이션을 수행해 보자. [그림 6-2]는 시뮬레이션 수행 후 제공된 결과이다. [그림 6-2]는 세 가지 전략에 대한 재산의 주당 기대성장률(expected weekly growth rate)의 추정치를 보여준다. 주당 기대성장률의 추정치는 평균(Mean)으로 제공되는데, Sim 2(30% 투자)에서 주당 기대성장률의 추정치가 가장 높음을 확인할 수 있다. 따라서 주당 기대성장률 관점에서 세 가지 투자전략 중 매주 가진 돈의 30%를 투자하는 것이 가장 바람직한 전략임을 알 수 있다.

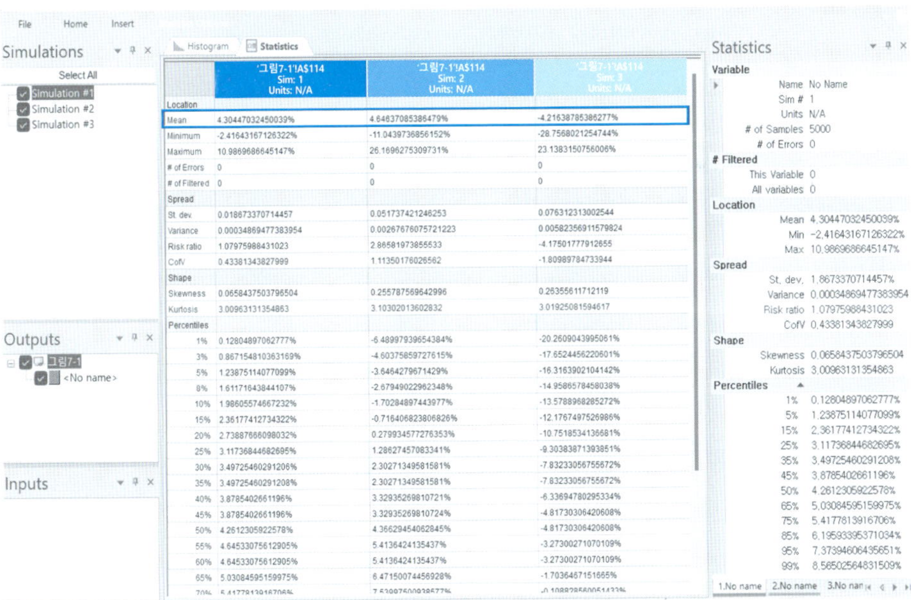

| 그림 6-2 | 켈리 기준 모형의 결과

3 결과변수의 이름을 입력하고 싶으면 를 눌러 이름 입력 상자에 원하는 이름을 입력하면 된다. 여기서는 결과변수가 하나이므로 이름을 입력하지 않았다.

이러한 결과는 [그림 6-3]의 모형 시트에서 바로 볼 수도 있는데, 앞서 학습하였듯이 =VoseSimMean(Output Cell, Sim #) 함수를 이용하는 것이다. 즉, [그림 6-3]에서 보는 바와 같이 셀 B116, C116, D116에 각각 =VoseSimMean($A$114,1), =VoseSimMean($A$114,2), =VoseSimMean($A$114,3)을 입력함으로써 세 가지 투자전략에 따른 자산의 주당 기대성장률(expected weekly growth rate)의 추정치를 모형에서 바로 볼 수 있다. 당연히 [그림 6-2]와 [그림 6-3]의 결과는 같게 나타난다.

	A	B	C	D	E	F	G	H
1	**Kelly** 투자 전략							
2								
3	**Inputs**						최적 투자비율(Kelly 기준)	0.10
4	승률	0.4						
5	승수	3						
6	기초자산(만원)	100						
7				투자비율(대안)				
8	Investment percentage	50%		10%	30%	50%		
9								
10	**Simulation**							
11	Week	기초자산	투자금액	Win?	기말자산			
12	1	100.00	50.00	0.00	50.00			
13	2	50.00	25.00	0.00	25.00			
14	3	25.00	12.50	0.00	12.50			
108	97	0.00	0.00	1.00	0.00			
109	98	0.00	0.00	0.00	0.00			
110	99	0.00	0.00	1.00	0.00			
111	100	0.00	0.00	0.00	0.00			
112								
113	Weekly Growth Rate							
114	-16.316%							
115		투자비율 10%	투자비율 30%	투자비율 50%				
116	Expected weekly growth rate	4.304%	4.646%	-4.216%				

▎그림 6-3▎ =VoseSimMean의 활용

시뮬레이션 수행 결과, 투자전략 중 매주 가진 돈의 30%를 투자할 때 가장 높은 주당 기대성장률을 보임을 알 수 있다. 하지만 켈리 기준에 의한 최적 투자 비율은 셀 H3에서 보듯이 10%로 계산된다. 셀 H3에는 =(B4*(B5-1)-(1-B4))/(B5-1))을 입력하였다. 따라서 켈리 기준의 결과는 시뮬레이션 결과와는 차이를 보인다.

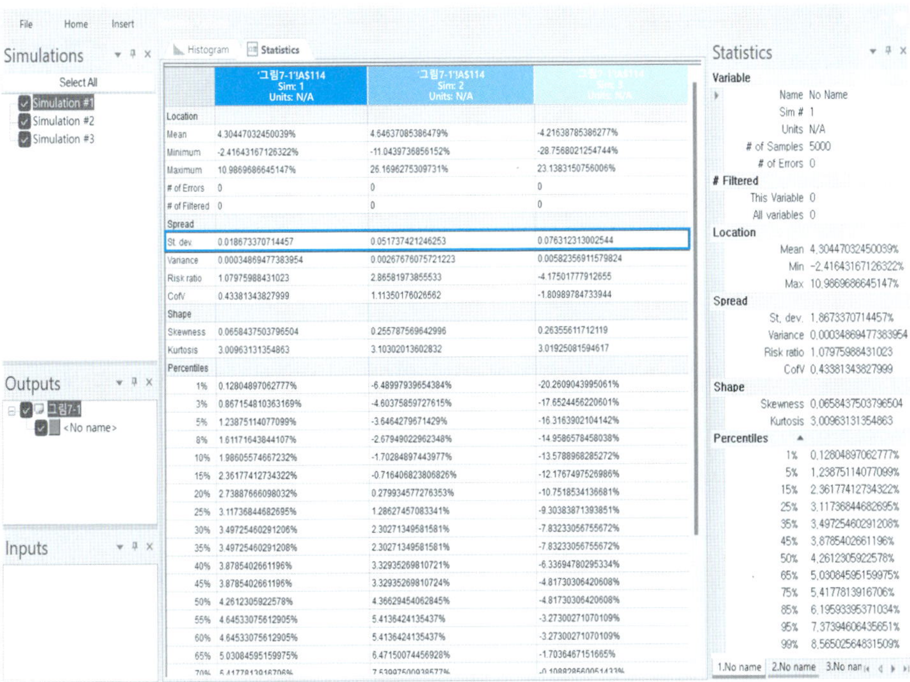

| 그림 6-4 | 각 대안 주당 성장률의 표준편차

하지만 [그림 6-4]와 같이 시뮬레이션 결과를 구체적으로 보면 켈리 기준의 타당성을 확인할 수 있다. [그림 6-4]에서 주당 성장률의 평균(Mean)을 보면 투자 비율이 30%(Sim 2)일 때가 4.65%로 가장 크고 투자 비율이 10%(Sim 1)일 때가 4.30%로 근소하게 작지만, 표준편차(St. dev.)를 보면 가진 돈의 10%를 투자하는 전략(Sim 1)이 30%를 투자하는 전략(Sim 2)보다 훨씬 작게 나타남을 알 수 있다. 이는 투자 비율 10%가 투자 비율 30%보다 주당 성장률의 평균은 근소하게 낮으나 변동성은 훨씬 작아 위험관리 측면에서 더 바람직한 투자전략임을 의미한다.[4]

4 이를 확인하기 위해 1부에서 학습한 것처럼 일정한 유의수준에서 두 전략의 기대이윤 차이에 대한 신뢰구간을 구함으로써 두 전략의 우열을 통계적으로 비교할 수 있다.

7장 몬티 홀 문제

예로부터 전설처럼 내려오는 원칙이 하나 있다. 시험에서 사지선다형 문제가 나왔는데 공부를 안 해 감(感)으로 찍어야 하는 상황이라고 가정하자. 전설적으로 내려오는 그 원칙은 바로 '한 번 찍은 것은 고치지 말라'는 것이다. 이유는 뭘까? 고치면 틀릴 가능성이 더 크기 때문일까? 그렇지 않다. 4개의 보기 중 어느 하나가 정답일 가능성은 4분의 1로 동일하다. 찍은 것을 고치든 고치지 않든 그것이 맞거나 틀릴 확률은 똑같다.

그렇다면 왜 이런 이야기가 하나의 전설처럼 전해지는 것일까? 부작위편향(omission bias)이라는 인간의 인지편향(cognitive biases) 때문이다. 그냥 찍어서 틀릴 때보다 일부러 고쳐서 틀렸을 때 기분이 더 나쁘기 때문이다. '괜히 긁어 부스럼 만들지 말라'는 것이다. 이런 이유로 사람들은 움직여야 할 때도 움직이지 않는다. 그래서 오히려 큰 행운을 놓치기도 하고, 더 큰 피해를 발생시키기도 한다.

한 번 찍은 것은 고치지 말아야 할까? 이 질문에 대해 몬티 홀 문제를 예로 들어 답해보자.

예제

미국에서 유행했던 게임쇼로 '거래합시다(Let's Make a Deal)'라는 프로그램이 있었다. 이 게임쇼 사회자의 이름은 '몬티 홀(Monty Hall)'인데, 이 사회자의 이름을 딴 '몬티 홀 문제(Monty Hall problem)'가 오랫동안 많은 사람의 관심을 끌었다. 이 문제는 다음과 같다. 만일 당신이 이 게임쇼의 마지막 라운드에 진입하게 되면 스포츠카를 탈 기회를 얻게 된다. 구체적으로 당신 앞에는 세 개의 문(Door 1, 2, 3)이 놓여 있는데, 이 중 하나의 문 뒤에는 최신식 스포츠카가 상품으로 있고, 나머지 두 개의 문 뒤에는 염소가 있게 된다. 이 게임쇼의 사회자는 어느 문 뒤에 스포츠카가 있고, 어느 문 뒤에 염소가 있는지 알고 있다. 이제 당신은 세 개의 문 중 하나의 문을 선택하게 되고, 그 문 뒤에 스포츠카가 있으면 그 스포츠카를 상품으로 타게 되고, 선택한 문 뒤에 염소가 있게 되면 아무것도 얻지 못한다. 이제 당신은 문 하나를 선택하였다. 선택한 문을 열기 전에 사회자인 몬티 홀은 당신에게 남은 두 개의 문 중 염소가 있는 문 하나를 열어 보여주면서 선택한 문을 바꾸겠느냐는 제안을 하게 된다. 예를 들어, 당신이 'Door 1'을 선택한 경우, 사회자는 당신에게 'Door 2' 또는 'Door 3'으로 선택을 바꿀 기회를 주는 것이다. 스포츠카를 탈 가능성을 높이기 위해서 당신은 이미 선택한 문을 고수할 것인가 아니면 다른 문으로 선택을 바꿀 것인가? 각각의 경우, 스포츠카를 탈 확률은 어떻게 되는가? 개념적으로 이 문제에 대하여 답변한 후, 시뮬레이션을 이용하여 이 문제를 분석해 보시오.

우선 이 문제에 대해 개념적으로 답해 보자. 세 개의 문 중 하나의 문을 선택하고, 그 문 뒤에 스포츠카가 있을 가능성은 1/3이다. 이제 사회자 몬티 홀은 남은 나머지 두 개의 문 중 염소가 있는 문을 열어 보여주면서 선택한 문을 바꾸겠냐고 물어본다. 만일 당신이 선택한 문을 고수하면 선택한 문 뒤에 스포츠카가 있을 확률은 그대로 1/3이 되고, 나머지 두 문 뒤에 스포츠카가 있을 확률은 2/3이다. 그런데 사회자 몬티 홀이 당신이 선택하지 않은 두 개의 문 중 염소가 있는 문을 열어 보여주게 되면 염소가 있는 그 문은 이제 더 이상 불확실한 사건이 되지 않는다. 따라서 당신이 선택한 문을 바꾸게 되면 확률의 합은 '1'이 되어야 하므로 바꾼 문 뒤에 스포츠카가 있을 확률은 2/3가 된다. 따라서 이 문제의 답은 '다른 문으로 선택을 바꾸는 것'이다. 다른 문으로 선택을 바꿈으로써 스포츠카를 탈 확률을 2배로 높일 수 있기 때문이다.[1]

1 이 문제에 대한 수학적 풀이는 본 장의 [부록]을 참조하시오.

생각의 오류

이 문제에서 가장 흔히 범하는 생각의 오류는 다른 문으로 선택을 바꾸게 되면 그 문 뒤에 스포츠카가 존재할 확률이 1/2이 된다는 것이다. 그 이유는 선택하지 않은 두 개의 문 중 염소가 있는 한 문을 보여주게 되므로 불확실한 문은 이제 두 개가 남게 되고, 따라서 두 개의 문 중 선택한 문에서 다른 문으로 바꾸게 되면 그 문 뒤에 스포츠카가 있을 확률은 50%라는 것이다. 이 생각은 확률의 합은 '1'이 되어야 한다는 확률의 공리를 무시하는 것이다. 왜냐하면 앞서 선택한 문 뒤에 스포츠카가 존재할 확률은 1/3이다. 그런데 선택을 바꾸면 그 문 뒤에 스포츠카가 있을 확률은 1/2이 된다고 하니 확률의 합이 '1'이 되지 않는 모순을 보이게 된다.

이제 이러한 개념적 답변이 타당한지 시뮬레이션을 통해 확인해 보자. 위 문제에서 우리가 확인하고자 하는 것은 선택한 문을 고수했을 때와 선택한 문을 변경했을 때 스포츠카를 타게 될 각각의 확률이다. 이를 위한 시뮬레이션 모형은 [그림 7-1]과 같다.

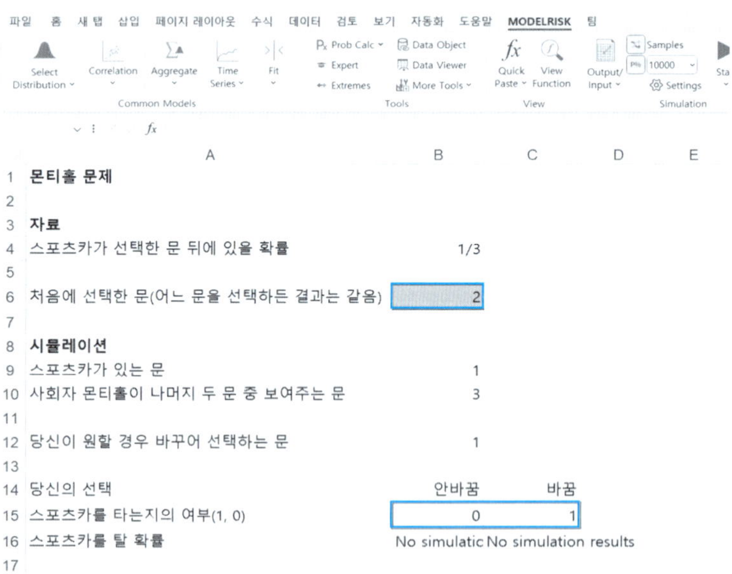

그림 7-1 몬티 홀 문제

셀 B4에는 세 개의 문 중 어느 한 문 뒤에 스포츠카가 있을 확률, 셀 B6에는 선택한 문의 번호가 입력되어 있음을 확인할 수 있다. 여기서 셀 B6에는 1, 2, 3의 어느 번호가 선택되어도 마찬가지 결과를 가져온다. 다음으로 스포츠카가 있는 문을 나타내는 셀 B9에는 =IF(RAND()< =1/3,1,IF(RAND()< =1/2,2,3))를 입력한다. 난수를 발생시켜 난수의 값이 1/3보다 작거나 같으면, Door 1 뒤에 스포츠카가 있고, 발생한 난수가 1/3보다 크면 다시 1/2의 확률로 Door 2 또는 Door 3 뒤에 스포츠카가 있음을 나타내는 식이다. 즉, 이 식은 난수를 발생시켜 1/3씩의 확률로 스포츠카가 있는 문이 어디인가를 지정해주는 역할을 한다.

이제 사회자 몬티 홀은 당신이 선택하지 않은 두 개의 문 중 염소가 있는 문을 보여주게 된다. 따라서 만일 당신이 선택한 Door 2 뒤에 스포츠카가 존재한다면 몬티 홀은 1/2의 확률로 Door 1 또는 Door 3을 보여줄 것이다. 하지만 스포츠카가 Door 1 뒤에 있다면 몬티 홀은 Door 3을, 스포츠카가 Door 3 뒤에 있다면 Door 1을 당신에게 열어 보여줄 것이다. 따라서 당신이 선택하지 않은 두 개의 문 중 몬티 홀이 보여주는 문이 무엇인가를 나타내는 셀 B10에는 =IF(B9=2,IF(RAND()< =0.5,1,3),IF(B9=1,3,1))을 입력한다.

다음으로 당신은 선택을 바꿀 기회를 얻게 된다. 셀 B6에서 Door 2를 선택하였으므로 선택을 바꾸고자 하면 Door 1 또는 Door 3으로 변경할 수 있다. 셀 B10에서 몬티 홀이 Door 1을 보여주었다면 변경할 수 있는 문은 Door 3밖에 남지 않고, 반대로 몬티 홀이 Door 3을 보여주었다면 변경할 수 있는 문은 Door 1밖에 없으므로 원하면 바꾸고자 하는 문의 번호를 나타내는 셀 B12에는 =IF(B10=1,3,1)를 입력한다.

이제 셀 B15와 셀 C15는 각각 선택한 문을 바꾸지 않을 때와 다른 문으로 바꿀 때의 스포츠카의 쟁취 여부를 나타내는 셀로 결과변수의 역할을 한다. 만약 처음 선택한 Door 2를 고수한다면 Door 2 뒤에 스포츠카가 있어야만 스포츠카를 얻을 수 있다. 따라서 셀 B15에는 =IF(B9=B6,1,0)을 입력한다. 만약 처음 선택한 Door 2를 다른 문으로 변경한다면 변경한 문 뒤에 스포츠카가 있어야만 스포츠카를 얻을 수 있으므로 셀 C15에는 =IF(B12=B9,1,0)을 입력한다.

결과 셀인 B15와 C15를 각각 선택하고 를 눌러 결과변수로 지정하고 각 결과변수의 이름으로 no switch, switch를 각각 입력한다. 그러면 B15와 C15는 각각 =VoseOutput("no switch")+IF(B9=B6,1,0)와 =VoseOutput("switch")+IF(B12=B9,1,0)로 변환된다.

이제 시뮬레이션을 수행해 보자. 10,000번의 반복활동 후 제공되는 결과는 [그림 7-2]와 같다.

	no switch Sim: 1 Units: N/A	switch Sim: 1 Units: N/A
Location		
Mean	0.3312	0.6688
Minimum	0	0
Maximum	1	1
# of Errors	0	0
# of Filtered	0	0
Spread		
St. dev.	0.470668368250196	0.470668368250146
Variance	0.221528712871302	0.221528712871255
Risk ratio		1
CofV	1.42110014568296	0.703750550613257
Shape		
Skewness	0.71742134437886	-0.717421344379428
Kurtosis	1.51439622460523	1.51439622460572
Percentiles		
1%	0	0
3%	0	0
5%	0	0
8%	0	0
10%	0	0

| 그림 7-2 | 몬티 홀 문제의 결과

[그림 7-2]에서 셀 B15과 셀 C15은 각각 선택한 문을 고수한 경우와 다른 문으로 바꾼 경우의 스포츠카를 타는지 아닌지를 나타내는데, 10,000번 반복활동 후 나타나는 이 셀 값들의 평균이 바로 각 대안의 스포츠카 탈 확률이다. [그림 7-2]를 보면 셀 B15의 평균은 0.3312로 선택한 문을 고수하면 스포츠카를 탈 확률은 약 1/3이고, 셀 C15의 평균은 0.6688으로 선택한 문을 다른 문으로 바꾸면 스포츠카를 탈 확률은 약 2/3로 증가함을 알 수 있다.

[그림 7-3]에서 보는 것처럼 모형 시트의 셀 B16과 셀 C16에 각각 =VoseSimMean(B15)과 =VoseSimMean(C15)을 입력해도 같은 결과를 모형 시트에서 바로 볼 수 있다. 즉, 선택한 문을 고수하는 것보다 선택한 문을 바꾸는 것이 스포츠카를 탈 확률을 두 배로 증가시키므로 선택한 문을 바꾸는 것이 현명한 일이다.

	A	B	C
1	**몬티홀 문제**		
2			
3	**자료**		
4	스포츠카가 선택한 문 뒤에 있을 확률	1/3	
5			
6	처음에 선택한 문(어느 문을 선택하든 결과는 같음)	2	
7			
8	**시뮬레이션**		
9	스포츠카가 있는 문	1	
10	사회자 몬티홀이 나머지 두 문 중 보여주는 문	3	
11			
12	당신이 원할 경우 바꾸어 선택하는 문	1	
13			
14	당신의 선택	안바꿈	바꿈
15	스포츠카를 타는지의 여부(1, 0)	0	1
16	스포츠카를 탈 확률	0.331	0.669

| 그림 7-3 | =VoseSimMean의 이용

[부록]의 수학적인 풀이에서도 알 수 있듯이 선택한 문을 고수할 때 스포츠카를 탈 이론적 확률은 1/3, 선택을 바꿀 때 스포츠카를 탈 이론적 확률은 2/3이다. 독자들은 시뮬레이션에서 반복활동의 수를 증가시킴에 따라 선택을 고수할 때와 선택을 바꿀 경우, 각각에 있어 스포츠카를 탈 확률이 이론적 확률에 수렴함을 확인할 수 있다.

부록 | 수학적인 풀이

선택한 문을 바꾸었을 때 스포츠카를 탈 확률이 2/3가 됨을 조건부 확률의 개념을 이용해 보이자. R을 스포츠카가 있는 문의 번호, C를 당신이 처음 선택한 문의 번호, M을 사회자가 열어 준 문의 번호라고 표기하자. 예를 들어, 당신이 1번 문을 선택하고, 사회자는 3번 문을 열었다고 가정하자. 선택을 바꾸었을 경우, 2번 문 뒤에 스포츠카가 있을 확률은 조건부 확률의 정의를 이용하여 다음과 같이 계산됨을 알 수 있다.

$$P(R=2|C=1, M=3) = \frac{P(R=2, C=1, M=3)}{P(C=1, M=3)}$$

$$= \frac{P(M=3|R=2, C=1)P(R=2|C=1)P(C=1)}{P(M=3|C=1)P(C=1)}$$

$$= \frac{P(M=3|R=2, C=1)P(R=2|C=1)}{P(M=3|C=1)}$$

$$= \frac{1 \times \frac{1}{3}}{\frac{1}{2}} = \frac{2}{3}$$

8장 마틴게일 전략

18세기 프랑스에서 시작된 카지노 전략으로 마틴게일 전략(martingale strategy)이 있다. 처음에 일정 금액을 걸어서 이기면 같은 금액을 계속 베팅하고, 지면 잃은 금액의 2배를 베팅하는 것이다. 이 전략은 일단 한 번만 이기면 잃은 금액을 모두 만회하고 처음 베팅한 금액만큼 딸 수 있다는 장점이 있다. 이 때문에 많은 사람이 현혹된다. 실제로 투자 전략으로도 사용하고 내기 골프에도 사용하는 사람이 있다고 한다. 하지만 이 전략은 패가망신의 지름길이다. 카지노에서 가장 높은 승률을 갖는 게임도 그 승률이 50퍼센트가 안 된다. 실제로 마틴게일 전략의 결과를 시뮬레이션해 보면 손실은 기하급수적으로 늘지만, 손실에 비해 따는 금액은 매우 미미할 뿐이다. 이 전략으로 기대할 수 있는 이윤도 물론 마이너스다. 헛똑똑이들이 사용하는 전략인 셈이다. 그런데도 인간의 비합리적인 사고 때문에 카지노 산업은 오늘날 황금알을 낳는 거위가 되었다.

마틴게일 전략의 위험성을 다음의 예제를 통해 알아보자.

예제

베팅마다 승률이 40%인 게임에 계속해서 참여한다고 가정하자. 처음 게임에 1달러를 베팅하자. 만일 당신이 이기게 되면 다음 베팅에는 같은 금액인 1달러를 베팅한다. 그런데 만일 당신이 지게 되면 다음 게임에는 베팅 금액을 그 전의 2배로 증가시키는 것이다. 현재 당신은 50달러를 가지고 있다. 그리고 당신은 신용이 좋아 돈이 떨어져도 신용으로 베팅을 계속할 수 있다고 가정하자. 시뮬레이션을 이용하여 이 게임을 50번 계속한 후 따게 되는 기대금액을 추정해 보시오. 또한 마틴게일 전략이 매우 위험한 게임 전략이 될 수 있는 이유를 기술하시오.

이 문제에서 확률변수는 게임에서의 승패이고, 확인하고자 하는 것은 50번 게임 후의 기대이윤(expected profit)이다. 이 문제를 해결하기 위한 시뮬레이션 모형은 [그림 8-1]과 같다.

G59 f_x =VoseOutput("profit")+E59-B10

	A	B	C	D	E	F	G
1	**마틴게일 전략**						
2							
3	기초자산	$50					
4	승률	0.4					
5							
6	베팅전략: 이기면 계속 1불을 걸고, 지면 베팅금액을 이전의 2배로 증가시킴						
7							
8	**시뮬레이션**						
9	베팅	기초자산	베팅 금액	승패?	기말자산		
10	1	$50	$1	Win	$51		
11	2	$51	$1	Win	$52		
12	3	$52	$1	Win	$53		
13	4	$53	$1	Lose	$52		
14	5	$52	$2	Lose	$50		
54	45	$47	$16	Win	$63		
55	46	$63	$1	Win	$64		
56	47	$64	$1	Lose	$63		
57	48	$63	$2	Lose	$61		
58	49	$61	$4	Win	$65		
59	50	$65	$1	Win	$66	**이윤**	$16
60							

| 그림 8-1 | 마틴게일 전략

셀 B3에는 기초자산인 $50, 셀 B4에는 게임에서 승리할 확률 0.4가 입력되어 있다. 문제에 언급되어 있듯이 게임에서 이기면 다음 게임에 1달러를 베팅하고, 패하면 이전 베팅금액의 2배를 다음 게임에서 베팅한다. 따라서 한 번에 잃은 금액을 만회할 수 있는 베팅 전략이다. 매회 게임에서 이기면 베팅금액만큼 자산이 증가하며, 게임에서 지면 베팅금액만큼 자산이 감소한다.

첫 번째 게임에서 기초자산을 나타내는 셀 B10에는 =B3를 입력하고, 첫 게임의 베팅금액으로 셀 C10에 $1을 입력한다. 승패를 나타내는 셀 D10에는 =IF(RAND()< $B$4,"Win","Lose")를 입력한다. 이 식은 만약 발생한 난수가 승률인 0.4보다 작다면 해당 게임에서 승리한 것으로 간주하고, 그렇지 않으면 해당 게임에서 패함을 나타낸다. 첫 번째 게임의 기말자산은 게임에서 승리하면 (기초자산+베팅금액)이 되고 게임에서 승리하지 못한다면 (기초자산−베팅금액)이 된다. 따라서 셀 E10에는 =IF(D10="Win",B10+C10,B10-C10)를 입력한다.

다음으로 두 번째 게임의 기초자산은 첫 번째 게임의 기말자산과 같으므로 셀 B11에는 =E10을 입력한다. 두 번째 게임의 베팅금액은 첫 번째 게임에서 승리하면 이전 게임과 같은 금액이 되고, 이전 게임에서 패했다면 마틴게일 전략에 따라 이전 베팅금액의 2배가 된다. 따라서 셀 C11에는 =IF(D10="Win",1,2*C10)을 입력한다. 승패를 나타내는 셀 D11에는 첫 번째 게임과 같이 =IF(RAND()<$B$4,"Win","Lose")를 입력한다. 그리고 두 번째 게임의 기말자산을 나타내는 셀 E11에는 =IF(D11= "Win", B11+C11,B11-C11)를 입력한다.

이제 세 번째 게임부터 오십 번째 게임까지의 식은 두 번째 게임의 식을 복사하면 되므로 셀 범위 B11:E11을 선택하고 아래로 끌기하여 셀 범위 B59:E59까지 복사한다.

이 문제에서 결과변수는 이윤이다. 이때 이윤은 마지막 50번째 게임 후의 기말자산(셀 E59)과 처음 보유하고 있었던 기초자산(셀 B10)의 차이로 정의된다. 따라서 이윤을 나타내는 결과 셀인 G59에 =E59-B10을 입력하고 아이콘을 눌러 profit이라는 이름의 결과변수로 지정해준다. 이제 셀 G59는 =VoseOutput("profit")+E59-B10으로 나타난다.

시뮬레이션을 수행해 보자. 5,000번의 반복활동 후 제공되는 결과는 [그림 8-2]와 같다.

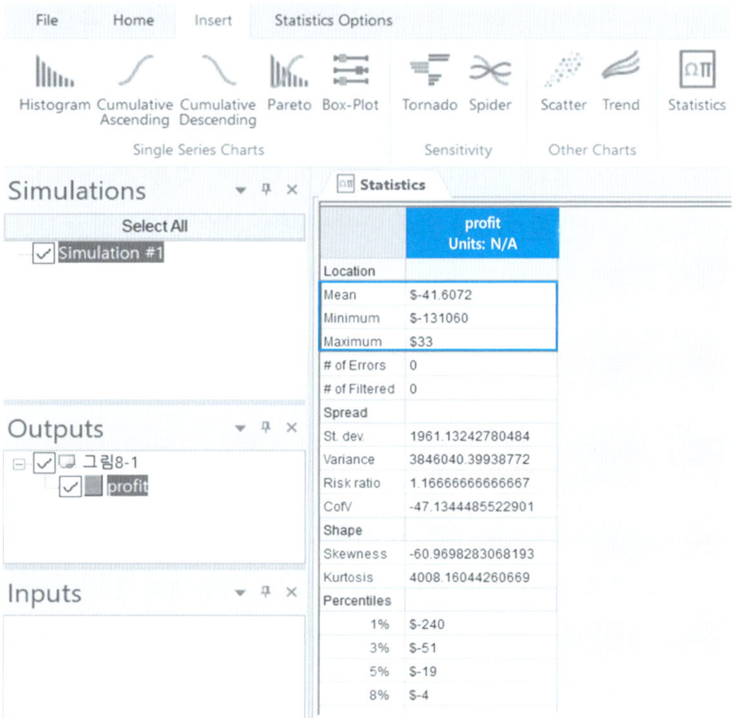

| 그림 8-2 | 마틴게일 전략 결과(요약 통계량)

시뮬레이션 결과에서 볼 수 있듯이 평균이윤은 −$41.6072로 나타나 장기적인 관점에서 이 전략은 손실을 줌을 확인할 수 있다. 아울러 5,000번의 반복활동에서 얻을 수 있는 이윤의 최댓값은 $33에 지나지 않지만, 최솟값은 −$131,060으로 그 손실이 매우 큼을 알 수 있다. 이는 마틴게일 전략이 당신을 빚더미에 오르게 할 수 있는 위험한 전략임을 의미한다.

9장 고객을 만족시켜야 하는 이유

기업에서 고객 만족에 힘을 기울이는 이유는 크게 두 가지이다. 하나는 비용이다. 고객 한 명을 새로이 유치하는 것이 기존 고객 한 명을 유지하는 것보다 다섯 배 이상의 비용이 든다. 다른 하나는 고객의 이탈로 인한 시장점유율의 하락이다. 제품이나 서비스에 불만을 품은 고객은 경쟁사로의 이탈뿐만 아니라 8명에서 20명의 주변 사람에게 자신의 나쁜 경험을 전파한다. 하지만 만족을 느낀 고객은 3명에서 5명에게만 해당 제품이나 서비스를 광고할 뿐이기 때문이다. 결국, 제품과 서비스에 대한 고객의 만족 여부는 시장점유율에 큰 영향을 미친다.

다음 예제는 한 연구에서 제안한 시장 모형에 기초한 것이다.[1]

예제

영국의 모든 가구는 매주 회사 A, B, C에서 오렌지 주스 1갤런씩을 구매한다고 한다. 이제 pi를 회사 i에서 생산된 주스가 불만족스러울 확률이라고 하자. 현재 $p_A=0.10$, $p_B=0.15$, $p_C=0.20$이라고 한다. 만약 어떤 가구가 마지막에 구매한 주스가 만족스러운 품질이면 그 가구는 다음 주에도 같은 회사에서 주스를 구매한다. 그러나 만약 마지막에 구매한 주스가 만족스럽지 않다면 그 가구는 다음번에는 경쟁사로부터 주스를 구매하게 된다. 이제 특정 주에 A곳의 가구는 A사의 주스를 구매하고, B곳의 가구는 B사의 주스를 구매하며, C곳의 가구는 C사의 주스를 구매한다고 가정하자. 그리고 주스의 품질에 불만족하여 회사를 바꾸는 가구들은 현재의 시장점유율에 비례해서 다른

1 Babich, P. (1992), "Customer Satisfaction: How good is good enough?", *Quality Progress*, 25:12 (December), pp. 65-67.

두 회사 주스로 구매를 바꾼다고 가정하자. 즉, 어떤 가구가 A사에서 다른 회사의 주스로 옮긴다면, B사로 옮길 확률은 B/(B+C)가 되고, C사로 옮길 확률은 C/(B+C)가 된다. 현재 가구 수는 300가구이고, 초기 시장점유율은 같다고 가정하자. 시뮬레이션을 이용하여 다음 질문에 대하여 답하시오.

① 1년(52주) 후 각 회사의 시장점유율을 예측하시오.

② 오렌지 주스 시장에서 연 1% 포인트의 시장점유율 증가는 주당 5,000파운드(GBP)의 가치가 있다고 한다. A사는 연간 3,000,000파운드의 비용을 들이면 자사 주스의 불만족 비율을 반으로 줄일 수 있다고 믿고 있다. A사의 이러한 투자는 과연 그럴만한 가치가 있는 것인지 판단하시오.

이 문제에서 확률변수는 이번 주 A, B, C 각 회사에서 구매한 오렌지 주스에 만족하지 못하는 가구의 수, 그리고 이번 주 구매한 오렌지 주스에 만족하지 않는 가구 중 몇 가구가 다른 두 곳의 경쟁사 각각으로 구매처를 바꾸느냐 하는 것이다. A, B, C 세 회사의 1년 후 시장점유율을 예측하기 위한 시뮬레이션 모형은 [그림 9-1]과 같다.

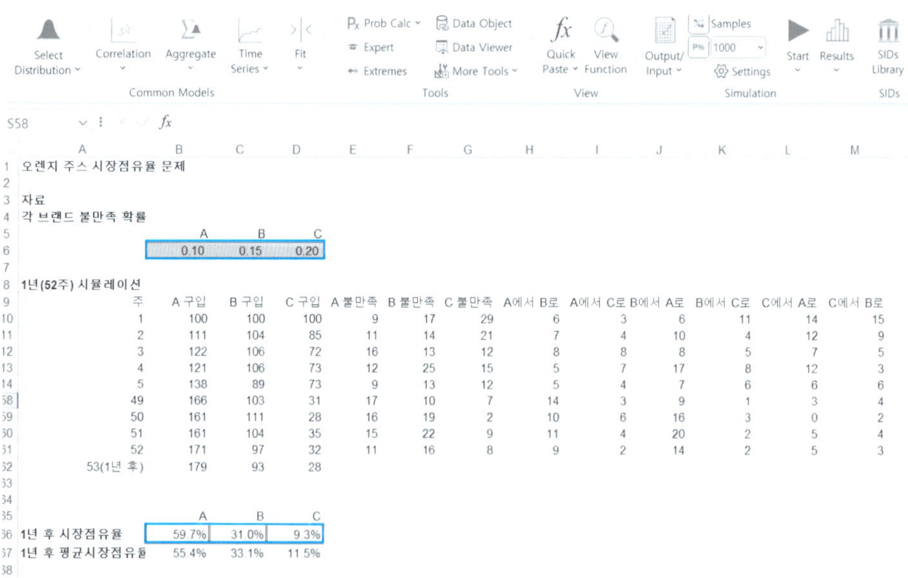

오렌지 주스 시장점유율 문제

자료

각 브랜드 불만족 확률

A	B	C
0.10	0.15	0.20

1년(52주) 시뮬레이션

주	A 구입	B 구입	C 구입	A 불만족	B 불만족	C 불만족	A에서 B로	A에서 C로	B에서 A로	B에서 C로	C에서 A로	C에서 B로
1	100	100	100	9	17	29	6	3	6	11	14	15
2	111	104	85	11	14	21	7	4	10	4	12	9
3	122	106	72	16	13	12	8	8	8	5	7	5
4	121	106	73	12	25	15	5	7	17	8	12	3
5	138	89	73	9	13	12	5	4	7	6	6	6
49	166	103	31	17	10	7	14	3	9	1	3	4
50	161	111	28	16	19	2	10	6	16	3	0	2
51	161	104	35	15	22	9	11	4	20	2	5	4
52	171	97	32	11	16	8	9	2	14	2	5	3
53(1년 후)	179	93	28									

	A	B	C
1년 후 시장점유율	59.7%	31.0%	9.3%
1년 후 평균시장점유율	55.4%	33.1%	11.5%

| 그림 9-1 | 오렌지 주스 시장점유율 문제

[그림 9-1]의 셀 범위 B6:D6에는 각 회사 오렌지 주스의 불만족 확률을 입력하였다. 첫 주의 시장점유율은 같다고 가정했기 때문에 첫 주 초 회사 A, B, C의 오렌지 주스를 구매하는 가구의 수는 각각 100이다. 따라서 셀 B10, C10, D10에 각각 100을 입력하였다.

이제 회사 A의 오렌지 주스를 구매한 가구 중에 이 주스에 불만족한 가구의 수를 결정해야 하는데, 여기서 불만족한 가구의 수는 이항분포를 따른다.[2] 이항분포는 다음과 같은 확률질량함수(probability mass function)로 정의된다.

$$p(x) = \begin{cases} \binom{n}{x} p^x (1-p)^{n-x} & x = 0, 1, 2, \cdots, n \\ 0 & \text{그 밖의 경우} \end{cases}$$

여기서 n은 독립적인 베르누이 시행의 횟수(이 예에서는 특정 주초 A사 주스의 구매 가구 수)이며, x는 n번의 독립적인 베르누이 시행에서 얻게 되는 관심 있는 사건의 발생 횟수(여기서는 A사 주스에 불만족한 가구의 수), p는 독립적인 시행에서 관심 있는 사건의 발생 확률(여기서는 A사 주스의 불만족 확률)을 나타낸다.

ModelRisk에서는 모수가 (n,p)인 이항분포 확률변수 값을 발생시키기 위해 =VoseBinomial(n,p)을 이용한다. 따라서 1주 차에 A사의 오렌지 주스를 구매하고 이에 불만족한 가구의 수를 나타내는 셀 E10에는 =IF(B10>0,VoseBinomial(B10,$B$6),0)를 입력한다. 이 식에서 B10은 주초에 A사의 오렌지 주스를 구매한 가구의 수(100)이고, $B$6은 이 오렌지 주스에 불만족할 확률(0.10)을 나타낸다. 여기서 IF 문을 이용한 이유는 이항분포 확률변수의 값은 n이 '0'보다 클 때 정의되기 때문이다. 만약 A사의 오렌지 주스를 구매한 가구의 수가 '0'이라면 불만족한 가구의 수는 당연

2 특정 주초에 A사의 오렌지 주스를 구매한 가구 각각이 이 오렌지 주스에 대해 가지는 불만족 여부는 불만족 확률이 0.1인 베르누이 분포(Bernoulli distribution)를 따른다. 그리고 n개의 독립적인 베르누이 확률변수의 합은 모수가 (n,p)인 이항분포(binomial distribution)를 따른다. 여기서 n은 해당 주 초에 A사의 오렌지 주스를 구매한 가구의 수, p는 A사 오렌지 주스에 대한 불만족 확률을 나타내고, 이항분포 확률변수 X는 해당 주에 A사 오렌지 주스에 불만족한 가구의 수가 된다.

히 '0'이 된다.

A사에 대한 위의 논리는 B사와 C사에도 마찬가지로 적용된다. 따라서 B사의 오렌지 주스에 불만족한 가구의 수를 나타내는 셀 F10에는 =IF(C10>0,VoseBinomial(C10,$C$6),0), C사의 오렌지 주스에 불만족한 가구의 수를 나타내는 셀 G10에는 =IF(D10>0,VoseBinomial(D10,$D$6),0)를 입력한다. 여기서 C10과 D10은 각각 주초에 B사의 오렌지 주스를 구매한 가구의 수(100)와 C사의 오렌지 주스를 구매한 가구의 수(100)를 나타내며, $C$6과 $D$6은 각각 B사의 오렌지 주스에 불만족할 확률(0.15)과 C사의 오렌지 주스에 불만족할 확률(0.20)을 나타낸다.

이제 어떤 가구가 이번 주 A사 오렌지 주스에 불만족하게 되면 그 가구는 다음 주에 경쟁사인 B사 또는 C사의 오렌지 주스로 구매를 바꾸게 된다. 이때 B사로 옮길 확률과 C사로 옮길 확률은 이번 주 각 경쟁사의 시장점유율에 비례한다고 하였으므로 다음과 같이 정의할 수 있다.

$$\text{B사로 구입을 바꿀 확률} = \frac{\text{B회사에서 오렌지 주스를 구입한 가구의 수}}{\text{B회사와 C회사에서 오렌지 주스를 구입한 가구 수의 합}}$$

$$\text{C사로 구입을 바꿀 확률} = \frac{\text{C회사에서 오렌지 주스를 구입한 가구의 수}}{\text{B회사와 C회사에서 오렌지 주스를 구입한 가구 수의 합}}$$

A사에서 B사로 주스 구매를 바꾸는 가구의 수와 A사에서 C사로 주스 구매를 바꾸는 가구의 수 또한 모수가 (n,p)인 이항분포를 따른다. 여기서, n은 A사의 오렌지 주스에 불만족한 가구의 수가 되며, p는 각각 B사로 구매를 바꿀 확률, C사로 구매를 바꿀 확률이 된다. 따라서 A사에서 B사로 구매를 바꾸는 가구의 수를 나타내는 셀 H10에는 =IF(E10>0,VoseBinomial(E10,C10/(C10+D10)),0)를 입력한다. 여기서 E10은 A사의 오렌지 주스에 불만족한 가구의 수, C10/(C10+D10)은 A사에서 B사로 구매를 바꿀 확률을 나타낸다. 한편, A사에서 B사로 구매를 바꾸는 가구의 수와 A사에서 C사로 구매를 바꾸는 가구의 수를 합한 것은 A사 주스에 불만족한 가구의 수이므로 A사에서 C사로 옮기는 가구의 수를 나타내는 셀 I10에는 =VoseBinomial(n,p)를 이용할 필요 없이 =E10-H10을 입력한다.

B사의 주스에 불만족하여 다음 주에 경쟁사로 구매처를 바꾸는 경우와 C사의 주스에 불만족하여 다음 주에 경쟁사로 구매처를 바꾸는 경우도 A사에서 경쟁사로 구매처를 바꾸는 경우와 같은 논리로 식을 입력한다. 즉, B사에서 A사로 구매를 바꾸는 가구의 수를 나타내는 셀 J10에는 =IF(F10>0,VoseBinomial(F10,B10/(B10+D10)),0), B사에서 C사로 구매를 바꾸는 가구의 수를 나타내는 셀 K10에는 =F10-J10을 입력한다. 마찬가지로 C사에서 A사로 구매를 바꾸는 가구의 수를 나타내는 셀 L10에는 =IF(G10>0,VoseBinomial(G10,B10/(B10+C10)),0), C사에서 B사로 구매를 바꾸는 가구의 수를 나타내는 셀 M10에는 =G10-L10을 입력한다.

이제 2주 차에 A사의 주스를 구매하는 가구의 수는 (1주 차에 A사의 주스를 구매한 가구의 수 – A사의 주스에 불만족한 가구의 수 + B사에서 A사로 구매를 바꾼 가구의 수 + C사에서 A사로 구매를 바꾼 가구의 수)가 된다. 따라서 2주 차의 셀 B11에는 =B10-E10+J10+L10을 입력한다. 2주 차에 B사의 주스를 구매한 가구 수와 2주 차에 C사의 주스를 구매한 가구 수도 각각 마찬가지로 (1주 차에 B사의 주스를 구매한 가구의 수 – B사의 주스에 불만족한 가구의 수 + A사에서 B사로 구매를 바꾼 가구의 수 + C사에서 B사로 구매를 바꾼 가구의 수)와 (1주 차에 C사의 주스를 구매한 가구의 수 – C사의 오렌지 주스에 불만족한 가구의 수 + A사에서 C사로 구매를 바꾼 가구의 수 + B사에서 C사로 구매를 바꾼 가구의 수)가 되어, 셀 C11과 셀 D11에는 각각 =C10-F10+M10+H10, =D10-G10+K10+I10을 입력한다.[3]

2주 차에 A, B, C 각 사의 주스에 불만족한 가구의 수, 각 사에서 경쟁사로 구매를 바꾼 가구의 수는 1주 차와 그 식이 같으므로 셀 E11: M11에 셀 E10: M10의 식을 끌기하여 복사한다. 그런 다음 3주 차부터 52주 차까지의 식은 2주 차 식을 복사하면 된다. 셀 범위 B11:M11을 선택하고 아래로 끌기하여 셀 범위 B61:M61까지 동일한 식을 채운다. 마지막 53주 차에는 1년 후의 시장점유율만 확인하면 되기 때문에 1년 후(52주 후) A, B, C 각 사의 오렌지 주스를 구매하는 가구의 수를 나타내는 B62:D62에 B61:D61의 식을 복사한다.

3 2주 차에 C사의 주스를 구매하는 가구의 수는 전체 가구 수에서 A사의 주스를 구매하는 가구의 수와 B사의 주스를 구매하는 가구의 수를 뺀 것과 같으므로 셀 D11에는 =300-B11-C11을 입력해도 무방하다.

이제 셀 B66:D66은 1년 후 시장점유율을 나타내는 결과 셀이다. 예를 들어, 1년 후 A사의 시장점유율은 다음과 같이 정의된다.

$$\text{A사의 시장점유율} = \frac{\text{A사의 오렌지 주스를 구입하는 가구의 수}}{\text{A, B, C사의 오렌지 주스를 구입하는 가구 수의 합}}$$

따라서 A사의 시장점유율을 나타내는 셀 B66에 =B62/SUM($B$62:$D$62)를 입력하고, 이 식을 C66:D66로 끌기하여 복사한다. 그러면 B사와 C사의 시장점유율을 나타내는 셀 C66과 D66에 =C62/SUM($B$62:$D$62)와 =D62/SUM($B$62:$D$62)이 각각 입력된다. 그런 후 셀 범위 B66:D66을 마우스로 선택하고 

을 눌러 결과 변수로 지정한다. 결과 셀의 이름은 각각 A share, B share, C share로 설정하였다. [그림 9-1]의 셀 범위 B66:D66에 나타난 수치는 한 번의 52주 시뮬레이션을 통해 나온 시장점유율 결과이다.

이제 1,000번의 반복활동을 수행하여 1년 후 시장점유율의 평균이 어떻게 나오는지 살펴보자. 1년 후 시장점유율의 평균은 시뮬레이션을 수행한 후 제공되는 결과를 통해서도 알 수 있지만 모형 시트의 셀 범위 B67:D67에 =VoseSimMean(B66), =VoseSimMean(C66), =VoseSimMean(D66)을 입력해서도 알 수 있다. [그림 9-1]을 보면 1년 후 시장점유율의 평균은 A사 55.4%, B사 33.1%, C사 11.5%임을 알 수 있다. [그림 9-2]는 1,000번의 반복활동 수행 후 제공되는 회사 A, B, C의 시장점유율 결과(Statistics)이다.

1년 후 시장점유율의 평균은 [그림 9-2]의 평균(Mean)을 보면 알 수 있는데, 당연히 이 결과는 모형 시트에서 =VoseSimMean()을 사용한 결과와 일치한다. 처음에는 같은 시장점유율로 시작했지만, 불만족 확률이 가장 낮은 A사의 1년 후 시장점유율이 55.4%로 가장 높게 예측되고, 불만족 확률이 가장 높은 C사의 시장점유율은 11.5%밖에 안 될 것으로 추정된다. 따라서 시장점유율을 높이기 위해서는 제품에 대한 고객의 불만족 비율을 낮출 방법의 강구가 필요하다.

이제 시장점유율의 1% 포인트 증가는 주당 5,000파운드의 가치가 있다고 하는데, 만일 A사가 연간 3백만 파운드의 비용을 들이면 자사 주스의 불만족 비율을 반으로 줄일 수 있다고 믿고 있다. 이러한 A사의 투자는 그만한 가치가 있는 것인지 시뮬레이션을 통해 판단해 보자.

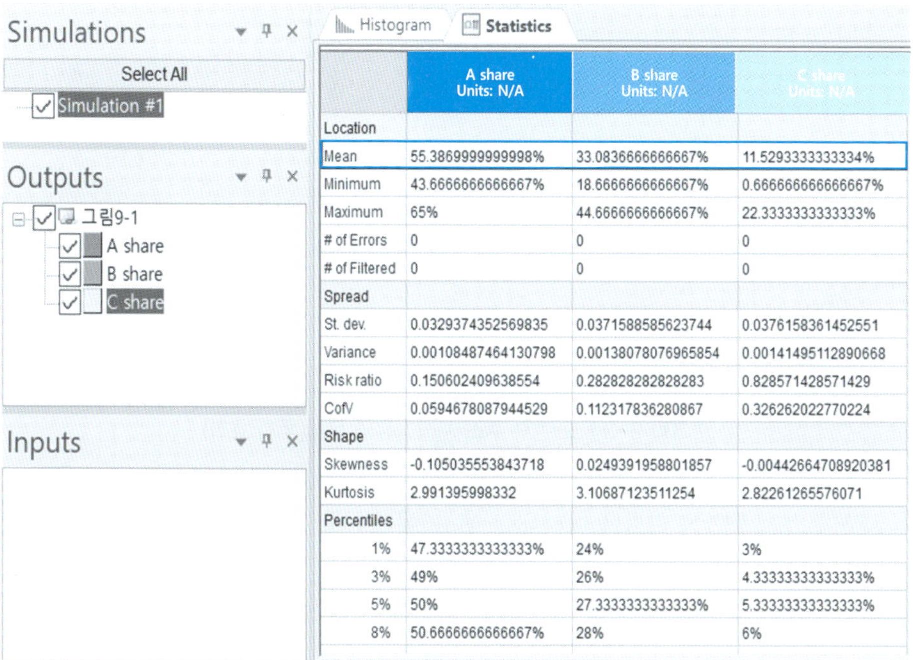

| 그림 9-2 | 시뮬레이션 결과(Statistics)

이 문제를 해결하기 위해 우선 A사 주스에 대한 불만족 확률을 0.1에서 0.05로 바꾸어 시뮬레이션을 수행한 후 불만족 확률이 0.10일 때와 비교하여 1년 후 평균 시장 점유율이 얼마나 증가했는지 살펴보자. [그림 9-3]은 불만족 확률을 줄이기 위한 A사의 투자가 과연 가치 있는 것인지를 파악하기 위한 모형이다.

	A	B	C	D	E	F	G	H	I	J	K	L	M
1	오렌지 주스 시장점유율 문제												
2													
3	자료												
4	각 브랜드 불만족 확률												
5		A	B	C									
6		0.05	0.15	0.20									
7													
8	1년(52주) 시뮬레이션												
9	주	A 구입	B 구입	C 구입	A 불만족	B 불만족	C 불만족	A에서 B로	A에서 C로	B에서 A로	B에서 C로	C에서 A로	C에서 B로
10	1	100	100	100	2	14	19	0	2	7	7	12	7
11	2	117	93	90	7	14	17	3	4	8	6	10	7
12	3	128	89	83	9	20	17	8	1	14	6	10	7
13	4	143	84	73	11	10	16	6	5	6	4	10	6
14	5	148	86	66	8	4	11	7	1	2	2	6	5
58	49	211	75	14	7	12	4	7	0	12	0	4	0
59	50	220	70	10	11	12	2	9	2	12	0	2	0
60	51	223	67	10	8	11	3	8	0	11	0	1	2
61	52	227	66	7	14	13	2	12	2	13	0	1	1
62	53(1년 후)	227	66	7									
63													
64													
65		A	B	C									
66	1년 후 시장점유율	75.7%	22.0%	2.3%									
67	1년 후 평균시장점유율	74.3%	21.9%	3.8%									
68													

▌그림 9-3▌ 오렌지 주스 시장점유율 문제(투자 효과)

A사 주스의 불만족 확률을 나타내는 셀 B6에 0.1 대신 0.05가 입력된 것 이외에는 [그림 9-1]의 모형과 같다. 시뮬레이션을 수행한 후, 셀 B67에 나타난 A사의 1년 후 시장점유율의 평균은 74.3%로 비용 투자 전의 55.4%보다 18.9% 포인트 증가함을 알 수 있다. 시장점유율이 1% 포인트 증가함에 따라 주당 5,000파운드의 가치를 창출할 수 있으므로 시장점유율 18.9% 포인트의 증가는 주당 94,500파운드의 가치를 갖는다. 따라서 1년 동안(52주) 창출할 수 있는 가치는 94,500×52=4,914,000(파운드)가 되어, 불만족 확률을 반으로 낮추기 위한 A사의 투자(3,000,000파운드)는 비용 대비 가치 측면에서 타당성을 갖는다.

모델링 Tip

[그림 9-1]과 [그림 9-3]의 두 모형은 A사의 불만족 확률을 =VoseSimTable 함수를 이용하여 두 가지 대안으로 설정함으로써 [그림 9-4]와 같이 하나의 모형으로 만들 수 있다.

	A	B	C	D	E	F	G
1	오렌지 주스 시장점유율 문제						
2							
3	자료						
4	각 브랜드 불만족 확률						
5		A	B	C		투자 전	투자 후
6		0.10	0.15	0.20		0.10	0.05
7							

| 그림 9-4 | =VoseSimTable의 이용

즉, [그림 9-4]에서 셀 F6과 셀 G6에는 각각 A사의 투자 전후의 불만족 확률을 입력하고, 셀 B6에는 =VoseSimTable(F6:G6)를 입력함으로써 A사가 불만족 확률을 반으로 낮추기 위한 투자 전후의 시장점유율을 하나의 모형으로 비교할 수 있다.

10장 연봉이 얼마면 일자리를 받아들여야 하나?

요즈음 청년실업이 우리 사회의 큰 문제로 대두되고 있다. 하지만 실제로 중소기업에서는 일자리가 있어도 사람을 구하기 힘들다고 한다. 때때로 구직자는 직장은 구했지만, 연봉이 마음에 안 들어 그 일자리를 거절하기도 한다. 과연 나에게 제안된 연봉이 얼마이면 일자리를 받아들이는 것이 좋을까?

이 장에서는 이러한 문제를 시뮬레이션을 이용해 해결해 보도록 한다.

예제

당신은 28세의 미취업자로 현재 구직 활동 중이다. 당신이 일자리 제안을 받아들일 때까지 다음과 같은 일들이 발생한다고 가정하자. 각 연초에 당신은 일자리를 제안받는다. 일자리 제안에 따른 연봉은 2,000(만원)과 6,000(만원) 사이인데, 그 범위에서 연봉의 발생 가능성은 같다. 당신은 일자리를 제안받는 즉시 그 제안을 받아들일지를 결정해야 한다. 만약 당신이 연봉 A(만원)의 일자리 제안을 받아들이면 당신은 올해를 포함해서 은퇴할 때까지 A(만원)의 연봉을 받게 된다. 여기서 은퇴는 만 60세에 하게 되고, 연봉은 매년 3%씩 인상된다고 가정하자. 또한 현금흐름의 연간 할인율은 10%라고 가정하자. 이제 당신은 B(만원) 이상의 연봉을 제시하는 첫 번째 일자리를 받아들이고자 한다. 6,000(만원) 범위 내에서 500만원 간격으로 당신이 은퇴 시까지 받게 될 임금의 현재가치를 최대화하는 연봉의 하한선(즉, B의 값)을 구하시오.

이 문제에서 확률변수는 제안받은 일자리의 연봉이며, 만 60세 은퇴 시까지 직장에서 받게 될 연봉의 합을 최대화하기 위해 받아들일 수 있는 연봉의 하한선을 결정하는 것이 문제의 핵심이다. 시뮬레이션을 통해 2,000만원에서 6,000만원까지 500만원 간격으로 9개 대안의 성과를 비교하여 가장 바람직한 연봉의 하한선을 결정할 것이다.[1] 이 문제에 대한 시뮬레이션 모형은 [그림 10-1]과 같다.

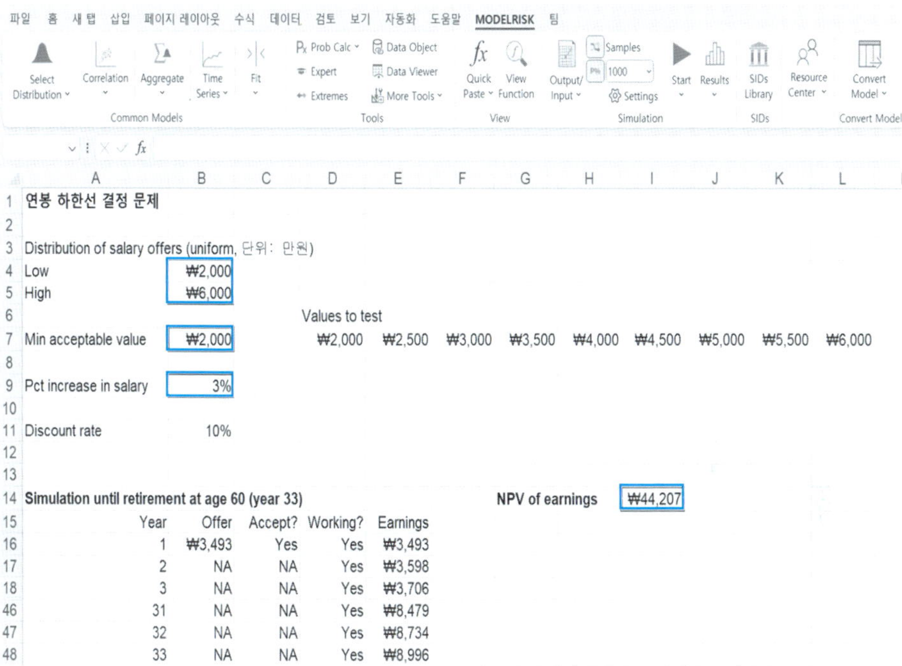

그림 10-1 구직 문제

[그림 10-1]의 셀 B9와 셀 B11에 연간 연봉상승률(3%)과 할인율(10%)이 각각 입력되어 있음을 확인할 수 있다. 셀 범위 D7:L7에는 9개의 대안(연봉 하한선의 값)이 입

1 이 문제에서 연봉의 하한선으로 6,000만원을 이용하는 것은 별 의미가 없지만, 6,000만원까지 포함해서 9개 대안의 성과를 비교할 것이다. 제안되는 연봉의 상한선이 6,000만원이기 때문에 하한선이 6,000만원일 경우에는 은퇴 시까지 구직할 수 없음을 의미하고, 따라서 은퇴 시까지의 수입도 '0'이 된다. 이 사실은 연봉의 하한선이 6,000만원일 때의 시뮬레이션 결과를 보면 확인할 수 있다.

력되어 있고, 각 대안에 대한 반복활동은 1,000번을 수행하고자 한다. 받아들일 수 있는 연봉의 하한선을 나타내는 셀 B7에는 =VoseSimTable(D7:L7)을 입력한다.

이제 28세(1차 연도)부터 각 년도 초에 일자리를 한 번 제안받게 된다.[2] 제안된 일자리의 연봉은 2,000(만원)과 6,000(만원) 사이에서 동일한 확률로 발생한다고 했으므로 제안된 연봉은 하한값이 2,000이고 상한값이 6,000인 일양분포(uniform distribution)를 따름을 알 수 있다. 따라서 1차 연도 초에 제안받는 연봉을 나타내는 셀 B16에는 =VoseUniform($B$4,$B$5)을 입력한다.[3] 여기서 셀 B4와 B5는 문제에서 주어진 연봉의 하한값과 상한값으로, 일양분포의 모양을 결정한다. ModelRisk의 Basic Edition을 이용할 경우, 셀 B16에 =$B$4+($B$5-$B$4)*RAND()를 입력한다.

이제 일자리의 연봉을 제안받았으면, 일자리의 수락 여부를 결정해야 한다. 만약 제안된 연봉이 자신이 생각하는 연봉의 하한선 이상이면 그 일자리를 수락하고, 그렇지 않으면 일자리를 수락하지 않을 것이므로 일자리의 수락 여부를 나타내는 셀 C16에는 =IF(B16>=B7,"Yes","No")를 입력한다.

다음으로 올해 일하고 있는지는 1차 연도의 경우, 1차 연도의 일자리 수락 여부와 일치한다. 따라서 셀 D16에는 =IF(C16="Yes","Yes","No")를 입력한다. 아울러 1차 연도의 수입은 일자리를 수락한 경우, 제안된 일자리의 연봉과 일치하고, 일자리를 수락하지 않았다면 '0'이 될 것이다. 따라서 셀 E16에는 =IF(D16="Yes",B16,0)를 입력한다. 이것으로 1차 연도에 필요한 수식은 모두 입력이 끝났다. 이제 2차 연도로 넘어가 보자.

2차 연도의 경우, 1차 연도에 일자리를 수락했다면 이 해에는 새로운 일자리를 제안받을 수 없다. 하지만 1차 연도에 일자리를 수락하지 않았다면 2차 연도에 다시 구직 기회를 탐색할 것이고, 다시 2,000(만원)과 6,000(만원) 사이에서 일양분포를 하는 연봉을 제안받을 것이다. 따라서 2차 연도에 제안받는 연봉으로 셀 B17에 =IF(D16="Yes","NA",VoseUniform($B$4,$B$5))를 입력한다. 여기서 "NA"는 해당

2 이 예제에서는 한 기를 1년으로 보고 있는데, 한 기를 반기, 분기, 또는 한 달로도 응용할 수 있다.

3 =VoseUniform(a,b)는 하한값이 a이고, 상한값이 b인 일양분포 확률변수 값을 발생시킨다. 일양분포(uniform distribution)는 하한값과 상한값을 모수로 갖는 연속형 분포이다. 하지만 ModelRisk의 Basic Edition에서는 이 함수를 이용할 수 없다.

사항 없음(Not Applicable)의 약자이다. ModelRisk의 Basic Edition에서는 =IF(D16 = "Yes","NA",$B$4+($B$5-$B$4)*RAND())을 입력한다.

만약 1차 연도에 일자리를 수락했다면 2차 연도의 일자리 수락 여부는 해당 사항이 없고, 그렇지 않을 경우 2차 연도에 새로운 일자리를 제안받는다. 그리고 그때의 연봉이 자신이 생각하는 연봉의 하한선 이상이면 그 일자리를 수락할 것이고, 그렇지 않다면 거절할 것이다. 따라서 2차 연도의 일자리 수락 여부를 나타내는 셀 C17에는 =IF(B17 = "NA","NA",IF(B17> = $B$7,"Yes","No"))를 입력한다.

2차 연도에 일하는지는 두 가지 조건의 합사건(union, OR)으로 표현된다. 만약 1차 연도에 일하고 있거나, 또는 두 번째 해에 새로이 일자리를 수락했다면 두 번째 해에는 일하는 것이다. 하지만 1차 연도와 2차 연도 모두 일자리를 수락하지 않았다면 2차 연도에는 일하지 않는 상태가 된다. 따라서 셀 D17에는 =IF(OR(D16 = "Yes",C17 = "Yes"), "Yes","No")를 입력한다.

이제 2차 연도의 수입(earnings)에 대해 생각해 보자. 1차 연도부터 일하고 있었다면 2차 연도의 수입은 '(1+0.03)×1차 연도의 연봉'이 될 것이다. 하지만 2차 연도에 처음 일자리를 잡았으면 2차 연도의 수입은 2차 연도에 수락한 일자리의 연봉이 될 것이고, 2차 연도에도 일자리를 수락하지 않은 경우, 2차 연도의 수입은 '0'이 된다. 따라서 2차 연도의 수입을 나타내는 셀 E17에는 =IF(D17 = "No",0,IF(D16 = "No", B17,(1+$B$9)*E16))를 입력한다. 여기서 $B$9는 연봉상승률(3%)을 나타낸다.

이제 2차 연도의 수식을 3차 연도부터 은퇴 시까지 복사해서 입력해 보자. 28세부터 구직을 시작하여 만 60세까지 일을 할 수 있으므로 최대 33년 동안 일을 할 수 있다. 셀 범위 B17:E17을 선택하고 아래로 끌기하여 셀 범위 B48:E48까지 같은 논리의 식을 채운다.

이 문제에서 결과변수는 직장 생활 동안 받게 될 수입의 현재가치이다. =NPV(할인율, 셀 범위)는 셀 범위에 있는 값들을 해당 할인율로 할인하여 순현재가치(NPV, net present value)를 구해주는 함수이다. 수입의 NPV를 나타내는 결과 셀 I14에 =NPV(B11,E16:E48)를 입력하고 Output/Input 를 눌러 이 셀을 NPV라는 이름의 결과변수로 지정한다. 그러면 I14는 =VoseOutput("NPV")+NPV(B11,F16:E48)로 전환된다. 여기서

B11은 연간할인율(10%)을 나타낸다.

이제 시뮬레이션을 수행해 보자. 1,000번의 반복활동 후 제공되는 결과(Statistics)는 [그림 10-2]와 같다. 시뮬레이션 결과, 4,000만원(Sim 5)을 연봉의 하한선으로 할 때가 당신이 직장 생활 동안 벌게 될 수입의 현재가치 평균을 56,972.70(만원)으로 가장 크게 만들 수 있음을 알 수 있다.

Histogram | Statistics

	NPV Sim: 1 Units: N/A	NPV Sim: 2 Units: N/A		NPV Sim: 4 Units: N/A	NPV Sim: 5 Units: N/A	NPV Sim: 6 Units: N/A	NPV Sim: 7 Units: N/A	NPV Sim: 8 Units: N/A	NPV Sim: 9 Units: N/A
Location									
Mean	$50758.3632342	$53004.2993993	$55422.6205205	$56628.3817593001	$56972.7031112	$56544.2509039	$53427.8307732	$42670.8343502	$0
Minimum	$25399.7078	$27586.5498	$28990.137	$24848.7554	$19381.0805	$16369.665	$1509.4436	$0	$0
Maximum	$75920.6723	$75830.5228	$75818.5608	$75918.1424	$75923.6833	$75726.3021	$75913.3023	$75875.8717	$0
# of Errors	0	0	0	0	0	0	0	0	0
# of Filtered	0	0	0	0	0	0	0	0	0
Spread									
St. dev.	14405.8731724255	13086.9278142194	10883.8301350049	9827.66771010332	10512.1759458087	11616.8864361436	15103.6982030682	21821.8644856225	0
Variance	207529181.860009	171267679.61459	118457758.407642	96583052.6202075	110505843.11564	134952050.470258	228121699.409365	476193769.628874	0
Risk ratio	0.785297987038307	0.676311130066035	0.54096947121009	0.459226889774832	0.49525464916042	0.524495377055171	0.688532359946852	1.31615491202993	
CofV	0.283812799596325	0.246903137340445	0.196378843742677	0.173546681094932	0.184512501105853	0.205447702470887	0.282693457407677	0.511399995287888	
Shape									
Skewness	-0.0201005080226775	0.0178149336200615	0.00409133095590372	-0.0846872613522578	-0.348997428942399	-0.798634446137559	-0.748968778553477	-0.290107609667804	
Kurtosis	1.79882074856081	1.75697882965443	2.0313428122414	2.36186494879477	2.78889560605681	3.45513914832168	3.01212859439925	1.88644960932627	
Percentiles									

▎그림 10-2 ▎시뮬레이션 결과(Statistics)

[그림 10-2]에서 마지막 대안(Sim 9)의 결과변수 값은 최솟값, 최댓값, 평균이 모두 '0'으로 나타나고 있는데, 이는 당연한 결과이다. 매년 초 제안받는 일자리의 연봉이 2,000만원에서 6,000만원 사이의 일양분포를 하므로 받아들일 수 있는 연봉의 하한선이 6,000만원일 경우에는 은퇴 시까지 제안받는 어떠한 일자리도 수락하지 않음을 의미한다. 따라서 수입도 없게 된다.

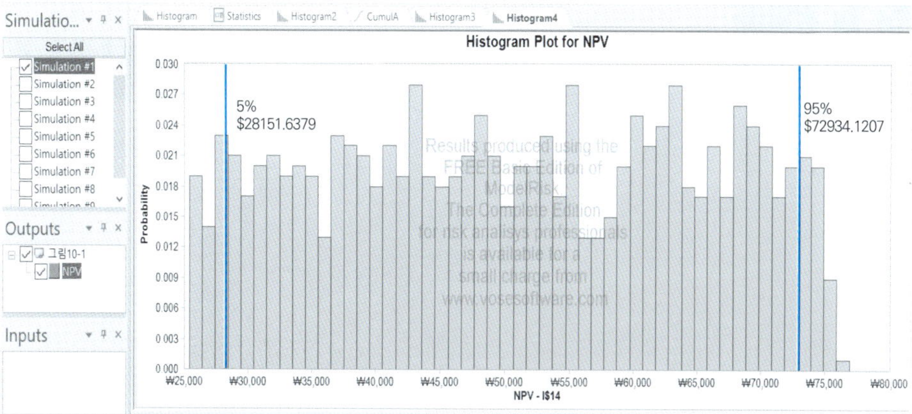

┃그림 10-3┃ 연봉 하한선이 2,000만원일 때의 NPV 분포

반대로 첫 번째 대안(Sim 1)은 연봉의 하한선이 2,000만원인 경우이므로 1차 연도에 제안받는 어떠한 일자리도 바로 수락하게 된다. 따라서 은퇴 시까지 벌게 되는 수입의 현재가치도 일양분포와 유사하게 나타난다. 이러한 사실은 첫 번째 대안(Sim 1)의 NPV 분포를 [그림 10-3]과 같은 막대그림표(histogram)로 나타냄으로써 확인할 수 있다.[4]

4 분포의 모양이 들쑥날쑥한 이유는 반복활동의 수가 1,000번밖에 되지 않기 때문이다. 반복활동 수를 늘리게 되면 분포의 모양이 일양분포와 흡사한 모양으로 바뀌게 된다.

11장 다구찌 손실함수

지금은 LG전자와 삼성전자의 가전제품이 세계 일류로 인정되고 있지만, 예전 1980년대 일본 가전제품의 품질은 가히 독보적이었다. 그 당시 일본 가전업체 소니(SONY)에 관한 일화이다. 1979년 4월 17일 자 일본의 아사히신문(朝日新聞)은 품질과 관련한 흥미로운 기사를 게재했다. 일본 전자업체 소니는 컬러TV를 일본의 도쿄 공장(SONY-JAPAN)과 미국의 샌디에이고 공장(SONY-USA)에서 각각 생산하고 있었는데, 두 공장 모두 같은 공정 및 자재를 이용하고, 같은 제품사양에 따라 TV를 생산하였다. 하지만 미국의 TV 소비자를 대상으로 한 선호도 조사 결과, 소비자들은 대부분 도쿄 공장에서 생산된 TV를 더 선호하는 것으로 나타났다.

재미있는 사실은 [그림 11-1]에서 보는 바와 같이 TV 화면의 색상밀도(color density)의 이상적인 성능 값을 100이라고 했을 때 도쿄 공장에서 생산되는 TV 화면의 색상밀도는 평균이 100이고, 표준편차가 5/3인 정규분포(normal distribution)를 따르고, 샌디에이고 공장에서 생산되는 TV 화면의 색상밀도는 평균이 100이면서 95에서 105라는 합격범위 내에 색상밀도가 존재할 확률이 균일한 일양분포(uniform distribution)를 따르는 것으로 조사되었다. 따라서 분포의 특성을 고려하면 샌디에이고 공장에서 생산되는 SONY-USA의 불량률은 0%이지만, 도쿄 공장에서 출하되는 SONY-JAPAN의 불량률은 0.27%에 달하게 된다.

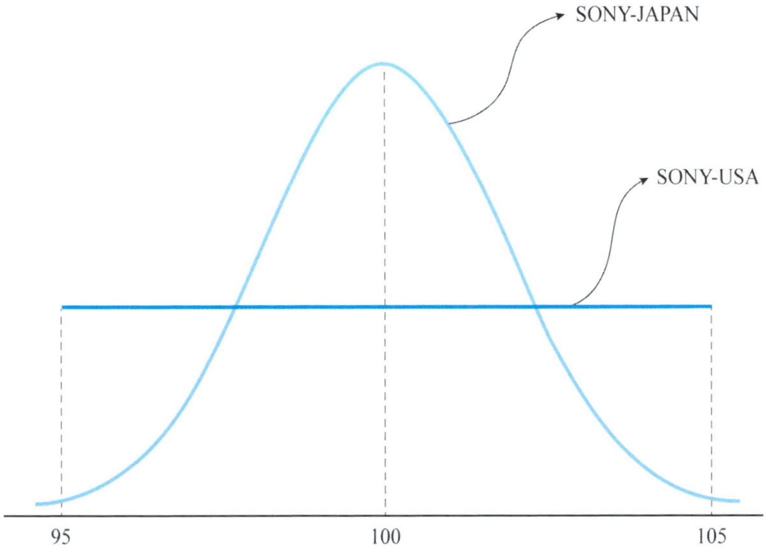

▌그림 11-1 ▌SONY-USA와 SONY-JAPAN의 색상밀도 분포

이 논리에 따르면 SONY-USA의 색상밀도는 불합격품이 없어 더 나은 것 같이 생각되지만 실제로 소비자들은 SONY-JAPAN을 훨씬 선호하는 결과를 보인 것이다. 색상밀도 분포를 보면 SONY-JAPAN이 SONY-USA보다 불량률이 더 높음에도 불구하고 소비자들이 SONY-JAPAN을 더 선호하는 이유는 무엇일까? 이 질문에 대한 답은 제품의 성능이 규격 범위 내에 있게 되면 '합격'이라는 기존 개념을 깨는 다구찌(Taguchi Genichi, 田口玄一)의 손실함수(loss function)로 설명할 수 있다.

전통적인 품질 관점에서 보면 제품의 성능이 규격 범위 내에 있게 되면 해당 제품은 불량품으로 판정되지 않고, 이에 따라 폐기비용이나 수리비용 등이 발생하지 않으므로 생산자 입장에서는 손실이 발생하지 않는다. 하지만 제품의 성능이 규격 범위 내에 있다고 하더라도 그 목푯값(target measurement)과 일치하지 않으면 그 순간부터 소비자는 불편을 느끼게 되고, 이는 소비자 입장에서의 손실이 된다. 또한 제품의 성능이 목푯값에서 멀어지면 멀어질수록 손실의 크기는 기하급수적으로 증가하게 된다. 이제 소비자들이 SONY-JAPAN을 SONY-USA보다 선호하는 이유는 명확하다. SONY-JAPAN의 성능은 목표치에 근접하는 빈도가 높은 반면, SONY-USA의 성능은 규격 범위 내에는 모두 들지만 목푯값에서 벗어나는 빈도가 SONY-JAPAN보다 훨씬 크기 때문이다.

다구찌는 품질을 목적에의 적합성(fit for purpose)으로 정의하면서, 제품의 성능이 그 목푯값을 벗어나는 순간부터 손실은 발생하며, 화폐가치(monetary value)로 표현되는 이 손실은 생산자 손실과 소비자 손실의 합을 의미한다고 주장한다.[1]

다구찌는 제품의 성능이 그 목푯값에서 벗어남으로 인해 발생하는 손실을 화폐가치로 계량화하는 함수를 만들었는데, 그 함수를 다구찌 손실함수(Taguchi loss function)라고 한다. 다구찌 손실함수 $L(x)$은 〈식 11-1〉과 같이 정의된다.

$$L(x) = k(x - T)^2 \qquad \text{〈식 11–1〉}$$

여기서, x: 제품의 성능(속성값)

T: 성능의 목푯값(target measurement)

k: 손실계수(손실함수의 모양을 결정)

손실함수의 모양을 결정하는 손실계수 k는 다음과 같이 결정된다. 예를 들어, TV의 색상밀도가 95일 때 1,000원의 손실이 발생한다면, $1,000 = k(95 - 100)^2$이므로 $k = 40$이다. 따라서 손실함수는 〈식 11-2〉와 같이 그 모양이 결정된다.

$$L(x) = 40(x - T)^2 \qquad \text{〈식 11–2〉}$$

1 다구찌는 이러한 그의 품질에 대한 개념을 설명하기 위해 다음과 같은 예를 들고 있다. 와이셔츠를 깨끗이 입으려면 세탁하거나 다림질해야 한다. 한 벌의 와이셔츠는 약 80회 정도 세탁한 후 버려진다고 한다. 현재 와이셔츠 세탁 비용이 한 회에 3,000원이라면 와이셔츠 한 벌을 버릴 때까지 드는 세탁 비용은 240,000원이 된다. 만일 와이셔츠 회사에서 오염이나 구긴 정도를 반으로 줄여줄 수 있는 새로운 와이셔츠를 만든다면, 그것은 소비자의 세탁 비용 부담을 120,000원 덜어주게 된다. 이 새로운 와이셔츠를 만드는데 원가가 10,000원 더 들더라도 그것을 기존의 와이셔츠보다 20,000원 더 비싸게 판다면 회사는 와이셔츠 한 벌에 10,000원의 이익을, 소비자는 100,000원의 이득을 누리게 된다. 그뿐 아니라 소비자의 세탁 횟수를 절반으로 줄여 오수의 방출이나 세탁 시의 소음, 전기료 등도 반으로 줄이게 된다. 결국 공해를 반감시키고 물, 세제, 전력 등의 자원도 절반으로 줄여 궁극적으로 사회적인 비용도 줄이게 된다.

[그림 11-2]는 〈식 11-2〉의 손실함수를 그래프로 나타낸 것이다.

	A	B
1	다구찌 손실함수 그래프	
2	L(x)=40*(x-100)^2	
3		
4	x	L(x)
5	90	₩4,000
6	91	₩3,240
7	92	₩2,560
8	93	₩1,960
9	94	₩1,440
10	95	₩1,000
11	96	₩640
12	97	₩360
13	98	₩160
14	99	₩40
15	100	₩0
16	101	₩40
17	102	₩160
18	103	₩360
19	104	₩640
20	105	₩1,000
21	106	₩1,440
22	107	₩1,960
23	108	₩2,560
24	109	₩3,240
25	110	₩4,000

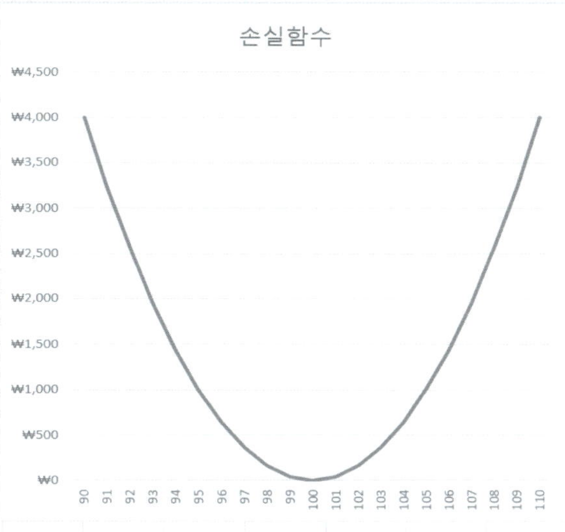

❙ 그림 11-2 ❙ 다구찌 손실함수 그래프

이제 시뮬레이션을 이용하여 SONY-JAPAN과 SONY-USA의 손실비용을 비교해 보자. 각각의 색상밀도를 산출하고, 손실함수를 이용해 손실비용을 산출한 후 그 평균을 비교해 보자. 시뮬레이션 모형은 [그림 11-3]과 같다.

[그림 11-3]의 셀 B4와 B5에는 SONY-JAPAN의 색상밀도 분포(정규분포)의 모수인 평균(100)과 표준편차(5/3)를 입력하였고, 셀 E4와 E5에는 SONY-USA의 색상밀도 분포(일양분포)의 모수인 최솟값(95)과 최댓값(105)을 입력하였다.

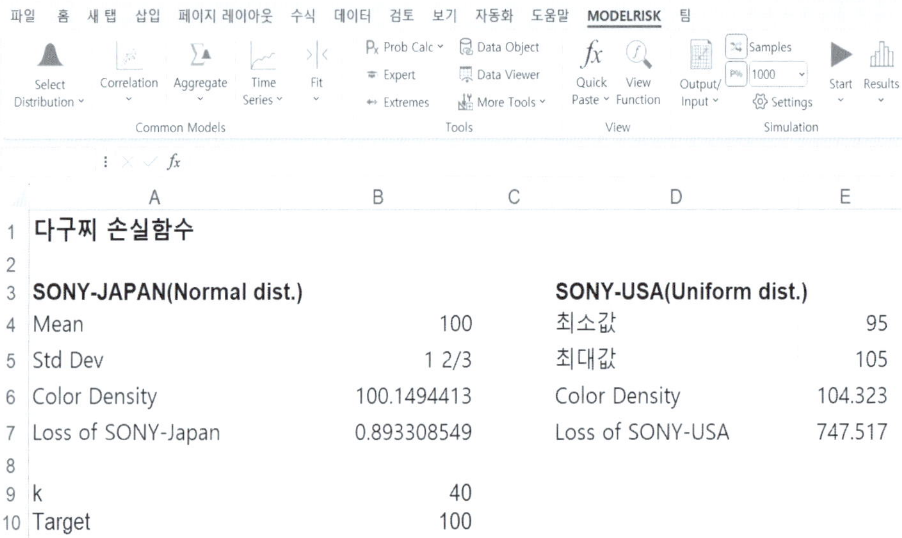

	A	B	C	D	E
1	**다구찌 손실함수**				
2					
3	**SONY-JAPAN(Normal dist.)**			**SONY-USA(Uniform dist.)**	
4	Mean	100		최소값	95
5	Std Dev	1 2/3		최대값	105
6	Color Density	100.1494413		Color Density	104.323
7	Loss of SONY-Japan	0.893308549		Loss of SONY-USA	747.517
8					
9	k	40			
10	Target	100			

❙그림 11-3❙ 다구찌 손실함수 모형

TV의 색상밀도에 따른 손실함수 $L(x) = 40(x - T)^2$이다. 셀 B9와 B10에 손실계수(k) 40과 색상밀도의 목푯값(T) 100을 입력하였다.

다음으로 SONY-JAPAN의 색상밀도를 나타내는 셀 B6에는 =VoseNormal(B4,B5)을 입력하여 정규분포 확률변수 값을 발생시키고, SONY-USA의 색상밀도를 나타내는 셀 E6에는 =VoseUniform(E4,E5)를 입력하여 일양분포 확률변수 값을 발생시킨다. ModelRisk Basic Edition에서는 =VoseUniform 함수가 지원되지 않음으로 셀 E6에 =E4+(E5-E4)*RAND()를 입력한다.

이제 색상밀도에 따른 손실비용을 산출해 보자. SONY-JAPAN의 손실비용을 나타내는 셀 B7에는 =B9*(B6-B10)^2를 입력하고, SONY-USA의 손실비용을 나타내는 셀 E7에는 =B9*(E6-B10)^2를 입력한다. 두 손실비용의 분포와 그 평균을 비교할 것이므로 셀 B7과 셀 E7을 마우스로 선택하고 Output/Input 아이콘을 눌러 결과변수로 지정한다. 결과변수를 지정할 때 B7의 이름은 Loss of Sony-Japan, E7의 이름은 Loss of Sony-USA로 설정하였다. 1,000번의 반복활동을 통해 산출된 SONY-JAPAN의 손실비용의 분포는 [그림 11-4]와 같다. SONY-JAPAN의 손실비용의 평균은 115.51(원)으

로 나타났고, 손실비용이 431.29(원) 이상이 될 가능성은 5%에 지나지 않음을 확인할 수 있다.

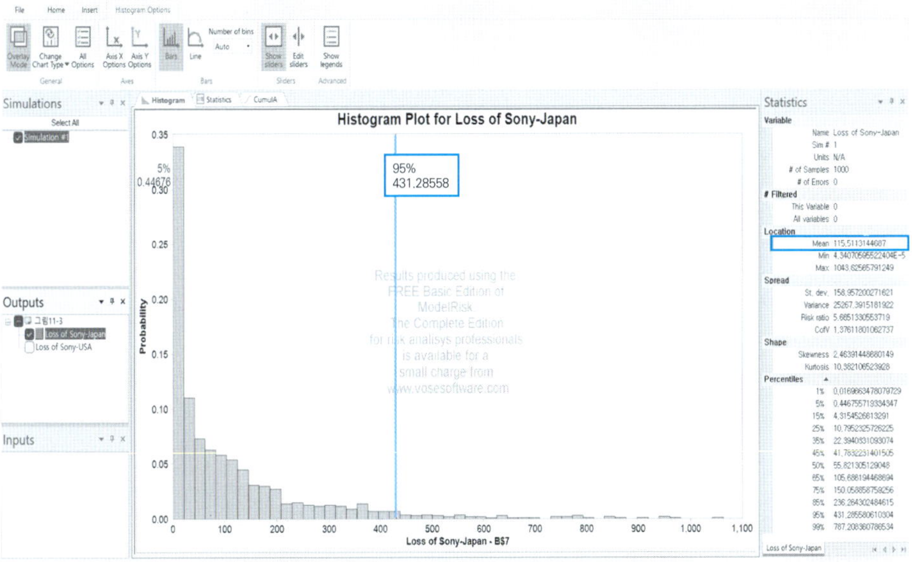

❙ 그림 11-4 ❙ SONY-JAPAN 손실비용의 분포

이 결과를 SONY-USA와 비교하기 위해, [그림 11-4]에서 Histogram Options 탭 메뉴의 맨 왼쪽에 있는 Overlay Mode( )를 누르고, Outputs에서 비교 대상인 Loss of Sony-USA를 선택한다. 은 비교하고자 하는 결과변수의 분포를 겹쳐서 보게끔 하는 기능이다.

[그림 11-5]는 겹쳐서 나타난 SONY-JAPAN과 SONY-USA의 손실비용 분포와 함께 각각의 요약 통계량을 보여주고 있다.[2]

2 분포를 히스토그램으로 겹쳐 보게 되면 비교가 힘든 단점이 있다. 분포의 비교를 위해서는 다음에 설명할 누적분포함수(CDF: cumulative distribution function)를 이용하는 것을 추천한다.

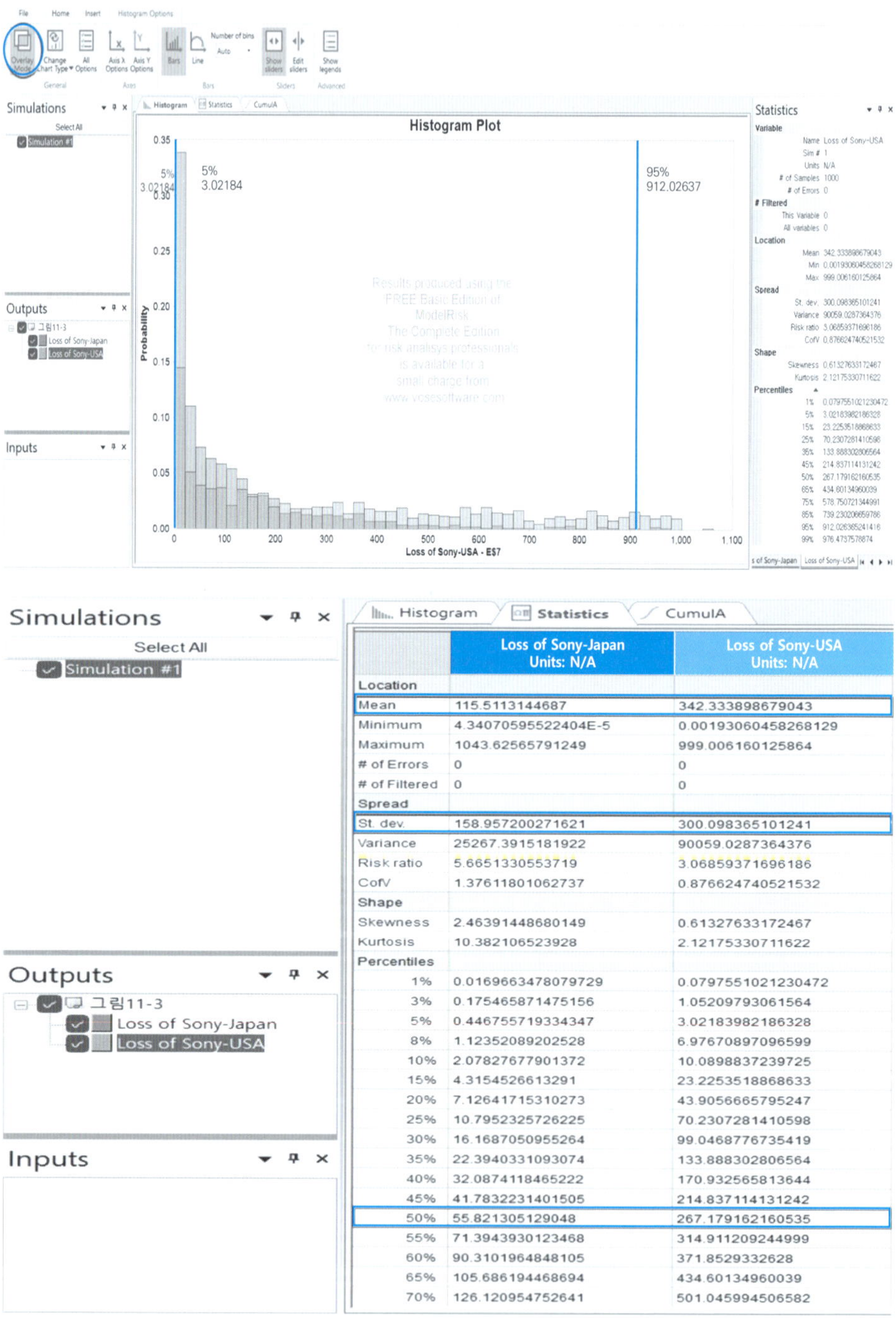

	Loss of Sony-Japan Units: N/A	Loss of Sony-USA Units: N/A
Location		
Mean	115.5113144687	342.333898679043
Minimum	4.34070595522404E-5	0.00193060458268129
Maximum	1043.62565791249	999.006160125864
# of Errors	0	0
# of Filtered	0	0
Spread		
St. dev.	158.957200271621	300.098365101241
Variance	25267.3915181922	90059.0287364376
Risk ratio	5.6651330553719	3.06859371696186
CofV	1.37611801062737	0.876624740521532
Shape		
Skewness	2.46391448680149	0.61327633172467
Kurtosis	10.382106523928	2.12175330711622
Percentiles		
1%	0.0169663478079729	0.0797551021230472
3%	0.175465871475156	1.05209793061564
5%	0.446755719334347	3.02183982186328
8%	1.12352089202528	6.97670897096599
10%	2.07827677901372	10.0898837239725
15%	4.3154526613291	23.2253518868633
20%	7.12641715310273	43.9056665795247
25%	10.7952325726225	70.2307281410598
30%	16.1687050955264	99.0468776735419
35%	22.3940331093074	133.888302806564
40%	32.0874118465222	170.932565813644
45%	41.7832231401505	214.837114131242
50%	55.821305129048	267.179162160535
55%	71.3943930123468	314.911209244999
60%	90.3101964848105	371.8529332628
65%	105.686194468694	434.60134960039
70%	126.120954752641	501.045994506582

| 그림 11-5 | SONY-JAPAN과 SONY-USA의 손실비용 비교

[그림 11-5]의 그래프를 보면 시각적으로도 두 TV의 손실비용 차이를 확인할 수 있다. 우선, 손실비용이 431(원) 이상이 될 가능성이 SONY-JAPAN은 5%에 지나지 않지만, SONY-USA는 34.8%나 되는 것을 알 수 있다. 또한 SONY-JAPAN의 손실비용 분포를 보면 '0'에 가까운 값들이 많고, 손실비용이 '0'에서 멀어질 가능성은 작게 나타나지만, SONY-USA의 손실비용은 더 넓은 범위로 뻗어나가고, 그 가능성도 비교적 고르게 분포되어 있음을 알 수 있다.

[그림 11-5]의 손실비용 요약 통계량을 보면 두 TV의 손실비용 분포를 명확히 비교할 수 있다. 우선, 손실비용의 평균을 보면 SONY-USA가 SONY-JAPAN의 3배에 가까움을 알 수 있다. 또한 중앙값(50th percentile)도 SONY-USA가 SONY-JAPAN의 5배에 가까운 것으로 나타나고, 손실비용의 변동을 나타내는 표준편차도 SONY-USA가 SONY-JAPAN보다 훨씬 큼을 알 수 있다.

한편, [그림 11-5]에서는 두 TV의 손실비용 분포(histogram)가 겹쳐서 나타나 분포를 시각적으로 비교하기 어려운 단점이 있다. 이 경우, [그림 11-6]의 상단에 있는 Insert 탭을 눌러 누적분포함수 아이콘()을 누르면 두 비교 대상의 누적분포함수(cumulative ascending)를 함께 겹쳐서 볼 수 있다. 이제 두 그래프의 손실비용 분포를 비교하기 위해 손실비용이 426(원)보다 작을 가능성이 각각 얼마인지 계산해 보자. 이를 위해 [그림 11-6]의 아래 그림처럼  을 눌러 Sliders 탭에서 Add 버튼을 누른다. 그러면 나타나는 Define Slider position 창에서 x-value(손실비용) 입력상자에 426을 입력한다. 그러면 각 그래프에서 손실비용이 426(원) 이하일 가능성이 그래프에 나타난다.

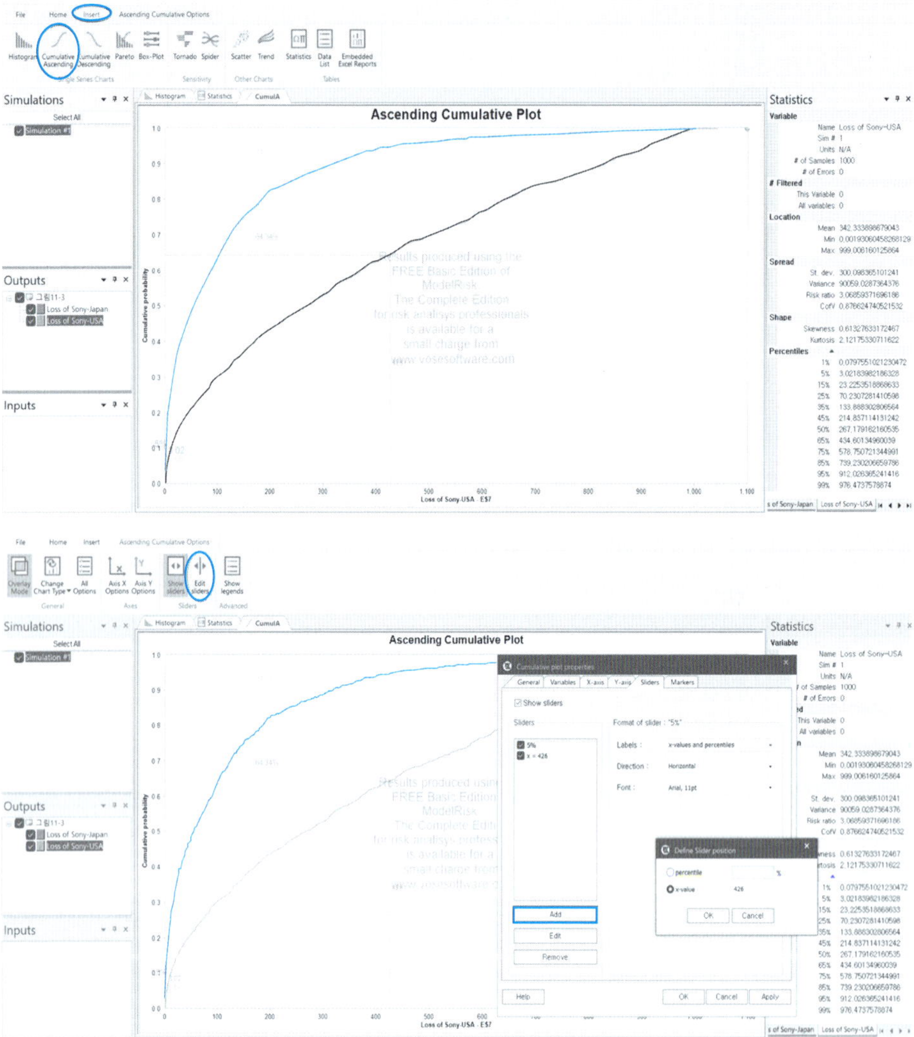

| 그림 11-6 | SONY-JAPAN과 SONY-USA의 누적분포함수 비교

[그림 11-6]에서 SONY-JAPAN의 손실비용 누적분포함수를 보면 200(원) 근방까지 급격한 경사를 보여, 손실비용이 426(원)보다 낮을 가능성은 94.71%나 된다. 하지만 SONY-USA의 누적분포함수는 완만한 상승세를 보여 더 넓은 범위에 손실비용이 고르게 발생함을 알 수 있으며, 따라서 손실비용이 426(원)보다 낮을 가능성도 64.34%에 지나지 않는다.

결과적으로, 소비자는 제품의 성능이 공급자가 설정한 규격 범위 내에 있다고 해서 만족하는 것이 아님을 알 수 있다. 실제로는 제품의 성능이 제품이 추구하는 목푯값에서 벗어나는 순간 고객은 제품에 대해 불만족을 느끼기 시작하고, 그 편차가 커질수록 고객의 불만족은 기하급수적으로 증가한다. 그리고 이러한 불만족은 생산자와 소비자에게뿐만 아니라 사회적인 손실도 발생시킨다는 다구찌의 품질 개념은 시뮬레이션 결과를 통해서도 그 타당성이 입증된다.

손실함수의 종류

손실함수는 제품의 속성값(성능)이 무엇을 추구하느냐에 따라 세 가지로 나눌 수 있다.

① 망목특성(nominal-is-best): 제품의 속성값이 목푯값에 일치할수록 좋은 경우로, 길이, 중량, 점도, 전압, 밀도, 밝기 등에 목푯값이 있는 제품을 예로 들 수 있다. 이 경우의 손실함수는 $L(x) = k(x-T)^2$이다.

② 망소특성(smaller-is-better): 제품의 속성값이 '0'에 가까울수록 좋은 경우로, 망목특성에서 목푯값이 '0'인 경우이다. 불량률, 소음, 쓰레기, 진동, 공기저항, 제동거리, 방사능 노출 등을 예로 들 수 있으며, 이 경우의 손실함수는 $L(x) = kx^2$이다.

③ 망대특성(larger-is-better): 제품의 속성값이 크면 클수록 좋은 경우이다. 강도, 효율성, 내구성, 수명, 시험성적 등을 예로 들 수 있으며, 손실함수는 $L(x) = k/x^2$이다.

다음 예제를 이용하여 다구찌 손실함수를 복습해 보자.

예제

한라제지(주)는 복사용 재생 종이를 만드는 업체이다. 이 종이의 밝기수준 목표(target level)는 80인데, 만일 종이의 밝기수준이 목표와 5의 편차를 보이면(예를 들어, 밝기수준이 75 또는 85라면) 고객의 불만이 발생할 가능성은 10%이고, 이때 생산된 종이 톤당 5만원의 비용이 발생한다. 이 비용은 고객의 반품 및 신용도 저하에 따라 한라제지가 부담해야 하는 불이익을 화폐가치로 추산한 것이다. 한라제지가 현재 사용하고 있는 제지 기계는 밝기수준이 72에서 88 사이의 일양분포(uniform distribution)를 하는 종이를 생산한다. 이 기계의 운영비용은 연 2억원이다. 한라기계는 기존 기계의 노후화에 따라 새로운 기계의 도입을 고려하고 있는데, 새로운 기계의 연간 운영비용은 4억원으로 추정된다. 새로운 기계는 밝기수준이 평균 80이고, 표준편차가 1인 정규분포(normal distribution)의 종이를 생산하는 것으로 알려져 있다.
한라제지는 연간 60,000톤의 재생 종이를 생산하고 있다. 품질개선을 위해 기존 기계를 새로운 기계로 대체하는 것이 경제적으로 타당한지를 판단하시오.

기존 기계를 이용할 때와 새로운 기계를 이용할 때의 연간 비용을 구하고, 이를 비교해 보자. 연간 비용은 기계의 운영비용과 손실비용의 합이다. 우선 손실함수를 구하기 위해 문제에서 주어진 정보를 이용하자. 제품이 망목특성을 가지므로 손실함수는 $L(x) = k(x-T)^2$이다. 여기서 x는 종이의 밝기수준이고, T는 목푯값이다. 문제에서 T=80이고, 생산된 종이의 밝기수준이 목푯값과 5의 편차를 보이면 고객의 불만족으로 인해 톤당 50,000원의 비용이 발생할 가능성이 10%라고 했으므로 손실함수 $L(x) = k(x-T)^2$로부터 $50{,}000 \times 0.1 = k(5)^2$이 된다. 따라서 손실계수 $k = 200$이다. 이제 손실함수가 정의되었으므로 두 대안의 연간 비용을 구해 보자. 시뮬레이션 모형은 [그림 11-7]과 같다.

	A	B	C	D	E
1	**한라제지**				
2					
3	**신기계**			**구기계**	
4	밝기수준의 평균	80		밝기수준의 최소값	72
5	밝기수준의 표준편차	1		밝기수준의 최대값	88
6	밝기수준(정규분포)	79.82520604		밝기수준(일양분포)	75.49015253
7	손실비용	₩6		손실비용	₩4,068
8	운영비용	₩400,000,000		운영비용	₩200,000,000
9	총비용	₩400,366,635		총비용	₩444,064,690
10	기대비용	No simulation results		기대비용	No simulation results
11					
12	k	200			
13	Target	80			

❙그림 11-7❙ 한라제지 문제

[그림 11-7]을 보면 새로운 기계(신기계)와 기존 기계(구기계) 각각에서 생산되는 종이의 밝기수준 분포와 분포의 모수, 그리고 연간 기계 운영비용이 입력되어 있음을 알 수 있다. 새로운 기계와 기존 기계가 생산하는 종이의 밝기수준을 산출하기 위해 셀 B6과 셀 E6에 각각 =VoseNormal(B4,B5), =VoseUniform(E4,E5)를 입력하였다. ModelRisk Basic Edition에서는 셀 E6에 =E4+(E5-E4)*RAND()을 입력한다.

다음으로 새로운 기계와 기존 기계 각각이 생산한 종이 톤당 연간 손실비용을 구하기 위해 셀 B7에는 =B12*(B6-B13)^2를 입력하고, 셀 E7에는 =B12*(E6-B13)^2를 입력한다. 한라제지의 연간 종이 생산량은 60,000톤이므로 각 기계의 연간 손실비용은 (60,000×톤당 손실비용)이 된다. 따라서 새로운 기계를 사용할 때의 연간 총비용을 나타내는 셀 B9에는 =60000*B7+B8을 입력하고, 기존 기계를 사용할 때의 연간 총비용을 나타내는 셀 E9에는 =60000*E7+E8을 입력한다. 여기서 셀 B9와 셀 E9는 우리가 관심을 갖는 결과변수이므로 셀 B9와 셀 E9를 마우스로 선택하고 을 눌러 결과변수로 지정한다.[3] 그런 후 새로운 기계와 기존 기계의 연간 총비용의 기댓값을 구하기 위해 셀 B10과 셀 E10 각각에 =VoseSimMean(B9)과 =VoseSimMean(E9)을 입력하고, 반복활동을 5,000회 수행한다.[4] 셀 B10과 셀 E10의 결과를 보면 새로운 기계의 기대비용은 412,436,944원, 기존 기계의 기대비용은 457,895,286원으로 나와 새로운 기계를 도입하는 것이 경제적으로 타당함을 알 수 있다.

[그림 11-8]은 새로운 기계와 기존 기계의 연간 총비용의 분포를 비교한 것이다. 가파른 곡선(파란선)은 새로운 기계의 누적분포함수이고, 완만한 곡선(검정선)은 기존 기계의 누적분포함수이다. 육안으로도 새로운 기계의 총비용이 기존 기계의 총비용보다 매우 좁은 범위에 존재함을 볼 수 있다. 구체적으로 하위 5%에서 상위 5% 사이의 총비용 범위를 보면[5] 신기계의 경우, 약 4억원에서 4억4천6백7십만원으로 그 범

3 결과변수 지정 시, 셀 B9의 이름은 TC of New Machine, 셀 E9의 이름은 TC of Old Machine으로 설정하였다.

4 기댓값은 미지의 모수이므로 엄밀한 의미에서는 5,000회 반복활동으로 얻게 되는 평균값은 연간 총비용의 표본평균을 말한다.

5 그래프 위에 마우스를 올려놓으면 마우스 지점의 percentile(종축)과 총비용(횡축)이 나타난다.

위가 무척 좁은 데 비해 기존 기계의 경우는 그 범위가 약 2억원에서 8억9천6백만원으로 나타나 매우 넓은 것을 알 수 있다.

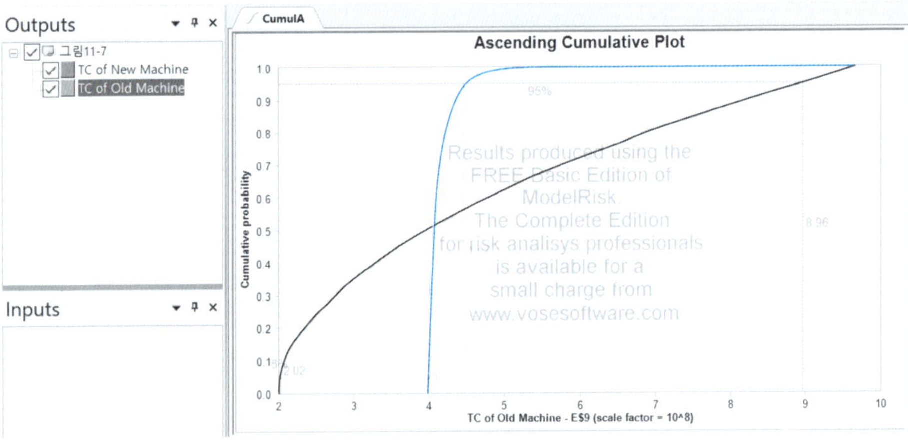

| 그림 11-8 | 신기계와 구기계의 연간 총비용 분포의 비교

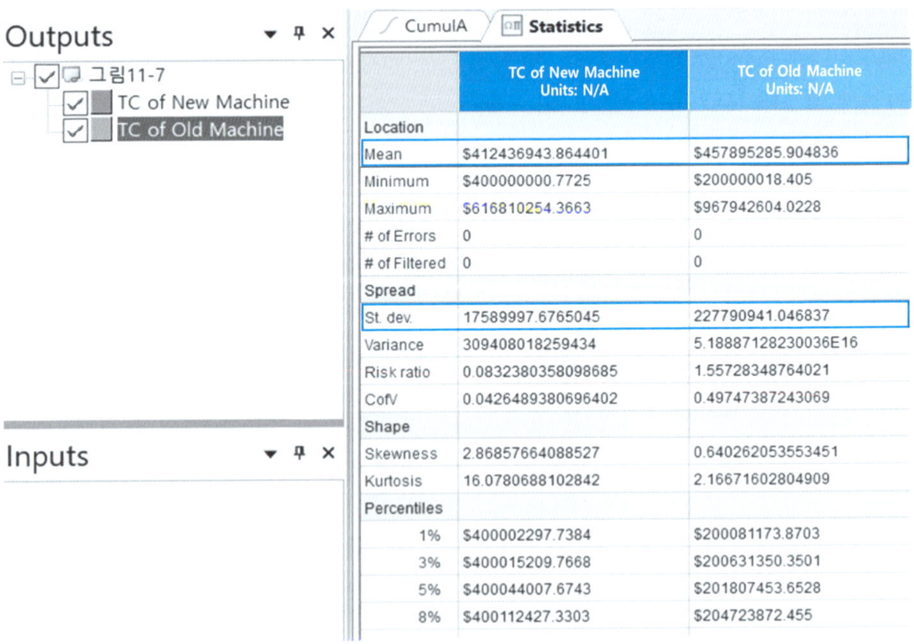

	TC of New Machine Units: N/A	TC of Old Machine Units: N/A
Location		
Mean	$412436943.864401	$457895285.904836
Minimum	$400000000.7725	$200000018.405
Maximum	$616810254.3663	$967942604.0228
# of Errors	0	0
# of Filtered	0	0
Spread		
St. dev.	17589997.6765045	227790941.046837
Variance	309408018259434	5.18887128230036E16
Risk ratio	0.0832380358098685	1.55728348764021
CofV	0.0426489380696402	0.49747387243069
Shape		
Skewness	2.86857664088527	0.640262053553451
Kurtosis	16.0780688102842	2.16671602804909
Percentiles		
1%	$400002297.7384	$200081173.8703
3%	$400015209.7668	$200631350.3501
5%	$400044007.6743	$201807453.6528
8%	$400112427.3303	$204723872.455

| 그림 11-9 | 신기계와 구기계의 요약 통계량 비교

[그림 11-9]의 요약 통계량은 두 기계의 연간 총비용 분포를 더욱 확실하게 비교할 수 있도록 한다. 우선 각 기계의 연간 총비용의 평균은 앞서 =VoseSimMean()을 이용해 구한 결과와 일치하는 것을 알 수 있다. 또한 새로운 기계를 이용할 때의 연간 총비용이 기존 기계를 이용할 때보다 평균 4천5백만원 이상 줄어듦을 확인할 수 있다. 또한 연간 총비용의 표준편차를 보면 [그림 11-8]의 그래프에서 비교한 것과 마찬가지로 기존 기계의 연간 총비용의 변동성이 새로운 기계보다 훨씬 큼을 알 수 있다.

12장 질병 확산 모형

미국 존스홉킨스대학(Johns Hopkins University) 생물통계학자인 리드(Lowell Reed)와 프로스트(Wade Frost)는 1928년 전염병이 어떻게 대중에게 전파되는지를 묘사하는 확률모형을 구전으로 발표한 바 있는데, 이 모형은 20년간 존스홉킨스대학에서 강의되었고, 1951년 리드에 의해 "Epidemic Theory, What Is It?"라는 제목으로 TV에서 방영된 바도 있다. 이후 1950년대 리드-프로스트 전염병 이론(Reed-Frost theory of epidemics)이라는 이름으로 학술지에 발표된 이 모형은 미래의 계획기간 동안 특정 기의 감염자가 어떻게 건강한 사람에게 병을 전파하여 다음 기의 감염자 수를 증가시키는지를 연쇄이항모형(chain-binomial model)을 이용하고 표현하고 있다.[1] 본 장에서는 Reed-Frost 모형의 질병 확산 과정을 시뮬레이션을 이용해 학습해 보자.

1 Reed-Frost 모형

예제 1

현재 전체 인구는 100명으로 5명의 전염병 환자(infectives, 감염자)와 95명의 건강한 사람(susceptibles, 감염될 수 있는 자)으로 구성되어 있다고 가정하자. 특정 기에 어떤 감염자가 건강한 사람을 만날 수 있는 확률은 5%이다. 그리고 감염자가 건강한 사람은 만났을 때, 이 건강한 사람이 전염병에 걸릴 확률은 50%이다. 단, 사람들은 감염

1 Abbey, H, (1952), "An examination of the Reed Frost theory of epidemics," *Human Biology*, 24, pp. 201-233.

보호 기구를 사용할 수 있는데, 보호 기구의 사용은 건강한 사람이 감염자를 만나 전염병에 걸릴 확률을 기존의 50%에서 10%로 감소시킨다고 한다. 보호 기구는 백신을 포함한 의학적, 물리적 보호 장치를 통칭한다. 한편, 감염자는 병에 걸린 채 평균 10기간을 산다. 즉, 특정 기에 감염자가 사망할 확률은 0.1이다. 앞으로 100기간에 걸쳐 인구의 감염 상황을 시뮬레이션을 이용하여 묘사하시오. 그리고 사람들이 보호 기구를 사용하지 않는 경우와 사용하는 경우를 각각 가정하고 다음의 ①, ②, ③ 질문에 답하고, 결과를 비교하시오.

① 100기간 후 인구가 소멸할 확률은 얼마인가?

② 100기간 후 전염병이 사라질 확률은 얼마인가?

③ 100기간 후 건강한 상태로 남게 되는 인구의 비율은 평균적으로 어느 정도 되는가?

이 문제의 핵심은 1기부터 100기까지의 기간 동안 각 기에 정상인에서 새로이 질병에 감염된 신규감염자의 수와 감염자에서 사망에 이르는 사망자의 수를 확률분포를 이용해 추정하고, 다음 기초 정상인의 수와 감염자의 수를 결정하는 것이다. 그런 다음 100기간 후 총인구의 수, 정상인의 수, 감염자의 수를 확인할 것이다. 이 문제에 대한 시뮬레이션 모형은 [그림 12-1]과 같다.

[그림 12-1]을 보면 문제에서 주어진 조건, 예를 들어. 초기 감염자의 수(B3), 초기 정상인의 수(B4), 정상인이 감염자와 접촉할 확률(B5), 보호 기구를 사용하지 않을 때와 사용할 때의 감염 확률(D7:E7), 특정 기에 감염자가 사망할 확률(B8)이 모형에 입력되어 있다. 이 문제에서는 보호 기구를 사용하지 않을 때와 사용할 때의 성과를 비교할 것이므로 셀 B7에 =VoseSimTable(D7:E7)을 입력한다. 이 문제에서는 한 번 감염이 되면 다시 건강해질 수 없다고 가정한다.[2]

대안이 두 개이므로 시뮬레이션의 수는 2이고, 반복활동은 1,000회 수행하도록 설정하였다.

1기 초에 정상인의 수는 95(명)이고 감염자 수는 5(명)이다. 따라서 1기 초의 정상인 수와 감염자 수를 나타내는 셀 B12와 셀 D12에 각각 95와 5를 입력한다.[3] 다음으

2 치료약이 개발되어 치료가 가능한 경우는 [예제 2]에서 다룬다.

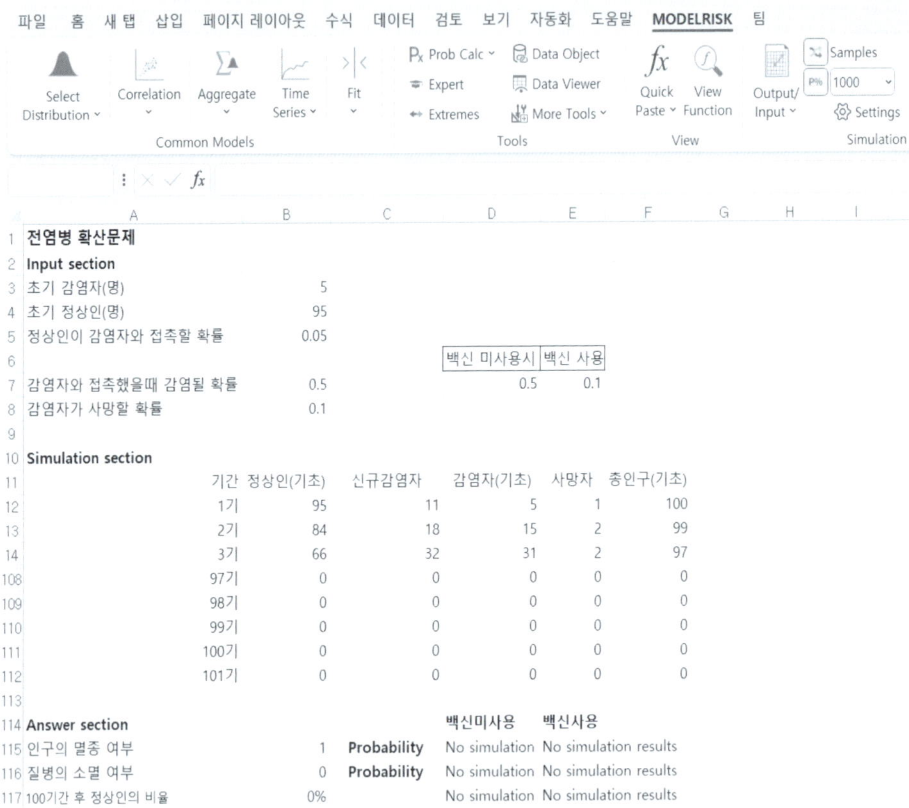

	A	B	C	D	E	F
1	**전염병 확산문제**					
2	**Input section**					
3	초기 감염자(명)	5				
4	초기 정상인(명)	95				
5	정상인이 감염자와 접촉할 확률	0.05				
6				백신 미사용시	백신 사용	
7	감염자와 접촉했을때 감염될 확률	0.5		0.5	0.1	
8	감염자가 사망할 확률	0.1				
9						
10	**Simulation section**					
11	기간	정상인(기초)	신규감염자	감염자(기초)	사망자	총인구(기초)
12	1기	95	11	5	1	100
13	2기	84	18	15	2	99
14	3기	66	32	31	2	97
108	97기	0	0	0	0	0
109	98기	0	0	0	0	0
110	99기	0	0	0	0	0
111	100기	0	0	0	0	0
112	101기	0	0	0	0	0
113						
114	**Answer section**			**백신미사용**	**백신사용**	
115	인구의 멸종 여부	1	**Probability**	No simulation	No simulation results	
116	질병의 소멸 여부	0	**Probability**	No simulation	No simulation results	
117	100기간 후 정상인의 비율	0%		No simulation	No simulation results	

| 그림 12-1 | 전염병 확산 문제

로 1기에서 신규로 감염되는 사람의 수는 이항분포를 하는 확률변수로 =VoseBinomial(n,p)를 이용하여 발생시킨다. 여기서 n은 정상인의 수, p는 정상인이 감염자와 접촉하여 감염될 확률을 말한다. 1기 초의 정상인 수는 셀 B12에 있으니 p를 구하면 된다.

정상인이 감염자와 만나 질병에 걸릴 확률 p를 구해 보자. 이를 위해 우선 1기 초에 감염자가 1명 있다고 가정해 보자. 그러면 정상인 1명이 감염자를 만날 확률은 0.05이고, 이 정상인이 감염자를 만나 감염될 확률은 0.5이므로 정상인 1명이 감염되지 않을 확률은 $(1-0.05\times0.5)$가 된다.[4] 이러한 논리에 따라 만약 감염자가 2명

3 물론 셀 B12와 D12에 각각 =B4, =B3을 입력해도 무방하다.

이 있다면 정상인 1명이 두 감염자 모두에 의해 독립적으로 감염되지 않을 확률은 $(1-0.05\times0.5)\times(1-0.05\times0.5)$가 된다. 따라서 1기 초에 감염자가 n명이 있다면 정상인 1명이 n명의 감염자 모두에 의해 독립적으로 감염되지 않을 확률은 $(1-0.05\times0.5)^n$이 된다.[5]

이제 정상인 1명이 감염자가 n명 있을 때 감염되지 않을 확률이 $(1-0.05\times0.5)^n$이라면 감염될 확률은 $1-(1-0.05\times0.5)^n$이 된다. 즉, 정상인 1명의 감염 여부는 감염확률이 $1-(1-0.05\times0.5)^n$인 베르누이 분포를 따르고, 따라서 1기의 신규 감염자 수는 모수가 (n,p)인 이항분포를 따른다. 여기서 n은 B12, p는 $1-(1-0.05\times0.5)^{감염자수}$이다. 결국, 1기의 신규감염자 수를 나타내는 셀 C12에는 =IF(B12>0,VoseBinomial(B12,1-(1-0.05*$B$7)^D12),0)를 입력한다. 여기서 IF 문을 사용한 이유는 이항분포가 n이 양수일 때 정의되기 때문이다. 특정 기에 정상인이 존재하지 않는다면 당연히 신규감염자의 수는 '0'이 된다.

다음으로 1기의 사망자 수를 식으로 나타내 보자. 특정 기간에 감염자는 0.1의 확률로 사망한다. 따라서 1기의 감염자 각각의 사망 여부는 사망확률이 0.1인 독립적인 베르누이 분포를 따르고, 1기의 사망자 수는 1기 초의 감염자 수를 n으로 하고, 사망확률을 p로 하는 이항분포를 따른다. 따라서 1기의 사망자 수를 나타내는 셀 E12에는 =IF(D12>0,VoseBinomial(D12,0.1),0)를 입력한다. 마지막으로 1기 초의 총 인구수는 (정상인의 수 + 감염자의 수)이므로 셀 F12에는 =B12+D12를 입력한다.

이제 2기로 넘어가 보자. 2기 초의 정상인 수는 1기 초의 정상인 수에서 신규감염자의 수를 뺀 값이다. 따라서 2기 초의 정상인 수를 나타내는 셀 B13에는 =B12-C12를 입력한다. 2기의 신규감염자 수는 1기와 마찬가지로 2기 초의 정상인 수를 n, 감염확률 $1-(1-0.05\times0.5)^{감염자수}$을 p로 하는 이항분포를 따른다. 따라서 셀 C13

4 보호 기구를 사용할 때는 정상인이 감염자를 만나 질병에 걸릴 확률은 0.1로 감소한다.

5 감염자가 A와 B 2명 있을 때 정상인이 감염되지 않는 사건은 감염자 A와 감염자 B 모두에 의해 독립적으로 감염되지 않았을 때만 일어난다. 따라서 이는 독립적인 두 사건의 곱사건(intersection, AND)으로 나타낼 수 있다. 이러한 논리에 따라 어떤 정상인이 n명의 감염자 모두에 의해 독립적으로 감염되지 않을 확률은 독립적인 n개의 사건의 곱사건이 되며, 이 곱사건의 확률은 n개의 사건 각각이 일어날 확률의 곱으로 나타난다.

에는 =IF(B13>0,VoseBinomial(B13,1-(1-0.05*$B$7)^D13),0)를 입력한다. 2기 초의 감염자 수는 (1기초의 감염자 수+1기의 신규감염자 수−사망자 수)이므로 셀 D13에 =D12+C12-E12를 입력한다. 2기의 사망자 수도 2기 초의 감염자 수와 사망확률을 모수로 가지는 이항분포를 따르기 때문에 셀 E13에는 =IF(D13>0,VoseBinomial(D13,0.1),0)를 입력한다. 2기 초의 총인구수도 (정상인 수+감염자 수)이기 때문에 셀 F13에는 =B13+D13을 입력한다.

이제 3기부터 101기까지는 식은 2기의 식과 같으므로 셀 B13:F13을 아래로 끌기하여 셀 B112:F112까지 동일한 식을 복사한다.[6]

이제 주어진 질문에 답하기 위해 결과 셀을 식으로 나타내 보자. 우선, 100기간 후 인구가 소멸한다는 것은 정상인이든 감염자든 사람 자체가 존재하지 않는다는 것을 의미하므로 101기 초에 총인구수가 '0'이 됨을 의미한다. 따라서 셀 F112가 '0'이면 인구가 멸종했음을 나타내고, 그렇지 않으면 인구가 소멸하지 않음을 나타낸다. 따라서 인구의 소멸 여부를 나타내는 셀 B115에 =IF(F112=0,1,0)을 입력하고[7] 을 눌러 결과 셀로 만든다. 이 셀의 이름은 human_extinct?로 설정하였다. 이제 셀 B115는 =VoseOutput("human_extinct?")+IF(F112=0,1,0)로 나타난다.

다음으로 100기간 후 전염병이 사라진다는 것은 정상인은 존재하고 감염자가 존재하지 않는 상황을 의미한다. 따라서 100기간 후 전염병이 사라지는지를 나타내는 셀 B116에는 =IF(AND(D112=0,B112>0),1,0)를 입력하고, 을 눌러 결과 셀로 만든다. 이 셀의 이름은 disease_extinct?로 설정하였다.

마지막으로 100기간 후 건강인의 비율을 나타내기 위해 셀 B117에는 101기 초의 정상인 수를 초기의 총인구수(100명)로 나눈 값, =B112/100을 입력한다. 마찬가지로 을 눌러 결과 셀로 만든다. 이 셀의 이름은 human_rate으로 설정하였다.

이제 시뮬레이션을 수행해 보자. 2개의 대안(보호 기구를 사용하지 않는 경우와 사용하는 경우) 각각에 대하여 1,000번의 반복활동을 수행한 결과는 [그림 12-2]와 같다.

6 101기까지 식을 복사하는 이유는 100기간 후의 성과를 결과 셀로 지정해야 하므로 101기 초 정상인의 수와 감염자의 수, 그리고 총인구수를 계산하기 위해서이다.

7 셀 B115에 =IF(B112+D112=0,1,0)을 입력해도 무방하다.

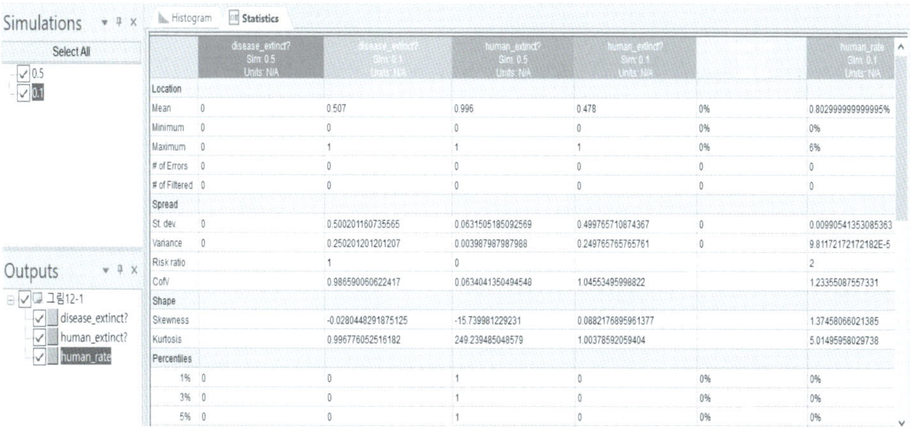

	disease_extinct? Sim: 0.5 Units: N/A	disease_extinct? Sim: 0.1 Units: N/A	human_extinct? Sim: 0.5 Units: N/A	human_extinct? Sim: 0.1 Units: N/A		human_rate Sim: 0.1 Units: N/A
Location						
Mean	0	0.507	0.996	0.478	0%	0.802999999999995%
Minimum	0	0	0	0	0%	0%
Maximum	0	1	1	1	0%	6%
# of Errors	0	0	0	0	0	0
# of Filtered	0	0	0	0	0	0
Spread						
St. dev.	0	0.500201160735565	0.0631505185092569	0.499765710874367	0	0.00990541353085363
Variance	0	0.250201201201207	0.003987987987988	0.249765765765761	0	9.81172172172182E-5
Risk ratio		1	0			2
CofV		0.986590060622417	0.0634041350494548	1.04553495998822		1.23355087557331
Shape						
Skewness		-0.0280448291875125	-15.739981229231	0.0882176895961377		1.37458066021385
Kurtosis		0.996776052516182	249.239485048579	1.00378592059404		5.01495958029738
Percentiles						
1%	0	0	1	0	0%	0%
3%	0	0	1	0	0%	0%
5%	0	0	1	0	0%	0%

| 그림 12-2 | 전염병 확산 문제의 시뮬레이션 결과(Statistics)

세 가지 질문에 대하여 보호 기구를 사용하지 않을 때와 사용할 때의 결과를 비교해 보자. [그림 12-2]에서 Sim 0.5는 보호 기구를 사용하지 않을 때, Sim 0.1은 보호기구를 사용할 때를 의미한다. 결과 셀 B115(human_extinct?)와 B116(disease_expinct?)의 값은 '0' 또는 '1'로 나타나므로 해당 셀의 평균(Mean)이 확률을 나타낸다. [그림 12-2]를 보고 다음 질문에 답해 보자.

① 100기간 후 인구가 소멸할 확률은 얼마인가?

➡ Sim 0.5와 Sim 0.1 각각에 대한 셀 B115(human_extinct?)의 평균(Mean)에서 확인할 수 있듯이 보호 기구를 사용하지 않을 때 인구의 소멸 확률은 99.6%, 보호 기구를 사용할 때의 인구의 멸종확률은 47.8%로, 보호 기구를 사용함으로써 인구의 소멸 확률을 절반 정도로 낮출 수 있음을 알 수 있다.

② 100기간 후 전염병이 사라질 확률은 얼마인가?

➡ 보호 기구를 사용하지 않을 때(Sim 0.5) 질병이 사라질 확률은 셀 B116(disease_extinct?)의 평균뿐만 아니라 최솟값과 최댓값이 모두 '0'으로 나온 것으로 미루어 확실히 0%이다. 즉, 보호 기구를 사용하지 않을 경우 질병이 사라질 가능성은 없음을 알 수 있다. 반면, 보호 기구를 사용하면(Sim 0.1) 질병이 사라질

확률은 50.7%로 현저히 높아짐을 알 수 있다. 전염병 확산을 저지하기 위해 보호 기구가 필요함을 보여주는 결과이다.

③ 100기간 후 건강한 상태로 남게 되는 인구의 비율은 평균적으로 어느 정도 되는가?

➡ 보호 기구를 사용하지 않을 때 100기간 후 건강한 상태로 남게 되는 인구의 비율은 셀 B117의 평균, 최솟값, 최댓값으로 미루어 확실히 0%이다. 즉, 보호 기구를 사용하지 않을 경우 궁극적으로 정상인은 존재할 수 없음을 나타낸다. 반면, 보호 기구를 사용하면 이 비율은 평균 0.80%로 증가함을 알 수 있다.[8]

114	**Answer section**			백신미사용	백신사용
115	인구의 멸종 여부	0	**Probability**	0.996	0.478
116	질병의 소멸 여부	1	**Probability**	0	0.507
117	100기간 후 정상인의 비율	3%		0	0.00803

| 그림 12-3 | 모형 시트에서 =VoseSimMean 함수의 이용 결과

위 질문에 대한 대답은 모형 시트에 =VoseSimMean(결과 셀, Sim#) 함수를 입력함으로써 바로 확인할 수 있다. 즉, [그림 12-1]에서 인구의 멸종확률은 셀 D115와 E115에 각각 =VoseSimMean(B115,1), =VoseSimMean(B115,2)를 입력해서도 알 수 있고, 전염병이 사라질 확률은 셀 D116와 E116에 각각 =VoseSimMean(B116,1), =VoseSimMean(B116,2)를 입력해서 알 수 있다. 그리고 100기간 후 건강한 상태로 남게 되는 인구의 비율 평균은 셀 D117과 E117에 각각 =VoseSimMean(B117,1), =VoseSimMean(B117,2)를 입력해서 알 수 있다. [그림 12-3]은 =VoseSimMean 함수를 해당 셀에 입력해 시뮬레이션 수행 후 모형 시트에서 산출된 결과로 [그림 12-2]의 결과와 일치함을 알 수 있다.

8 100기간 후 건강한 상태로 남게 되는 인구의 비율을 나타내는 셀 B117은 셀 서식을 백분율로 설정하였다.

2 S-I-R 모형

예제 2

[예제 1]에서는 치료약이 없다는 가정 하에 감염자가 정상인으로 회복되는 경우는 고려하지 않고 있다. 이제 Reed-Frost 모형을 확장하여 치료가 가능한 상황을 고려하자. 치료가 가능한 상황을 고려한 모형을 S-I-R(susceptible-infected-recovered) 모형이라고 한다. [예제 1]의 세 가지 질문에 답하기 위해 특정 기에 감염자가 치료되어 정상인으로 회복할 가능성(즉, 치료율)은 0%, 10%, 30%, 50%로 설정하자. 여기서 치료율이 0%인 경우는 치료약이 없는 Reed-Frost 모형을 말한다. 치료율 4가지와 보호기구 사용 여부를 함께 조합하면 모두 8가지의 대안이 나올 수 있다.

① 8가지 대안에 대한 [예제 1]의 질문 ①, ②, ③의 결과를 비교하시오.

② 질문 ①의 결과를 근거로 보호 기구 사용 여부와 치료율에 따른 효과를 기술하시오.

[예제 2]가 [예제 1]과 다른 점은 각 기의 감염자는 치료를 통해 정상인으로 회복될 수 있다는 것이다. [예제 2]의 시뮬레이션 모형은 [그림 12-4]와 같다.

[그림 12-4]의 Simulation section을 보면 F열에 신규회복자 칼럼이 새로 추가된 것을 볼 수 있다. 각 기의 신규회복자 수는 해당 기의 기초 감염자 수를 모수 n으로 하고, 치료율을 p로 하는 이항분포 확률변수 값이 된다.

예를 들어, 1기의 신규회복자 수를 나타내는 셀 F14에는 =IF(D14>0,VoseBinomial(D14,$B$10),0)을 입력한다. 이 식에서 D14은 1기의 기초 감염자 수, B10은 치료율을 나타낸다. 이제 2기로 넘어가 2기 초의 정상인 수를 구해 보자. 2기 초의 정상인 수는 1기 초의 정상인 수에서 신규감염자 수를 빼고, 여기에 신규회복자 수를 더한 값이므로 셀 B15에는 =B14-C14+F14을 입력한다. 그리고 2기의 신규감염자 수를 나타내는 셀 C15에는 =IF(B15>0,VoseBinomial(B15,1-(1-$B$5*$B$8)^D15),0)를 입력한다. 2기 초의 감염자 수는 1기 초의 감염자 수에 1기의 신규감염자 수를 더하고, 여기서 1기의 사망자 수와 신규회복자 수를 뺀 수치이므로 셀 D15에는 =MAX

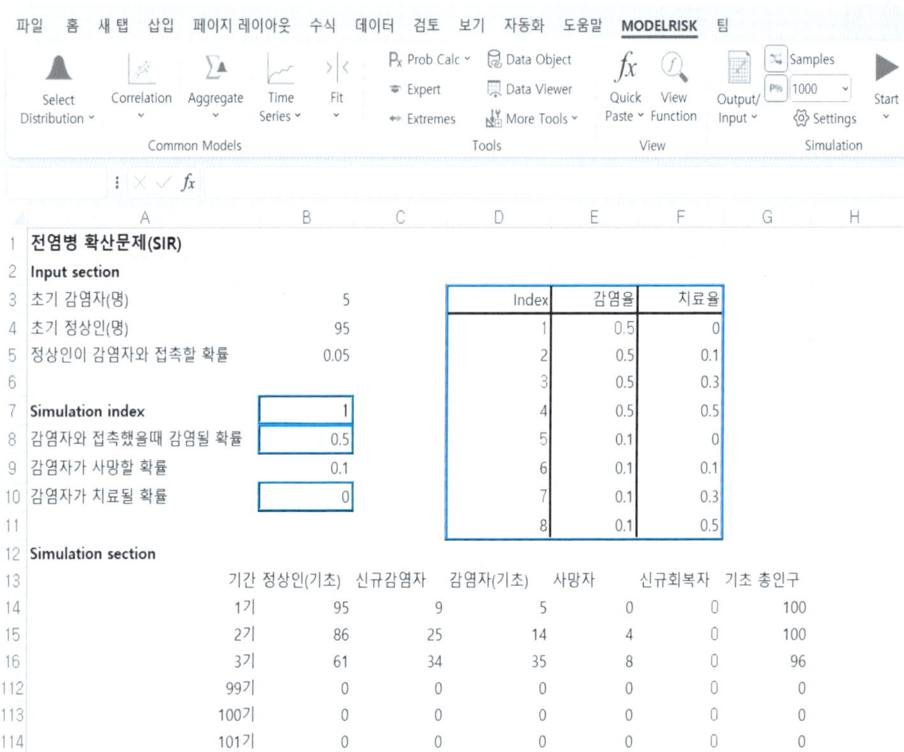

❙ 그림 12-4 ❙ S-I-R 모형

(D14+C14-E14-F14,0)을 입력한다.[9] 이 식에서 MAX 함수를 사용한 이유는 2기 초의 감염자 수 D14+C14-E14-F14가 양수가 아니면 그 값을 '0'으로 제어하기 위함이다.

다음으로 2기의 사망자를 나타내는 셀 E15에는 =IF(D15>0,VoseBinomial(D15,$B$9),0)을 입력한다. 2기의 감염자 수(D15)를 모수 n으로 하고, 사망률 B9을 p로 하는 이항분포 확률변수 값을 산출하는 식이다. 2기의 신규회복자 수를 나타내는 셀 F14에는 =IF(D15>0,VoseBinomial(D15,$B$10),0)을 입력한다. 2기의 감염자 수(D15)를 모수 n으로 하고 치료율 B10을 p로 하는 이항분포 확률변수 값을 산출하는 식이다. 2기의 사망자 수와 신규회복자 수의 모수는 모두 2기 초의 감염자 수 D15이다. 마지막으로 2기 초의 총인구를 나타내는 셀 G15에는 2기 초의 정상인 수와 감염자 수를

9 물론 대안적으로 =IF(D14+C14-E14-F14>0,D14+C14-E14-F14,0)을 입력해도 무방하다.

합한 =B15+D15를 입력한다.

이제 3기부터 101기까지의 식은 2기의 식과 그 논리가 같으므로 셀 B15:G15을 아래로 끌기하여 셀 B114:G114까지 동일한 식을 복사한다.

다음으로 이 문제에서 8가지 대안의 결과를 하나의 시뮬레이션 모형을 통해 산출하는 방법에 대해 알아보자. [그림 12-4]의 셀 범위 D3:F11에는 헤더를 Index, 감염율, 치료율로 하는 표(table)를 볼 수 있다. Index는 대안의 번호를 나타내고, 각 대안은 백신의 사용 여부에 따른 감염률(0.5와 0.1)과 치료율(0. 0.1, 0.3, 0.5)의 조합을 나타내고 있다. 예를 들어, 대안 1은 감염률이 0.5이고, 치료율은 0인 대안, 대안 8은 감염률이 0.1이고, 치료율이 0.5인 대안을 나타낸다. 이제 각 대안을 적용했을 때 100기간 후의 인구의 소멸 확률, 질병의 소멸 확률, 그리고 정상인의 비율을 하나의 시뮬레이션 모형을 통해 분석해 보자.

이를 위해 시뮬레이션 대안의 번호를 나타내는 셀 B7에는 =VoseSimTable(D4:D11)을 입력한다. 8개 대안을 차례대로 시뮬레이션을 수행하겠다는 선언이다. 다음으로 각 대안에 대한 감염률과 치료율을 산출하는 것이 필요하다. 이를 위해 =VLOOKUP 함수를 이용하면 편리하다. 즉, 셀 범위 D3:F11의 표(table) 첫 열에 있는 대안 번호(index)와 일치하는 감염률과 치료율을 발생시키기 위해 셀 B8(감염률)에는 =VLOOKUP(B7,$D$4:$F$11,2)을 입력하고, 셀 B10(치료율)에는 =VLOOKUP(B7,$D$4:$F$11,3)을 입력한다. =VLOOKUP 함수를 이용하여 대안의 번호와 일치하는 감염률과 치료율을 산출함으로써 8개 대안의 결과를 하나의 시뮬레이션 모형으로 산출할 수 있도록 한다.

8개 대안의 시뮬레이션 결과를 =VoseSimMean 함수를 이용하여 모형 시트에서 바로 산출한 결과는 [그림 12-5]와 같다. [그림 12-5]는 [그림 12-4]의 아래에 있는 부분을 보여준다. 여기서 셀 B120(인구의 소멸 여부), B121(질병의 소멸 여부), B122(100기간 후 정상인의 비율) 각각은 결과변수로 지정되었다. 구체적으로, 셀 B120에는 =VoseOutput("human_extinct?")+IF(G114=0,1,0), 셀 B121에는 =VoseOutput("disease_extinct?")+IF(AND(D114=0,B114>0),1,0), 셀 B122에는 =VoseOutput("human_rate")+B114/$G$14이 입력되었다.

	A	B	C	D	E	F	G	H	I	J	K
1	**전염병 확산문제(SIR)**										
116	**결과 셀**										
117			감염율	0.5	0.5	0.5	0.5	0.1	0.1	0.1	0.1
118			치료율	0	0.1	0.3	0.5	0	0.1	0.3	0.5
119	대안(index)			1	2	3	4	5	6	7	8
120	인구의 멸종 여부	0	인구멸종확률	99.60%	0.10%	0.00%	0.00%	49.20%	0.00%	0.00%	0.00%
121	질병의 소멸 여부	1	질병소멸확률	0.00%	99.80%	100.00%	100.00%	49.60%	99.40%	99.90%	100.00%
122	100기간 후 정상인의 비율	96.00%	비율평균	0.00%	5.10%	14.99%	24.70%	0.80%	24.56%	80.80%	96.61%

▌그림 12-5▌ 8개 대안의 시뮬레이션 결과

그리고 D120에는 =VoseSimMean($B$120,D119), D121에는 =VoseSimMean($B$121,D119), 그리고 D122에는 =VoseSimMean($B$122,D119)을 입력하고, 셀 범위 D120:D122를 오른쪽으로 끌기하여 동일한 식을 셀 범위 K120:K122까지 복사하였다.

각 대안에 대해 1,000번의 반복활동을 수행한 결과는 [그림 12-5]와 같다. 여기서 치료율이 '0'인 경우는 [예제 1]의 Reed-Frost 모형의 결과와 같다. 대안 1은 백신을 사용하지 않고, 치료약도 없는 최악의 경우를 나타내고, 대안 8은 백신을 사용하고, 치료율도 50%로 가장 좋은 상황을 나타낸다. 대안 1의 결과와는 정반대로 대안 8을 시행할 때는 인구의 소멸 가능성은 없고, 질병이 소멸할 가능성은 100%, 그리고 100기간 후 정상인의 비율은 96% 이상이 됨을 알 수 있다. 백신의 사용 여부와는 관계없이 치료약이 개발됨에 따라 인구의 소멸 가능성과 질병의 소멸 가능성은 급격히 이상적으로 호전됨을 알 수 있다. 그리고 치료약의 효과가 좋을수록 100기간 후 정상인의 비율도 호전됨을 볼 수 있다. 하지만 백신을 사용하면 그렇지 않을 때보다 100기간 후 정상인의 비율이 훨씬 빠른 속도로 호전됨을 알 수 있다. 이러한 실험을 통해 백신의 사용과 함께 치료약의 개발은 질병의 확산을 막고 정상적인 사회로 회복하는데 중요한 요소임을 알 수 있다.

13장 프로젝트 일정 관리

프로젝트(project)란 일련의 연계된 활동(activities)의 집합을 말한다. 프로젝트를 구성하는 활동들은 순차적으로 서로 연결되어 있어서 해당 프로젝트가 완성되기 위해서는 프로젝트를 구성하는 모든 활동이 그 선후관계에 따라 반드시 완료되어야 한다. 프로젝트를 구성하는 활동 중 어떤 활동은 사전에 특정 활동(들)이 끝나야만 시작할 수 있는데, 어떤 활동이 시작되기 전에 반드시 앞서 수행되어야 하는 활동을 직전 선행활동(immediate predecessors)이라고 부른다.

프로젝트 일정 관리 문제에서 일반적으로 관심을 끄는 질문은 해당 프로젝트를 완성하는 데 어느 정도의 시간이 걸릴 것이냐이다. 만일 프로젝트를 구성하는 각 활동에 드는 시간이 확실하게 알려져 있다면 프로젝트 완성시간을 구하기는 그리 어려운 일이 아니다. 하지만 각 활동에 걸리는 시간은 상황에 따라 조금씩 늦추어지거나 빨라질 수 있는 가변성을 갖고 있어 프로젝트 완성시간도 하나의 숫자로 확실히 추정할 수 없는 것이 현실이다. 따라서 프로젝트 일정 관리 문제는 확률변수가 개입된 문제로 다루어지게 된다.

1 PERT/CPM

프로젝트 일정 관리 문제에 대해 보다 구체적으로 논의하기 전에 우선 프로젝트 일정 관리 기법으로 활발히 사용되고 있는 PERT/CPM에 대해 간략히 살펴보기로 한다. PERT/CPM이 개발되기 전 프로젝트 일정 관리 기법으로 가장 많이 사용된 것은 간트 차트(Gantt chart)이다. 1919년 미국의 헨리 간트(Henry Gantt)가 만든 이 차트는 오늘날에도 간단한 일정계획수립을 위해 사용된다. 예를 들어, 연구 사업에 지원할 때 향후 수행할 연구 활동 일정을 표로 제시해야 하는데, 이때 간트 차트를 많이 이용한다. 일반적으로 간트 차트의 행(rows)은 활동의 이름을, 열(columns)은 시간의 흐름을 나타내는데, 연구가 1년 동안 진행될 때 언제부터 언제까지 어떤 연구 활동을 수행할지를 화살표나 음영을 이용하여 표로 작성한다. [그림 13-1]은 간트 차트의 예이다.

연구기간: 202×년 1월 1일 ~ 202×년 12월 31일												
월 / 연구 활동	1월	2월	3월	4월	5월	6월	7월	8월	9월	10월	11월	12월
문헌 연구 1: 지속가능 경영에 대한 선행연구												
문헌 연구 2: 기업성과에 관한 선행연구												
자료수집: ESG 평가 결과 및 재무성과												
분석 1: 재무 상태별 ESG 평가 결과 분포												
분석 2: 장단기 기업가치와의 관계 비교												
분석 3: 재무성과와의 관계 비교												
결과발표: 연구 결과의 학술대회 발표												
연구내용 및 분석 결과의 수정 및 보완												
결과보고서 작성												

▌그림 13-1▌ 간트 차트의 예

이 방법은 일정계획을 수립하는 목적을 위해 간단히 작성할 수 있고, 전체적인 프로젝트 일정을 한 장의 표로 요약해서 나타낼 수 있는 장점은 있지만 어떤 활동을 수행하기 전에 반드시 완료해야 할 직전 선행활동이 무엇인지를 판별하기 어렵고, 활동시간의 가변성을 고려하기 어려운 단점이 있다. 이 때문에 전체 프로젝트 일정을 늦추지 않으면서 반드시 제시간에 시작되어야 하는 활동[1]과 얼마큼 늦게 시작되어도 전체 프로젝트 일정을 맞추는 데는 아무런 영향을 미치지 않는 활동이 무엇인지에 대한 정보를 얻기가 힘들다.

이러한 단점을 극복하기 위한 기법으로 PERT(program evaluation and review technique)와 CPM(critical path method)은 탄생되었다. PERT와 CPM는 원래 다른 목적을 위해 다른 시기에 개발되었다. PERT는 1958년 미 해군의 폴라리스 미사일(Polaris missile) 개발 프로젝트의 일정 관리를 위해 미 해군과 부즈알렌해밀턴사(Booz Allen Hamilton)가 공동으로 개발한 기법이고, CPM은 화학공장의 유지보수 일정 문제를 해결하기 위해 듀퐁사(Dupont)와 랜드연구소(RAND Corporation)가 공동으로 개발한 일정 계획수립 및 통제 기법이다.

두 기법의 차이점은 다음과 같다. 우선, PERT는 이전에 시도된 적이 없는 새로운 프로젝트의 일정 관리를 위해 개발된 기법으로 프로젝트를 구성하는 각 활동의 소요시간이 확실히 알려지지 않아 소요시간을 확률분포로 가정한다. 따라서 프로젝트의 일정도 가변적인 특성을 가지게 되므로 프로젝트 완성시간을 추정하는 데 초점을 맞춘 기법이다. 반면, CPM은 반복적으로 수행되는 프로젝트의 일정 관리를 위해 개발된 기법으로 프로젝트를 구성하는 각 활동의 소요시간은 과거의 반복된 경험으로 비교적 확실하게 알려져 있다고 가정하고, 프로젝트 수행에 걸리는 시간과 비용의 절충 문제에 초점을 맞추었다. 이처럼 두 기법은 서로 다른 목적으로 개발되었지만 의외로 공통점이 많아 요즈음은 두 기법을 따로 이용하기보다는 두 기법의 특징을 한데 묶어, 이름도 PERT/CPM이라고 통칭하고 있다. PERT/CPM은 대형 건설 프로젝트(도로, 항만, 공항, 거주 단지 건설 등)의 수주를 위해 적극적으로 요구되는 프로젝트 일정 계획수립 및 통제 기법이다.

---

1 이러한 활동을 주활동(critical activities)이라고 한다.

2 프로젝트 다이어그램

PERT/CPM을 문제에 적용하기 전에 프로젝트를 구성하는 활동들의 선후관계를 네트워크 다이어그램(network diagram)을 그려 파악하면 편리하다. 프로젝트 일정 관리를 위해 작성한 네트워크 다이어그램은 프로젝트 다이어그램(project diagram)이라고도 불린다. 프로젝트 다이어그램은 프로젝트를 구성하는 활동들의 흐름, 그리고 한 활동을 시작하기 전에 끝내야 할 직전 선행활동이 무엇인지를 일목요연하게 파악할 수 있게 하는 도구이다.

프로젝트 다이어그램은 두 가지 기호로 작성되는데, 마디(node, "○"로 표기)와 가지(arc, "→"으로 표기)이다. 프로젝트 다이어그램은 두 가지 방법으로 작성할 수 있는데, 하나는 AOA(activity on arc) 방법이고, 다른 하나는 AON(activity on node) 방법이다. AOA는 활동을 가지 위에 나타내고, AON은 활동을 마디 위에 나타낸다. 여기서는 일반적으로 많이 활용되는 AOA 방법을 이용해서 프로젝트 다이어그램을 작성하겠다.

AOA 방법에서 마디는 사건(events)을 나타내는데, 사건이란 활동의 시작과 끝을 말한다. 프로젝트에서 첫 번째 활동의 시작은 프로젝트의 시작을 의미하고, 마지막 활동의 끝은 프로젝트의 종료를 의미한다. 프로젝트 시작 마디의 번호는 '1'이 된다. 가지는 활동(activities)을 나타낸다. 활동이란 일정 시간이 소요되는 행위를 말한다. 프로젝트 다이어그램을 그리면 프로젝트를 구성하는 활동 중에 어느 것이 지체될 수 없는 주활동(critical activities)이고, 또 주활동들로 연결된 주경로(critical path)는 무엇인지 쉽게 파악할 수 있다.

여기서 프로젝트 일정 관리와 관련된 용어를 간단히 살펴보자. 우선 경로(path)는 프로젝트의 시작과 끝을 연결하는 활동들의 집합이다. 프로젝트 다이어그램에서 프로젝트의 시작 마디와 끝마디를 연결하는 경로는 여러 개가 있을 수 있는데 이들 중 가장 긴 경로(longest path)를 주경로라고 부르고, 주경로를 구성하는 활동들을 주활동이라고 부른다. 주경로의 길이가 해당 프로젝트를 완성할 수 있는 가장 짧은 시간(shortest project completion time)이 된다. 아울러 주활동의 처리시간이 조금이라도 지연되면 전체 프로젝트 일정도 그만큼 지연되게 되므로 주활동의 판별과 이에 대한 시간 관리는 프로젝트 일정 관리에서 중요한 이슈가 된다.

지금까지 이야기한 내용을 다음의 간단한 예제를 이용해서 복습해보자.

예제 1

어떤 프로젝트가 A, B, C, D, E, F 등 6개의 활동으로 이루어져 있고, 활동들의 선후관계와 각 활동을 수행하는 데 걸리는 시간이 [표 13-1]과 같다고 가정하자.

표 13-1 | 프로젝트 구성 활동들과 그 선후관계

활동	직전 선행활동	소요시간(단위: 일)
A	–	9
B	–	7
C	A, B	8
D	A, B	10
E	D	6
F	E	11

[표 13-1]을 AOA 방법을 이용해 프로젝트 다이어그램으로 나타내면 [그림 13-2]와 같다.[2]

2 과거에는 프로젝트 다이어그램을 그릴 때 두 노드는 많아야 하나의 가지에 의해서만 연결되어야 한다는 엄격한 규칙이 있었다. 이런 규칙 하에서는 [그림 13-2]와 같이 노드 1과 노드 2를 두 개의 가지로 연결하는 것은 규칙 위반이다. 따라서 과거에는 가상의 가지(dummy arc)를 만들어 다음 그림과 같이 두 노드는 반드시 한 개의 가지로만 연결하도록 하였다.
하지만 프로젝트 다이어그램이란 사용자가 프로젝트의 구조를 한눈에 쉽게 알아볼 수 있도록 하는 것이 목적이므로 현재는 필요할 경우, 두 개의 마디를 두 개 이상의 화살표로 연결해도 무방하다.

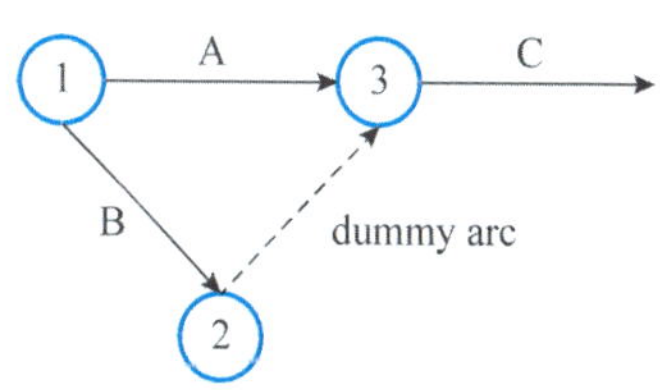

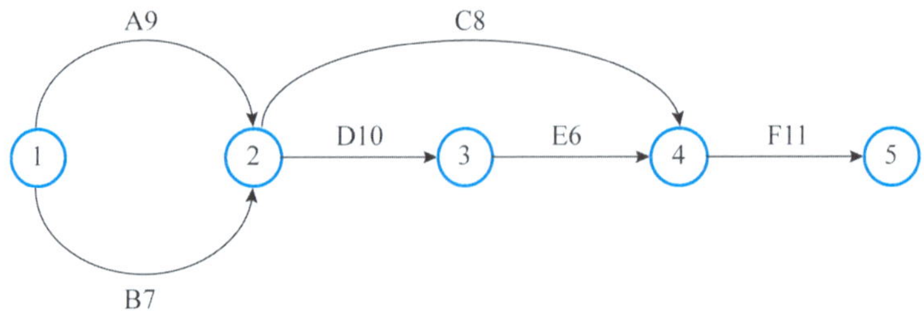

| 그림 13-2 | 프로젝트 다이어그램

마디 5개와 가지 6개로 이루어진 [그림 13-2]를 보면 활동들의 선후관계를 시각적으로 확인할 수 있다. 예를 들어, 활동 C와 활동 D는 활동 A와 활동 B가 완료되어야 시작할 수 있고, 활동 E는 활동 D가 끝난 후, 그리고 활동 F는 활동 C와 활동 E가 완료된 후에야 시작할 수 있다. 또한 프로젝트의 시작을 나타내는 마디의 번호는 1이고, 프로젝트 종료를 나타내는 마디의 번호는 5이다. 각 가지 위에는 각 활동의 이름과 소요시간이 쓰여 있는데, 이 예제에서는 각 활동의 소요시간이 확실히 알려져 있다고 가정하고 있다.

앞서 정의했듯이 경로(path)는 프로젝트의 시작과 끝을 잇는 활동들의 집합을 말한다. [그림 13-1]에서 프로젝트의 시작(마디 1)과 프로젝트의 끝(마디 5)을 잇는 경로는 다음과 같이 네 가지가 있다.

- 경로 1: A－C－F
- 경로 2: A－D－E－F
- 경로 3: B－C－F
- 경로 4: B－D－E－F

각 경로의 길이를 보면, 경로 1은 28(일), 경로 2는 36(일), 경로 3은 26(일), 경로 4는 34(일)이다. 이 중 가장 긴 경로는 경로 2이고, 그 길이는 36(일)이다. 이렇게 가장 긴 경로를 주경로(critical path)라고 부르는데, 이 주경로의 길이가 해당 프로젝트를 완성할 수 있는 가장 짧은 시간이 된다. 아울러 주경로를 구성하는 활동 A, D, E, F를 주활동(critical activities)이라고 하고, 이 활동들은 관리의 대상이 된다. 왜냐하면 이

활동 중 어느 하나라도 지체되면 전체적인 프로젝트 시간도 그만큼 지체되기 때문이다. 반면 주활동이 아닌 활동들은 프로젝트 전체 일정과 관련하여 융통성을 갖고 있어 어느 정도 지체되더라도 전체 프로젝트 시간에는 영향을 미치지 않는다.

예를 들어, [그림 13-2]의 활동 A와 활동 B를 고려해 보자. 두 활동이 모두 끝나야 활동 C와 활동 D는 시작될 수 있는데, 활동 A의 소요시간은 9일, 활동 B의 소요시간은 7일로서 활동 B는 활동 A보다 길게는 이틀까지 늦게 시작되어도 전체 프로젝트 완성시간에는 영향을 미치지 않는다. 하지만 주활동인 A의 경우 소요시간이 조금이라도 지체되면 프로젝트 완성시간도 그만큼 지체되는 특성을 갖는다.

만일 위의 예제처럼 프로젝트를 구성하는 활동들의 소요시간이 하나의 숫자로 확실히 알려져 있다면 프로젝트 완성시간을 추정하고, 주활동을 판별하는 작업은 쉽게 수행될 수 있다. 하지만 프로젝트를 구성하는 활동들의 소요시간은 그때그때의 상황에 따라 변할 수 있으며, 따라서 프로젝트 완성시간도 36일보다 길거나 짧아질 수 있다. 또한 관리의 대상이 되는 주활동도 가변적으로 된다. 각 활동의 소요시간이 확률분포의 성격을 띠고 있으므로 현재는 주활동이 아니지만, 소요시간의 가변성으로 인해 주활동으로 바뀌는 활동도 있고, 또 그 반대의 경우도 발생할 수 있다. 예를 들어, 현재는 활동 A가 주활동이지만 활동 A와 활동 B의 소요시간이 확률분포로 묘사됨에 따라(예를 들어, 각 활동의 소요시간이 현재의 소요시간을 평균으로 하고, 표준편차가 2일인 정규분포로 묘사된다면), 활동 B의 소요시간이 활동 A의 소요시간보다 긴 경우도 발생할 수 있으므로 그때는 활동 B가 주활동이 된다. 이렇게 각 활동의 소요시간이 가변적인 경우, 시뮬레이션을 이용하면 프로젝트 완성시간의 분포와 함께 각 활동이 주활동이 될 가능성을 추정할 수 있다.

3 시뮬레이션의 적용

이제 프로젝트를 구성하는 활동들의 소요시간이 확률변수인 경우, 프로젝트 일정 관리와 관련한 문제를 시뮬레이션을 이용해 해결해 보자.

예제 2

모 대학교는 새로운 경영대학 건물을 짓고자 하며, [표 13-2]는 건물 건립을 위한 구체적 활동과 각 활동의 직전 선행활동(immediate predecessors), 그리고 각 활동에 걸리는 시간의 평균과 표준편차를 나타내고 있다. 여기서 모든 시간의 단위는 달(month)이다. 각 활동에 걸리는 시간은 퍼트분포(Pert distribution)를 따르고, 퍼트분포의 세 가지 모수 값으로 '가장 낙관적인 시간(most optimistic value)'은 (평균−2×표준편차), '가장 가능성이 많은 시간(most likely value)'은 평균, 그리고 '가장 비관적인 시간(most pessimistic value)'은 (평균+4×표준편차)로 가정하자.[3]

① 위 프로젝트에 대한 프로젝트 다이어그램(project diagram)을 AOA(activity on arc) 방법으로 작성하시오.

② 위 프로젝트가 2년 이내에 완료될 확률을 추정하시오.

③ 위 프로젝트에 걸리는 시간이 30개월을 초과할 확률을 추정하시오.

| 표 13-2 | 경영대학 건물 건립 프로젝트 자료

활동	직전 선행활동	평균 소요시간(개월)	표준편차(개월)
A. 자금 확보	−	6	0.6
B. 건물 설계	A	8	1.3
C. 대지 준비	A	2	0.2
D. 기초 공사	B, C	2	0.3
E. 벽, 지붕 공사	D	3	1.0
F. 외부 공사 완료	E	3	0.6
G. 내부 공사 완료	D	7	1.5
H. 주변 환경 조성	F, G	5	1.2

④ 프로젝트를 구성하는 각 활동이 주활동(critical activity)이 될 확률을 추정하시오.

3 퍼트분포(Pert distribution)는 삼각분포(triangular distribution)와 마찬가지로 가장 낙관적인 값(most optimistic value), 가장 가능성이 많은 값(most likely value), 가장 비관적인 값(most pessimistic value)을 모수로 하는 연속형 확률분포이다. 퍼트분포의 확률밀도함수는 삼각분포의 삼각형 직선을 곡선으로 부드럽게 만든 것이다. 삼각분포와 마찬가지로 유사 프로젝트 경험이 많은 사람은 프로젝트를 구성하는 각 활동의 소요시간과 관련하여 가장 낙관적인 값(최솟값), 가장 가능

이 프로젝트의 다이어그램을 [표 13-2]의 정보를 토대로 그리면 [그림 13-3]과 같다.

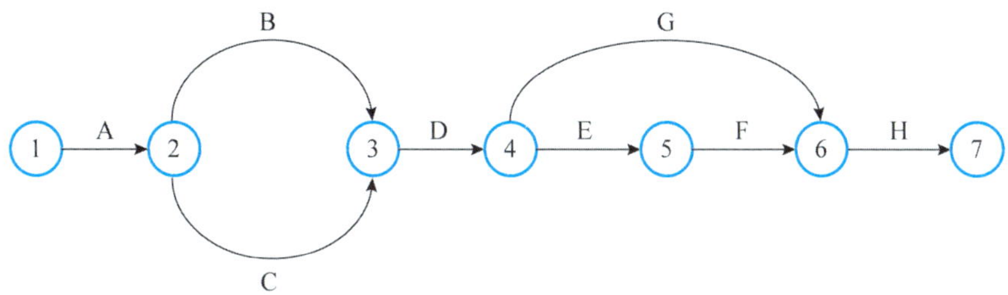

| 그림 13-3 | 프로젝트 다이어그램

[그림 13-3]을 보면 이 프로젝트의 시작(마디 1)과 끝(마디 7)을 잇는 경로는 다음과 같이 네 가지가 있음을 알 수 있다.

- 경로 1: A－B－D－G－H
- 경로 2: A－B－D－E－F－H
- 경로 3: A－C－D－G－H
- 경로 4: A－C－D－E－F－H

하지만 각 활동의 소요시간은 가변성을 갖는 확률변수이므로 네 개의 경로 중 어느 경로가 주경로인지는 확실하지 않다. 이제 프로젝트를 구성하는 각 활동의 소요시간이 퍼트분포를 따른다는 가정 하에 이 프로젝트의 완성시간을 추정할 수 있는 시뮬레이션 모형을 만들어보자.

[그림 13-4]는 프로젝트 완성시간과 함께 각 활동이 주활동이 될 가능성을 추정하기 위한 모형이다. 우선 셀 범위 B5:F12에 [표 13-2]의 프로젝트 관련 정보를 입력하였다. 퍼트분포는 세 가지 모수(가장 낙관적인 시간, 가장 가능성이 많은 시간, 가장 비관적인 시간)에 의해 그 모습이 결정된다. 문제에서 가장 낙관적인 시간(a)은 평균 −2×표준편차, 가장 가능성이 많은 시간(b)은 평균, 그리고 가장 비관적인 시간(c)

성이 많은 값, 가장 비관적인 값(최댓값)을 자신의 경험을 통해 제시할 수 있다.

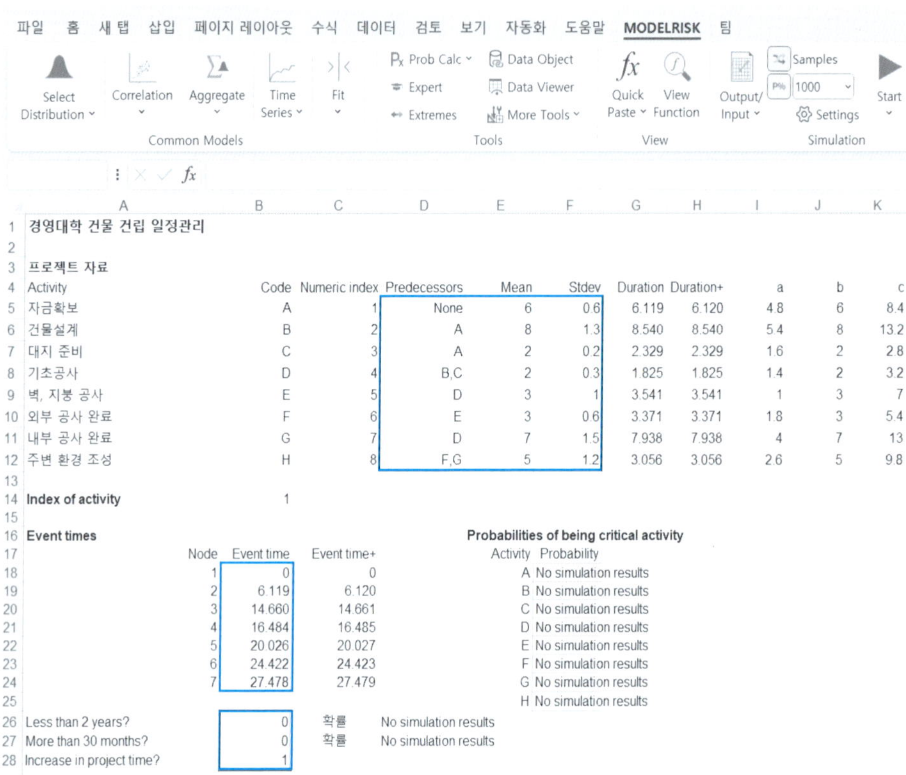

▎그림 13-4 ▎경영대학 건물 건립 일정 관리 문제

은 평균 + 4×표준편차로 가정하였으므로 활동 A의 모수로 셀 I5, J5, K5에 각각 =E5-2*F5, =E5, =E5+4*F5를 입력하였다. 다른 활동들의 모수도 마찬가지 식으로 구할 수 있으므로 셀 범위 I5:K5를 마우스로 선택하고 아래로 끌기하여 셀 범위 I12:K12까지 식을 복사하였다.

각 활동의 소요시간은 세 가지 모수 값을 갖는 퍼트분포를 따르므로 활동 A의 소요시간을 나타내는 셀 G5에 =VosePert(I5,J5,K5)를 입력한다. 다른 활동의 소요시간도 퍼트분포를 따르므로 셀 G5를 선택하고 셀 G12까지 끌기하여 동일한 식을 입력한다.

참고로 [그림 13-5]는 ModelRisk 메뉴의 Select Distribution( )을 눌러 퍼트분포를 선택한 후, 퍼트분포의 세 가지 모수 값을 각각 1, 4, 6으로 입력하면 나타나는 퍼트분포의 확률밀도함수와 누적분포함수이다.

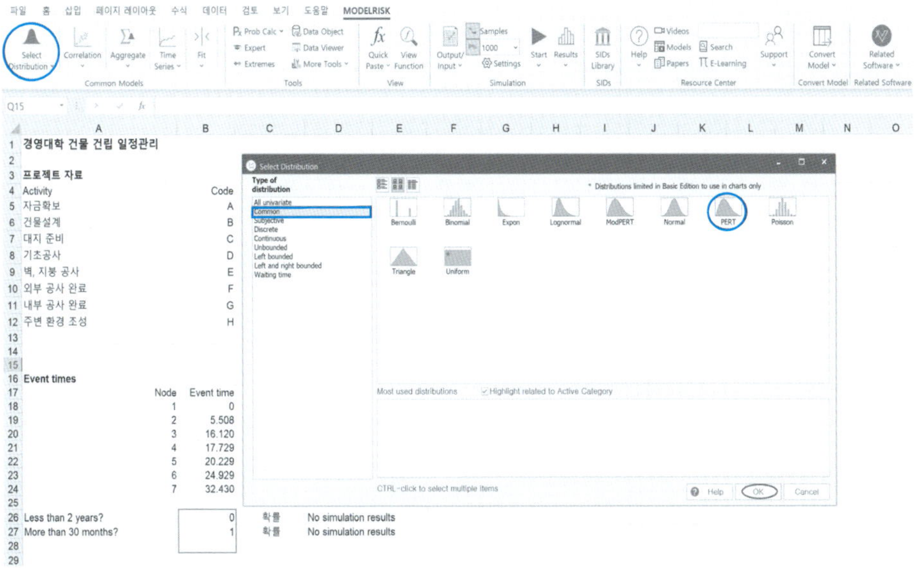

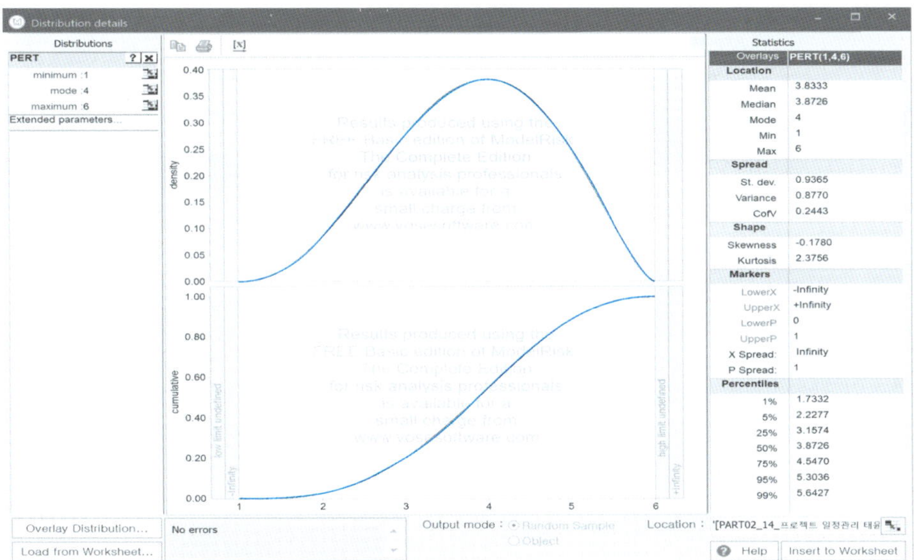

▎그림 13-5 ▎ 퍼트분포의 확률밀도함수와 누적분포함수

이제 이 프로젝트의 완성시간부터 추정해 보자. 이를 위해서는 [그림 13-3]의 프로젝트 다이어그램에 근거하여 마디 1의 발생 시점(event time)을 '0'으로 하고, 이후 발생하는 마디 2, 3, 4, 5, 6, 7의 시점을 추적하는 것이 필요하다. 셀 범위 B18:B24는 각 마디의 발생 시점을 나타낸다.

마디 1은 프로젝트 시작을 나타내기 때문에 마디 1의 발생 시점을 나타내는 셀 B18에는 '0'을 입력한다. 마디 2의 경우, 활동 A만 완성되면 다다를 수 있으므로 마디 2의 발생 시점은 (마디 1의 발생시점 + 활동 A의 소요시간)이 된다. 따라서 마디 2의 발생 시점을 나타내는 셀 B19에는 =B18+G5를 입력한다.

다음으로 마디 3은 마디 2에서 시작되는 두 활동(활동 B와 활동 C)의 완료 시점이다. 따라서 마디 3의 발생 시점은 (마디 2의 발생 시점 + 활동 B와 활동 C 중 긴 활동의 소요시간)이 되므로 셀 B20에는 =B19+MAX(G6,G7)를 입력한다. 다음으로 마디 4의 발생 시점인 셀 B21에는 (마디 3의 발생 시점 + 활동 D의 소요시간)인 =B20+G8을 입력하고, 마디 5의 발생 시점인 셀 B22에는 =B21+G9를 입력한다.

마디 6의 발생 시점은 다음 두 가지 값 중 큰 값이 된다. 즉, (마디 5의 발생시점 + 활동 F의 소요시간)과 (마디 4의 발생시점 + 활동 G의 소요시간) 중 큰 값이 마디 6의 발생 시점이다. 따라서 마디 6의 발생 시점인 셀 B23에는 =MAX(B21+G11,B22+G10)를 입력한다. 마지막으로 마디 7(프로젝트의 끝)의 발생 시점은 (마디 6의 발생시점 + 활동 H의 소요시간)이므로 셀 B24에는 =B23+G12를 입력한다.

결국 마디 7의 발생 시점이 바로 프로젝트 수행에 걸리는 시간이 된다. 따라서 셀 B24를 선택하고  을 눌러 결과 셀로 만든다. B24의 이름은 completion time으로 설정하였다. [그림 13-6]은 1,000번의 반복활동을 수행한 후 생성된 프로젝트 완성시간의 분포이다. 평균은 30.15(일), 최단시간은 22.41(일), 최장시간은 37.66(일)로 나타났음을 알 수 있다.

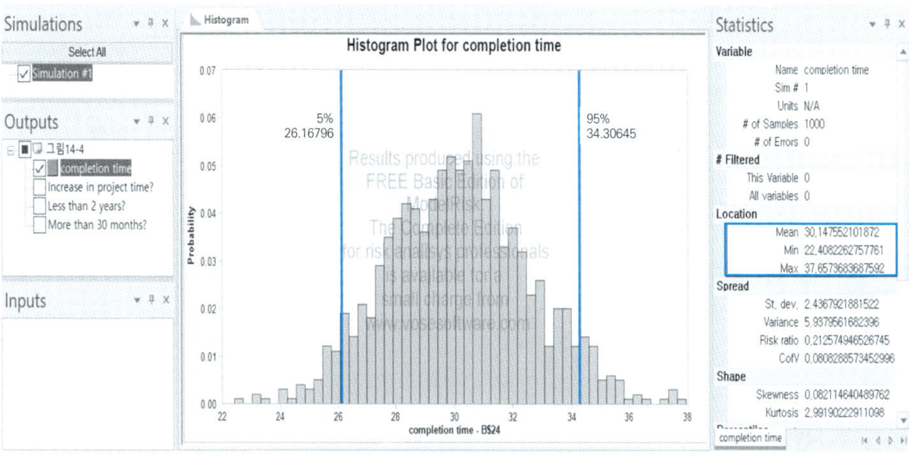

| 그림 13-6 | 프로젝트 수행시간의 분포

이제 [그림 13-6]을 이용하면 프로젝트 완성시간이 2년 이내에 끝날 가능성이나 프로젝트 완성시간이 30개월을 초과할 가능성 등을 여러 가지 방법으로 구할 수 있다. 예를 들어, [그림 13-6]의 좌우 슬라이더(sliders)를 움직여 해당 가능성을 구하는 방법, Edit sliders 을 눌러 Value 항목에 원하는 값을 입력하는 방법 등이 있다.

여기서는 프로젝트가 2년 이내에 완료될 확률을 구하기 위해 셀 B26에 =IF(B24<24,1,0)를 입력하였다. 이 식은 프로젝트 수행시간이 2년보다 작으면 '1'의 값을 갖고, 그렇지 않으면 '0'의 값을 갖도록 하는 식이다. 마찬가지로 프로젝트가 30개월 이상 걸리는지를 나타내기 위해 셀 B27에 =IF(B24>30,1,0)를 입력하였다. 그리고 이 두 셀을 결과 셀로 지정한 후, 셀 D26에는 =VoseSimMean(B26), D27에는 =VoseSimMean(B27)을 입력하여 셀 B26과 셀 B27의 평균을 각각 구한다. 시뮬레이션을 수행한 후 셀 B26의 값은 프로젝트가 2년 이내에 완료될 확률을 나타내고, 셀 B27의 값은 프로젝트가 30개월 이상으로 걸릴 확률을 나타낸다.

1,000번의 반복활동을 수행한 결과는 [그림 13-7]과 같다. 프로젝트가 2년 이내에 완료될 확률은 0.006, 프로젝트가 30개월 이상 소요될 확률은 0.527로 나타남을 확인할 수 있다. 즉, 1,000번의 반복활동에서 프로젝트 소요시간이 2년 이내인 경우는 6번, 30개월 이상 소요된 경우는 527번이라는 의미이다.

	A	B	C	D
26	Less than 2 years?	0	확률	0.006
27	More than 30 months?	1	확률	0.527

| 그림 13-7 | 프로젝트가 2년 이내에 완료될 확률과 30개월 이상 소요될 확률

4 주활동의 가능성 평가

이제 프로젝트를 구성하는 8개 활동 각각이 주활동이 될 확률을 구해 보자. 주활동은 조금이라도 지체되면 프로젝트 완성시간도 그만큼 지연시키는 특성을 갖는다. 따라서 특정 활동의 소요시간이 △만큼 지연될 때 프로젝트 완성시간도 △만큼 지연된다면 해당 활동은 주활동이다. 하지만 어떤 활동의 소요시간을 △만큼 지연시켰음에도 불구하고 프로젝트 완성시간에 아무런 영향을 미치지 않는다면 해당 활동은 주활동이 아니라고 판단한다.

이 문제에서 프로젝트는 총 8개의 활동으로 구성되어 있다. 시뮬레이션을 통해 8개 활동 각각의 소요시간을 조금씩 지연시켰을 때 프로젝트의 완성 시간이 지연되는지를 확인하고, 이를 통해 각 활동이 주활동이 될 가능성을 추정해 보자. 이를 위해 우선 8개 활동 각각의 번호(numeric index)를 셀 범위 C5:C12에 1부터 8까지 입력하였다. 그리고 8개 활동 각각의 소요시간을 조금씩 늘렸을 때 과연 프로젝트 완성시간이 그만큼 늘어나는지를 확인하기 위해 셀 B14에 =VoseSimTable({1,2,3,4,5,6,7,8})을[4] 입력하였다. 각 활동의 소요시간을 조금씩 늘리는 것을 하나의 대안으로 간주하여 총 8번의 시뮬레이션을 수행할 것임을 의미한다.

다음으로 셀 H5에 =G5+IF($B$14=C5,0.001,0)를 입력한다. 이 식은 셀 B14의 대안 번호(Sim#)가 활동 A의 번호와 같다면 활동 A의 소요시간을 '0.001'만큼 증가시킴을 의미한다.[5] 만일 활동 A가 주활동이라면 활동 A의 소요시간을 '0.001'만큼 늘렸

4 =VoseSimTable({1,2,3,4,5,6,7,8}) 대신에 =VoseSimTable(C5:C12)를 입력해도 무방하다. 셀 범위 대신에 숫자를 직접 입력할 때는 중괄호({ })를 삽입한다.

5 각 활동의 소요시간 증가분을 나타내는 '0.001'은 임의의 수치이다. 각 활동의 소요시간 증가분 △는 활동 소요시간의 평균이나 표준편차보다 충분히 작은 값(예, 0.01, 0.001 등)으로 설정한다.

을 때 프로젝트 완성시간도 '0.001'만큼 늘어나게 될 것이다. 시뮬레이션이 8회 수행됨에 따라 셀 B14의 대안 번호(Sim#)는 1에서 8까지 차례로 바뀌게 된다. 이에 따라 B, C, D, E, F, G, H 등 다른 활동들 각각도 주활동이 되는지를 판별하기 위해 셀 H5를 마우스로 선택하고 셀 H12까지 끌기하여 셀 H5와 같은 논리의 식이 입력되도록 한다.

이제 각 활동의 소요시간을 조금씩 늘렸을 때 프로젝트 완성시간도 그만큼 늘어나는지 확인해 보자. 셀 범위 C18:C24에 셀 범위 B18:B24의 식을 복사한다. 셀 범위 C18:C24는 시뮬레이션이 8회 진행됨에 따라 A부터 G까지 8개 활동의 소요시간을 차례로 '0.001'만큼 지연시켰을 때의 각 마디의 발생 시점을 나타낸다. 여기서 마디 7(프로젝트의 끝)의 발생 시점인 셀 C24는 A부터 G까지 8개 활동의 소요시간을 차례로 '0.001'만큼 지연시킨 경우의 프로젝트 완성시간을 나타낸다.

각 활동의 소요시간을 조금씩 늘렸을 때 프로젝트 완성시간이 증가했는지를 확인하기 위해 셀 B28에는 =IF(C24>B24,1,0)를 입력하고, Output/Input 을 눌러 결과 셀로 만든다. 여기서 C24는 각 활동의 소요시간을 차례로 '0.001'씩 늘렸을 때의 프로젝트 완성시간이고, B24는 그렇지 않을 경우의 프로젝트 완성시간을 나타낸다. 즉, 각 활동의 소요시간이 조금씩 지체됐을 때의 프로젝트 완성시간이 그렇지 않을 때의 완성시간보다 크다면 지체된 활동은 주활동이라는 '1'이 산출되도록 하고, 그렇지 않다면 지연된 활동은 주활동이 아니라는 '0'이 산출되도록 한다.

A부터 H까지 각 활동의 소요시간을 '0.001'씩 늘렸을 때 프로젝트 완성시간이 그만큼 늘어난 비율이 얼마나 되는지를 확인하기 위해 1,000번의 반복활동을 수행하였다(즉, 8회의 시뮬레이션을 1,000번씩 수행하였다). 결과 셀 B28에 대한 시뮬레이션 결과는 [그림 13-8]과 같다.

Histogram | Statistics

	Increase in project time? Sim: 1 Units: N/A	Increase in project time? Sim: 2 Units: N/A		Increase in project time? Sim: 4 Units: N/A	Increase in project time? Sim: 5 Units: N/A	Increase in project time? Sim: 6 Units: N/A	Increase in project time? Sim: 7 Units: N/A	Increase in project time? Sim: 8 Units: N/A
Location								
Mean	1	1	0	1	0.343	0.343	0.657	1
Minimum	1	1	0	1	0	0	0	1
Maximum	1	1	0	1	1	1	1	1

| 그림 13-8 | 8개 활동의 주활동 여부를 시뮬레이션한 결과

[그림 13-8]에서 각 활동이 주활동이 될 확률은 Sim 1(활동 A)부터 Sim 8(활동 H)까지의 결과 셀 B28의 평균(Mean)을 보면 알 수 있다. 시뮬레이션 결과를 보면 활동 A, B, D, H는 주활동이 될 가능성이 100%, 활동 C가 주활동이 될 가능성은 0%, 활동 E, F, G는 각각 34.3%, 34.3%, 65.7%이다.

이 결과는 모형 시트에서 =VoseSimMean()을 이용해서도 바로 확인할 수 있다. 즉, 활동 A가 주활동일 확률은 나타내는 셀 F18에는 =VoseSimMean($B$28,1)을 입력한다. =VoseSimMean($B$28,1)에서 셀 B28은 특정 활동이 조금이라도 지체되면 프로젝트 완성시간도 따라서 지연되는지를 나타내는 결과 셀이며, 두 번째 인자는 시뮬레이션 번호를 나타낸다. 따라서 활동 B에서 활동 H까지 각 활동이 주활동일 확률을 산출하기 위해서는 셀 F19에서 셀 F25까지 각 셀에 시뮬레이션 번호만 2에서 8까지로 변경하여서 입력하면 된다. 결국, 시뮬레이션 수행 후 각 활동이 주활동일 확률은 [그림 13-9]처럼 나타난다. 물론 이 결과는 [그림 13-8]의 결과와 일치한다.

	E	F	G	H
16	**Probabilities of being critical activity**			
17	Activity	Probability		
18	A	1		
19	B	1		
20	C	0		
21	D	1		
22	E	0.343		
23	F	0.343		
24	G	0.657		
25	H	1		

| 그림 13-9 | 8개 활동이 주활동이 될 확률

각 활동이 주활동이 될 확률을 [그림 13-3]의 프로젝트 다이어그램을 보면서 해석해 보자. 우선, 프로젝트 다이어그램에서 두 개의 마디가 하나의 가지로만 이어져 있다면 해당 가지 위의 활동은 당연히 100% 주활동이 된다. 다음으로 활동 B가 주활동이 될 확률은 '1'인 반면 활동 C가 주활동이 될 확률은 '0'으로 나타났는데, 이는 1,000번의 반복활동 모두에서 활동 B의 소요시간이 활동 C의 소요시간보다 길었음을 보여준다. 다음으로 마디 4와 마디 6을 잇는 활동은 G 또는 E-F이다. 따라서 주경로는 활동 G를 포함하든지 아니면 활동 E와 F를 포함해야 한다. 그런데 활동 E와 F는 같은 경로 위에 있으므로 활동 E와 F가 주활동이 될 확률은 당연히 같아야 하며, 활동 G가 주활동이 되는 사건과 활동 E와 F가 주활동이 되는 사건은 여사건(complementary events)의 관계에 있으므로 두 사건의 확률의 합은 '1'이 되어야 함을 알 수 있다. [그림 13-9]의 결과를 보면 활동 E와 F가 주활동이 될 확률은 34.3%, 활동 G가 주활동이 될 확률은 65.7%로 활동 E와 활동 F의 소요시간의 합이 활동 G의 소요시간보다 길었던 경우는 1,000번의 반복활동 중에서 343번이고, 그 반대의 경우는 657번임을 알 수 있다.

(1) 퍼트분포와 삼각분포의 차이

퍼트분포(PERT distribution)와 삼각분포(triangular distribution)는 어떤 활동이나 프로젝트의 소요시간을 추정할 때 많이 사용되는 연속형 분포로서 세 가지 모수(minimum value, most likely value, maximum value)에 의해 그 모양이 결정되는 분포이다. 세 가지 모수의 추정값은 해당 분야에서 많은 경험을 쌓은 전문가에 의해 추정될 수 있다. 두 분포의 차이점은 그 모양을 보면 알 수 있다. 삼각분포는 이름 그대로 분포(확률밀도함수, probability density function)의 모양이 삼각형의 모습을 하고 있고, 퍼트분포는 삼각형의 직선을 곡선으로 완만하게 나타내 분포이다.

이러한 모양의 특성으로 인해 삼각분포의 꼬리분포는 퍼트분포의 꼬리분포보다 더 두꺼운 모습을 보인다. 즉, 삼각분포는 해당 확률변수가 취할 수 있는 양극단값, 즉 가장 작은 값과 가장 큰 값 주위의 값을 취할 가능성이 퍼트분포의 그것보다 크고, 가장 가능성이 많은 값 주변에 값을 취할 가능성이 퍼트분포보다 작다. 따라서 활동이나 프로젝트에 걸리는 시간을 추정할 수 있는 경험이 적은 상황에서는 삼각분포를 이용하는 것이 추천되고, 그러한 경험이 많은 상황에서는 퍼트분포를 사용하는 것을 추천한다. 퍼트분포의 경우, 전문가에 의해 가장 발생 가능성이 크다고 추정한 값 주위에 실제로 해당 변수의 값이 존재할 가능성이 삼각분포보다 상대적으로 크고, 양극단값 주의의 값을 취할 가능성이 삼각분포보다 상대적으로 낮기 때문이다.

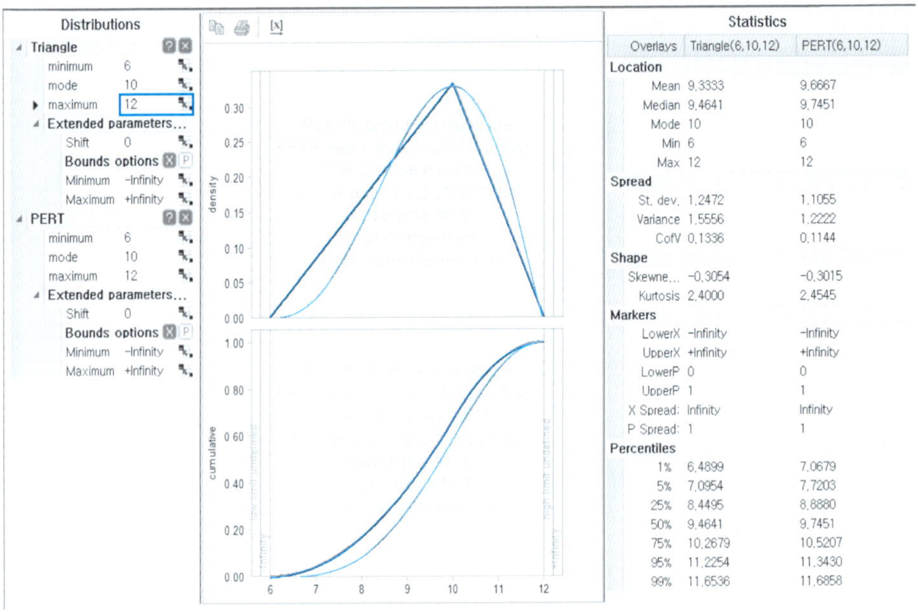

▎그림 13-10▎ 삼각분포와 퍼트분포의 비교

[그림 13-10]은 동일한 모수 값 (6, 10, 12)을 갖는 삼각분포와 퍼트분포의 모습을 겹쳐서 보여주고 있는데, 분포 모습의 비교를 통해 위에 언급한 이러한 분포의 차이점을 알 수 있다.

14장 보증기간은 얼마나 길게 하는 게 좋을까?

새로운 제품을 살 때 보통 보증(warranty)이라는 것이 수반된다. 보증이란 새로 산 제품이 특정 기간, 예를 들어, 1년 이내에 고장이 나면 별도의 비용 없이 새로운 제품으로 교체해 주는 것을 말하는데, 교체 후에도 같은 보증이 다시 적용된다. 하지만 제품이 보증기간을 지나 고장이 나면 구매자는 돈을 들여 제품을 수리하거나 교체해야 한다. 그런데 제품의 수명이라는 것이 확실한 것이 아니기 때문에 회사로서는 보증으로 인한 비용(warranty cost)을 추정하여 보증기간을 결정할 필요가 있다. 시뮬레이션은 이런 목적으로도 사용될 수 있다.

다음 예제를 이용하여 보증비용을 추정하고, 바람직한 보증기간을 결정해 보자.

예제

한국카메라(주)는 인기리에 판매되고 있는 신형 디지털카메라를 30만원에 판매하고 있다. 이 카메라는 보증을 하고 있는데, 만일 새로 구입한 카메라가 1.5년 이내에 고장이 난다면 회사는 고객에게 새 카메라를 무상으로 교환해주고 있다. 그러나 보증기간인 1.5년을 지나 카메라가 고장이 난다면 이 보증은 아무런 효력을 갖지 않는다. 새로 교환된 카메라는 새로 산 카메라와 똑같은 보증을 하게 되는데, 회사 차원에서 새로운 카메라를 고객에게 제공하는 데 드는 비용은 22만 5천원으로 일정하다.
새로운 카메라가 고장이 나기까지 걸리는 시간은 확률변수이다. 이제 이 확률변수의 분포를 오른쪽 꼬리분포(right-skewed distribution)로 추정해 보자. 이러한 모양을 하는 이론적 분포는 많은데, 하나의 예로 새로운 카메라가 고장 나기까지 걸리는 시간을 로그정규분포(lognormal distribution)로 추정하자. 그리고 로그정규분포의 평균은 2.5(년),

표준편차는 1(년)으로 가정하자.
카메라 한 대를 판매할 경우, 보증기간 내에 교체가 몇 번 일어나는지 그 횟수와 그때 발생하는 이익의 순현재가치(NPV)를 시뮬레이션을 이용해 추정하시오. 연간 할인율은 10%로 가정하자. 아울러 보증기간을 어느 정도로 하는 것이 이익 최대화 차원에서 가장 바람직한지 결정하시오.

우선 보증기간이 1.5년일 때 새로 구입한 카메라 한 대의 교체 횟수는 몇 번이고, 그때 고객으로부터 얻게 되는 이익의 순현재가치는 얼마나 되는지 추정해 보자. 여기서 확률변수는 새로운 카메라가 고장 나기까지 걸리는 시간으로 문제에서 로그정규분포로 가정하고 있다. 이 문제에 대한 시뮬레이션 모형은 [그림 14-1]과 같다.

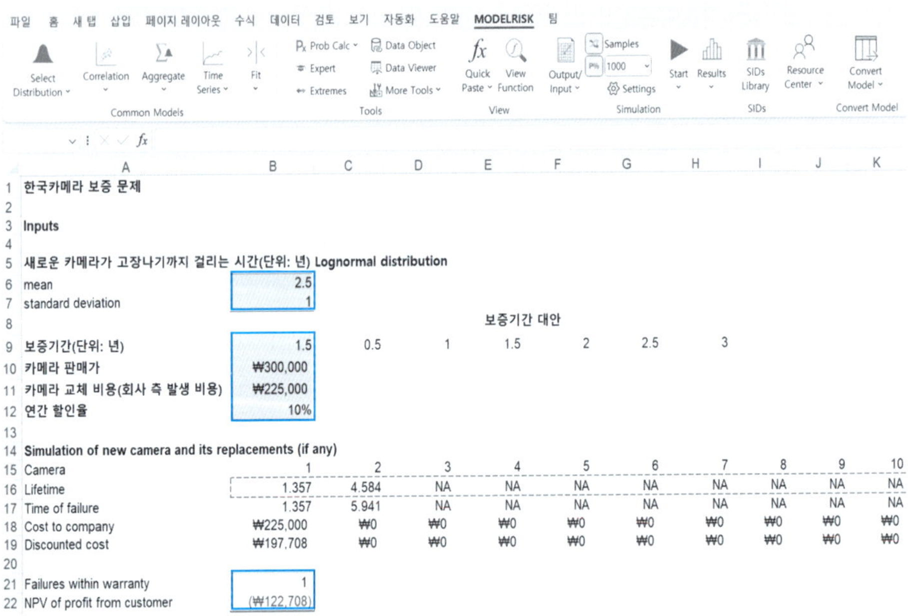

	A	B	C	D	E	F	G	H	I	J	K
1	**한국카메라 보증 문제**										
2											
3	**Inputs**										
4											
5	**새로운 카메라가 고장나기까지 걸리는 시간(단위: 년) Lognormal distribution**										
6	mean	2.5									
7	standard deviation	1									
8					**보증기간 대안**						
9	**보증기간(단위: 년)**	1.5	0.5	1	1.5	2	2.5	3			
10	**카메라 판매가**	₩300,000									
11	**카메라 교체 비용(회사 측 발생 비용)**	₩225,000									
12	**연간 할인율**	10%									
13											
14	**Simulation of new camera and its replacements (if any)**										
15	Camera	1	2	3	4	5	6	7	8	9	10
16	Lifetime	1.357	4.584	NA	NA	NA	NA	NA	NA	NA	NA
17	Time of failure	1.357	5.941	NA	NA	NA	NA	NA	NA	NA	NA
18	Cost to company	₩225,000	₩0	₩0	₩0	₩0	₩0	₩0	₩0	₩0	₩0
19	Discounted cost	₩197,708	₩0	₩0	₩0	₩0	₩0	₩0	₩0	₩0	₩0
20											
21	Failures within warranty	1									
22	NPV of profit from customer	(₩122,708)									

❙그림 14-1❙ 보증기간 결정 모형

[그림 14-1]에서 셀 B5와 셀 B6에는 로그정규분포의 평균(2.5)과 표준편차(1)를 각각 입력하였다. 다음으로 셀 B9에 카메라 보증기간 1.5(년)를 입력하고, 카메라 한

대의 판매가격(300,000원), 카메라 교체 비용(225,000원), 연간 할인율(10%)을 셀 B10, B11, B12에 각각 입력하였다.

이제 보증기간 1.5년 이내에 몇 대의 카메라가 교체되고, 그때의 이윤은 얼마나 되는지를 알기 위한 시뮬레이션 모형을 만들어보자. 우선 카메라 수명의 평균이 2.5년이므로 1.5년의 보증기간 내에 교체되는 카메라의 수는 그리 많지 않을 것임을 알 수 있다. 하지만 나중에 보증기간을 늘릴 때 결과가 어찌 되는지 비교하기 위해 보증기간 내에 교환되는 카메라의 수를 9대(처음 산 카메라 한 대를 포함하면 전체 카메라의 수는 10대)로 충분히 잡았다.

고객이 처음 산 카메라(카메라 1)가 고장이 나기까지 걸리는 시간은 셀 B6과 셀 B7의 평균과 표준편차를 모수로 갖는 로그정규분포를 따른다. 따라서 셀 B16에 =VoseLognormal($B$6,$B$7)를 입력한다. 여기서 로그정규분포가 어떠한 모습을 하는지 시각적으로 살펴보자. 이를 위해서 마우스로 셀 B16을 선택한 후, ModeRisk 메뉴의 맨 왼쪽에 위치한 Select Distribution(Select Distribution)을 눌러보자, 그러면 [그림 14-2]와 같이 평균 = $B$6(= 2.5)이고, 표준편차 = $B$7(= 1)인 로그정규분포의 모습을 볼 수 있다.

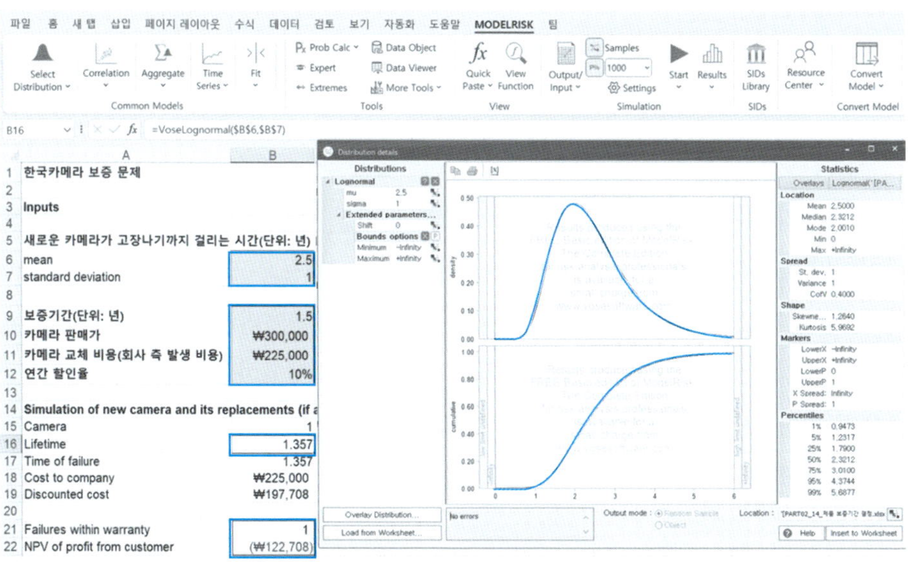

| 그림 14-2 | Select Distribution을 이용한 로그정규분포의 모습 보기

다음으로 셀 B17은 처음 카메라를 판 시점과 가장 최근에 교환이 발생한 시점까지의 시간 간격을 나타낸다. 처음 구입한 카메라(카메라 1)의 경우, 이 카메라가 고장 나기까지 걸린 시간과 가장 최근에 교환이 발생한 시점까지의 시간은 같으므로 셀 B17에는 =B16을 입력한다.

처음 구입한 카메라가 고장 나기까지 걸린 시간이 보증기간(셀 B9)보다 짧다면 한국카메라(주)는 새로운 카메라로 고장 난 카메라를 교체해 주어야 한다. 따라서 카메라 교체 비용 225,000원(셀 B11)이 발생한다. 반면, 고장 나기까지 걸린 시간이 보증기간을 초과하면 고장 난 카메라를 새것으로 교환해 주지 않아도 되므로 교체 비용은 발생하지 않는다. 따라서 한국카메라(주)가 카메라 1을 팔았을 때 부담해야 할 교체 비용으로 셀 B18에 =IF(B16<$B$9,$B$11,0)을 입력한다.

발생한 비용을 현재가치로 할인하기 위해서는 (1 + 연간 할인율)에 시간(년)을 승수로 하여 나눠준다. 즉, 발생한 비용의 현재가치를 나타내는 셀 B19에는 =IF(B18>0,B18/(1+$B$12)^B17,0)를 입력한다. 이 식에서 연간 할인율($B$12)은 10%인데, t년 후 발생한 비용을 연간 할인율을 적용하여 현재 시점의 가치로 환산하는 식은 〈식 14-1〉과 같이 정의된다.

$$\text{t년 후 비용의 현재가치} = \frac{\text{t년 후 비용}}{(1+\text{할인율})^t} \qquad \langle\text{식 14–1}\rangle$$

처음 산 카메라를 새로운 카메라로 교환해주었을 때, 새로운 카메라는 두 번째 카메라(카메라 2)가 된다. 이제 카메라 2에 대한 논리를 구성해 보자. 카메라 2가 고장 나기까지 걸리는 시간은 카메라 1과 마찬가지로 로그정규분포를 따른다. 하지만 만약 카메라 1이 보증기간을 넘겨 고장이 난다면, 한국카메라(주)는 카메라 2를 고객에게 무상으로 교환해주지 않아도 되므로 카메라 2가 고장 나는 사건은 고려할 필요가 없다. 따라서 카메라 2가 고장 나기까지 걸리는 시간을 나타내는 셀 C16에 =IF(B16<$B$9,VoseLognormal($B$7,$B$7),"NA")를 입력한다. 여기서 'NA'는 '해당 사항 없음'을 나타낸다.

셀 C17은 처음 카메라(카메라 1)를 판 시점과 가장 최근에 교환이 발생한 시점까지의 시간 간격을 나타낸다. 카메라 2로 교환한 경우, 셀 C17은 (카메라 1이 고장 나기까지 걸린 시간 + 카메라 2가 고장 나기까지 걸린 시간)이 된다. 하지만 카메라 2의 무상 교환이 필요하지 않으면(카메라 2의 수명이 보증기간을 초과한 경우에는) 카메라 2가 고장 나는 사건은 고려할 필요가 없으므로 셀 C17에는 =IF(C16="NA","NA",B17+C16)를 입력한다.

카메라 2도 카메라 1과 마찬가지로 고장 나기까지 걸린 시간이 보증기간보다 길면 교체 비용은 발생하지 않으며, 짧다면 교체 비용이 발생한다. 또한 카메라 1의 수명이 보증기간보다 길어 카메라 2로의 교환이 일어나지 않은 경우에도 비용이 발생하지 않는다. 따라서 카메라 2로 교환한 후 발생하는 비용으로 셀 C18에 =IF(C16="NA",0,IF(C16<$B$9,$B$11,0))를 입력한다. 그리고 비용이 발생한 경우, 소요비용의 현재가치를 나타내는 셀 C19에는 =IF(C18>0,C18/(1+$B$12)^C17,0)를 입력한다.

이제 카메라 3부터 카메라 10까지의 식은 카메라 2의 식과 논리가 같다. 따라서 셀 범위 C16:C19를 마우스로 선택하고 K16:K19까지 끌기하여 식을 복사한다.

이 문제에서 우리가 관심을 두는 결과변수는 두 가지이다, 하나는 보증기간 내에 무상으로 교환해 주어야 하는 카메라의 수, 그리고 다른 하나는 한국카메라(주)가 카메라 한 대를 판매할 때 얻게 되는 이익의 현재가치이다. 셀 B21은 보증기간 내에 교환해 주어야 하는 카메라의 수를 의미한다. 따라서 =COUNTIF(B18:K18,">0")를 입력한다.[1]

다음으로 한국카메라(주)가 카메라 한 대를 판매함으로써 얻게 되는 이익의 순현재가치를 구해 보자. 카메라 한 대의 가격은 300,000원(셀 B10)이고 고객에게 카메라를 한 대 새로이 제공하는 데(처음 판매든 보증 교환이든) 드는 비용은 225,000원(셀 B12)이다. 따라서 한국카메라가 카메라 한 대를 판매해서 고객으로부터 얻게 되는 이익의 순현재가치는 (판매가 – 원가 – 현재가치로 할인된 교환 비용들의 합)이 된다. 따라서 이익의 순현재가치를 나타내는 셀 B22에는 =B10-B11-SUM(B19:K19)를 입력한다.[2] 이제 셀 B22와 셀 B23을 각각 선택하고 

을 눌러 결과 셀로 지정한다.

1 =COUNTIF(셀 범위,"조건")는 따옴표(" ") 안의 조건을 만족시키는 셀의 수를 셀 범위에서 세어 나타내라는 명령이다.

보증기간이 1.5년일 때의 시뮬레이션 결과는 [그림 14-3]과 같다.

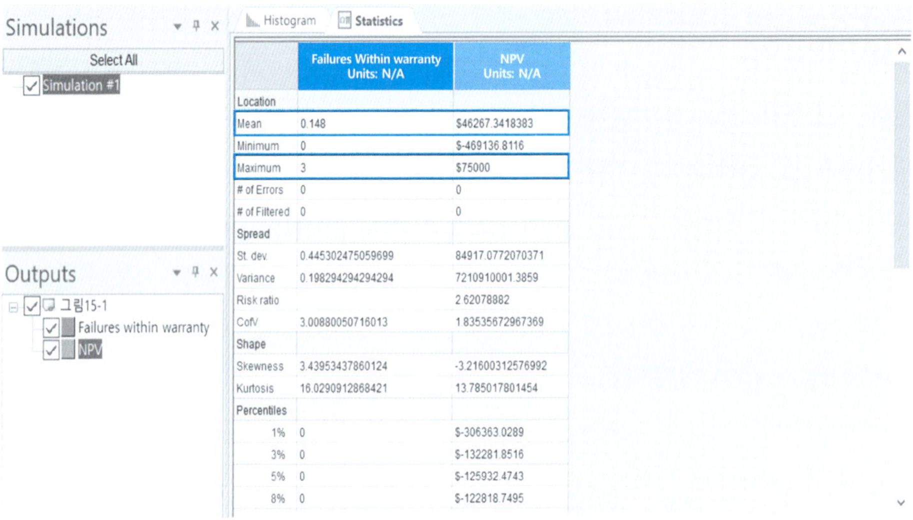

| 그림 14-3 | 보증기간이 1.5년일 때 결과변수의 요약 통계량

[그림 14-3]은 반복활동을 1,000번 수행했을 때의 결과를 보여주고 있다. 보증기간이 1.5년일 때 보증기간 내에 발생한 카메라 교환 횟수의 평균은 0.148회, 그리고 가장 많은 교환 횟수는 3번으로 나타났다. 이 경우, 한국카메라(주)가 벌게 되는 이윤(NPV)의 평균은 46,267원 정도임을 알 수 있다.

이제 보증기간을 여러 가지로 변화시켜 과연 보증기간을 얼마나 길게 하는 것이 한국카메라(주)에게 가장 이익이 되는지 알아보자. 직관적으로 보증기간이 줄어들면 무상 교환의 가능성이 작아지므로 이익은 높아지고, 보증기간이 늘어나면 무상 교환의 기회가 많아지므로 이익은 낮아질 것이다.

대안의 비교를 위해 [그림 14-4]의 셀 범위 C9:H9에 6개의 보증기간(0.5년, 1년, 1.5년, 2년, 2.5년, 3년)을 입력해 보자. 보증기간을 나타내는 셀 B9에는 =VoseSim

2 여기서 미래에 발생하는 비용들의 현재가치를 구하기 위해 =NPV 함수를 이용하지 않은 이유는 비용의 발생 시점이 일정하지 않기 때문이다. 따라서 미래에 발생하는 비용을 각각 할인하여 현재가치를 계산한 후 그 합을 구하였다.

Table(C9:H9)을 입력한다. 각 대안에 대해 반복활동을 1,000번 수행한 결과는 [그림 14-5]와 같다.

	A	B	C	D	E	F	G	H
1	한국카메라 보증 문제							
2								
3	Inputs							
4								
5	새로운 카메라가 고장나기까지 걸리는 시간(단위: 년)	Lognormal distribution						
6	mean	2.5						
7	standard deviation	1						
8					보증기간 대안			
9	보증기간(단위: 년)	0.5	0.5	1	1.5	2	2.5	3
10	카메라 판매가	₩300,000						
11	카메라 교체 비용(회사 측 발생 비용)	₩225,000						
12	연간 할인율	10%						

| 그림 14-4 | 보증기간 비교를 위한 =VoseSimTable의 사용

	ailures within warran Sim: 1 Units: N/A	ailures within warrar Sim: 2 Units: N/A		ailures within warrant Sim: 4 Units: N/A	ailures within warrar Sim: 5 Units: N/A	lures within warra Sim: 6 Units: N/A	NPV Sim: 1 Units: N/A	NPV Sim: 2 Units: N/A	NPV Sim: 3 Units: N/A	NPV Sim: 4 Units: N/A	NPV Sim: 5 Units: N/A	NPV Sim: 6 Units: N/A
Location												
Mean	0	0.017	0.159	0.547	1.378	2.67	$75000	$71480.7900394	$43607.86459	$-23461.4725220001	$-138818.6745715	$-266643.3768274
Minimum	0	0	0	0	0	0	$75000	$-138279.9389	$-464385.494	$-721856.1543	$-953897.7519	$-998192.2701
Maximum	0	1	3	6	10	10	$75000	$75000	$75000	$75000	$75000	$75000

| 그림 14-5 | 보증기간에 따른 성과 비교

[그림 14-5]에서 확인할 수 있듯이, 보증기간이 늘어날수록 교환 횟수는 증가하고, 한국카메라(주)의 이익은 감소함을 알 수 있다. 이 결과는 우리의 직관과 일치한다. 평균 관점에서 보증기간이 가장 짧은 0.5년(Sim 1)의 경우, 이익의 순현재가치가 71,480.79(원)으로 가장 높았고, 보증기간이 가장 긴 3년인 경우(Sim 6)가 이익의 순현재가치는 −266,643.37(원)으로 가장 낮았다. 또한 카메라의 평균수명이 현재처럼 2.5년인 경우, 보증기간을 2년 이상으로 하게 되면 이익의 순현재가치는 평균적으로 음(−)의 값을 가짐을 알 수 있다. 하지만 기업이 이윤 확보를 위해 보증기간을 일정 한도 이상으로 줄이는 것은 고객 만족도 차원에서 현명한 일은 아닐 것이다.

본 장에서 학습한 시뮬레이션 과정은 제품의 수명 분포에 따라 보증기간을 얼마로 설정하는 것이 보증정책에 대한 고객의 만족도와 기업의 이윤을 함께 고려할 때 현명한지를 파악할 수 있는 좋은 방법이 될 수 있다.

15장 배치생산의 불확실성을 고려한 생산 일정 계획수립

많은 제조공정에서 제품은 배치(batch)로 생산되며, 배치에서 합격품의 양(yield)은 불확실하다. 제약 산업에서는 배치생산이 특히 많은데, 다음 예제는 제약업체에서 의약품의 생산계획을 수립할 때 여러 가지 불확실성을 어떻게 고려하는지를 예시하고 있다.

예제

성인제약(주)은 최근 고객으로부터 의약품 8,000온스의 주문을 받았는데, 고객이 원하는 제품 납기일(2024년 12월 1일)에 맞추기 위하여 생산 일정계획을 수립하고자 한다. 그런데 이러한 계획을 세우기 위해서는 다음과 같은 세 가지 불확실성을 고려해야 한다.

첫째, 주문된 의약품은 배치로 생산되어야 하는데, 하나의 배치생산에 걸리는 시간은 확실하게 정해진 것이 아니다. 과거의 경험을 보면 생산 소요시간은 5일에서 11일까지 걸릴 수가 있다. 이러한 불확실성은 [표 15-1]과 같은 분포로 나타낼 수 있다.

둘째, 하나의 배치에서 나오는 합격품의 양도 불확실하다. 과거의 경험을 통해 성인제약은 합격품의 양을 삼각분포(triangular distribution)로 나타낼 수 있다고 믿고 있는데, 삼각분포의모수인 최솟값, 가장 가능성이 많은 값, 최댓값은 각각 600, 1,000, 1,100으로 추정하고 있다.

셋째, 모든 배치는 생산 후 엄격한 검사를 받아야 하는데, 하나의 배치가 검사에 합격할 확률은 80%이다. 불합격된 배치의 의약품은 전량 주문량을 채우는 데 사용될 수 없다.

| 표 15-1 | 배치생산 소요시간의 분포

소요시간(단위: 일)	확률
5	0.05
6	0.10
7	0.20
8	0.30
9	0.20
10	0.10
11	0.05

성인제약은 주문을 맞추기 위해 납기일 며칠 전부터 제품 생산을 시작해야 하는지를 결정하고자 한다.

이 문제에서 확률변수는 하나의 배치생산에 걸리는 시간(일), 하나의 배치에서 나오는 합격품의 양(온스), 하나의 배치가 검사에 합격할지의 여부이다. 시뮬레이션을 통해 8,000온스의 주문량을 맞추기 위해 언제부터 제품 생산을 시작해야 하는지를 결정해 보자.[1]

이 문제에 대한 시뮬레이션 모형은 [그림 15-1]과 같다. 모형을 보면 우선 문제에서 주어진 입력자료, 즉, 주문량(8000), 하나의 배치생산에 걸리는 시간의 분포, 하나의 배치에서 나오는 합격품 양(yield)의 분포, 하나의 배치가 검사에 합격할 확률(0.8) 등이 입력되어 있음을 알 수 있다. 고려하는 배치의 수는 최악의 경우를 고려하여 안전하게 25개로 설정하였다. 배치 번호는 셀 범위 A25:A49에 자동 채우기를 이용해 입력하였다.

이제 시뮬레이션 모형의 구조를 살펴보자. 우선 첫 번째 배치를 보면, 배치생산에 걸리는 시간을 발생시키기 위해 셀 B25에 =VoseDiscrete($B$9:$B$15,$C$9:$C$15)를 입력하였다. 이 식에서 셀 범위 $B$9:$B$15는 이산형 확률변수가 취할 수 있는

1 이 문제에서는 두 개 이상의 배치가 병렬로 생산될 수 없다. 즉, 두 개의 배치를 생산하기 위해서는 하나의 배치를 생산한 후 다음 배치를 생산해야 한다.

	A	B	C	D	E	F	G
1	**성인제약**						
2							
3	**Inputs**						
4	Amount required (ounces)	8000					
5	Promised delivery date	2024-12-01					
6							
7	Distribution of days needed to produce a batch (discrete dist.)						
8		Days	Probability				
9	0	5	0.05				
10	0.5	6	0.10				
11	0.15	7	0.20				
12	0.35	8	0.30				
13	0.65	9	0.20				
14	0.85	10	0.10				
15	0.95	11	0.05				
16							
17	Distribution of yield (ounces) from each batch (triangular dist.)						
18		Min	Most likely	Max			
19		600	1000	1100			
20							
21	Probability of passing inspection	0.8					
22							
23	**Simulation model**						
24	Batch	Days	Yield	Pass?	CumYield	Enough?	
25	1	5	873.9	yes	873.9	not yet	
26	2	8	972.3	yes	1846.2	not yet	
27	3	9	1040.9	no	1846.2	not yet	
28	4	5	1013.9	yes	2860.1	not yet	
29	5	5	1004.1	yes	3864.2	not yet	
30	6	10	819.5	yes	4683.7	not yet	
31	7	5	854.7	yes	5538.4	not yet	
32	8	5	780.6	yes	6319.1	not yet	
33	9	8	869.4	yes	7188.4	not yet	
34	10	5	925.8	yes	8114.3	yes	
35	11						

▌그림 15-1 ▌ 성인제약 문제 (1)

값들을 나타내고, 셀 범위 $C$9:$C$15는 이 값들 각각의 발생 확률을 나타낸다. ModelRisk의 Basic Edition의 경우, =VoseDiscrete 함수가 지원되지 않으므로 셀 B25에 =VLOOKUP(RAND(),$A$9:$B$15,2)을 입력한다.

다음으로 첫 번째 배치에서 나오는 합격품의 양을 셀 C25에 나타내 보자. 합격품의 양은 ($B$19,$C$19,$D$19)을 모수로 갖는 삼각분포를 따르므로 셀 C25에 =VoseTriangle($B$19,$C$19,$D$19)를 입력한다.

첫 번째 배치가 검사에 합격하는지를 나타내는 셀 D25에는 =IF(RAND()<$B$21,

"yes","no")를 입력한다. 난수를 발생시켜 이 난수의 값이 합격 확률 0.8($B$21)보다 작으면 해당 배치는 합격을 의미하는 yes가 나타나도록 하고, 그렇지 않으면 불합격을 의미하는 no가 나타나도록 한다.

만약 첫 번째 배치가 검사에 합격한다면 첫 번째 배치의 합격품 양이 누적 합격품의 양이 되며, 검사에 합격하지 못하면 누적 합격품의 양은 '0'이 된다. 따라서 누적 합격품의 양을 나타내는 셀 E25에는 =IF(D25="yes",C25,0)를 입력한다. 그리고 누적 합격품의 양이 주문량을 충족했는지를 나타내는 셀 F25에는 =IF(E25>=$B$4,"yes","not yet")를 입력한다. 누적 합격품의 양이 주문량($B$4)보다 크거나 같다면 주문량을 충족했다는 의미의 yes가 나타나도록 하고, 그렇지 않으면 아직 주문량을 충족하지 못했다는 not yet이 나타나게 한다. 주문량을 아직 충족하지 못할 경우, 추가 생산을 위해 다음 배치로 넘어간다.

두 번째 배치의 경우, 이전 배치까지의 누적 합격품의 양이 주문량을 충족시킨다면 추가적인 생산은 필요하지 않을 것이다. 따라서 어떠한 값도 두 번째 배치의 생산 소요시간을 나타내는 셀 B26에 나타나지 않도록 한다. 반면, 이전 배치까지의 누적 합격품의 양이 주문량을 충족시키지 못한다면 두 번째 배치생산에 걸리는 시간은 첫 번째 배치와 마찬가지로 이산형 확률분포를 따르게 된다. 따라서 셀 B26에는 =IF(OR(F25="yes",F25=""),"",VoseDiscrete($B$9:$B$15,$C$9:$C$15))을 입력한다.[2] ModelRisk Basic Edition에서는 =IF(OR(F25="yes",F25=""),"",VLOOKUP(RAND(),$A$9:$B$15,2))을 입력한다.

다음으로 두 번째 배치에서 나오는 합격품의 양을 나타내는 셀 C26에는 =IF(OR(F25="yes",F25=""),"",VoseTriangle($B$19,$C$19,$D$19))를 입력한다. 해당 식 또한 이전 배치까지의 생산에서 누적 합격품의 양이 주문량을 충족했다면 현 배치에서는 생산이 이루어질 필요가 없으므로 OR(F25="yes",F25="")의 조건을 가진 IF 문을 사용한다.[3] 만약 현 배치에서도 생산이 필요한 경우에는 합격품의 양을 발생시키기

2 이전 배치의 누적 합격품의 양이 주문량을 충족했는지를 나타내는 셀이 "yes" 이거나 아무 값도 입력되지 않았다면 현 배치의 생산은 이루어지지 않아야 한다. 따라서 IF 문의 조건으로 OR(F25="yes",F25="")을 사용한다.

3 이 시뮬레이션 모형에서는 첫 번째 배치를 제외하고 두 번째, 세 번째, …, n번째 배치의 경우에는

위해 삼각분포 확률변수 값을 발생시킨다.

두 번째 배치가 검사에 합격했는지를 나타내는 셀 D26에는 =IF(OR(F25="yes", F25=""),"",IF(RAND()<$B$21,"yes","no"))를 입력한다. 첫 번째 배치와 마찬가지로 발생한 난수의 값이 검사에 합격할 확률($B$21)보다 작으면 해당 배치의 합격을 의미하는 yes가 나타나도록 하고, 그렇지 않으면 불합격을 의미하는 no가 나타나도록 한다.

두 번째 배치가 생산되는 경우, 이 배치가 검사에 합격한다면 누적 합격품의 양은 (첫 번째 배치에서 나온 합격품의 양 + 두 번째 배치에서 나온 합격품의 양)이 된다. 하지만 두 번째 배치가 검사에 불합격하면 누적 합격품의 양은 (첫 번째 배치에서 나온 합격품의 양)이 될 것이다. 따라서 두 번째 배치의 누적 합격품의 양을 나타내는 셀 E26에는 =IF(OR(F25="yes",F25=""),"",IF(D26="yes",C26+E25,E25))를 입력한다.

두 번째 배치생산 후에 누적 합격품의 양이 주문량을 충족했는지를 나타내는 셀 F26에는 =IF(OR(F25="yes",F25=""),"",IF(E26>=$B$4,"yes","not yet"))를 입력한다. 이 식 또한 첫 번째 배치에서와 마찬가지로 누적 합격품의 양이 주문량($B$4)보다 크거나 같으면 주문량을 충족한 것이므로 yes가 나타나도록 하고, 그렇지 않으면 아직 주문량을 충족하지 못한 것이므로 not yet이 나타나도록 한다. 후자의 경우, 추가 생산을 위해 다음 배치로 넘어간다.

이제 세 번째 배치부터의 식은 두 번째 배치에 입력된 식과 그 논리가 같으므로 셀 범위 B26:F26의 식을 B49:F49까지 끌기하여 복사한다.

이제 결과 셀을 보기 위해 시뮬레이션 모형의 나머지 부분을 보자.

[그림 15-2]에서 결과 셀로 지정된 셀은 I24:I26의 세 가지이다. 첫째, 셀 I24는 주문량 충족을 위해 필요한 배치의 수를 나타낸다. 이 셀에는 =COUNT(B25:B49)을 입력하였다. COUNT 함수는 선택된 셀 범위에 값이 입력된 셀의 수를 세어 나타내는 함수이다. 따라서 COUNT 함수를 이용하여 셀 범위 B25:B49에 값이 입력된 셀의 개수(여기서는 배치의 수)를 알 수 있다.

OR(F25="yes",F25="")와 같은 조건을 가진 IF 문을 사용한다. 즉, 이전 배치에서 주문량이 충족됐다면 다음 배치부터는 모든 셀의 값이 공란이 되도록 한다.

	A	B	C	D	E	F	G	H	I
1	성인제약								
2									
3	**Inputs**								
4	Amount required (ounces)	8000							
5	Promised delivery date	2024-12-01							
6									
7	Distribution of days needed to produce a batch (discrete dist.)								
8		Days	Probability						
9	0	5	0.05						
10	0.5	6	0.10						
11	0.15	7	0.20						
12	0.35	8	0.30						
13	0.65	9	0.20						
14	0.85	10	0.10						
15	0.95	11	0.05						
16									
17	Distribution of yield (ounces) from each batch (triangular dist.)								
18		Min	Most likely	Max					
19		600	1000	1100					
20									
21	Probability of passing inspectio	0.8							
22									
23	**Simulation model**							**Summary measures**	
24	Batch	Days	Yield	Pass?	CumYield	Enough?		Batches required	10
25	1	5	873.9	yes	873.9	not yet		Days to complete	65
26	2	8	972.3	yes	1846.2	not yet		Day to start(매일 생산 가정)	2024-09-27
27	3	9	1040.9	no	1846.2	not yet			
28	4	5	1013.9	yes	2860.1	not yet			
29	5	5	1004.1	yes	3864.2	not yet			
30	6	10	819.5	yes	4683.7	not yet			
31	7	5	854.7	yes	5538.4	not yet			
32	8	5	780.6	yes	6319.1	not yet			
33	9	8	869.4	yes	7188.4	not yet			
34	10	5	925.8	yes	8114.3	yes			
35	11								
36	12								
37	13								
38	14								
39	15								
40	16								
41	17								
42	18								
43	19								
44	20								
45	21								
46	22								
47	23								
48	24								
49	25								

| 그림 15-2 | 성인제약 문제 (2)

둘째, 주문량을 충족하는 데 걸리는 시간을 표현하는 셀 I25에는 =SUM(B25:B49)를 입력하였다. 셀 범위 B25:B49에는 각 배치생산에 걸리는 시간이 나타난다. 따라서 이 셀들에 입력된 값들의 합은 주문량을 충족하는데 소요된 총 생산시간이 된다.

셋째, 생산 시작 일을 나타내는 셀 I26에는 =B5-I25를 입력한다. 셀 B5는 고객이 원하는 제품 납기일(2024-12-01)을 나타내고, I25는 생산 소요시간을 의미한다. 즉, 해당 식은 납기일에서 소요시간을 뺀 생산 시작 일을 나타낸다.[4] 예를 들어, 납기일이 12월 01일이고 소요시간이 1일이라면 생산 시작일은 11월 30일이 된다.

마지막으로 결과 셀 I24, I25, I26을 선택하고 Output/Input을 눌러 결과변수로 지정한다. 셀 I24, I25, I26의 이름을 각각 batches_required, Days_to_complete, Day_to_start로 설정하면 셀 I24, I25, I26의 식은 각각 =VoseOutput("batches_required")+COUNT(B25:B49), =VoseOutput("Days_to_complete")+SUM(B25:B49), =VoseOutput("Day_to_start")+B5-I25로 변환된다.

이제 반복활동을 1,000번 수행한 시뮬레이션 결과는 [그림 15-3]과 같다.

	batches_required Units: N/A	Day_to_start Units: N/A	Days_to_complete Units: N/A
Location			
Mean	11.686	2024-09-04	87.879
Minimum	8	2024-06-25	53
Maximum	21	2024-10-09	159
# of Errors	0	0	0
# of Filtered	0	0	0
Spread			
St. dev.	1.84954719453838	15.5247988192559	15.5247988192562
Variance	3.42082482482478	241.019378378368	241.019378378379
Risk ratio	0.454545454545455	0.000856371182011814	0.453488372093023
CofV	0.158270340111105	0.000340911253409039	0.176661077382039
Shape			
Skewness	0.877321828805852	-0.675536017463961	0.675536017464084
Kurtosis	4.40250417369137	3.7759528869374	3.77595288693723
Percentiles			
1%	9	2024-07-24	58
3%	9	2024-07-30	63
5%	9	2024-08-07	65
8%	9	2024-08-12	67

❙ 그림 15-3 ❙ 시뮬레이션 수행 결과

우선, 결과변수의 평균 및 최솟값과 최댓값을 살펴보자. 주문량을 충족하는 데 필요한 배치 수의 평균은 11.686개로 나타나고, 최소 8개의 배치, 최대 21개의 배치로

4 셀 B5와 I26은 셀 서식에서 표시 형식을 '날짜'로 설정한 것이다.

주문량이 충족됨을 알 수 있다. 또한 주문량을 충족하는 데 필요한 생산시간의 평균은 87.879일로 나타났고, 주문량을 충족시키는데 필요한 최장 생산시간은 159일, 최단 생산시간은 53일임을 알 수 있다. 즉, 생산시간이 159일이라면 확실하게(100%의 확률로) 주문량을 만족시킬 수 있다는 말이고, 생산시간이 53일밖에 안 된다면 주문량을 만족시킬 가능성이 없음을 말한다. 따라서 주말을 포함하여 매일 생산할 수 있다는 가정 하에 생산 시작일이 2024년 6월 25일 이전이라면 100% 확실히 주문량을 만족시킬 수 있고, 생산 시작일이 2024년 10월 9일 이후라면 주문량을 2024년 12월 1일에 인도할 가능성이 없음을 나타낸다. 하지만 생산 시작 일의 평균인 2024년 9월 4일의 의미는 무엇일까? 이날에 생산을 시작하면 평균적으로 주문량을 납기일에 인도할 수 있다고 해석할 수 있는데 그 의미가 모호하다.

[그림 15-3]에서 의미 있는 수치는 평균보다는 최솟값, 최댓값, 중앙값, 백분위수(percentiles)이다. 중앙값은 하위 50%(50th percentile)에 해당하는 값으로 자료의 중심(中心)을 나타낸다.[5] 즉, 중앙값을 기준으로 자료의 50%는 중앙값 위에, 나머지 50%는 중앙값 아래에 위치함을 나타낸다. [그림 15-4]는 생산 소요시간의 분포를 더욱 자세히 보여준다.

[그림 15-4]에서 하위 5%에 해당하는 값(5th percentile) 65일과 상위 5%에 해당하는 값(95th percentile) 115일은 각각 생산시간이 65일이면 주문량의 5%만 만족시키고, 115일이면 주문량의 95%를 만족시킴을 나타낸다. 그리고 생산시간이 86일(중앙값, 50th percentile)인 경우, 주문량의 50%는 만족함을 의미한다.

이제 납기일에서 생산시간을 뺀 생산 시작 일의 분포를 살펴보자. 생산 시작일의 분포는 [그림 15-5]와 같다. [그림 15-5]에서도 중요한 통계량은 최솟값, 최댓값, 중앙값, 백분위수(percentiles)이다. 우선 생산 시작일의 최솟값은 2024년 6월 25일로 이 날짜 이전에 생산을 시작하면 확실히 주문량을 납기일에 맞출 수 있다는 말이고, 생산 시작일의 최댓값 2024년 10월 9일은 이 날짜 이후에 생산을 시작하면 주문량을

5 평균(mean)은 자료의 중심(重心)을 의미한다. 즉, 평균은 관측값을 다 더해 관측값의 개수로 나눈 값(무게중심)을 말하고, 중앙값(median)은 관측값을 내림차순(또는 오름차순)으로 정리했을 때 가운데 위치한 값을 의미한다. 자료의 분포가 완전한 좌우대칭일 경우, 평균, 중앙값, 최빈값은 모두 일치한다.

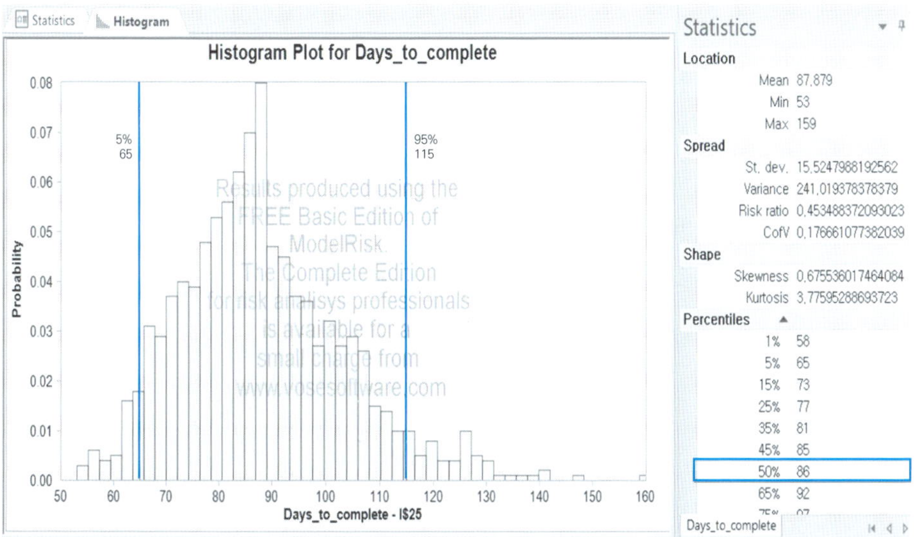

▌그림 15-4▌ 생산 소요시간의 분포

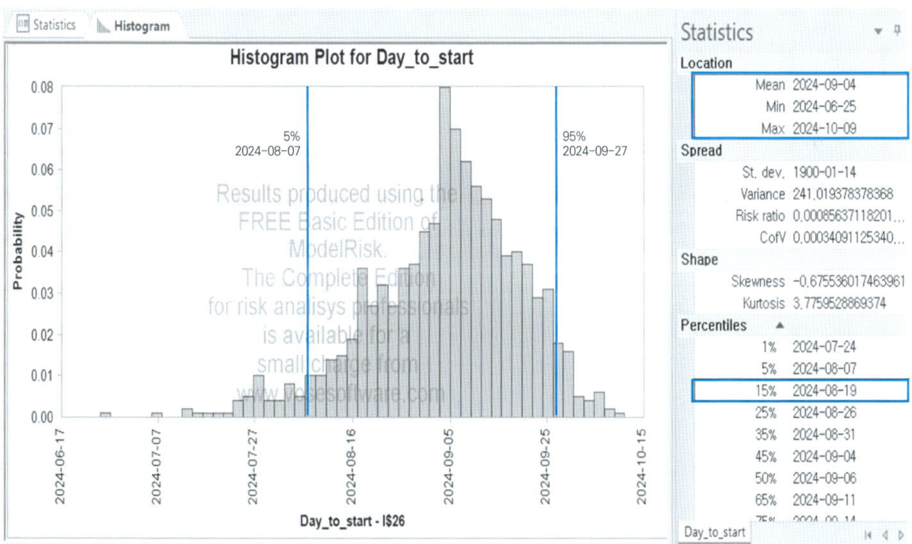

▌그림 15-5▌ 생산 시작 일의 분포

납기일에 인도할 수 없음을 의미한다. 중앙값 2024년 9월 6일은 이 날짜에 생산을 시작하면 납기일에 주문량을 인도할 가능성이 50%는 됨을 의미한다. 마찬가지로 하위 5%에 해당하는 날짜 2024년 8월 7일에 생산을 시작하면 납기일에 주문량을 인도하지 못할 가능성이 5%, 하위 15%인 날짜 2024년 8월 19일에 생산을 시작하면 납기일에 주문량을 인도하지 못할 확률은 15%, 상위 5%(하위 95%)에 해당하는 날짜 2024년 9월 27일에 생산을 시작하면 납기일에 주문량을 인도하지 못할 가능성이 95%가 됨을 의미한다.

16장 충성고객은 얼마나 가치 있는 자산일까?

충성고객은 기업에 얼마나 가치 있는 것일까? 이 질문은 기업의 입장에서는 매우 중요한 것이며, 고객관계관리(CRM: customer relationship management)의 중요한 부분을 차지한다. 만일 어떤 기업의 고객이 그 기업의 제품이나 서비스에 불만을 느꼈다면, 그 고객은 다른 기업으로 이탈할 것이며 다시는 돌아오지 않는다는 것을 기업은 알고 있다. 고객 이탈(customer churn)로 인한 손실은 매우 클 수 있는데, 그 이유는 오랜 기간 관계를 유지해온 고객일수록 신규고객보다 기업에 많은 이윤을 가져다주기 때문이다.

다음 예제를 통해 고객충성도의 개념과 충성스러운 고객이 기업에 얼마큼의 가치를 제공하는지 학습해 보자.

예제

신촌소프트(주)는 가정용 회계 관리 프로그램을 만들어 판매하는 소프트웨어 회사이다. 이 회사는 매출 패턴, 고객층의 구조, 그리고 수익과 비용에 대한 과거 자료를 분석한 결과, 신규고객은 장기간에 걸쳐 이 회사의 제품을 구매해온 충성고객에 비해 수익성이 훨씬 떨어진다는 것을 알았다. 여기에는 몇 가지 이유가 있다. 첫째, 충성고객은 오랫동안 이 회사 제품을 사용해 왔기 때문에 우편광고, 전화문의, 가격할인 등을 포함한 오버헤드 비용이 덜 소요된다. 둘째, 충성고객은 다른 고객에 비해 많은 제품을 매년 구매하는 것으로 나타났다. 셋째, 충성고객은 자신들의 구매 경험을 바탕으로 구전을 통해 신규고객을 끌어들임으로써 신촌소프트의 수익 창출에 도움이 되는 것으로 나타났다.

과거 고객들의 구매패턴을 분석한 결과, 신촌소프트는 다음과 같은 추정을 할 수 있었다. 일반적으로, n년 동안 신촌소프트의 제품을 계속 구매해온 고객은 n차 연도에 [표 16-1]의 평균과 표준편차를 갖는 정규분포 확률변수 값만큼 신촌소프트의 이익에 기여한다. 예를 들어, n이 1인 신규고객의 경우, 평균적으로 −40(천원)의 이익(즉, 4만원의 손실)을 신촌소프트에 기여하고, 기여액의 표준편차는 6(천원)임을 나타낸다. 반면, 5년 동안 이 회사 제품을 구매해온 고객의 경우, 기여액의 평균은 85(천원)이고 표준편차가 15(천원)인 정규분포를 함을 알 수 있다.

‖ 표 16-1 ‖ 고객의 n차 연도 기여액의 평균과 표준편차(단위: 천원)

년도(n)	기여액 평균	기여액 표준편차
1	−40	6
2	26	4
3	64	9
4	76	13
5	85	15
6	93	15
7	103	14
8	112	18
9	115	17
10	125	19
11	130	23
12	133	24
13	140	23
14	144	21
15	155	25
16	160	27
17	159	28

이제 신촌소프트는 고객 한 명이 자사의 제품을 구매하는 동안 얼마나 회사 이익에 기여하는지를 분석하고자 한다. 이러한 기여도는 고객의 제품구매 유지확률

(probability of retention)에 달려있는데, 이 확률을 계산하기 위해 다음과 같이 용어를 정의해 보자. 우선, $r(n)$을 n년 동안 계속해서 신촌소프트 제품을 구매한 고객이 다음 연도에는 이 회사 제품을 구매하지 않을 확률(고객 이탈률)이라고 정의하자. 만일 이러한 일이 발생하면 이 고객은 신촌소프트를 완전히 떠난 것이며, 따라서 이 고객은 앞으로 신촌소프트에서는 제품을 구매하지 않는다고 가정한다. 또한 고객 유지 행태를 모형화하기 위해 $r(1)=1-p$로 가정하고(여기서, p는 0과 1 사이의 숫자), $r(n)$은 〈식 16-1〉로 정의한다.

$$r(n) = q \times r(n-1) \text{ for } n \geq 2, \ q > 0 \qquad \text{〈식 16–1〉}$$

여기서 p는 올해 처음 신촌소프트의 제품을 구입한 사람이 다음 해에도 자사의 제품을 구입할 확률을 나타내며, q는 해가 지남에 따라 신촌소프트를 떠나는 고객 이탈률의 변화율을 나타낸다.

[표 16-1]의 자료를 이용하여 올해 신촌소프트의 제품을 처음 구입한 고객이 향후 20년이라는 계획기간 동안 신촌소프트에 기여하는 이익의 순현재가치(NPV)를 시뮬레이션을 이용하여 분석해 보자. 할인율은 10%로 가정하자. 아울러 p와 q의 다양한 조합에 따라 이익의 NPV는 어떠한 변화를 보이는지 파악하고, 이를 근거로 고객충성도의 중요성을 알아보자.

이 문제의 핵심은 올해 처음 제품을 구입한 사람이 다음 해에도 제품을 구입할 확률(p)과 해가 지남에 따라 신촌소프트를 떠나는 고객 이탈률의 변화율(q)의 조합이 향후 20년 동안 고객 한 명이 신촌소프트에 기여하는 이익의 순현재가치(NPV)와 고객유지기간(고객 한 명이 신촌소프트와 관계를 계속적으로 유지하는 기간)에 어떠한 영향을 미치는지를 분석함으로써 고객충성도의 중요성을 확인하는 것이다.

이 문제에서 확률변수는 연도별 고객 유지 여부, 그리고 연도별 기여액이다. 연도별 고객 유지 여부는 문제에서 주어진 고객 유지 행태 모형을 이용하고, 연도별 기여액을 발생시키기 위해서는 [표 16-1]의 과거 17개년의 시계열 자료를 이용하여 향후 20년 동안 연도별로 고객 한 명이 신촌소프트에 기여하는 이익의 평균과 표준편차를 추정한다.

[그림 16-1]은 이 문제의 시뮬레이션 모형이다. 모형에서 향후 20년 동안 n차 연도에 고객 한 명이 신촌소프트에 기여하는 이익의 평균과 표준편차가 어떻게 추정되는지를 살펴보자. 우선, n차 연도에 고객 한 명이 신초소프트에 기여하는 이익의 평균은 셀 B5와 셀 B6의 값을 이용하여 $-23.285+64.941\times Ln(n)$이라는 로그함수로 추정되고, 이익의 표준편차는 셀 B8과 셀 B9의 값을 이용해서 $5.5515+1.3505\times n$이라는 선형함수로 추정됨을 알 수 있다. 이 식들은 각각 [표 16-1]에 제공된 17년 동안의 기여액의 평균 자료와 기여액의 표준편차 자료를 가장 잘 설명하는 함수식을 추정한 결과이다.

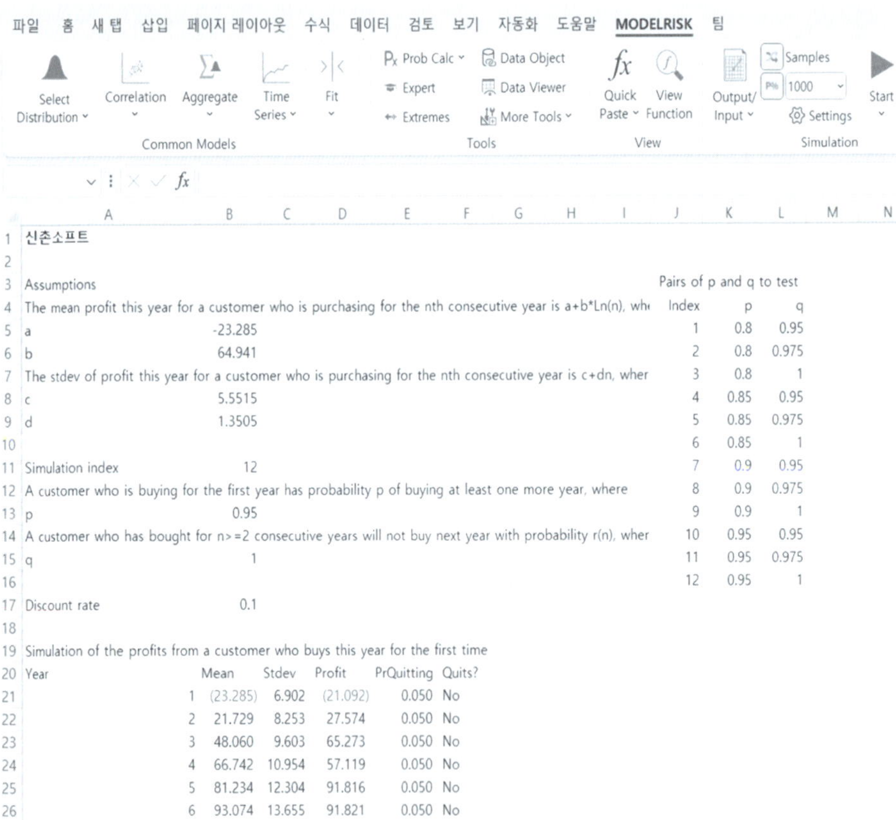

| 그림 16-1 | 신촌소프트(주) 문제

[표 16-1]의 자료를 이용해 향후 n차 연도 기여액의 평균과 표준편차를 구하는 과정은 다음과 같다. 횡축을 년도, 종축을 기여액의 평균과 기여액의 표준편차로 각각 설정하여 미래에 발생할 기여액의 평균과 표준편차를 추정하는 함수를 구하기 위해서는 우선 해당 자료를 엑셀 시트에 입력한 후 마우스로 선택한다. 그런 후, 엑셀의 삽입 탭에서 차트-분산형( )을 선택해 산점도(scatter diagram)를 그린다. 그리고 산점도 상의 임의의 점에 마우스를 놓고 오른쪽 버튼을 누르면 간편 메뉴가 나오는데, 여기서 추세선 추가를 누른다. 그러면 여러 가지 추세선 서식 옵션이 나타난다. 이 중 해당 자료를 가장 잘 나타낼 것으로 보이는 추세선 함수를 선택하고,[1] 이어 추세선의 식과 R^2(결정계수) 값을 산점도에 함께 표시하라고 선택하면 [그림 16-2]와 같이 기여액의 평균과 기여액의 표준편차를 추정할 수 있는 추세선이 식과 함께 나타난다. 여기서, R^2 값은 추세선이 자료를 얼마나 잘 나타낼 수 있느냐를 평가할 수 있는 척도이다. R^2은 '0'에서 '1' 사이의 값을 갖는다. R^2의 값이 '1'에 가까울수록 현재의 추세선이 자료를 잘 나타냄을 의미한다. 만일 R^2 값이 '1'이라면 자료를 나타내는 모든 점이 추세선 상에 위치함을 나타낸다. 즉, 해당 추세선이 자료의 변동을 완벽하게 설명해 줌을 의미한다.

[그림 16-2]를 보면 향후 n차 연도 기여액의 평균과 기여액의 표준편차를 추정하는데 사용될 추세선 각각의 R^2 값은 0.982과 0.923으로 과거 자료의 변동을 매우 잘 설명해 줌을 알 수 있다. 추세선 결과에 따라 우리는 향후 n차 연도 기여액의 평균은 $-23.285+64.941\times Ln(n)$의 로그함수로 추정하고, 이익의 표준편차는 $5.5515+1.3505\times n$의 선형함수로 추정할 것이다.

1 실제로 어떠한 추세선이 자료에 가장 적합할지는 해당 추세선 식의 결정계수(R^2)를 보고 결정한다.

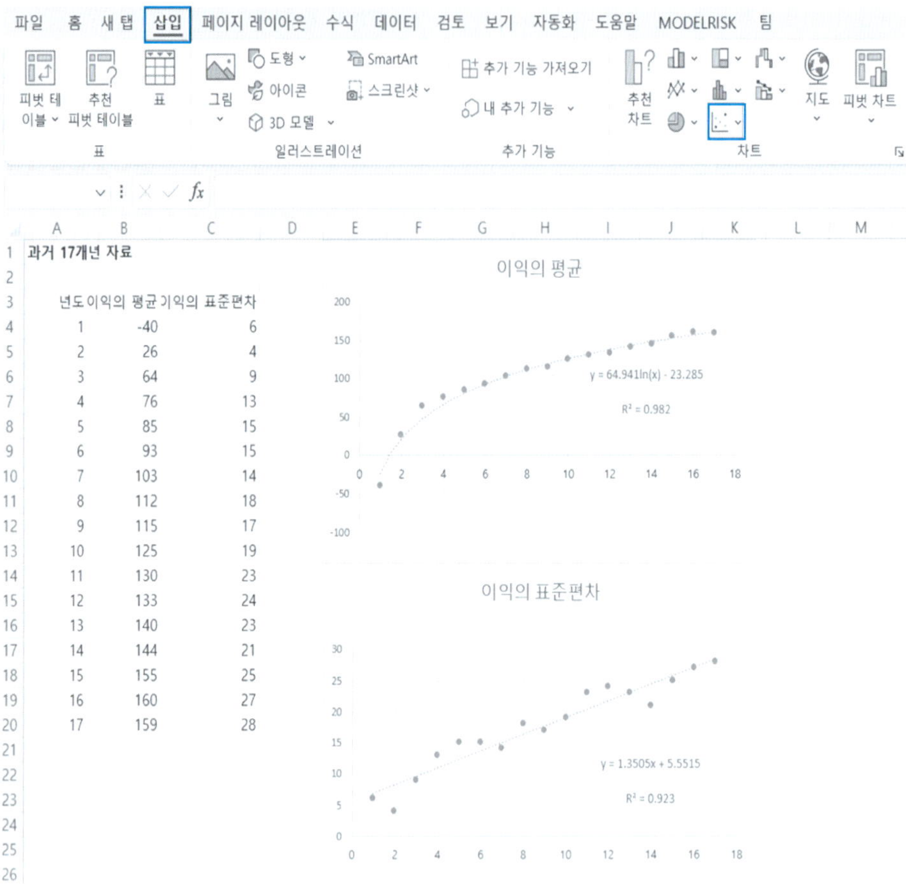

년도	이익의 평균	이익의 표준편차
1	-40	6
2	26	4
3	64	9
4	76	13
5	85	15
6	93	15
7	103	14
8	112	18
9	115	17
10	125	19
11	130	23
12	133	24
13	140	23
14	144	21
15	155	25
16	160	27
17	159	28

▎그림 16-2 ▎추세선 구하기

이제 다시 [그림 16-1]의 모형으로 돌아가 보자. 우선 올해 처음 신촌소프트의 제품을 구입한 고객이 다음 해에도 제품을 구입할 확률(p)과 해가 지남에 따라 신촌소프트를 떠나는 고객 이탈률의 변화율(q)의 조합을 K5:L16에 입력하고, 각 조합의 번호(index)를 J5:L16에 입력하였다. p는 0.8, 0.85, 0.9, 0.95의 네 가지 값을 갖고, q는 0.95, 0.975, 1의 세 가지 값을 갖도록 하여 총 12개의 조합(대안)에 대한 시뮬레이션을 수행하기 위해 셀 B11에 =VoseSimTable(J5:J16)을 입력하였다. (p,q)의 조합으로는 사용자가 실험하기를 원하는 수치를 이용하면 된다.

여기서 해가 지남에 따라 신촌소프트를 떠나는 고객 이탈률의 변화율(q)은 1보다 작거나 같게 설정하는 것이 합리적일 것이다. 왜냐하면 오랜 기간 신촌소프트와 함께 한 고객의 이탈률이 해가 거듭될수록 더 높아진다는 것은 비현실적이기 때문이다. q의 값이 '1'인 것은 고객이 얼마나 신촌소프트와 함께 했느냐에 상관없이 고객 이탈률은 매년 일정함을 의미하고, q의 값이 1보다 작은 것은 해가 거듭될수록 고객 이탈률은 전년도보다 낮아짐을 의미한다.

이제 셀 B11의 (p,q)의 조합 번호(index)에 해당하는 p와 q의 값을 셀 B13과 셀B15에 각각 나타내 보자. 이를 위해서는 셀 범위 J5:L16을 테이블로 설정하여 =VLOOKUP 함수를 이용한다. 즉, 셀 B13에는 =VLOOKUP(B11,J5:L16,2), 셀 B15에는 =VLOOKUP(B11,J5:L16,3)를 입력한다. =VLOOKUP(참조값, 테이블, 값을 찾을 열, 논리값)[2]을 이용하면 테이블의 첫 번째 열에서 참조값을 찾아, 이 참조값과 같은 행에 위치한 특정 열의 값을 찾을 수 있다. 예를 들어, =VLOOKUP(B11,J5:L16,2)를 입력하면 셀 범위 J5:L16의 첫 번째 열에서 셀 B11의 값을 찾아 이 값과 같은 행에 있는, 해당 테이블의 두 번째 열의 값을 찾아준다. 연간할인율 10%는 셀 B17에 입력하였다.

이제 고객 한 명이 앞으로 20년 동안 신촌소프트에 얼마나 많은 이익을 가져다주는지, 그리고 얼마나 오랫동안 이 회사의 고객으로 남게 되는지를 실험하기 위해 셀 범위 A21:A40에 자동채우기를 이용해 1부터 20까지 입력한다. 1년 차에 이 고객이 회사에 기여하는 이익의 평균을 발생시키기 위해 셀 B21에 앞서 언급한 추세선 식 =$B$5+$B$6*LN(A21)를 입력한다. 마찬가지로 1년 차에 이 고객이 회사에 기여하는 이익의 표준편차는 셀 C21에 =$B$8+$B$9*A21을 입력하여 발생시킨다.

이 고객이 신촌소프트에 기여하는 이익은 정규분포를 따르므로 1년 차 이윤을 나타내는 셀 D21에는 =VoseNormal(B21,C21)을 입력한다. 셀 B21과 셀 C21은 추세선

---

2 =VLOOKUP(참조값, 테이블, 값을 찾을 열, 논리값)에서 **참조값**은 지정한 테이블의 첫 번째 열에서 찾는 값이고, **테이블**은 내가 지정한 셀 범위(또는 범위 이름)이다. 그리고 **값을 찾을 열**은 **참조값**과 같은 행에 있는 내가 찾을 값의 테이블 열 번호이다. **논리값**은 TRUE 또는 FALSE를 입력할 수 있는데, TRUE를 입력하면 내가 지정한 **참조값**과 동일한 값 또는 동일한 값이 없을 경우 **참조값**보다 작은 값 중 가장 큰 값을 찾아주며, FALSE를 입력하면 내가 지정한 **참조값**과 정확히 일치하는 값을 찾아준다. 후자의 경우, 일치하는 값이 없으면 에러가 발생한다. **논리값** TRUE는 생략이 가능하다.

을 이용해 추정한 정규분포의 평균과 표준편차이다.

이제 처음 1년을 신촌소프트의 고객으로 있다 내년에 이 고객이 신촌소프트를 이탈할 확률 $r(1)$은 $1-p$이다. 따라서 1년 차에 고객이 떠날 확률을 나타내는 셀 E21에는 =1-$B$13을 입력한다. 그리고 1년 차에 이 고객이 과연 이탈하는지를 나타내기 위해 셀 F21에 =IF(RAND()<E21,"Yes","No")를 입력한다. 난수를 발생시켜 만약 이 난수가 고객의 이탈 확률(E21)보다 작으면 고객의 이탈을 의미하는 Yes가 나타나고, 그렇지 않으면 고객이 내년에도 유지됨을 의미하는 No가 나타나게 된다.

다음으로 2년 차의 이익의 평균을 나타내는 셀 B22와 이익의 표준편차를 나타내는 셀 C22에는 셀 B21과 셀 C21의 식을 끌기하여 각각 =$B$5+$B$6*LN(A22)와 =$B$8+$B$9*A22를 입력한다.

만약 1년 차에 고객이 이탈한다면, 2년 차에 이익은 발생하지 않는다. 또한 한번 떠난 고객은 다시 돌아오지 않는다고 가정하였으므로 $(n-1)$년 차에 고객으로부터 이익이 발생하지 않았다면 n년 차에도 당연히 이익은 발생하지 않을 것이다. 따라서 2년 차의 이윤을 나타내는 셀 D22에는 =IF(OR(F21="Yes",D21=""),"",VoseNormal(B22,C22))를 입력한다. 작년에 고객이 이탈하거나 이익이 발생하지 않은 경우, 올해의 이윤을 나타내는 셀에는 아무런 값도 나타나지 않게 하고, 그렇지 않으면(즉, 작년도에 이익이 발생하고 고객도 이탈하지 않으면) 1년 차와 같이 셀 B22의 값과 셀 C22의 값을 평균과 표준편차로 하는 정규분포의 값을 이익으로 발생시킨다.

2년 차에 고객이 떠날 확률 $r(2)=q\times r(1)$이다. 따라서 2년 차에 고객이 떠날 확률을 나타내는 셀 E22에는 =IF(OR(F21="Yes",E21=""),"",$B$15*E21)를 입력한다. 이 식 또한 만약 작년에 고객이 이탈했거나 고객이 떠날 확률이 빈칸이라면 어떠한 값도 나타나지 않게 한다. 반면, 작년에 이익이 발생하고 고객도 이탈하지 않을 경우, 2년 차에 고객이 떠날 확률은 $q\times r(1)$이 된다.

다음으로 2년 차에 고객의 이탈 여부를 나타내는 셀 F22에는 =IF(OR(F21="Yes",F21=""),"",IF(RAND()<=E22,"Yes","No"))를 입력한다. 작년에 고객이 떠났거나 고객의 이탈 여부가 빈칸이라면 어떠한 값도 나타나지 않도록 하고, 그렇지 않다면(작년에 고객이 떠나지 않았다면) 난수를 발생시켜 그 난수가 고객의 이탈 확률보다

작다면 고객 이탈을 의미하는 Yes가 나타나고, 그렇지 않으면 고객 유지를 의미하는 No가 나타나도록 한다.

이제 3년 차부터 20년 차까지의 식은 2년 차 식과 논리가 같으므로 셀 범위 B22:F22를 선택하고 아래로 끌기하여 [그림 16-3]과 같이 셀 범위 B40:F40까지 식을 복사한다.

	A	B	C	D	E	F	G
19	Simulation of the profits from a customer who buys this year for the first time						
20	Year	Mean	Stdev	Profit	PrQuittin(	Quits?	
21	1	(23.285)	6.902	(21.078)	0.050	No	
22	2	21.728	8.253	35.729	0.050	No	
23	3	48.059	9.603	57.528	0.050	No	
24	4	66.741	10.954	71.615	0.050	No	
25	5	81.232	12.304	95.216	0.050	No	
26	6	93.072	13.655	78.723	0.050	No	
27	7	103.082	15.005	96.493	0.050	No	
28	8	111.754	16.356	119.354	0.050	No	
29	9	119.403	17.706	154.302	0.050	No	
30	10	126.245	19.057	126.693	0.050	Yes	
31	11	132.434	20.407				
32	12	138.085	21.758				
33	13	143.283	23.108				
34	14	148.095	24.459				
35	15	152.576	25.809				
36	16	156.767	27.160				
37	17	160.704	28.510				
38	18	164.416	29.861				
39	19	167.927	31.211				
40	20	171.258	32.562				
41							
42	Summary measures from simulation						
43	NPV	425.541					
44	Years as customer	10.000					

▌그림 16-3▌ 식 채우기와 결과 셀

우리가 시뮬레이션을 통해 확인하고자 하는 것은 고객 한 명이 향후 20년 동안 신촌소프트에 기여하는 이익의 순현재가치가 얼마이고, 또 이 고객이 신촌소프트의 고객으로 얼마나 오랫동안 유지되느냐이다. 따라서 고객 한 명이 향후 20년 동안 기여하는 이익의 순현재가치를 나타내는 셀 B43에는 =NPV(B17,D21:D40), 고객의 유지 기간을 나타내는 셀 B44에는 =COUNT(D21:D40)를 입력한 후, 

을 이용하여 셀

B43과 셀 B44를 결과 셀로 만든다. 결과 셀의 이름은 각각 NPV, Years as customer로 설정하였다.

1,000번의 반복활동 후 산출된 결과는 [그림 16-4]와 [그림 16-5]와 같다. [그림 16-4]는 12개 대안에 대한 이익의 순현재가치(NPV)의 요약 통계량을 보여주고, [그림 16-5]는 12개 대안에 대한 고객 유지 기간의 요약 통계량을 보여준다.

Histogram Statistics

	NPV Sim: 1 Units: N/A	NPV Sim: 2 Units: N/A		NPV Sim: 4 Units: N/A	NPV Sim: 5 Units: N/A	NPV Sim: 6 Units: N/A
Location						
Mean	173.989346846242	157.896953699787	129.19857195343	257.308744983491	214.647452287406	213.727062554443
Minimum	-39.793741758266	-35.8172444914547	-37.3700779656306	-35.8375597563192	-36.1906256054578	-39.793741758266
Maximum	827.791359559426	799.432863336993	794.34490300373	843.952794136753	835.086853338616	805.450873226804
# of Errors	0	0	0	0	0	0
# of Filtered	0	0	0	0	0	0
Spread						
St. dev.	228.360774620821	218.557418557947	184.121859858082	277.182470173684	251.305401833902	233.927059016875
Variance	52148.6433854215	47767.3452067136	33900.859277599	76830.1217715852	63154.4049908989	54721.8689402844
Risk ratio	7.31273749538125	8.45720632152161	7.44181094096145	5.28001531183238	5.60039535414593	4.54803137163351
CofV	1.31249860270255	1.38417755021098	1.42510754626954	1.07723688206348	1.1707821320768	1.09451304959233
Shape						
Skewness	1.25241621790897	1.34760857922318	1.55912633667598	0.706284583994418	0.948531653822265	0.877602394228254
Kurtosis	3.51967765339805	3.82995673944601	4.85629433433986	2.01921476721598	2.63615519044116	2.60194462878902
Percentiles						
1%	-34.0910102108574	-31.0892180743843	-32.7465290428867	-31.4285371937957	-29.7705538998032	-31.4089616889044
3%	-29.2162628641257	-27.7855633252943	-29.0549560534155	-27.3889651009682	-26.9040218745535	-27.0843737523778
5%	-26.5753123242559	-26.2200809919914	-26.294256012559	-25.2155560643648	-24.4176421709417	-24.8565300730812
8%	-23.5275933514416	-23.1502767731953	-23.6897522973038	-21.1378206349858	-22.3309961618007	-20.9308149861038
10%	-21.9433124347708	-21.9079245524868	-22.0813738992501	-19.08493031677	-20.3701573814028	-18.8381983806287
15%	-18.4279069495617	-18.7430405514999	-18.1669416752123	-11.6999124958375	-15.6739440524843	-12.4173081984391
20%	-13.2003337330087	-15.2264325561003	-13.1498651605761	-2.30577978217685	-10.4967273083907	-4.48752392174898
25%	-6.54158180437914	-11.0288513287268	-7.86867187659056	11.5593107667377	-1.52436180376492	11.6241593329236
30%	6.78367889231818	-2.24910496298868	-0.265785308903092	34.5960888437551	13.0597330499041	31.2403374510439
35%	21.5295857040187	7.27176393374362	11.5291471778402	57.7675842196525	33.8301416395833	48.2610471557432
40%	32.2839756396439	25.7160620887577	26.4856034055294	80.4478041004265	57.11249258685	76.3768723279003
45%	47.9942571734943	36.2372414765552	36.4993864324061	113.024245610972	82.7697761156081	104.309114851797
50%	79.6562292640825	64.4824821626921	56.769364705669	142.523483260028	122.185134101336	136.822028468463
55%	113.30036291492	91.1463175748966	75.2458132132944	190.191103585367	156.256152173237	169.103708198798
60%	142.916742055246	127.335379315276	98.0814618173126	248.395524517515	209.935678318227	215.019803100538
65%	182.492174871786	155.414872618809	126.290048074407	314.172066982797	254.219034065603	249.409494751313
70%	230.253090330096	197.699822241785	161.522611454549	397.858952325863	297.763274441498	305.941656215214

	NPV Sim: 7 Units: N/A	NPV Sim: 8 Units: N/A	NPV Sim: 9 Units: N/A	NPV Sim: 10 Units: N/A	NPV Sim: 11 Units: N/A	NPV Sim: 12 Units: N/A
Location						
Mean	366.849684864076	318.757363767322	290.148576970567	513.86214223519	494.786566430731	457.80726001424
Minimum	-34.1102163039386	-39.2059066679258	-36.560007148441	-37.3700779656306	-34.0910102108574	-32.1900632061147
Maximum	823.838217423453	817.734964867338	824.778392239791	849.418794553774	833.934649042096	839.305150832566
# of Errors	0	0	0	0	0	0
# of Filtered	0	0	0	0	0	0
Spread						
St. dev.	308.841162250762	289.017650593896	274.974158493867	289.949295367638	290.410918336619	287.715825450372
Variance	95382.8635004016	83531.2023548154	75610.7878394104	84070.5938841896	84338.5014891186	82780.3962145889
Risk ratio	2.55273512216048	3.2172869157774	3.55022816737703	1.06947938130254	1.12310076508748	1.36340296624708
CofV	0.841873865491239	0.906701094456488	0.947701213512278	0.564255023937783	0.586941800848743	0.628464968950956
Shape						
Skewness	0.105981904600622	0.36107890955213	0.47546194045699	-0.733546254807793	-0.631347100937868	-0.419927139302228
Kurtosis	1.33844797080985	1.59357744602692	1.78613521576301	1.90405911021544	1.76774427765321	1.61163848276323
Percentiles						
1%	-29.0549560534155	-30.7574824759334	-29.114030606929	-27.6576877120177	-26.5753123242559	-28.1696646589078
3%	-23.0123878189946	-25.8402626278243	-25.0391054755225	-18.8750001746279	-19.174776614945	-21.3991278181056
5%	-20.5947823554129	-23.1797616188987	-21.057423257719	-14.0063305127095	-13.0306502326341	-15.0029228942954
8%	-16.6167266941355	-18.4682170937185	-18.1089023894802	1.4095307690108	1.32024464403761	-0.826871736184057
10%	-13.3602394458894	-14.688440911313	-15.3522431385432	22.7117450795655	18.6262474822277	14.0964690045133
15%	0.0369824486967441	-4.32458176450153	-5.52051223228326	82.2923878685025	72.9313550279558	59.3014031069126
20%	26.0170786030217	19.7985885050906	6.80664023391694	149.931658352091	139.488374288666	114.23101526216
25%	53.2656618257633	39.8367283122428	32.4501207881667	258.110566879429	214.007148608205	177.595690331442
30%	91.5876289700344	79.1122339586989	57.0520003376538	331.062970102703	288.40517109187	249.25044765222
35%	130.678213888108	116.073951253881	88.1768084524715	440.833375621381	389.839249248726	317.843282688695
40%	181.20011737176	149.192725078969	126.935948973064	541.449403553501	499.693537010964	401.517210347008
45%	240.951559547641	194.482553200733	164.804712759988	669.618729590293	585.072203885507	471.860471617276
50%	300.720212545145	235.903971288414	210.605907184792	696.734301693033	663.381596893807	546.648900443105
55%	393.489433550052	294.513312243873	275.312502127531	715.062069694764	699.786034509409	607.830783959246
60%	517.137641192952	371.247012892294	334.221911342462	724.573242837182	714.115974500787	663.902151587083
65%	624.291608488331	443.07264384169	397.449899598105	731.266482985561	723.81439358161	696.628808120871
70%	698.885575605134	518.83359583736	449.991838008814	738.570440330463	732.15589263175	716.010933407753

그림 16-4 | 이익의 NPV 요약 통계량

우선 대안(index)을 (1, 2, 3), (4, 5, 6), (7, 8, 9), (10, 11, 12)의 4개의 그룹으로 나누어보자. 각 그룹의 p 값은 0.8, 0.85, 0.9, 0.95이고, 각 그룹 내에 있는 세 대안의 q 값은 0.95, 0.975, 1이다. 따라서 어느 한 그룹을 택해 동일한 p 값에 대해 q 값의 변화가 이익의 NPV에 어떠한 영향을 미치는지를 파악할 수 있다. 예를 들어, 첫 번째 그룹을 택해 보자. 첫 번째 그룹의 대안 1, 2, 3은 p 값이 0.8로 동일하고, q 값은 증가하고 있다. 직관적으로 p의 값이 동일할 때 고객 이탈률의 변화율 q가 증가한다면 해가 지남에 따라 고객 이탈률의 변화 폭이 작을 것이므로 이익의 NPV는 점차 작아지고, 반대로 q가 감소하면 해가 지남에 따라 고객 이탈률이 보다 큰 폭으로 감소함을 의미하므로 이익의 NPV는 점차 커질 것이다. 이러한 우리의 직관은 [그림 16-4]의 시뮬레이션 결과에서 확인할 수 있다. 어느 그룹을 보더라도 p의 값이 일정할 때 q 값의 증가는 NPV의 평균을 점차 감소시킴을 알 수 있다.

한편, 고객 이탈률의 변화율 q가 일정할 때 p의 값의 변화가 이익의 NPV에 미치는 영향을 살펴보자. 예를 들어, 대안 1, 4, 7, 10은 q의 값이 0.95로 일정하고, p의 값은 각각 0.8, 0.85, 0.9, 0.95인 대안들이다. p는 첫해 신촌소프트의 제품을 구입한 고객이 다음 해에도 고객으로 유지될 확률을 나타내므로 p의 값이 증가할수록 이익의 NPV는 높아질 것이다. 이러한 직관도 [그림 16-4]를 보면 확인할 수 있다. NPV의 평균은 q의 값이 일정할 때 p의 값이 커짐에 따라 증가함을 확인할 수 있다. 따라서 고객으로부터의 이익을 증가시키기 위해서는 p의 값을 높이고 q의 값을 작게 하는, 즉, 고객충성도를 높일 방법을 마련할 필요가 있음을 알 수 있다.

다음으로 [그림 16-5]는 12개 대안에 대한 고객 유지 기간의 요약 통계량을 보여준다. 이 경우에도 대안(index)을 (1, 2, 3), (4, 5, 6), (7, 8, 9), (10, 11, 12)의 4개의 그룹으로 나누어보자. 각 그룹의 p 값은 0.8, 0.85, 0.9, 0.95이고, 각 그룹 내에 있는 세 대안의 q 값은 0.95, 0.975, 1이다. 어느 한 그룹을 택해 동일한 p 값에 대해 q 값의 변화가 고객의 평균 유지 기간에 어떠한 영향을 미치는지를 파악할 수 있다. 예를 들어, 첫 번째 그룹을 택해 보자. 첫 번째 그룹의 대안 1, 2, 3은 p 값이 0.8로 동일하고 q 값은 증가하고 있다. 직관적으로 p의 값이 동일할 때 고객 이탈률의 변화율 q가 증가한다면 해가 지남에 따라 이탈률의 변화 폭이 작을 것이므로 고객이 신촌소프트와 관계를 유지하는 기간도 점차 줄어들 것이고, 반대로 q가 감소하면 해가 지남에 따라 고객 이탈률이 보다 큰 폭으로 감소할 것이므로 고객 유지 기간도 점차 늘어날 것이다. 이러한 우리의 직관은 [그림 16-5]의 시뮬레이션 결과에서 확인할 수 있다. 어느 그룹을 보더라도 p의 값이 일정할 때 q 값의 증가는 고객의 평균 유지 기간을 점차 감소시킴을 알 수 있다.

Histogram | Statistics

	Years as customer Sim: 1 Units: N/A	Years as customer Sim: 2 Units: N/A	Years as customer Sim: 3 Units: N/A	Years as customer Sim: 4 Units: N/A	Years as customer Sim: 5 Units: N/A	Years as customer Sim: 6 Units: N/A
Location						
Mean	5.838	5.451	4.794	7.837	6.768	6.697
Minimum	1	1	1	1	1	1
Maximum	20	20	20	20	20	20
# of Errors	0	0	0	0	0	0
# of Filtered	0	0	0	0	0	0
Spread						
St. dev	5.26074437997433	4.98442007092534	4.08684062158855	6.54425383510285	5.83885847304666	5.3052178406109
Variance	27.6754314314315	24.8444434434433	16.7022662662663	42.8272582582584	34.0922682682688	28.1453363363361
Risk ratio	3.25	3	3	3.8	3.2	3
CofV	0.901120996912356	0.91440470939742	0.852490742926272	0.835045787304179	0.862715495426516	0.792178264985948
Shape						
Skewness	1.39050287481392	1.44999769772352	1.61637865639373	0.822714504054886	1.05341963990678	1.00771049252275
Kurtosis	4.1500451416136	4.40751592239017	5.58985533295389	2.2869345258682	2.98645367065611	3.09505185938103
Percentiles						
1%	1	1	1	1	1	1
3%	1	1	1	1	1	1
5%	1	1	1	1	1	1
8%	1	1	1	1	1	1
10%	1	1	1	1	1	1
15%	1	1	1	2	1	2
20%	2	1	2	2	2	2
25%	2	2	2	2	2	2
30%	2	2	2	3	2	3
35%	3	2	2	4	3	3
40%	3	3	3	4	3	4
45%	3	3	3	5	4	4
50%	4	4	3	5	5	5
55%	5	4	4	6	6	6
60%	5	5	4	7	7	7
65%	6	6	5	9	7	7
70%	7	6	6	10	8	8

	Years as customer Sim: 7 Units: N/A	Years as customer Sim: 8 Units: N/A	Years as customer Sim: 9 Units: N/A	Years as customer Sim: 10 Units: N/A	Years as customer Sim: 11 Units: N/A	Years as customer Sim: 12 Units: N/A
Location						
Mean	10.533	9.281	8.538	14.136	13.638	12.635
Minimum	1	1	1	1	1	1
Maximum	20	20	20	20	20	20
# of Errors	0	0	0	0	0	0
# of Filtered	0	0	0	0	0	0
Spread						
St. dev	7.45147203144686	6.8752678717493	6.4701173419358	7.11520415238591	7.11938492017682	6.98416448500127
Variance	55.5244354354347	47.2693083083082	41.8624184184184	50.6261301301298	50.685641641641	48.7785535535531
Risk ratio	2.25	2.71428571428571	3.16666666666667	0.85	1	1.28571428571429
CofV	0.707440618194898	0.740789556270801	0.757802452791731	0.503339286388364	0.522025584409504	0.552763314998122
Shape						
Skewness	0.189224476951185	0.475653008496394	0.603193048865962	-0.650560677758331	-0.523361168004406	-0.291145285034253
Kurtosis	1.37144514825329	1.73394987130447	2.01348336379015	1.753319124041	1.62038249398418	1.51940679674718
Percentiles						
1%	1	1	1	1	1	1
3%	1	1	1	1	1	1
5%	1	1	1	1	2	1
8%	1	1	1	2	2	2
10%	2	1	1	3	3	2
15%	2	2	2	4	4	4
20%	3	3	2	6	5	5
25%	4	3	3	7	7	6
30%	4	4	4	9	8	7
35%	5	5	4	11	10	9
40%	6	5	5	14	12	10
45%	7	6	6	18	15	12
50%	8	7	6	20	17	14
55%	10	8	8	20	20	15
60%	13	10	9	20	20	17
65%	16	11	10	20	20	20
70%	20	13	12	20	20	20

▌그림 16-5▌ 고객 유지 기간 요약 통계량

한편, 고객 이탈률의 변화율 q가 일정할 때 p 값의 변화가 고객 유지 기간에 미치는 영향을 살펴보자. 예를 들어, 대안 1, 4, 7, 10은 q의 값이 0.95로 일정하고, p의 값은 각각 0.8, 0.85, 0.9, 0.95인 대안들이다. p는 첫해 신촌소프트의 제품을 구입한 고객이 다음 해에도 고객으로 유지될 확률을 나타내므로 p의 값이 증가할수록 고객의 유지 기간도 늘어날 것이다. 이러한 직관도 [그림 16-5]를 보고 확인할 수 있다. 고객 유지 기간의 평균은 q 값이 일정할 때 p 값이 커짐에 따라 증가함을 확인할 수 있다. 따라서 고객의 유지 기간을 늘려 충성고객으로 유도하기 위해서는 첫해 고객을 다음 해에도 고객으로 유지할 가능성(p)을 높이는 동시에 해가 거듭될수록 고객 이탈률을 감소시킬(즉, q 값을 작게 만들 수 있는) 방법이 필요함을 알 수 있다.

한편, 12개의 대안을 비교한 결과, 10번째 대안(Sim 10), 즉, (p,q)의 조합이 (0.95,0.95)일 때 평균 NPV는 513.8621(천원)로 가장 컸고, 고객의 평균 유지 기간도

14.136(년)로 가장 길게 나타났다. 앞의 논의에 비추어서 이는 당연한 결과로, 실험에 사용한 p 값 중에서 가장 큰 값이 0.95이고, q 값 중에서 가장 작은 값이 0.95이기 때문이다. 즉, 새로운 고객을 다음 해에도 유지할 확률(p)을 증가시키고, 매년 고객의 이탈률인 $r(n)$을 작게 함으로써 고객충성도를 높이면, 고객충성도는 다시 성과로 이어짐을 확인할 수 있다. 즉, 장기간에 걸쳐 고객 이탈을 감소시키고 충성고객을 확대하는 방안을 마련하는 것이 기업의 지속가능성을 위해 매우 중요함을 확인할 수 있다.

[그림 16-6]은 =VoseSimMean을 이용하여 12개 대안의 NPV 평균과 고객 유지 기간의 평균을 비교한 것이다. 시뮬레이션 수행 후 셀 B50에 대안 1의 NPV 평균이 나타나도록 =VoseSimMean($B$43,1)을 입력하였다. 여기서 =VoseSimMean의 두 번째 인자는 시뮬레이션 번호(Sim #)를 나타낸다. 다른 대안에 대해서도 시뮬레이션 번호만 바꾸어 입력한다. 마찬가지로 셀 B56에도 대안 1의 고객 유지 기간 평균이 나타나도록 =VoseSimMean($B$44,1)을 입력하고, 다른 대안에 대해서도 시뮬레이션 번호만 바꾸어 마찬가지 식을 입력한다.

	A	B	C	D	E	F	G	H	I	J	K	L	M
45													
46	Selected ModelRisk results (based on 1000 iterations)												
47	For NPV												
48	p	0.8	0.8	0.8	0.85	0.85	0.85	0.9	0.9	0.9	0.95	0.95	0.95
49	q	0.95	0.975	1	0.95	0.975	1	0.95	0.975	1	0.95	0.975	1
50	Mean	173.99	157.90	129.20	257.31	214.65	213.73	366.85	318.76	290.15	513.86	494.79	457.81
51													
52													
53	For years as customer												
54	p	0.8	0.8	0.8	0.85	0.85	0.85	0.9	0.9	0.9	0.95	0.95	0.95
55	q	0.95	0.975	1	0.95	0.975	1	0.95	0.975	1	0.95	0.975	1
56	Mean	5.84	5.45	4.79	7.84	6.77	6.70	10.53	9.28	8.54	14.14	13.64	12.64

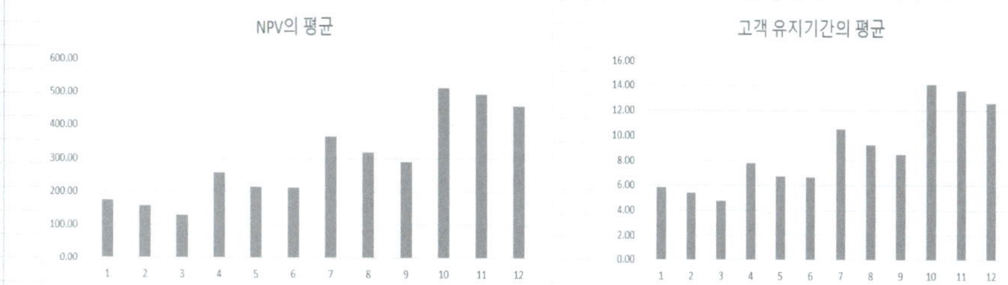

그림 16-6 =VoseSimMean의 활용과 대안의 비교

12개 대안의 결과는 앞서 [그림 16-4]와 [그림 16-5]의 시뮬레이션 결과와 같다. [그림 16-6]의 그래프는 차트 기능을 이용하여 횡축을 대안 번호(시뮬레이션 번호)로, 종축은 각각 NPV의 평균과 고객 유지 기간의 평균으로 설정하여 그린 것이다. 앞의 해석과 마찬가지로 p의 값은 클수록, 그리고 q의 값은 작을수록 결과변수의 평균이 향상됨을 시각적으로 확인할 수 있다. 결국, 기업이 고객충성도를 높일 수 있을 때 기업 성과의 향상도 기대할 수 있음을 시뮬레이션을 통해 정량적으로 확인할 수 있었다.

17장 프로모션의 타이밍과 시장점유율 경쟁

코카콜라(Coke)와 펩시콜라(Pepsi)의 경쟁과 같이 시장에서 두 대형 업체의 경쟁 관계를 분석해 보는 것은 흥미로운 일이다. 한 업체가 다른 업체로부터 얼마만큼의 시장을 뺏어오는가는 그 회사가 얼마나 충실하게 자사 제품에 대한 프로모션 활동을 했느냐에 달려 있으며, 이때 프로모션의 타이밍은 중요한 역할을 한다. 과연 프로모션을 언제 하는 것이 경쟁사에 비해 시장점유율을 많이 확보할 수 있는지 다음 예제를 이용해 프로모션 전략을 구상해 보자.

예제

청량음료시장에 메이저 경쟁업체 A사와 B사가 있다고 가정하자. 이 문제에서는 A사(우리)를 기준으로 상황을 묘사한다. 현재 A사는 45%의 시장을 점유하고 있다. 다음 20분기 동안 A사와 B사는 각기 독립적으로 자사 제품에 대한 프로모션 활동을 수행한다.[1] 모형의 단순화를 위해 각 회사는 각 분기에 프로모션을 '보통' 수준 또는 '대대적' 수준으로 할 수 있다고 가정하자. 각 분기에 두 회사의 대대적 프로모션 활동에 따라 현 분기에서 다음 분기로의 A사의 시장점유율 변화량은 [표 17-1]의 모수 값을 갖는 삼각분포(triangular distribution)를 따른다고 한다.

예를 들어, 어떤 분기에 우리(A사)가 대대적 수준의 프로모션을 하고, B사는 대대적 수준의 프로모션을 하지 않는다면, 다음 분기 우리는 최악의 경우 1%만큼의 시장점유율 감소를 경험할 수 있고, 최상의 경우 6%만큼의 시장점유율을 추가로 얻을 수 있다. 그리고 가장 가능성이 많은 경우는 시장점유율이 2%만큼 증가하는 것이다.

1 여기서 '독립적'이라는 말은 경쟁사가 언제 프로모션을 할지 확실히 알 수 없다는 말이다.

| 표 17-1 | 프로모션 전략에 따른 A사의 시장점유율 변화량 분포의 모수 값

대대적 프로모션	최솟값	가장 가능성 많은 값	최댓값
둘 다 하지 않음	−0.03	0	0.03
둘 다 함	−0.05	0	0.05
A사만 함	−0.01	0.02	0.06
B사만 함	−0.06	−0.02	0.01

두 회사의 대대적인 프로모션 전략 패턴에 따른 A사의 시장점유율 변화 추이를 향후 20분기 동안 시계열 예측하시오.

이 문제의 핵심은 우리(A사)와 경쟁사(B사)가 다음 20분기 동안 수행하는 대대적 수준의 프로모션 활동이 우리의 시장점유율을 어떻게 변화시킬 것인지 확인하고, 우리의 프로모션 전략을 결정하는 것이다. 우리가 어느 분기에 대대적 수준의 프로모션 활동을 할 것인지는 우리가 통제할 수 있는 변수이나, B사가 언제 대대적 프로모션을 수행할 것인지는 미지수이다. 따라서 B사가 과연 어느 분기에 대대적 프로모션을 할지 그것에 대한 정보를 입수하는 것이 필요하다. 하지만 그러한 정보를 입수하는 것은 현실적으로 매우 어려우므로 이 문제에서는 다음과 같이 가정한다. 신뢰할 만한 정보원으로부터 B사가 앞으로 20분기 동안 언제 대대적인 프로모션을 할지는 알 수 없으나, 이 기간 총 열 분기에 대대적인 프로모션을 한다는 정보를 입수했다고 가정하자.

이제 우리(A사)는 5분기부터 16분기까지 열두 분기 동안 계속 대대적인 프로모션을 한다고 가정하고, 향후 20분기 동안 A사의 시장점유율 변화 추이를 시뮬레이션을 이용해 살펴보자. 이 문제에 대한 시뮬레이션 모형은 [그림 17-1]과 같다.

[그림 17-1]을 보면 셀 B4에 A사의 현재 시장점유율 45%가 입력되어 있고, 셀 범위 B8:D11에는 A사와 B사의 대대적 프로모션 전략에 따른 A사의 시장점유율 변화량 분포의 모수 값이 입력되어 있음을 알 수 있다. 셀 범위 B14:U14에는 1부터 20까지 분기 번호를 나타내는 숫자를 입력한다.

	A	B	C	D	E	F	G	H	I	J	K	L	M	N	O	P	Q	R	S	T	U
1	프로모션의 타이밍과 시장점유율 경쟁																				
2																					
3	**Inputs**																				
4	A's current market share	45%																			
5																					
6	Parameters of triangular distribution of change in A's market share - depends on who has a big promotional campaign																				
7		Minimum	Most likely	Maximum																	
8	Neither	-0.03	0	0.03																	
9	Both	-0.05	0	0.05																	
10	Only A	-0.01	0.02	0.06																	
11	Only B	-0.06	-0.02	0.01																	
12																					
13	Promotional campaigns (1 if promote, 0 if not)																				
14	Quarter	1	2	3	4	5	6	7	8	9	10	11	12	13	14	15	16	17	18	19	20
15	A	0	0	0	0	1	1	1	1	1	1	1	1	1	1	1	1	0	0	0	0
16	B	0	1	1	0	0	1	1	1	0	0	1	1	0	0	0	1	1	0	0	1
17																					
18	**Simulation**																				
19	Possible changes in A's market share																				
20	Quarter	1	2	3	4	5	6	7	8	9	10	11	12	13	14	15	16	17	18	19	20
21	Neither promote	-2.31%	-0.08%	0.81%	0.48%	-0.93%	0.13%	-1.45%	0.30%	1.06%	-2.25%	-0.55%	-1.61%	1.23%	0.93%	-1.84%	0.53%	0.22%	-1.96%	-1.11%	-0.48%
22	Both promote	-0.41%	0.62%	0.50%	2.93%	-0.59%	-0.58%	2.25%	0.38%	2.24%	-2.66%	1.44%	-1.52%	-1.43%	2.54%	0.62%	4.38%	-2.69%	4.56%	0.29%	-1.62%
23	Only A promotes	2.04%	1.93%	4.69%	0.50%	1.12%	1.48%	3.11%	1.72%	-0.41%	2.04%	0.45%	5.71%	3.59%	3.26%	4.08%	2.63%	2.27%	0.96%	4.20%	2.19%
24	Only B promotes	-2.02%	-1.87%	-3.23%	-4.31%	-0.65%	-0.30%	-4.13%	0.23%	-1.22%	-2.04%	-0.41%	-1.22%	-1.61%	-2.68%	-0.88%	-3.27%	-4.19%	-2.29%	-0.48%	-2.66%
25																					
26	Tracking A's market share																				
27	Beginning market share	45.00%	42.69%	40.82%	37.59%	38.08%	39.20%	38.62%	40.88%	41.26%	40.84%	42.88%	44.32%	42.81%	46.40%	49.65%	53.73%	58.11%	53.92%	51.96%	50.85%
28	Change in market share	-2.31%	-1.87%	-3.23%	0.48%	1.12%	-0.58%	2.25%	0.38%	-0.41%	2.04%	1.44%	-1.52%	3.59%	3.26%	4.08%	4.38%	-4.19%	-1.96%	-1.11%	-2.66%
29	Ending market share	42.69%	40.82%	37.59%	38.08%	39.20%	38.62%	40.88%	41.26%	40.84%	42.88%	44.32%	42.81%	46.40%	49.65%	53.73%	58.11%	53.92%	51.96%	50.85%	48.19%

▎그림 17-1 ▎시장점유율 변화 추이 문제

이제 A사가 어느 분기에 대대적 프로모션을 할지 모형에 나타내 보자. 앞서 언급했듯이 A사의 프로모션 전략은 우리가 통제할 수 있는 것으로 5분기부터 16분기까지 열두 분기 동안 대대적인 프로모션을 한다고 가정한다. 셀 범위 B15:U15에 A사가 대대적인 프로모션을 수행할 때에는 '1', 그렇지 않을 때(즉, 보통의 프로모션을 수행하는 경우)에는 '0'을 입력하였다.

우리의 대대적 프로모션 시기와는 달리 경쟁사의 대대적 프로모션 시기는 우리가 통제할 수 없는 변수이므로 B사의 대대적인 프로모션 수행 시기는 확률분포를 이용해서 결정해야 한다. B사가 언제 대대적인 프로모션을 할지 그 시기는 알 수 없지만 신뢰할만한 정보원으로부터 향후 20분기 동안 총 열 분기에 대대적인 프로모션을 수행할 것이라는 정보를 입수했다고 가정하자. 이러한 가정 하에 B사가 언제 대대적인 프로모션을 할지 추정해 보자.

우선 B사가 20분기 중 열 분기에 대대적인 프로모션을 수행한다는 정보가 있으므로 1분기에 B사가 대대적인 프로모션을 수행할 확률은 50%(=10/20)이다. 따라서 1분기에 B사가 대대적인 프로모션을 수행할지를 나타내는 셀 B16에는 =IF(RAND()

<0.5,1,0)를 입력한다. 다음으로 만약 1분기에 B사가 대대적인 프로모션을 수행했다면 2분기에 B사가 대대적인 프로모션을 수행할 확률은 9/19이고, 1분기에 대대적인 프로모션을 수행하지 않았다면 B사가 2분기에 대대적인 프로모션을 수행할 확률은 10/19가 된다. 이는 비복원추출(sampling without replacement)의 원리이다.[2] 따라서 2분기에 B사가 대대적인 프로모션을 수행할지를 나타내는 셀 C16에는 =IF(RAND()<(10-SUM($B16:B16))/(20-B$14),1,0)를 입력한다. 다음으로 3분기부터 20분기까지 각 분기에 B사가 대대적인 프로모션을 수행할지는 2분기의 식과 그 논리가 같으므로 셀 C16을 마우스로 선택하고 U16까지 오른쪽으로 끌기하여 식을 복사한다.

이제 A사의 시장점유율 변화량을 나타내는 셀에 식을 입력해 보자. A사의 시장점유율 변화량은 각 분기에 A사와 B사의 대대적 프로모션 수행 여부에 따라 네 가지(둘 다 하지 않음, 둘 다 함, A사만 함, B사만 함)로 나누어진다. 그리고 네 가지 경우 각각에 있어 A사의 시장점유율 변화량은 각기 다른 모수 값을 가진 삼각분포를 따른다. 우선, 셀 B21은 1분기에 두 회사 모두 대대적인 프로모션을 하지 않을 경우의 A사의 시장점유율 변화량을 나타낸다. 따라서 셀 B21에는 =VoseTriangle($B8,$C8,$D8)을 입력한다. 그리고 이 식을 B24까지 아래로 끌기하여 채운다.[3] 그러면 두 회사 모두 대대적 프로모션을 하는 경우의 A사의 시장점유율 변화량을 나타내는 셀 B22에는 =VoseTriangle($B9,$C9,$D9), A사만 대대적인 프로모션을 수행하는 경우의 A사의 시장점유율 변화량을 나타내는 셀 B23에는 =VoseTriangle($B10,$C10,$D10), B사만 대대적인 프로모션을 수행하는 경우의 A사의 시장점유율 변화량을 나타내는 셀 B24에는 =VoseTriangle($B11,$C11,$D11)이 자동으로 채워진다.

---

2 총 20분기 중 열 분기에 대대적인 프로모션을 한다고 했으므로 1분기에 대대적인 프로모션을 할 확률은 $\frac{10}{20}$이다. 다음으로 2분기에 대대적 프로모션을 할 확률은 1분기에 대대적인 프로모션을 했다면 $\frac{10-1}{20-1}$이 되고, 1분기에 대대적 프로모션을 하지 않았다면 $\frac{10-0}{20-1}$이 된다. 따라서 n분기에 대대적인 프로모션을 할 확률은 $\frac{10-\text{이전 분기까지 수행한 프로모션의 수}}{20-(n-1)}$가 된다.

3 열 번호에만 절대참조를 하여 아래로 끌기하면 행 번호만 하나씩 증가하여 우리가 원하는 식이 만들어진다.

다음으로 셀 범위 B21:B24를 선택하고 오른쪽으로 끌기하여 셀 범위 U21:U24까지 동일한 식을 채운다. 이렇게 함으로써 네 가지 경우 각각에 있어 20분기 동안 A사의 시장점유율 변화량을 발생시킨다.

이제 A사의 시장점유율 변화를 추적해 보자. 1분기 초 A사의 시장점유율을 나타내는 셀 B27에는 =B4를 입력한다. 그리고 A사의 시장점유율 변화량을 나타내는 셀 B28에는 =IF(AND(B15=0,B16=0),B21,IF(AND(B15=1,B16=1),B22,IF(AND(B15=1,B16=0),B23,B24)))을 입력한다. 이 식은 A사와 B사의 대대적인 프로모션 수행 여부에 따라 A사의 시장점유율 변화량이 달라짐을 뜻한다. 1분기에 셀 B15와 셀 B16이 모두 '0'(둘 다 대대적인 프로모션을 하지 않는 경우)이라면 A사의 시장점유율 변화량은 B21이고, 셀 B15와 셀 B16이 모두 '1'(둘 다 대대적인 프로모션을 하는 경우)이라면 A사의 시장점유율 변화량은 B22, 셀 B15는 '1'이고 셀 B16은 '0'(A사만 대대적인 프로모션을 수행하는 경우)이라면 A사의 시장점유율 변화량은 B23, 그리고 그 밖의 경우(즉, 셀 B15가 '0'이고 셀 B16이 '1'인 B사만 대대적인 프로모션을 수행하는 경우)에는 A사의 시장점유율 변화량은 셀 B24가 된다.

1분기 말 A사의 시장점유율은 (분기 초 시장점유율+시장점유율 변화량)이므로 셀 B29에는 =B27+B28을 입력한다.

2분기로 넘어가서 2분기 초의 시장점유율은 1분기 말의 시장점유율과 같으므로 2분기 초의 시장점유율을 나타내는 C27에는 =B29를 입력한다. 그리고 2분기의 시장점유율 변화량과 분기 말 시장점유율을 나타내는 셀 C28과 셀 C29에는 각각 1분기와 같이 =IF(AND(C15=0,C16=0),C21,IF(AND(C15=1,C16=1),C22,IF(AND(C15=1,C16=0),C23,C24)))와 =C27+C28을 입력한다.[4]

3분기부터 20분기까지의 분기 초 시장점유율, 시장점유율 변화량, 분기 말 시장점유율을 나타내는 식은 2분기와 동일하므로 셀 범위 C27:C29를 선택하고 셀 범위 U27:U29까지 끌기하여 식을 복사한다.

이제 시뮬레이션을 수행해 보자. 이 문제에서 우리가 관심을 갖는 결과변수는 우리(A사)와 경쟁사(B사)의 대대적 프로모션 전략에 따른 향후 20분기 동안 우리의 시

4 셀 C28과 셀 C29에 실제로 식을 입력하지 않고 셀 범위 B28:B29의 식을 끌어 채우면 된다.

장점유율 변화 추이이다. 따라서 A사의 분기 말 시장점유율을 나타내는 셀 범위 B29:U29를 선택하고 을 눌러 결과 셀로 지정하고, 시뮬레이션을 수행한다. 셀 범위 전체를 선택하고, 선택한 셀 범위에 이름을 지정하고자 할 때는 [그림 17-2]와 같이 Name에는 MS(사용자가 원하는 결과변수 이름), Range Name에 Market Share(사용자가 원하는 결과 셀 범위의 이름)를 입력하고, Position in Range에는 1을 입력한다. 그러면 각 결과변수(결과 셀)의 이름은 MS1, MS2 등으로 나타나고, 결과 셀 범위의 이름은 Market Share로 나타난다.

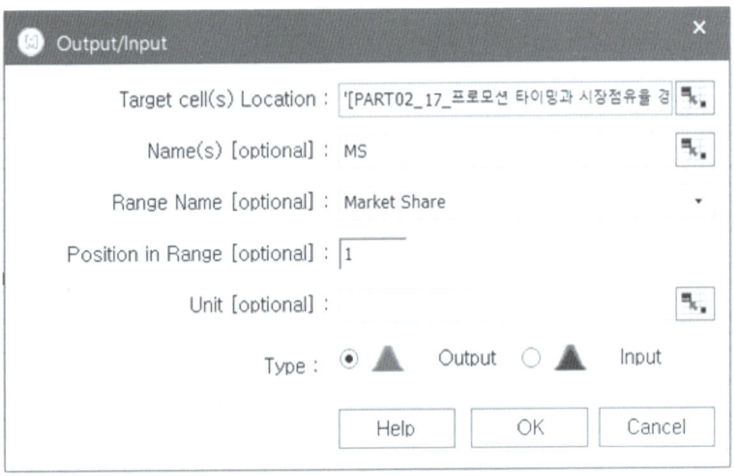

| 그림 17-2 | 셀 범위 이름의 지정

이제 시뮬레이션을 수행하고, 향후 20분기 동안의 A사의 시장점유율 추이를 살펴보기 위해 추세 그래프(Trend Plot)을 만들어 보자. Trend Plot을 만들기 위해서는 Insert 탭에서 아이콘을 클릭한다. 그러면 결과 셀 범위에 대한 추세 그래프(Trend Plot)가 [그림 17-3]과 같이 나타난다.

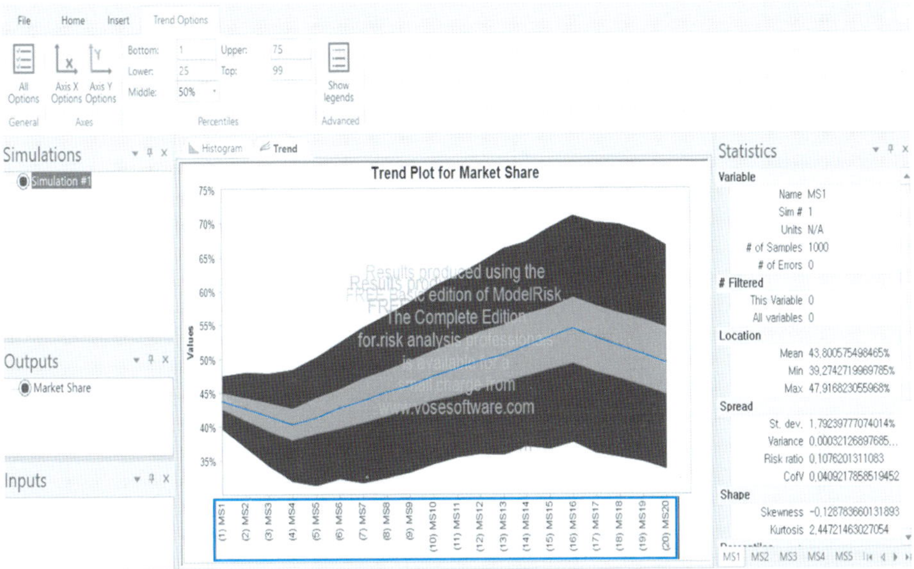

| 그림 17-3 | Trend Plot

[그림 17-3]의 Trend Plot은 향후 20분기 동안의 A사의 시장점유율 변화 추이를 밴드(band) 형태로 보여주고 있다. 밴드의 가운데에 있는 파란선은 각 분기 말 A사 시장점유율의 중앙값을 나타내고, 가장 외곽의 선은 각 분기 말 A사 시장점유율의 상위 1%와 하위 1%에 해당하는 값을 나타낸다. 그리고 안쪽의 선은 상위 25%와 하위 25%에 해당하는 값을 나타낸다. 즉, 각 분기 말 A사 시장점유율의 하위 1%, 25%, 50%, 75%, 99%에 해당하는 값을 보여준다. 물론 이 값은 Trend Option을 이용하여 사용자가 원하는 백분위수로 바꿀 수 있고, 중앙선(Middle)의 값을 중앙값(50%) 대신 평균으로 나타낼 수도 있다.

[그림 17-3]의 분기 말 시장점유율의 중앙값을 보면 1분기부터 4분기까지는 시장점유율이 하락하는 양상을 보이다가 그 이후로는 시장점유율이 증가하여 16분기에 55%로 정점을 찍고 다시 조금씩 하락하여 20분기에는 시장점유율이 50%에 머무는 것을 알 수 있다. 또한 Trend Plot의 밴드 폭(상위 1%와 하위 1%의 차이)은 현재에서 미래로 갈수록 넓어지는 양상을 보이는데, 이는 직관적으로 당연한 결과이다. 즉, 미래로 갈수록 불확실성이 더 많이 개입되어 시장점유율의 변동 폭이 넓어지는 결과를

보여주고 있다.

이 문제에서 우리가 초점을 맞추어야 할 부분은 홍보 전략에 따른 매 분기 말 시장점유율 수치 자체가 아니라 시장점유율의 변화 패턴이다. 우리의 홍보 전략과 상대방 홍보 전략의 다양한 조합에 따라 우리의 시장점유율이 어떠한 변화 패턴을 보이는지 파악함으로써 상대방의 홍보 전략이 미지수일 때 우리는 어떻게 홍보 전략을 구사해야 우리가 추구하는 바(예를 들어, 시장점유율 확대, 현금흐름의 증대 등)를 달성할 수 있을지를 결정하는데 시뮬레이션 모형은 유용하게 활용될 수 있다.

18장 경쟁업체 진입에 따른 현금흐름 추이 분석

신제품의 시장 소개(market launch)와 관련하여 다수의 경쟁업체가 시장에 진입하는 상황을 고려해 보자. 경쟁업체의 진입에 따른 자사 시장점유율의 변화와 현금흐름의 기복을 추적하는 일은 기업에 또 다른 통찰력을 제공할 수 있다. 미래의 계획 기간 동안 다수의 경쟁자가 존재하는 상황에서 그들의 시장 진입이 자사의 시장점유율에 어떠한 영향을 미치고, 또 시장점유율의 변화에 따라 미래의 이윤은 어떠한 추이를 보이는지 분석해 보자.

예제

한국사료(주)는 양돈농가에서 키우는 돼지를 더 건강하게 만들 수 있는 새로운 의약품을 시장에 소개하려고 한다. 올해 초, 이 의약품의 잠재적 고객인 돼지가 1,000,000마리 있다고 가정하자. 돼지는 한국사료의 의약품 또는 경쟁업체의 의약품을 1년에 한 번 사용하는데, 돼지의 수는 연평균 5%씩 증가할 것으로 예측하고 있다. 하지만 이 증가율은 확실한 것은 아니다. 한국사료는 돼지 수의 연간 증가율이 정규분포를 따른다고 추정하고 있는데, 과거 자료를 분석해 본 결과 연간 증가율이 3%에서 7% 사이에 있을 확률은 95%라고 한다.

한국사료가 이 의약품을 시장에 소개할 경우, 첫해의 시장점유율은 삼각분포를 따를 것으로 추정되는데, 최악의 경우 첫해의 시장점유율은 20%, 최상의 경우 70%, 그리고 가장 가능성이 많은 시장점유율은 40%로 예상하고 있다. 만일 경쟁업체가 시장에 진입하지 않는다면, 이러한 시장점유율은 이후에도 계속 유지될 것으로 한국사료는 보고 있다. 그러나 현재 세 곳의 경쟁업체가 시장 진입을 고려하고 있다는 정보를 입수하였다.

매년 초, 시장에 아직 진입하지 않은 경쟁업체가 시장에 진입할 가능성은 40%이다. 경쟁업체가 시장에 진입하게 되면 한국사료의 시장점유율은 전기에 시장에 새로이 진입한 경쟁업체 한 곳당 20%씩의 비율로 하락이 예측된다. 즉, 두 곳의 경쟁업체가 첫해에 시장에 진입하게 되면, 다음 해 한국사료의 시장점유율은 경쟁업체가 없을 때보다 40% 감소한다는 것이다. 예를 들어, 한국사료의 올해 시장점유율이 60%이고, 올해 시장에 진입한 경쟁업체가 두 곳이면 다음 해 시장점유율은 60%×(1−2×20%)=36%가 된다. 세 곳의 경쟁업체 모두 시장에 진입하였으면 더 이상의 경쟁업체 진입은 없다. 의약품 한 단위의 판매가는 현재 2,200원으로 책정되어 있고, 단위당 변동비는 400원이다. 그리고 할인율은 연 10%이다. 한국사료가 시장에 새로운 의약품을 소개할 경우, 향후 10년 동안 의약품 판매로 얻게 되는 이익의 순현재가치(NPV)를 추정하시오.

이 문제에서 확률변수는 돼지 수의 연간 증가율, 한국사료의 첫해 시장점유율, 시장에 진입하는 경쟁업체의 수 등이다. 향후 10년 동안 한국사료가 얻게 되는 이익의 순현재가치(NPV)를 추정하기 위한 시뮬레이션 모형은 [그림 18-1]과 같다.

우선 문제에 주어진 기본 정보를 모형에 입력하였다. 첫해 초의 돼지 수 1,000,000 마리를 셀 B3에 입력하였고, 정규분포를 따르는 돼지 수 연간 증가율의 평균 5%와 표준편차 1%를 각각 셀 B6와 B7에 입력하였다.[1] 그리고 한국사료의 첫해 시장점유율 분포(삼각분포)의 모수 20%, 40%, 70%를 셀 범위 B10:B12에 입력하였다. 셀 B14, B15, B16에는 각각 경쟁업체의 수(3), 경쟁업체 각각이 독립적으로 시장에 진입할 확률(0.4), 그리고 경쟁업체 한 곳이 시장에 진입할 때마다 한국사료의 다음 해 시장점유율이 감소하는 비율(20%)을 입력하였다. 셀 B18, B19, B21 각각에는 의약품 한 단위당 판매가 2,200원, 변동비 400원, 연간 할인율 10%가 입력되었음을 확인할 수

1 과거 자료에 따르면 돼지 수의 연간 증가율이 3%에서 7% 사이에 있을 확률이 95%라고 문제에 주어져 있다. 돼지 수의 연간 증가율은 정규분포를 따른다고 했으므로, 정규분포의 특성에 따라 연간 증가율이 (평균±2×표준편차)=(5%±2×1%)=(3%,7%) 범위 내에 존재할 확률은 약 95%이다. 따라서 정규분포의 표준편차는 1%로 추정할 수 있다.

	A	B	C	D	E	F	G	H	I	J	K
1	한국사료										
2											
3	Number of pigs	1,000,000									
4											
5	Distribution of yearly growth rate -- normal										
6	Mean	5%									
7	Stdev	1%									
8											
9	Distribution of beginning market share (with no competitors) -- triangular										
10	Minimum	20%									
11	Most likely	40%									
12	Maximum	70%									
13											
14	Number of potential entrants	3									
15	Probability of new entrant	0.4									
16	Drop rate in mkt share/entrant	20%									
17											
18	Selling price (per pig)	₩2,200									
19	Variable cost (per pig)	₩400									
20											
21	Discount rate	10%									
22											
23	**Ten-year simulation**										
24		Year 1	Year 2	Year 3	Year 4	Year 5	Year 6	Year 7	Year 8	Year 9	Year 10
25	Beginning pigs	1,000,000	1,061,522	1,118,543	1,166,810	1,237,001	1,316,338	1,367,637	1,439,358	1,525,672	1,607,925
26	Rate of increase	6.152%	5.372%	4.315%	6.016%	6.414%	3.897%	5.244%	5.997%	5.391%	4.179%
27	Ending pigs	1,061,522	1,118,543	1,166,810	1,237,001	1,316,338	1,367,637	1,439,358	1,525,672	1,607,925	1,675,113
28											
29	Market share	57.189%	45.751%	45.751%	45.751%	36.601%	29.281%	29.281%	29.281%	29.281%	29.281%
30	New entrants	1	0	0	1	1	0	0	0	0	0
31	Number competitors in market	1	1	1	2	3	3	3	3	3	3
32											
33	Revenue	₩1,258,147,724	₩1,068,441,191	₩1,125,833,864	₩1,174,415,477	₩996,051,195	₩847,947,601	₩880,992,962	₩927,193,596	₩982,794,626	₩1,035,779,676
34	Cost	₩228,754,132	₩194,262,035	₩204,697,066	₩213,530,087	₩181,100,217	₩154,172,291	₩160,180,539	₩168,580,654	₩178,689,932	₩188,323,577
35	Profit	₩1,029,393,592	₩874,179,156	₩921,136,798	₩960,885,390	₩814,950,978	₩693,775,310	₩720,812,423	₩758,612,942	₩804,104,694	₩847,456,098
36	NPV	₩5,295,813,525									
37											
38	Mean NPV	No simulation results									

▎그림 18-1 ▎ 한국사료(주) 문제

있다. 아울러 미래의 계획기간이 향후 10년이므로 셀 범위 B24:K24에 1년 차(Year 1)부터 10년 차(Year 10)라는 헤더를 달고 시계열 자료의 변화를 추적할 준비를 하였다.

이제 첫해 돼지의 수를 나타내는 셀 B25에 =B3를 입력해 보자. 그러면 셀 B25는 =InitPigs로 나타날 것이다. 이렇게 셀 번호 대신 셀 이름이 나타나는 이유는 사전에 셀 B3의 이름을 InitPigs로 지정해 놓았기 때문이다. 이 문제에서는 다른 셀을 참조할 때 셀의 번호가 아니라 셀의 이름을 이용해 보기로 하자.

특정 셀에 이름을 지정하기 위해서는 [그림 18-2]와 같이 엑셀의 수식 탭에 있는 이름관리자를 이용한다. 이름관리자(이름 관리자)를 이용하면 셀에 이름을 지정하거나 (이름 정의), 셀 이름의 편집, 셀 이름의 삭제 등을 할 수 있다.

| 그림 18-2 | 이름관리자

이름관리자를 이용하지 않고 더 간편하게 셀에 이름을 지정할 수도 있다. 이름을 지정할 셀을 마우스로 선택하고 [그림 18-3]의 이름상자에 셀의 이름을 입력하면 된다. 예를 들어, 셀 B3에 이름을 지정하고 싶으면, 셀 B3을 마우스로 선택하고 이름상자에 InitPigs를 입력하면 된다. 셀 B3의 이름을 InitPigs로 지정하였으면 셀 B25에 =를 입력하고 마우스로 셀 B3를 눌러보자. 그리면 셀 B25는 =InitPigs로 나타난다. 사용자에 따라 셀 번호보다 셀 이름을 선호하기도 하는데, 셀에 이름을 지정함으로써 셀에 입력된 수식을 보다 직관적으로 이해할 수 있기 때문이다.

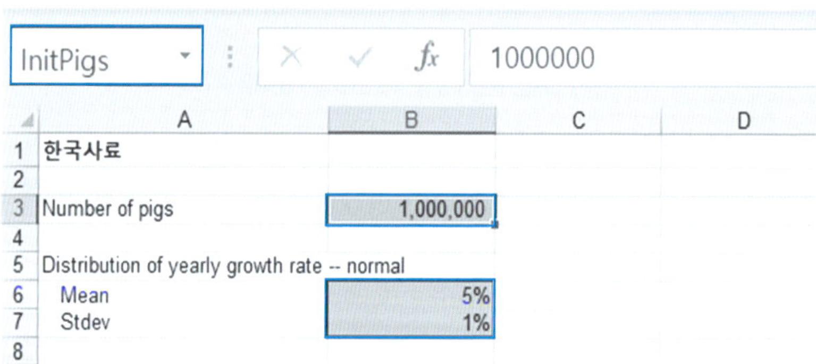

| 그림 18-3 | 셀 이름의 지정

이제 문제의 기본 정보가 입력된 셀들에 이름을 지정하고, 셀의 이름을 이용해서 식을 표현해 보자. 먼저 연간 돼지 수 증가율의 평균과 표준편차를 나타내는 셀 B6와 B7 각각의 이름을 MeanRate, StdevRate로 지정하자. 1년 차 시장점유율 분포의 모수를 나타내는 셀 B10, B11, B12의 이름은 각각 MinShare, MLShare, MaxShare로 지정하였다. 그리고 경쟁업체의 수(B14), 경쟁업체의 시장진입확률(B15), 경쟁업체가 시장에 진입했을 때 한국사료의 시장점유율 감소 비율(B16)은 각각 NCompetitors,

ProbEnter, DropMktShare로 이름을 정의하였다. 마지막으로 판매가, 변동비, 연간 할인율을 나타내는 셀 B18, B19, B21은 UnitPrice, UnitCost, DiscRate로 이름을 지정하였다.

다시 모형으로 돌아가 시계열 자료를 차례로 입력해 보자. 첫해 초의 돼지 수를 나타내는 셀 B25에는 =InitPigs를 입력하고, 돼지 수의 연간 증가율을 나타내는 셀 B26에는 =VoseNormal(MeanRate,StdevRate)을 입력한다.[2] 후자의 식은 평균이 MeanRate(B6)이고 표준편차가 StdevRate(B7)인 정규분포 확률변수 값을 발생시킨다. 다음으로 연말의 돼지 수는 연초의 돼지 수×(1+연간 증가율)이므로 첫해 말의 돼지 수를 나타내는 셀 B27에는 =ROUND(B25*(1+B26),0)를 입력한다.[3]

첫해의 시장점유율을 나타내는 셀 B29에는 삼각분포 확률변수 값을 발생시키기 위해 =VoseTriangle(MinShare,MLShare,MaxShare)를 입력한다. 시장에 새로이 진입하는 경쟁업체의 수는 총 경쟁업체의 수(n)와 각 경쟁업체가 독립적으로 시장에 진입할 확률(p)을 모수로 하는 이항분포를 따른다. 따라서 시장에 새로이 진입하는 경쟁업체의 수를 나타내는 셀 B30에는 =VoseBinomial(NCompetitors,ProbEnter)을 입력한다. 첫해에 시장에 진입한 누적 경쟁업체의 수는 첫해에 새로이 시장에 진입한 경쟁업체의 수와 같으므로 첫해 시장에 진입한 누적 경쟁업체의 수를 나타내는 셀 B31에는 =B30을 입력한다.

다음으로 첫해 한국사료의 이익을 구해 보자. 이익(profit)은 수입(revenue)에서 비용(cost)을 차감한 값이므로 첫해의 의약품 판매 수입부터 구해 보자. 판매 수입은 판매가×연초의 돼지 수×시장점유율이므로 셀 B33에 =UnitPrice*B25*B29를 입력한다. 첫해의 비용은 변동비×연초의 돼지 수×시장점유율이므로 셀 B34에는 =UnitCost*B25*B29를 입력한다. 결국, 첫해의 이익을 나타내는 셀 B35에는 =B33-B34를 입력한다.

두 번째 해로 넘어가 보자. 2년 초의 돼지 수는 1년 말의 돼지 수와 같다. 따라서 2년

2 식이나 함수에 셀 이름을 직접 입력하는 것이 아니라 마우스로 해당 셀 번호를 누르면 셀 번호 대신 셀 이름이 자동으로 입력됨을 의미한다.

3 =ROUND 함수의 두 번째 인자 '0'은 첫 번째 인자에 있는 식의 결과를 소수점 첫 번째 자리에서 반올림하여 정수로 표시하라는 명령이다.

초의 돼지 수를 나타내는 셀 C25에는 =B27을 입력한다. 돼지 수의 연간 증가율을 나타내는 셀 C26에는 1년도와 마찬가지로 =VoseNormal(MeanRate,StdevRate)을 입력한다. 2년 말의 돼지 수를 나타내는 셀 C27에도 1년도와 마찬가지로 =ROUND(C25*(1+C26),0)를 입력한다.

이제 시장에 새로이 진입한 경쟁업체 한 곳당 한국사료의 시장점유율이 20%의 비율로 감소하므로 2차 연도의 시장점유율은 1차 연도의 시장점유율×(1-1차 연도의 신규 진입 경쟁업체 수×20%)이 된다. 따라서 2차 연도의 시장점유율을 나타내는 셀 C29에는 =B29*(1-B30*DropMktShare)를 입력한다.

다음으로 2차 연도에 새로이 시장에 진입하는 경쟁업체의 수를 구해 보자. 만약 1차 연도에 새로이 시장에 진입한 경쟁업체 수가 3곳 모두라면 더 이상 신규로 진입할 수 있는 경쟁업체는 없게 된다. 마찬가지로 1차 연도에 새로 진입한 경쟁업체 수가 두 곳이면 2차 연도에 신규로 진입할 수 있는 잠재적 경쟁업체의 수는 한 곳이 된다. 따라서 2차 연도에 시장에 새로이 진입하는 잠재적 경쟁업체의 수는 경쟁업체 세 곳 중 남은 경쟁업체가 없다면 '0'이 되고, 남은 경쟁업체가 있다면 남은 경쟁업체의 수(n)와 시장진입확률(p)을 모수로 하는 이항분포를 따르게 된다. 이를 식으로 표현하면, 2차 연도에 시장에 새로이 진입하는 경쟁업체의 수(C30)는 =IF(NCompetitors-B31=0,0,VoseBinomial(NCompetitors-B31,ProbEnter))가 된다. 그리고 2차 연도까지 시장에 진입한 전체 경쟁업체의 수는 이전 해까지 시장에 진입한 누적 경쟁업체의 수+올해 새로이 시장에 진입한 경쟁업체 수이므로 셀 C31에는 =B31+C30을 입력한다.

2차 연도의 수입, 비용, 이윤은 1차 연도와 그 논리가 같으므로 셀 C33, C34, C35 각각에 =UnitPrice*C25*C29, =UnitCost*C25*C29, =C33-C34를 입력한다. 3차 연도부터 10차 연도까지는 2차 연도의 식과 그 논리가 같으므로 셀 범위 C25:C35를 선택하고 K25:K35까지 오른쪽으로 끌기하여 같은 식을 채운다.

이 문제에서 우리가 관심을 두는 결과변수는 향후 10년 동안 한국사료가 얻게 되는 이익의 순현재가치(NPV)이다. 셀 B36에 =NPV(DiscRate,B35:K35)를 입력하고,

을 눌러 B36을 결과 셀로 만든다.

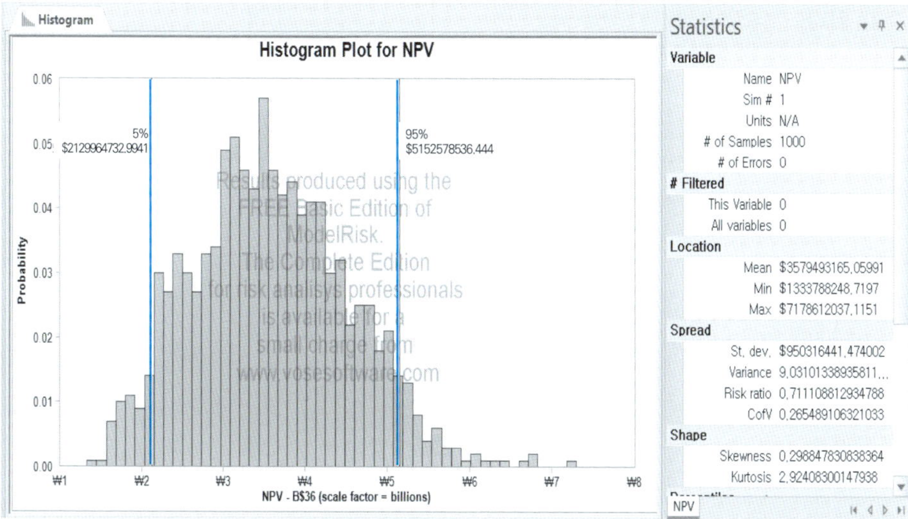

| 그림 18-4 | NPV의 분포

1,000번의 반복활동 후 제공되는 NPV의 분포는 [그림 18-4]와 같다. 시뮬레이션 결과, 10년 후 한국사료가 향후 10년 동안 의약품 판매로 얻게 되는 이익의 순현재가치(NPV)의 평균은 35억7천9백만원이 됨을 확인할 수 있다. NPV의 확률분포 그래프와 요약 통계량의 해석은 앞서 학습한 내용과 같다.

(1) Trend Plot과 Box-Plot 만들기

여기서 Trend Plot과 Box Plot을 그려보자. 이 그림을 이용하면 시계열 변수의 변화 추이를 시각적으로 확인할 수 있다. 예를 들어, 우리가 향후 10년간 한국사료가 얻는 이익의 NPV뿐만 아니라 1차 연도부터 10차 연도까지 발생하는 이익(profit)이 어떠한 변화 추이를 보이는지에도 관심이 있다고 가정하자. 이익의 변화 추이를 보기 위해서는 우선 시뮬레이션 모형에서 10년간의 이익을 나타내는 셀 범위 B35:K35를 마우스로 선택하고  을 눌러 결과변수로 한꺼번에 지정한다. 즉, [그림 18-5]와 같이 Name에는 Profit을 입력하고, Range Name으로는 Profits, 그리고 Position in Range에 1을 입력하고, OK 버튼을 누른다. 그러면 선택된 10개의 셀은 이제 결과변수가 된다.

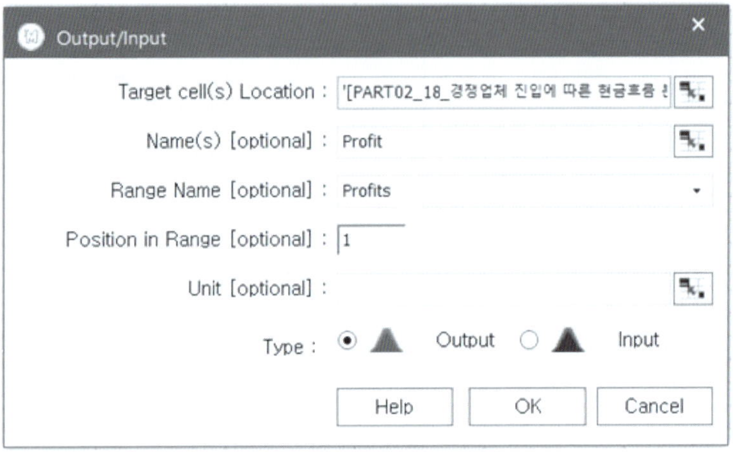

❙ 그림 18-5 ❙ 결과변수 셀 범위의 지정

시뮬레이션 수행 후 생성된 요약 통계량(Statistics)은 [그림 18-6]과 같다. [그림 18-6]을 보면 셀 B36의 NPV뿐만 아니라 10개년도 각각의 이익을 나타내는 셀 범위 B35:K35의 10개의 셀도 결과변수로 지정되어 해당 요약 통계량이 제공됨을 알 수 있다.

이제 [그림 18-6]에서 Trend Plot을 보기 위해서는 Insert 탭에서 Trend 아이콘을 클릭한다. 그러면 [그림 18-7]과 같이 10개년 이익에 대한 Trend Plot이 나타난다.

Trend Plot은 시계열 변수가 어떤 변화 추이를 보이는지 한눈에 파악할 수 있게 한다. 앞서 17장에서 학습하였듯이 Trend Plot의 가운데 위치한 파란선은 시계열 변수(여기서는 각 연도의 이익)의 중앙값을 나타내고, 가장 외곽의 선은 시계열 변수의 상위 1%와 하위 1%에 해당하는 값을 나타낸다. 그리고 Trend Plot 내부의 회색 범위선은 상위 25%와 하위 25%에 해당하는 값을 나타낸다. 물론 사용자는 Trend Options를 이용하여 이 값들을 원하는 것으로 바꿀 수 있다.

[그림 18-7]에서 시계열 변수의 중앙값 추이를 보면 5차 연도까지는 이익의 중앙값이 하락하다가 그 이후부터는 약간 상승하면서 안정적인 추이를 보임을 알 수 있다. 이는 계획기간 초반에는 경쟁자의 시장 진입으로 한국사료의 시장점유율이 하락하

	NPV Units: N/A	Profit1 Units: N/A		Profit3 Units: N/A	Profit4 Units: N/A	Profit5 Units: N/A	Profit6 Units: N/A	Profit7 Units: N/A	Profit8 Units: N/A	Profit9 Units: N/A	Profit10 Units: N/A
Location											
Mean	$3591088679.52703	$781177796.739394	$623412787.466068	$551120148.253018	$517204359.778257	$509241100.929579	$513685204.873096	$525500680.829036	$544232480.26509	$566811582.198514	$592125957.264718
Minimum	$1445345344.2288	$372476584.3068	$173047149.7468	$181938867.4828	$191357634.1438	$201133118.824	$209677997.5506	$218141060.1579	$228936120.5	$239471216.8933	$253502713.6594
Maximum	$6612665452.9756	$1234916753.6986	$1300545169.6571	$1324526796.4764	$1235333323.8865	$1093995228.1144	$1132839243.5253	$976260681.5296	$1019709778.4464	$1072972472.2301	$1105979851.5226
# of Errors	0	0	0	0	0	0	0	0	0	0	0
# of Filtered	0	0	0	0	0	0	0	0	0	0	0
Spread											
St. dev	959114462.213698	186536202.138038	211061907.040307	188340827.661597	171176125.548384	152305023.800966	145767922.11667	141994396.036963	144497801.90512	148345980.4346	152507010.252508
Variance	9.19900551627471E17	3.47957547080828E16	4.4547128603491E16	3.54722673642555E16	2.9301265957756E16	2.31968202750129E16	2.12482871182115E16	2.0162408505902E16	2.08796147554112E16	2.20065299111028E16	2.32583881761585E16
Risk ratio	0.715850034296846	0.653975124452944	0.910591060253546	0.921013752259995	0.863671495672688	0.783486896525194	0.737313119345	0.712217823320335	0.716282019201312	0.701175933292623	0.696080734398973
CofV	0.26708180939158	0.238788407602766	0.338558834986674	0.341741865650556	0.330964196863639	0.299082347286866	0.283768971217852	0.270207825064948	0.26550749384663	0.261720093755327	0.257558393415149
Shape											
Skewness	0.268867600107624	0.14974209864236	0.368819176056902	0.579099104954645	0.780686914169213	0.543650564877424	0.520290652205416	0.371235897551137	0.3665840965107	0.330666956925936	0.280422796602605
Kurtosis	2.71767911180245	2.43741798884429	2.87864903775516	3.18699368276389	3.71411334489699	3.19778513505677	3.25894398302783	2.85679846924553	2.87442074992709	2.84355710068131	2.74768802403277
Percentiles											
1%	$1721124400.9115	$410347019.4047	$210220782.1405	$218282822.2906	$227867111.6172	$237878889.3597	$247697325.204	$258260599.3083	$273234258.7187	$280699121.2302	$297313336.8359
3%	$1908297833.8117	$444908826.6072	$263373742.759	$259297358.0751	$253670011.0787	$260872363.8537	$269147591.2056	$283121326.6748	$295637254.4261	$308111872.5171	$325835014.4632
5%	$2057061435.4649	$474226460.025	$297261996.5602	$280801235.414	$277482320.4634	$280123570.3095	$289561971.2868	$298591665.7802	$314154091.2303	$332623988.2179	$348801681.3032
8%	$2221845741.8568	$504532873.3234	$328172916.1511	$307624852.9599	$303535655.4407	$306242807.4265	$316675779.7016	$328486975.1867	$342155245.0181	$354627362.9091	$373678451.521
10%	$2348974330.9751	$536668549.4166	$356174160.6292	$319179882.6594	$317767703.6877	$324342725.0092	$335576994.3681	$348654286.2989	$358326940.2732	$374003048.4878	$390925139.6857
15%	$2559801285.7378	$582947300.9259	$400266133.0318	$353151287.3575	$344086223.1259	$351798843.4289	$364581214.8324	$379967413.5595	$395471464.7685	$409710291.9879	$429833077.4324
20%	$2762944309.7405	$619488839.0843	$443738002.4843	$381554741.6731	$372483671.3154	$373853459.831	$387251769.0772	$402487057.9731	$423484861.608	$441754935.2707	$464392613.7261
25%	$2925079088.442	$647984879.0065	$473722704.63	$406189109.3342	$392067729.049	$398281475.4761	$411590501.9588	$424183654.6281	$441450622.5745	$463958690.4733	$485579241.1728
30%	$3068209437.8984	$675954323.0661	$505014760.8596	$439831617.597	$408674921.0644	$418153853.3702	$430876422.489	$445935561.0545	$462345768.7751	$482349861.3549	$504121007.0629
35%	$3166943734.4845	$702473166.2415	$531048271.2909	$461656754.8864	$439592681.9873	$434157180.4157	$447160735.5002	$461124606.9331	$479905853.2288	$503543949.8849	$527838950.0957
40%	$3301010269.524	$724616388.1657	$555524432.9007	$484666389.7733	$459867596.6813	$464156228.7319	$462807694.0593	$475704923.0099	$495195948.5981	$518935875.8228	$542874424.3924
45%	$3426371970.5077	$747141564.9835	$582128693.7699	$511715855.5578	$479687546.8829	$478558202.7716	$486653916.4747	$494060939.7733	$512774316.2186	$533567674.1108	$559677013.3921
50%	$3552375945.8599	$766736911.9658	$607362378.2554	$536305806.2593	$495593877.3192	$495835333.2208	$501682409.5836	$516759505.2526	$534882970.2601	$556417226.0915	$583888970.0229
55%	$3642441544.0203	$793271190.9065	$639250142.7078	$559193795.3614	$513267789.0266	$513272934.9003	$517558084.564	$532744473.2504	$552497650.0608	$577924070.2997	$602131654.5775
60%	$3758237248.0407	$822231931.2918	$664651463.4845	$581993402.1411	$538934070.1528	$529666826.3816	$537006315.2082	$551751963.608	$570438546.6284	$594500250.7131	$622938892.5713
65%	$3880637929.7858	$849939652.7924	$693557723.2433	$605447261.2975	$561760359.3927	$548597704.07	$553147484.6999	$568936101.7595	$589823355.2192	$615165762.5783	$644364545.1117
70%	$4028592087.632	$875196346.9607	$717424763.7434	$631578216.0198	$582382821.2768	$581346172.7615	$577190676.4329	$589174957.0825	$609337237.3294	$635719266.1428	$664970216.9015
75%	$4256722543.7617	$913434642.9262	$754443546.0841	$672060690.3201	$611334991.1646	$609151661.3907	$605244418.7241	$620054758.9235	$635756350.066	$659957871.754	$690352051.8462
80%	$4435625290.4668	$951079189.8915	$795784379.9605	$703359644.9354	$645324949.599	$634866032.9846	$636272625.6018	$649896845.085	$668546195.196	$696283537.5364	$724863707.2273
85%	$4640058577.8752	$986956786.4394	$843796795.0685	$746151371.6053	$686594503.1072	$665816890.4062	$662527666.8839	$678796970.8695	$702020552.2507	$729598530.9247	$762074664.1678
90%	$4891942773.6542	$1038095416.8421	$909232912.6029	$813124905.6411	$745798008.9582	$712823211.4219	$705474016.6987	$716699616.31	$741453994.2475	$764149416.2926	$797359002.7467
92%	$4984748948.8563	$1063191833.4567	$947645620.0713	$835711709.2259	$783404313.4734	$741853433.1736	$729564750.3434	$733928290.7706	$760612479.515	$786598371.126	$819815199.5233
95%	$5296686706.5693	$1108847022.3436	$1005154538.9152	$881104458.8169	$847088803.7168	$777809926.5182	$777526078.7982	$774614596.0937	$790531878.6721	$827074964.0653	$854704528.2791
97%	$5544212699.123	$1142040051.0952	$1053103056.8395	$964115439.1665	$895952187.8184	$834794952.8654	$820857770.2072	$815130285.7923	$846653827.3575	$861166618.7073	$880460266.7239

▌그림 18-6 ▌ 시계열 변수의 결과 셀 추가 후 요약 통계량(Statistics)

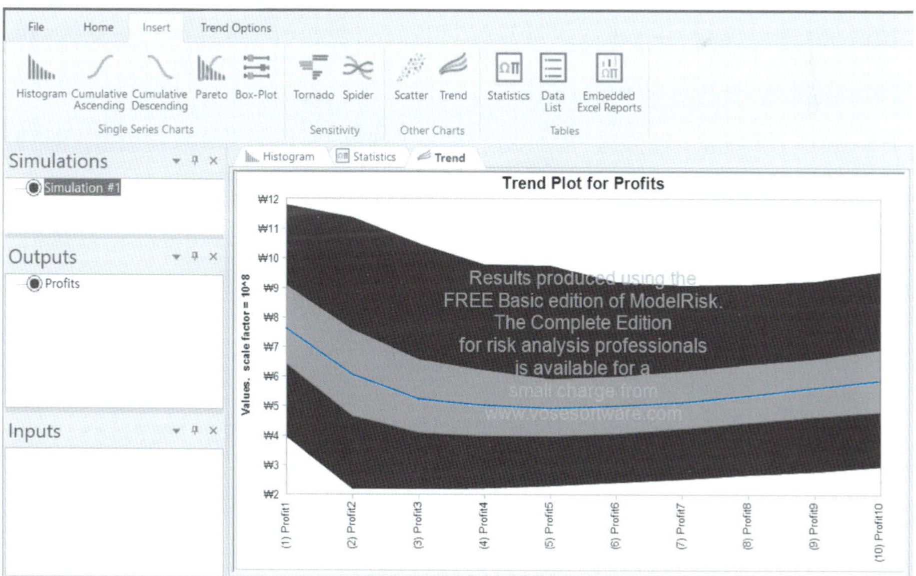

▌그림 18-7 ▌ Trend Plot

면서 이익이 하강 추세를 보이다가 중반 이후 새로운 경쟁자의 시장 진입이 더 이상 이루어지지 않음으로써 이익이 안정권에 있게 됨을 의미한다.

시계열 변수의 범위를 보고서도 유사한 해석을 할 수 있다. [그림 18-7]을 보면 계획기간 앞부분의 이익의 범위(상위 1%와 하위 1%의 차이)가 후반부보다 더 넓게 나타남을 볼 수 있는데, 변숫값의 범위가 넓다는 것은 불확실성이 더 많이 개입되었음을 의미한다. 보통 미래의 계획기간에 대한 Trend Plot을 보면 밴드의 폭(변숫값의 범위)은 미래로 갈수록 불확실성의 증가로 인해 점점 넓어지는 모습을 보인다. 하지만 이 문제에서는 계획기간 초기에 시장에 진입하는 경쟁자의 수가 확률분포로 묘사되어 불확실성이 추가됐지만, 일정 기간 후에는 더 이상 새로운 경쟁자가 시장에 진입할 수 없는 구조이기에 계획기간 후반에는 밴드의 폭이 일정하게 안정화되는 것을 볼 수 있다.

[그림 18-8]은 Box-Plot을 보여주고 있다.[4] Box-Plot의 횡축과 종축은 Trend Plot의 그것과 서로 바뀌어 나타난 것을 알 수 있다. Box-Plot은 Insert 탭에서 Box Plot 아이콘()을 누르면 나타난다. Box-Plot도 Trend Plot과 유사하게 해석할 수 있다. 상자(box)와 상자 위와 아래에 그려진 수염(whiskers)으로 이루어진 이 그림도 시계열 변숫값의 변화 추이를 보여준다. 각 박스의 윗면과 아랫면은 각각 자료의 상위 25%와 하위 25%에 해당하는 값을 나타내고, 박스 안에 있는 선은 자료의 중앙값, 그리고 박스 바깥쪽으로 뻗은 수염의 오른쪽 끝점과 왼쪽 끝점은 각각 상위 1%와 하위 1%에 해당하는 값을 나타낸다. 물론 이 값들은 Box-plot Options를 이용하여 사용자가 원하는 값으로 변경할 수 있다.

4 박스플롯(box-plot)은 상자-수염 그림(box-and-whiskers display)이라고도 불리는데, 상자(box)와 수염(whiskers)으로 이루어진 분포 그림이다.

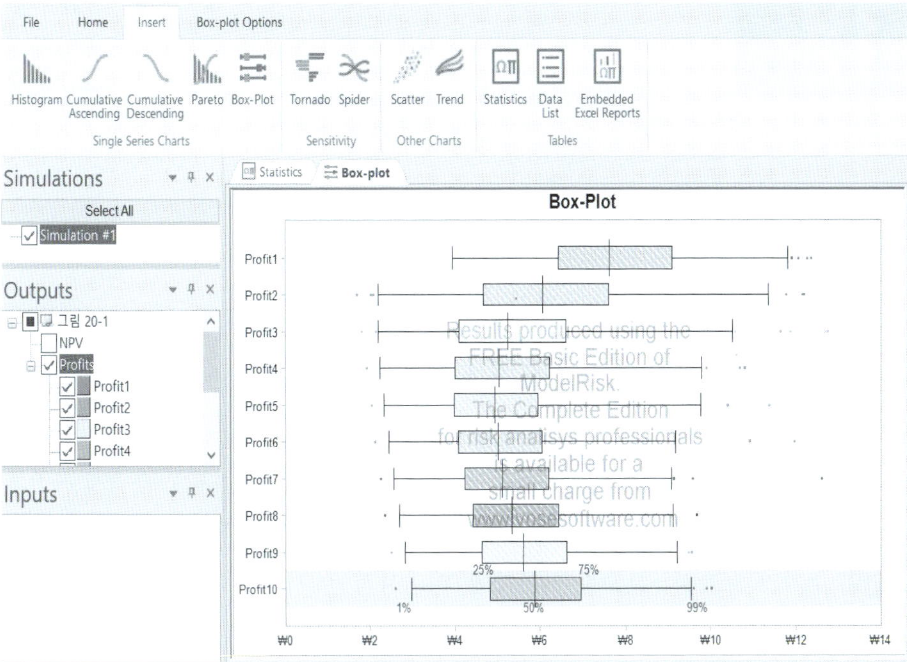

| 그림 18-8 | Box-Plot

Trend Plot에서 본 것과 마찬가지로 Box-Plot에서도 각 년도 이익의 중앙값은 초반에 하강세를 보이다가 5차 연도부터 완만한 상승 추이를 보임을 알 수 있다. 각 년도 이익의 범위(수염의 위 끝점과 아래 끝점의 차이) 또한 초반에는 경쟁자의 시장 진입이라는 불확실성이 개입되어 넓은 분포를 보이다가 점차 줄어들어 후반에 들어서는 이익의 범위도 일정하게 안정화되어가는 것을 알 수 있다.

19장 주가 예측 모형

주가를 예측하는 것은 증권시장의 실무자뿐만 아니라 재무 분야 학자들의 오랜 관심사였다. 일반적으로 주가는 로그정규분포(lognormal distribution)를 따른다고 가정하는데, 어떤 확률변수가 로그정규분포를 따른다는 것은 해당 확률변수에 자연로그(natural logarithm)를 씌운 확률변수가 정규분포를 따른다는 의미이다.

만일 주가가 로그정규분포를 따른다면, 미래시점 t에서의 주가는 〈식 19-1〉로 추정될 수 있다.[1]

$$S_t = S_0 \times \exp[(\mu - 0.5\sigma^2)t + \sigma Z\sqrt{t}] \qquad \text{〈식 19–1〉}$$[2]

여기서, S_0: 현재의 주가

S_t: 미래시점 t에서의 주가(확률변수, t는 년으로 측정)

μ: 연평균 주식성장률(소수점으로 표기)

σ: 연간 주식성장률의 표준편차(volatility, 소수점으로 표기)

Z: 표준정규분포 확률변수(평균 0, 표준편차 1)

그런데 〈식 19-1〉을 이용해서 미래시점의 주가를 추정하기 위해서는 연평균 주식성장률(mean growth rate of stock per year) μ와 연간 주식성장률의 표준편차(stan-

---

1 여기에 대한 설명은 [부록]을 참조하기를 바란다.

2 〈식 19-1〉에서 $\exp[(\mu - 0.5\sigma^2)t + \sigma Z\sqrt{t}$는 $e^{[(\mu - 0.5\sigma^2)t + \sigma Z\sqrt{t}}$를 말한다. e는 자연로그의 밑으로 자연상수로 불린다. $e = \lim_{n\to\infty}(1 + \frac{1}{n})^n$의 극한식으로 정의되는데, e의 근사값은 2.71828이다. 엑셀에서는 =EXP() 함수로 그 값을 구한다. 예를 들어, =EXP(x)는 e^x의 값을 구하는 함수이다.

dard deviation of the growth rate of stock per year) σ에 대한 정보가 필요하다.[3] 이러한 정보는 보통 과거 자료를 이용해 입수하는데, μ와 σ가 과거의 경험적 자료를 이용해 어떻게 결정되는지 그 과정을 우선 학습해 보자.

1 주식의 연평균 성장률과 연간 성장률의 표준편차 추정

[표 19-1]은 S전자 주식의 202×년 말 종가 81,000(원)부터 다음 해 12개월의 월말 종가를 나타내고 있다. 13개월의 종가를 이용하여 S전자 주식의 연평균 성장률과 연간 성장률의 표준편차를 구해 보자.

▌표 19-1 ▌S전자 주식의 월별 종가

월	종가(단위: 원)
0	81,000
1	82,000
2	82,500
3	81,400
4	81,500
5	80,500
6	80,700
7	78,500
8	76,700
9	74,100
10	69,800
11	71,300
12	78,300

3 σ을 연간 주식성장률의 변동성(annual volatility)이라고 한다.

우선 주가의 변동은 연속복리(continuous compounding)의 개념이다. 연속복리란 연속적인 순간마다 이자가 적용되는 개념으로 이자가 특정 시점(예를 들어, 월말, 연말 등)에 계산되는 이산복리(discrete compounding)와 구별되는 개념이다. 우선, 이산복리의 개념을 기반으로 연속복리는 수학적으로 어떻게 표현되는지 알아보자.

연이율이 R인 금융상품이 있다고 가정하자. A원을 이 상품에 넣으면 1년 후 내가 갖게 되는 금액 B는 다음과 같이 표현할 수 있다.

$$B = A(1+R)$$

이제 6개월마다 복리를 적용하면 1년 후 찾게 되는 금액 $B = A(1+\frac{R}{2})^2$이 되고, 3개월마다 복리로 계산하면 1년 후 찾게 되는 금액 $B = A(1+\frac{R}{4})^4$이 된다.

이를 일반화시키면 1년(또는 단위 기간)을 n개의 같은 길이의 기간으로 나누고, n개의 기간마다 복리를 적용하면 1년 후 찾게 되는 금액 $B = A(1+\frac{R}{n})^n$이 될 것이다.

연속복리란 1년 동안 순간마다 복리가 적용되는 것이므로 연속복리가 적용되면 1년 후 찾게 되는 금액 $B = A \times \lim_{n\to\infty}(1+\frac{R}{n})^n$이 된다. 여기서 $\lim_{n\to\infty}(1+\frac{R}{n})^n = e^R$이므로 $B = A \times e^R$로 나타낼 수 있다.

이제 현재의 주가(S_0)와 1달 후의 주가(S_1)의 관계를 이산복리와 연속복리를 적용해 각각 나타내 보자. 우선, 이산복리를 적용할 경우, 월 수익률이 R이라면 $S_1 = S_0(1+R)$이다. 따라서 $1+R = \frac{S_1}{S_0}$이고, $R = \frac{S_1 - S_0}{S_0}$이 된다.

하지만 연속복리의 경우는 월 수익률을 r이라고 표기하면 $S_1 = S_0 \times e^r$이 된다.

따라서 $e^r = \frac{S_1}{S_0}$이고, $r = \ln(\frac{S_1}{S_0})$

$$= \ln\left(\frac{S_1 - S_0}{S_0} + 1\right)$$

$$= \ln(1+R) \text{이다.}$$

또한 $\ln(\frac{S_{12}}{S_0}) = \ln(\frac{S_{12}}{S_{11}} \times \frac{S_{11}}{S_{10}} \times \frac{S_{10}}{S_9} \times \cdots \times \frac{S_1}{S_0})$

$$= \ln(\frac{S_{12}}{S_{11}}) + \ln(\frac{S_{11}}{S_{10}}) + \ln(\frac{S_{10}}{S_9}) + \cdots + \ln(\frac{S_1}{S_0})$$

$$= r + r + \cdots + r$$

$$= 12 \times r$$

$$= 12 \times \ln(1+R) \text{이다.}$$

이러한 논리에 따라 [표 19-1]의 자료를 이용하여 S전자 주식의 연평균 수익률과 연간 수익률의 표준편차(연간 수익률의 변동성)는 [표 19-2]와 같이 엑셀을 이용해서 간단히 구할 수 있다.

| 표 19-2 | S전자 주식의 연평균 수익률과 연간 수익률의 변동성 계산

	A	B	C	D	E	F
1	**S전자 주가 데이터**					
2						
3	월	종가(원)	월 수익률	1+월 수익률	ln(1+월 수익률)	
4	0	81,000				
5	1	82,000	0.0123	1.0123	0.0123	
6	2	82,500	0.0061	1.0061	0.0061	
7	3	81,400	-0.0133	0.9867	-0.0134	
8	4	81,500	0.0012	1.0012	0.0012	
9	5	80,500	-0.0123	0.9877	-0.0123	
10	6	80,700	0.0025	1.0025	0.0025	
11	7	78,500	-0.0273	0.9727	-0.0276	
12	8	76,700	-0.0229	0.9771	-0.0232	
13	9	74,100	-0.0339	0.9661	-0.0345	
14	10	69,800	-0.0580	0.9420	-0.0598	
15	11	71,300	0.0215	1.0215	0.0213	
16	12	78,300	0.0982	1.0982	0.0937	
17				평균	-0.0028	
18				표준편차	0.0362	
19						
20				연평균 수익률	-0.0339	
21				연간 수익률의 표준편차	0.1254	

[표 19-2]에서 셀 범위 E5:E16에 계산된 연속복리를 이용한 월 수익률은 독립적인 확률변수이므로, 연평균 수익률(셀 E20)은 월평균 수익률(셀 E17)에 12를 곱한 -0.0339가 되고, 연간 수익률의 표준편차(셀 E21)는 월 수익률의 표준편차(E18)에 $\sqrt{12}$를 곱한 0.1254가 된다.[4]

> 월 수익률을 확률변수 $X_i(i=1,2,\cdots,12)$라고 표기하면, X_i는 독립적이고, 동일한 분포를 하는 확률변수(independent and identically distributed random variables)이다. 따라서 연평균 수익률 $E(X_1+X_2+\cdots+X_{12})=EX_1+EX_2+\cdots+EX_{12}=12\times EX_{월}$이고, 연간 수익률의 분산 $Var(X_1+X_2+\cdots+X_{12})=Var(X_1)+Var(X_2)+\cdots+Var(X_{12})=12\times Var_{월}$이므로 연간 수익률의 표준편차 $\sigma_{연}=\sqrt{12}\times\sigma_{월}$이다.

본 장에서 학습한 주가 추정 모형은 다음 장에서 다룰 옵션의 공정가격(fair price)을 결정하는 데 이용될 것이다.

4 셀 E18에서 월 수익률의 표준편차를 구하는 함수로는 =STDEV.P(E5:E16)을 입력하였다. 여기서 표본의 표준편차를 구하는 함수인 =STDEV.S() 대신에 모집단의 표준편차를 구하는 함수인 =STDEV.P()를 이용한 이유는, 여기서 표준편차를 구하는 목적이 13개월의 종가 데이터를 이용하여 월 표준편차를 구하는 것으로 끝나기 때문이다. 즉, 여기서는 13개월의 종가 데이터가 모집단에 해당한다.

부록 | 주가 예측 모형의 배경

주식의 가격(S)이 로그정규분포를 하게 되면 이토의 정리(Ito's lemma)에 따라[5] 매우 작은 시간 Δt동안 주식의 가격(주가)에 자연로그를 취한 $\ln(S)$의 변화량은 평균이 $(\mu-0.5\sigma^2)\Delta t$이고, 표준편차가 $\sigma\sqrt{\Delta t}$인 정규분포를 따른다.

이제 S_t는 미래시점 t에서의 주가, S_0는 현재의 주가라고 표기하자. 그러면 시간 간격 t동안의 $\ln(S)$의 변화량, $\ln(S_t)$-$\ln(S_0)=\ln(S_t/S_0)$는 평균이 $(\mu-0.5\sigma^2)t$, 표준편차는 $\sigma\sqrt{t}$인 정규분포를 따르게 되고, 이를 달리 표현하면 $\ln(S_t)$는 평균이 $\ln(S_0)+(\mu-0.5\sigma^2)t$이고, 표준편차가 $\sigma\sqrt{t}$인 정규분포를 따름을 의미한다. 따라서 $\ln(S_t)=\ln(S_0)+(\mu-0.5\sigma^2)t+\sigma\sqrt{t}\,Z$가 된다.

이제 위의 식의 양변에 역로그(antilog, 자연상수 e)를 취해 보자. 그러면 〈식 19-1〉과 같이 미래시점 t에서의 주가 S_t를 추정할 수 있는 식을 구할 수 있다.

$$S_t = S_0 \times \exp\left[(\mu-0.5\sigma^2)t + \sigma Z\sqrt{t}\right] \qquad \text{〈식 19-1〉}$$

여기서, S_0: 현재의 주가

S_t: 미래시점 t에서의 주가(확률변수, t는 년으로 측정)

μ: 연평균 주식성장률(소수점으로 표기)

σ: 연간 주식성장률의 표준편차(volatility, 소수점으로 표기)

Z: 표준정규분포 확률변수(평균 0, 표준편차 1)

---

5 Ito's lemma에 대한 수학적 설명은 생략한다.

20장 옵션과 포트폴리오의 구성

옵션(option)이란 주식, 채권, 주가지수 등 가치를 갖는 기초자산(underlying assets)에 기초한 파생상품(derivatives)으로, 미래의 일정 시점에 미리 정한 가격으로 기초자산을 사거나 팔 수 있는 권리를 의미한다. 이 권리는 옵션시장에서 거래되는데, 기초자산을 살 수 있는 권리를 콜옵션(call option), 기초자산을 팔 수 있는 권리를 풋옵션(put option)이라고 한다.

본 장에서는 주식에 기반을 둔 옵션에 대해 알아보고, 옵션의 공정가격(fair price)을 시뮬레이션을 이용해 결정해 본다. 옵션의 종류에는 여러 가지가 있는데, 우선 기본적인 옵션인 유럽형 옵션(European option)에 대해 알아보자.

1 유럽형 옵션

유럽형 옵션이란 미래의 특정 시점에 특정 가격으로 해당 주식 한 주를 살 수 있는 권리 또는 팔 수 있는 권리를 말한다. 앞서 언급했듯이 여기서 살 수 있는 권리를 콜옵션(call option)이라 부르고, 팔 수 있는 권리를 풋옵션(put option)이라고 부른다. 그리고 옵션을 행사할 수 있는 미래의 특정 시점을 옵션 만기일(expiration date) 또는 옵션 행사일(exercise date)이라 하고, 옵션 소유자가 만기일에 해당 주식 한 주를 사거나 팔 수 있는 가격을 행사가격(exercise price, strike price)이라고 부른다.

이 파생상품의 이름을 옵션(선택권)이라고 하는 이유는 미래의 특정 시점(만기일)에 해당 옵션의 행사가 나에게 이득이 되지 않으면 해당 주식을 사거나 팔 수 있는 권리를 포기할 수도 있기 때문이다. 예를 들어, 내가 콜옵션을 매입해 가지고 있는데, 옵션 만기일에 주가가 행사가격보다 낮다면, 주가보다 높은 가격을 지불하고 해당 주식을 살 필요가 없을 것이다. 왜냐하면 이 경우 주식을 살 수 있는 권리를 포기하지 않고 옵션을 행사하면 행사가격과 주가와의 차이만큼 손해를 보기 때문이다.

콜옵션으로부터 발생하는 현금흐름을 간단한 예를 통해 살펴보자. 현재 가격이 S_0인 주식의 유럽형 콜옵션을 하나 매입했다고 가정하자. 이 옵션의 만기일은 앞으로 6개월 후이고, 행사가격은 X이다. 그렇다면 만기일에 이 콜옵션으로부터 내가 얻게 되는 현금흐름(cash flow)은 어떻게 될까?[1] 이 질문에 대한 대답은 앞으로 6개월 후의 주가(S_t)가 어떻게 될지에 따라 다르다. 즉, 6개월 후의 주가가 행사가격보다 높다면 옵션의 행사를 통해 ($S_t - X$) 만큼의 이득을 볼 수 있지만 6개월 후의 주가가 행사가격보다 낮다면 옵션을 행사하지 않을 것이고, 그때의 현금흐름은 '0'이 된다. 따라서 콜옵션으로부터 발생하는 현금흐름은 〈식 20-1〉과 같이 표현될 수 있다.

$$\text{콜옵션으로부터의 현금흐름} = Max(S_t - X, 0) \qquad \text{〈식 20-1〉}$$

〈식 20-1〉은 미래의 옵션 만기일에 주가가 행사가격보다 높으면 행사가격으로 주식을 매입한 후 바로 주식시장에서 이 주식을 시가로 팔아 ($S_t - X$) 만큼의 이득을 볼 수 있는 반면 주가가 행사가격보다 낮다면 옵션을 행사할 필요가 없으므로 주식을 살 권리를 포기하고 아무런 이득이나 손실도 보지 않게 됨을 의미한다.

풋옵션으로부터의 현금흐름은 콜옵션과 반대의 개념을 갖는다. 유럽형 풋옵션은 미래의 특정 시점(만기일)에 주식 한 주를 행사가격으로 팔 수 있는 권리를 의미하므로, 만기일의 주가가 행사가격보다 낮을 때 풋옵션의 소유자에게는 이득이 된다. 만기일의 주가가 행사가격보다 낮다면 옵션 소유자는 해당 주식을 시가보다 높게 팔아 행사가격(X)과 주가(S_t)의 차이만큼 이득을 볼 수 있다. 하지만 만기일의 주가가 행사가격보다 높으면 옵션 소유자는 주식을 행사가격으로 파는 것이 오히려 손해가 되므로 팔 권리를 행사하지 않고 아무런 이득이나 손실도 취하지 않게 된다. 따라서 풋

1 이 질문에서 옵션의 매입 비용은 빼고 생각하자.

옵션으로부터 발생하는 현금흐름은 〈식 20-2〉와 같이 표현할 수 있다.

$$\text{풋옵션으로부터의 현금흐름} = Max(X - S_t, 0) \qquad \text{〈식 20-2〉}$$

2 옵션의 가격 결정

오늘날 옵션은 전 세계적으로 거대한 거래 규모를 보이는 가장 기본적인 파생상품으로 성장하였고, 우리나라에서도 1997년부터 한국주가지수 200(KOSPI 200)을 대상으로 옵션거래가 시작되었다. 옵션시장의 폭발적 성장과 함께 옵션의 공정한 가격을 결정하는 것은 실무자뿐 아니라 학계에서도 큰 관심의 대상이 되었는데, 옵션의 가격을 결정하는 모형을 처음 제시한 연구는 Black & Scholes(1973)이다.[2] 이후 Cox, Ross, & Rubinstein(1979)은 Black & Scholes와는 다른 방법으로 옵션가격을 결정하는 모형(이항 옵션가격 결정 모형, binomial option pricing model)을 발표했는데,[3] 다행히도 두 연구는 같은 결과를 내놓았다. Cox, Ross, Rubinstein 모형의 특징은 옵션의 가격은 연평균 주식성장률과는 독립적이며, 옵션가격에 영향을 주는 유일한 확률변수는 무위험이자율이 적용된 주가라는 것이다.

이들 연구의 결과는 옵션의 공정한 가격(fair price)은 옵션으로부터 얻게 되는 미래(옵션 만기일)의 현금흐름을 무위험이자율로 연속 할인한 현재가치의 기댓값(expected discounted value, continuously at the risk-free rate, of the cash flows from an option on a stock having the same variance as the stock on which the option is written and growing at the risk-free rate of interest)이 되어야 한다는 것이다.

여기서 중요한 것은 옵션의 미래 현금흐름을 계산하는데 필요한 만기일의 주가(S_t)를 추정할 때는 19장에서 설명한 주가 추정식(〈식 20-3〉 참조)에서 연평균 주식

2 Black, Fischer and Myron Scholes, "The Pricing of Options and Corporate Liabilities," *Journal of Political Economy*, Vol. 81, 1973, pp. 637-654.

3 Cox, John C., Stephen A. Ross, and Mark Rubinstein, "Option Pricing: A Simplified Approach," *Journal of Financial Economics*, Vol. 7, 1979, pp. 229-263.

성장률 μ 대신에 무위험이자율(risk-free rate)을 적용해야 한다는 것이다. 만일 옵션의 가격이 이렇게 결정되지 않으면 옵션 거래자(option traders)는 차익거래(arbitrage profits)의 기회를 얻게 된다.[4]

$$S_t = S_0 \times \mathrm{Exp}\left[(\mu - 0.5\sigma^2)t + \sigma Z\sqrt{t}\right] \quad \langle 식\ 20\text{-}3\rangle$$

여기서, S_0: 현재의 주가

S_t: 미래시점 t에서의 주가(확률변수, t는 년으로 측정)

μ: 연평균 주식성장률(소수점으로 표기)

σ: 연간 주식성장률의 표준편차(volatility, 소수점으로 표기)

Z: 표준정규분포 확률변수(평균 0, 표준편차 1)

지금까지 옵션에 대한 기본적인 개념을 학습하였다. 이제 시뮬레이션을 이용하여 유럽형 옵션의 공정가격을 결정해 보자.

예제 1

한미상사의 주식은 현재 주당 $69에 거래된다. 이 주식의 연평균 성장률은 12%이고, 연간 가격 변동률은 30%이다. 또한 무위험이자율(risk-free rate)은 현재 5%이다. 당신은 행사가격(exercise price)이 $67인 이 주식에 대한 6개월 만기 유럽형 콜옵션(European call option)의 매입을 고려하고 있다. 이 콜옵션의 공정가격을 시뮬레이션을 이용해 구하시오.

이 예제에서 확률변수는 6개월 후의 주가이다. 6개월 후의 주가를 추정하고 시뮬레이션을 통해 콜옵션의 공정가격을 결정해 보자. 이를 위한 시뮬레이션 모형은 [그림 20-1]과 같다.

4 여기에 대한 자세한 설명은 [부록]을 참조하기를 바란다.

	A	B	C
1	**Call Option Pricing**		
2			
3	**Inputs**		
4	Current Price	$69	
5	Exercise Price	$67	
6	Growth rate	12%	
7	Volatility	30%	
8	Risk-free rate	5%	
9	Duration	0.5	
10			
11	Stock price in 6 months (at risk-free rate)	$79.92	
12	Cash flow from call option	$12.92	
13	Discounted value of option	$12.60	
14			
15	Option Price	$7.81	

❙ 그림 20-1 ❙ 유럽형 콜옵션의 가격 결정

[그림 20-1]을 보면 셀 B4부터 B9까지 문제에서 주어진 정보, 즉, 현재의 주가($69), 행사가격($67), 연평균 주식성장률(12%), 무위험이자율(5%), 주가 변동률(30%), 연(year)으로 표시된 만기(0.5) 등이 입력되었음을 알 수 있다.

다음으로 〈식 20-3〉을 이용하여 6개월 후의 주가를 예측해 보자. 6개월 후의 주가를 나타내는 셀 B11에 =B4*EXP((B8-0.5*B7^2)*B9+B7*VoseNormal(0,1)*SQRT(B9))를 입력한다. 여기서 주의할 사항은 6개월 후의 주가를 예측할 때 연평균 주식성장률(B6) 대신에 무위험이자율(B8)을 사용하는 것이다. 6개월 후의 주가를 예측하는 목적이 주가 예측 자체에 있는 것이 아니라 이 주식에 기반을 둔 옵션의 가격을 결정하는 것이기 때문이다.

콜옵션으로부터의 현금흐름을 나타내는 셀 B12에는 =MAX(B11-B5,0)를 입력한다. 6개월 후의 주가가 행사가격보다 높다면 콜옵션의 현금흐름은 (6개월 후 주가 − 행사가격)이 되고, 그렇지 않다면 권리를 행사하지 않아 현금흐름은 '0'이 된다.

셀 B12의 현금흐름을 연속 할인하여(continuous discounting) 현재가치를 구해 보자. 연속할인계수(continuous discounting factor)는 e^{-rt}이므로 셀 B13에는 =EXP(-B8*B9)*B12를 입력한다. 이 식은 만기일에서의 콜옵션의 현금흐름을 무이자위험률로 6개월 동안 연속 할인한 값을 나타낸다.

연속 할인계수 e^{-rt}의 도출

연이율이 r인 금융상품이 있다고 가정하자. 오늘 A원을 이 상품에 넣으면 1년 후 내가 갖게 되는 금액 B는 $A(1+r)$이 되고, 1년마다 복리로 계산하면 t년 후에는 $B=A(1+r)^t$이 된다. 이제 6개월마다 복리로 t년 후 찾게 되는 금액을 계산해 보자. 그러면 $B=A(1+\frac{r}{2})^{2t}$가 되고, 3개월마다 복리로 계산하면 $B=A(1+\frac{r}{4})^{4t}$가 된다. 이제 1년을 n개의 같은 길이의 기간으로 나누어 기간마다 복리를 적용하면 t년 후 찾게 되는 금액 $B=A(1+\frac{r}{n})^{nt}$이다. 연속복리(continuous compounding)란 1년 동안 순간마다 복리가 적용되는 것이므로 연속복리를 적용하면 t년 후 찾게 되는 금액 $B=A\times\lim_{n\to\infty}(1+\frac{r}{n})^{nt}$이 된다. 여기서 $\lim_{n\to\infty}(1+\frac{r}{n})^n=e^r$이므로 $B=A\times e^{rt}$이 된다. 따라서 $A=e^{-rt}\times B$가 되고, 여기서 e^{-rt}을 연속 할인계수(continuous discounting factor)라고 한다. 즉, t년 후의 현금흐름을 현재 시점의 가치로 연속 할인할 때 사용하는 계수이다.

이제 옵션가격의 정의에 따라 셀 B13의 기댓값이 바로 옵션의 공정가격이 되므로 셀 B13을 선택하고 

를 눌러 결과 셀로 만든다. 결과 셀의 이름은 discounted value of option으로 설정하였다. 참고로 셀 B15에는 =VoseSimMean(B13)을 입력하여 시뮬레이션 수행 후 산출되는 옵션의 가격을 모형에서 바로 볼 수 있게 하였다.

[그림 20-2]는 5,000번의 반복활동을 수행한 후 산출된 결과 셀(셀 B13)의 분포와 요약 통계량이다. 우리가 찾는 옵션의 공정가격은 결과 셀의 평균인 $7.809이다. 이는 [그림 20-1]의 셀 B15의 값과 같음을 알 수 있다. [그림 20-2]에 나타난 결과 셀의 분포는 하한값이 '0'으로 벽이 쳐진 오른쪽으로 꼬리를 늘어뜨린 모습을 보인다. 분포의 하한값이 '0'으로 벽이 쳐진 이유는 유럽형 콜옵션의 현금흐름이 $Max(S_t-X,0)$으로 정의되므로 이득이 되지 않으면(즉, 6개월 후의 주가가 옵션의 행사가격보다 낮을 경우) 옵션을 행사하지 않아 현금흐름이 '0'이 되기 때문이다.

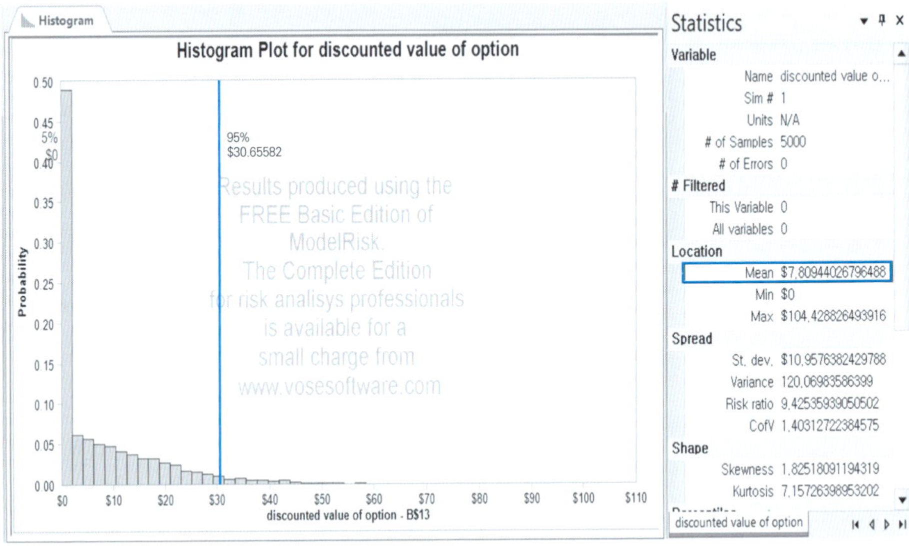

| 그림 20-2 | 옵션가격 결정을 위한 시뮬레이션 결과

5,000번의 반복활동에서 몇 번이나 옵션을 행사하지 않았는지 그 비율을 보고자 하면 [그림 20-2]의 분포 상단에 있는 Edit sliders( )로 들어가 왼쪽 슬라이더의 횡축 값(Slider 1 position의 Value)을 '0'으로 설정하면 [그림 20-3]과 같은 그래프가 나타나는데, 여기서 왼쪽 꼬리 비율을 보면 된다.

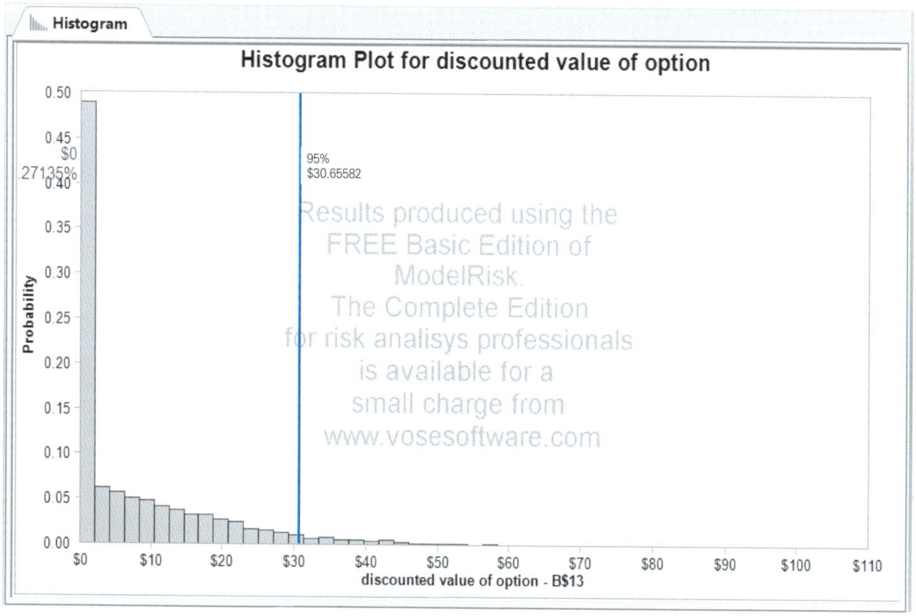

| 그림 20-3 | 옵션을 행사하지 않은 비율

[그림 20-3]을 보면 옵션을 행사하지 않은 비율은 43.27%로 나타났음을 알 수 있다.[5]

3 옵션을 이용한 포트폴리오의 구성

포트폴리오(portfolio)란 투자 대안(상품)의 집합을 말한다. 일정 기간 나의 포트폴리오로부터 얻을 수 있는 수익률(portfolio return)은 〈식 20-4〉와 같이 정의할 수 있다.

$$\frac{\text{포트폴리오의 기말가치} - \text{포트폴리오의 기초가치}}{\text{포트폴리오의 기초가치}} \qquad \langle \text{식 20-4} \rangle$$

5 [그림 20-3]을 보면 횡축의 값이 '0' 이하인 비율이 잘려 잘 보이지 않는데, 이럴 때는 마우스를 막대 위에 놓으면 횡축의 값 '0'과 횡축의 값이 '0' 이하인 비율이 그래프 위에 나타난다.

이제 주식 하나와 콜옵션 하나로 포트폴리오를 구성하고, 이 포트폴리오의 수익률을 분석해 보자.

예제 2

한미상사의 주식은 현재 한 주에 $69에 거래된다. 귀하는 이 주식을 한 주 매입하고, 동시에 이 주식에 대하여 행사가격(exercise price)이 $67인 6개월 만기 유럽형 콜옵션(European call option)도 매입하였다. 이 주식의 연평균 성장률은 12%이고, 연간 가격 변동률은 30%이다. 또한 무위험이자율(risk-free rate)은 5%이다. 귀하가 매입한 포트폴리오의 6개월 후 수익률을 시뮬레이션을 이용해 분석하시오.

[예제 2]는 [예제 1]을 연장한 것으로 [예제 1]에서 우리는 이미 한미상사 주식에 기초한 콜옵션의 가격은 결정한 바 있다. [예제 2]에서는 6개월 후의 한미상사 주가와 콜옵션의 현금흐름을 추정한 후, 주식과 콜옵션으로 이루어진 포트폴리오의 수익률을 분석하고자 한다. 포트폴리오의 기초가치는 현재의 주가와 콜옵션 가격의 합이고, 포트폴리오의 기말가치는 6개월 후의 주가와 옵션으로부터 발생하는 현금흐름의 합이다. [그림 20-4]는 포트폴리오의 수익률을 산출하기 위한 시뮬레이션 모형이다.

[그림 20-4]를 보면 [예제 1]에서와 같은 기본 정보가 셀 범위 B4:B9에 입력되어 있음을 알 수 있다. 다음으로 셀 B11에는 [예제 1]에서 구한 콜옵션의 가격($7.81)을 입력하였고, 셀 B13에는 포트폴리오의 기초가치인 =B4+B11을 입력하였다.

이제 포트폴리오의 기말가치를 구하기 위해 먼저 6개월 후의 주가를 추정해 보자. 〈식 20-3〉의 주가 추정식을 이용하여 셀 B16에 =B4*EXP((B6-0.5*B7^2)*B9+B7*VoseNormal(0,1)*SQRT(B9))를 입력하였다. 여기서 눈여겨보아야 할 점은 〈식 20-3〉의 μ로 연평균 주식수익률인 셀 B6를 사용했다는 점이다. 여기서 주가를 추정하는 목적은 [예제 1]과 같이 옵션의 가격을 결정하기 위한 것이 아니라 포트폴리오의 6개월 후 가치를 구하기 위해 포트폴리오 구성 상품 중 하나인 주식의 6개월 후 가격을 추정하는 것이 목적이므로 셀 B16에 〈식 20-3〉의 내용을 그대로 입력한다.

	A	B	C
1	**Portfolio Return (Stock+Call Option)**		
2			
3	**Inputs**		
4	Current Price	$69	
5	Exercise Price	$67	
6	Mean growth rate	12%	
7	Volatility	30%	
8	Risk-free rate	5%	
9	Duration	0.5	
10			
11	Price of call option	$7.81	
12			
13	Original value of portfolio	$76.81	
14			
15	**Simulation**		
16	Value of stock in 6 months	$84.38	
17	Value of option in 6 months	$17.38	
18	Value of portfolio in 6 months	$101.76	
19	Portfolio return	32.48%	
20			
21	**Results Summary**		
22	Mean of portfolio return	7.24%	

▌그림 20-4▌ 주식과 콜옵션으로 구성된 포트폴리오의 수익률

다음으로 6개월 후 옵션의 가치(현금흐름)를 나타내는 셀 B17에는 =MAX(B16-B5,0)을 입력하였다. 6개월 후 포트폴리오의 가치는 (6개월 후의 주가+6개월 후의 콜옵션 가치)이므로 셀 B18에 =SUM(B16:B17)[6]을 입력하였다.

포트폴리오의 수익률은 〈식 20-4〉와 같이 정의되므로 셀 B19에 =(B18-B13)/B13을 입력하고,  을 눌러 결과 셀로 지정하였다. 결과 셀의 이름은 portfolio_return으로 설정하였다. 그리고 시뮬레이션 수행 후 포트폴리오 수익률의 평균을 모형 시트에서 바로보기 위해 셀 B22에 =VoseSimMean(B19)을 입력하였다. [그림 20-5]는 5,000번의 반복활동을 수행한 포트폴리오 수익률의 분포와 요약 통계량이다. 포트폴리오 수익률의 평균이 7.24%로 [그림 20-4]와 [그림 20-5]의 결과가 같음을 볼 수 있다.

[그림 20-5]의 요약 통계량을 보면, 포트폴리오의 수익률 평균은 7.24%로 나타났고, 수익률의 최솟값은 −55.38%, 최댓값은 183.26%로 나타나 수익률의 범위가 매우 넓음을 알 수 있다. 이를 반영하듯 수익률의 표준편차도 35.83%로 높게 나타났다.

6 물론 =SUM(B16:B17) 대신에 =B16+B17을 입력해도 무방하다.

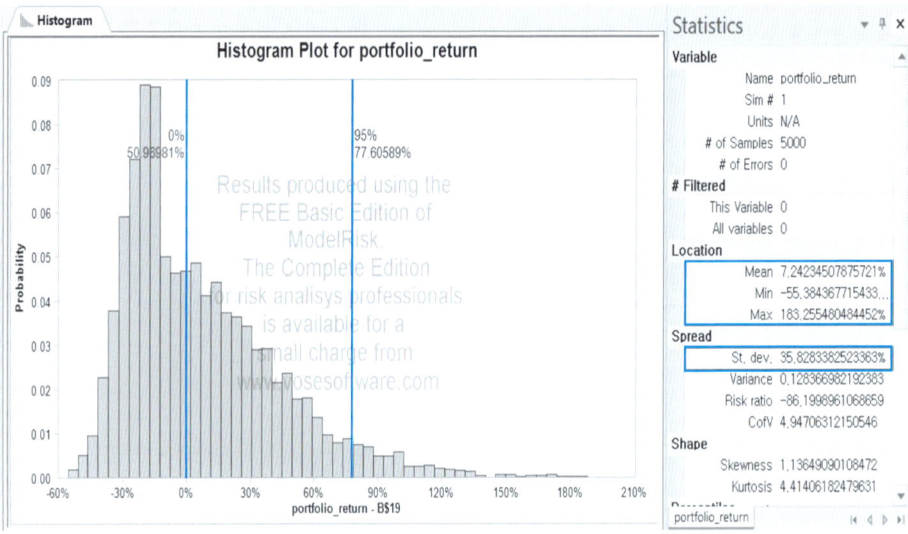

| 그림 20-5 | 포트폴리오의 수익률 산출 결과

아울러 [그림 20-5]의 그래프는 왼쪽 슬라이더(Slider 1)의 횡축 값을 '0'으로 설정하여 포트폴리오 수익률이 음(−)인 비율도 보여주고 있다. 포트폴리오로부터 손해를 볼 가능성은 50.97%로 나타남을 알 수 있다. 수익률의 변동성이 매우 큼과 동시에 손실을 볼 확률도 50%가 넘는 것으로 미루어 볼 때 주식과 콜옵션으로 구성된 현재의 포트폴리오는 매우 위험한(risky)[7] 상품구조임을 알 수 있다.

이러한 결과는 상식적으로도 이해할 수 있다. 주가가 올라가는 상황에서는 주식으로부터도 이득을 얻고 동시에 콜옵션으로부터도 이득을 얻을 수 있다. 하지만 주가가 하락하는 상황에서는 주식으로부터는 손실을, 옵션으로부터는 아무것도 얻지 못하고 옵션 매입 비용만 날리기 때문이다. 즉, 현재의 포트폴리오는 주가의 오르내림과 관련한 현금흐름의 변동, 즉 위험을 줄이지(risk hedge) 못하는 결과를 가져옴을 알 수 있다. "달걀을 한 바구니에 담지 말라"는 격언과 같은 의미이다.

따라서 주가 변동과 관련한 위험을 축소하거나 제거하기 위해서는 주식과 풋옵션(put option)으로 포트폴리오를 구성하는 것이 바람직하다. 주가가 올라갈 때는 풋

7 투자상품(대안)이 위험하다는(risky) 것은 상품의 수익률 변동이 심함을 의미한다. 즉, 상황이 좋을 때는 큰 이득을 볼 수 있지만, 상황이 안 좋을 때는 큰 손실을 경험할 수 있는 상품을 말한다.

옵션으로부터는 아무것도 얻을 수 없지만 주식으로부터 수익이 생기고, 주가가 떨어질 때는 주식의 손실을 풋옵션의 현금흐름이 상쇄해주어 포트폴리오 수익률의 하한선을 일정 선에서 막아주는 효과를 얻을 수 있다. 즉, 포트폴리오 수익률의 변동성(위험)을 줄일 수 있게 된다.

독자들은 스스로 [예제 1]과 [예제 2]의 자료를 이용하여 주식 하나와 풋옵션 하나로 포트폴리오를 구성하고 수익률의 분포를 살펴보라. 수익률의 평균은 주식과 콜옵션으로 구성된 포트폴리오보다 조금 줄어들지만, 수익률의 변동성은 훨씬 줄어드는 효과를 경험할 수 있을 것이다. 이것이 바로 다음 장에서 학습할 포트폴리오 보험 전략(portfolio insurance strategy)의 개념이다.

부록 | 옵션의 가격이 주식의 연평균 성장률에 영향을 받지 않는 이유

다음의 예제를 이용해서 옵션의 가격이 기초자산인 주식의 연평균 성장률에 영향을 받지 않는 이유를 설명해 보자.

예제

현재 가격이 \$50인 주식과 이 주식에 기초한 유럽형 콜옵션을 고려해 보자. 행사가격은 \$52이고, 옵션 만기는 6개월이다. 앞으로 6개월 후 이 주식의 가격은 \$54가 되거나 \$46가 된다고 한다. 무위험이자율은 10%로 가정하자.

① 주식 한 주를 매입하고 이 주식에 대한 콜옵션 4개를 매도하는 포트폴리오를 구성해 보자. 6개월 후의 주가가 오르거나 떨어지거나 상관없이 포트폴리오의 가치는 어느 상황에서나 동일함을 보이자.

➡ 6개월 후 주가가 오르는 상황에서 이 포트폴리오의 가치는 $\$54-4\times(\$2)=\$46$이고, 6개월 후 주가가 떨어지는 상황에서 이 포트폴리오의 가치는 $\$46-4\times(\$0)=\$46$이다. 따라서 6개월 후 주가가 오르거나 떨어지거나 상관없이 이 포트폴리오의 6개월 후 가치는 \$46으로 같다. 즉, 6개월 후 포트폴리오의 가치 \$46은 확실하며 위험이 없는(riskless) 값이다.

② ①의 포트폴리오는 위험이 없는 자산이므로 6개월 동안 무위험이자율이 고려되어야 한다. 무위험이자율을 적용하여 이 콜옵션의 공정가격을 결정하시오.

➡ \$46의 현재가치= $46e^{-0.1(0.5)}=\$43.76$이다. 콜옵션의 가격을 CP라고 표기하면, $1\times(50)-4CP=43.76$이므로 $CP=\$1.56$이다. 즉, 콜옵션의 가격은 주식의 연평균 성장률에 의존하지 않음을 알 수 있다. 이러한 방법으로 옵션의 공정가격을 결정한 것

은 차익거래 가격 결정이론(arbitrage pricing)에 의한 것이다.

만일 옵션의 가격이 \$1.56보다 크면 포트폴리오 구성비용이 \$43.76보다 적게 들어 결국 무위험이자율보다 더 큰 수익을 내게 되고, 옵션의 가격이 \$1.56보다 작으면 포트폴리오를 매각하는 것은 무위험이자율보다 더 낮은 금리로 자금을 차입하는 효과를 제공하게 된다. 따라서 차익거래의 기회가 없는 위험중립 상황에서 위험이 없는 포트폴리오(riskless portfolio)를 구성하는 데는 무위험이자율이 적용되어야 하고, 이는 주식의 연평균 성장률과는 관련이 없다.

③ 위험중립 접근법(risk-neutral approach)을 이용해서도 같은 옵션가격을 구할 수 있다. 6개월 후 주가가 \$46가 될 확률을 p라고 하자.

➡ 그러면 $p(46)+(1-p)(54)=50e^{0.1(0.5)}=52.56$이므로 $p=0.18$이다. 따라서 6개월 후 콜옵션 하나로부터 발생하는 현금흐름의 기댓값은 $[0.18(0)+0.82(2)]=1.64$이다. 결국, 콜옵션의 6개월 후 현금흐름의 기댓값을 현재 시점의 가치로 연속 할인한 것이 옵션의 공정가격이 된다. 따라서 콜옵션의 공정가격 $CP=1.64e^{-0.1(0.5)}=$ \$1.56가 된다. 이 결과는 ②에서 차익거래 접근법을 이용한 결과와 같음을 알 수 있다. 결국, ②와 ③에 따라 옵션의 가격은 주식의 연평균 성장률에 의존하지 않음을 확인할 수 있다.

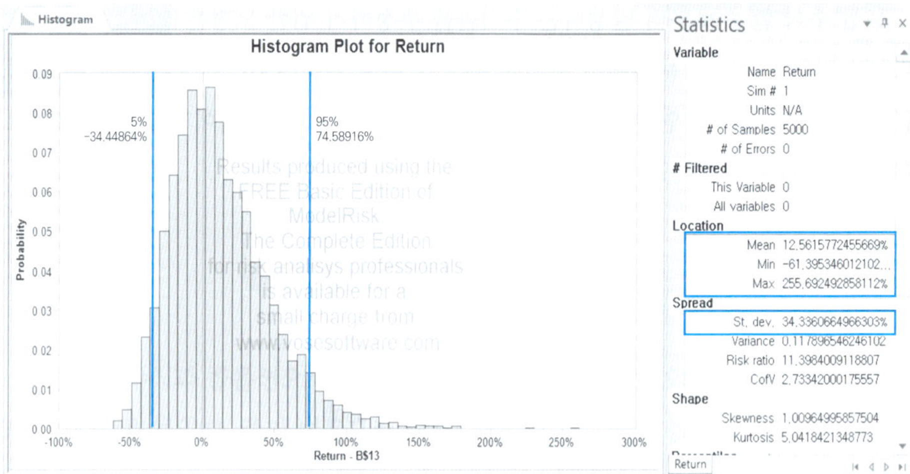

| 그림 21-2 | 주식 한 주의 수익률 분포

이제 이 주식에 기초한 풋옵션을 하나 매입하여 포트폴리오를 구성하고, 이 포트폴리오의 수익률을 산출해 보자. 포트폴리오의 수익률을 구하기 위해서 우선 우리가 매입하는 풋옵션의 가격을 산정하는 것이 필요하다. 풋옵션의 가격을 구하기 위한 시뮬레이션 모형은 [그림 21-3]과 같다.

	A	B	C
1	**Put Option Pricing**		
2			
3	**Inputs**		
4	Current Price	$56	
5	Exercise Price	$50	
6	Growth rate	12%	
7	Volatility	30%	
8	Risk-free rate	8%	
9	Duration	1	
10			
11	Stock price in 1 year (at risk-free rate)	$36.89	
12	Cash flow from put option	$13.11	
13	Discounted value of option	$12.10	
14			
15	Option Price	$2.38	

| 그림 21-3 | 풋옵션의 가격 결정

셀 범위 B4:B9에는 문제에서 주어진 기본 정보를 입력하였다. [그림 21-3]의 모형은 풋옵션의 가격을 결정하는 것이 목적이므로 1년 후의 주가를 추정하는 셀 B11에는 =B4*EXP((B8-0.5*B7^2)*B9+B7*VoseNormal(0,1)*SQRT(B9))를 입력한다. 이 식에서 유의할 사항은 1년 후의 주가를 추정하는 목적이 옵션의 가격을 결정하기 위한 것이므로 주가 추정식의 μ로 연평균 주식성장률(B6)이 아닌 무위험이자율(B8)을 사용한다.

다음으로 1년 후 옵션 만기일에 풋옵션으로부터 발생하는 현금흐름을 나타내는 셀 B12에는 =MAX(B5-B11,0)를 입력하였다. 옵션의 행사가격이 만기일의 주가보다 높다면 현금흐름은 (행사가격−1년 후 주가)가 되고, 그렇지 않다면 옵션을 행사하지 않아 현금흐름은 '0'이 된다.

셀 B13에는 풋옵션으로부터의 현금흐름(B12)을 현재 시점의 가치로 연속 할인한 값을 나타내기 위해 연속 할인계수 e^{-rt}에 B12를 곱한 식 =EXP(-B8*B9)*B12를 입력한다. 연속 할인에 사용되는 이자율은 무위험이자율이다. 이제 셀 B13을 마우스로 선택하고 을 눌러 결과 셀로 지정한다. 아울러 시뮬레이션 수행 후 B13의 평균을 모형에서 바로보기 위해 B15에 =VoseSimMean(B13)을 입력하였다. 반복활동을 5,000번 수행한 결과, 풋옵션의 가격은 $2.38로 계산되었음을 [그림 21-3]에서 확인할 수 있다.

이제 주식 한 주와 이에 기초한 풋옵션으로 구성된 포트폴리오의 수익률을 구해보자. 그리고 이러한 포트폴리오를 왜 포트폴리오 보험이라고 부르는지 그 이유를 알아보자. [그림 21-4]는 주식 한 주와 풋옵션 한 개로 구성된 포트폴리오의 수익률을 산출하기 위한 모형이다.

[그림 21-4]의 셀 범위 B4:B9에는 앞서와 마찬가지로 문제의 기본 정보가 입력되어 있다. 셀 B11에는 [그림 21-3]에서 산출한 풋옵션의 가격($2.38)을 입력하였다. 포트폴리오의 기초가치는 (주식의 현재 가격+풋옵션 가격)이므로 셀 B13에 =B4+B11을 입력하였다.

다음으로 1년 후 포트폴리오의 기말가치는 (1년 후 주가+1년 후 풋옵션의 현금흐름)이다. 따라서 1년 후 주가를 나타내는 셀 B16에는 =B4*EXP((B6-0.5*B7^2)*B9+

	A	B	C
1	**Portfolio Insurance Strategy**		
2			
3	**Inputs**		
4	Current Price	$56	
5	Exercise Price	$50	
6	Mean growth rate	12%	
7	Volatility	30%	
8	Risk-free rate	8%	
9	Duration	1	
10			
11	Price of put option	$2.38	
12			
13	Original value of portfolio	$58.38	
14			
15	**Simulation**		
16	Value of stock in 1 year	$57.03	
17	Value of option in 1 year	$0.00	
18	Value of portfolio in 1 year	$57.03	
19	Portfolio return(%)	-2.31%	
20			
21	**Results Summary**		
22	Mean of portfolio return	11.37%	

❙그림 21-4❙ 포트폴리오의 수익률 산출 모형

B7*VoseNormal(0,1)*SQRT(B9))를 입력하였다. 이 식은 미래의 주가를 추정하는 것이 목적이므로 주가 추정식의 μ로 B6(연평균 주식성장률)을 입력하였다. 그리고 1년 후 풋옵션으로부터 발생하는 현금흐름을 나타내는 셀 B17에는 =MAX(B5-B16,0)를 입력하였다. 셀 B18에는 포트폴리오의 기말가치를 나타내는 =SUM(B16:B17)를 입력한다.

이제 포트폴리오의 수익률은 $\frac{\text{포트폴리오의 기말가치} - \text{포트폴리오의 기초가치}}{\text{포트폴리오의 기초가치}}$이므로 셀 B19에 =(B18-B13)/B13을 입력하고, 이 셀을 결과 셀로 만든다. 아울러 B22에는 =VoseSimMean(B19)를 입력하여 시뮬레이션 수행 후 포트폴리오 수익률의 평균을 바로 볼 수 있게 하였다. 5,000번 반복활동을 수행한 결과는 [그림 21-5]와 같다.

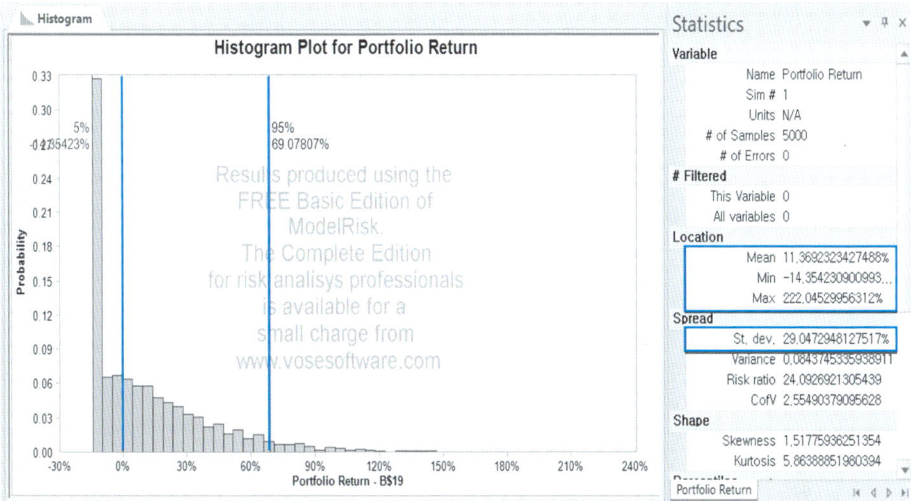

| 그림 21-5 | 포트폴리오 보험 전략

[그림 21-5]의 결과를 [그림 21-2]의 결과와 비교해 보자. 우선, 주식 한 주와 풋옵션으로 구성된 포트폴리오의 수익률 평균은 11.37%로 나타나 주식 한 주의 수익률 평균인 12.56%보다 조금 낮음을 알 수 있다. 반면, 수익률의 변동성은 주식만 갖고 있을 때보다 많이 줄어들었음을 확인할 수 있다. 주식 한 주의 수익률 범위는 317.09%이고, 표준편차는 34.34%인데 비해 주식과 풋옵션으로 구성한 포트폴리오의 수익률 범위는 236.40%이고, 표준편차는 29.05%로 축소되어 포트폴리오의 수익률이 더 안정되었음을 확인할 수 있다. 또한 [그림 21-5]의 수익률 분포를 보면 수익률이 하한값 −14.35% 밑으로 떨어지지 않고, 수익률 분포 좌측에 벽이 쳐짐을 알 수 있다. 즉, 주식 한 주와 풋옵션을 함께 매입함으로써 포트폴리오의 수익률은 일정 하한선 아래로 떨어지지 않게 하는 효과를 보이고 있는데, 이것이 바로 포트폴리오 보험 효과이다.

일반적으로 보험(insurance)이란 미래에 발생할 수 있는 큰 손실을 미리 방지하기 위해 현재 시점에서 일정 금액(보험료)을 지급하는 제도를 말한다. 주식 한 주와 풋옵션을 함께 매입한 때도 보험의 개념이 적용될 수 있는데, 주식 한 주만 갖고 있을 때는 미래에 주가가 크게 떨어질 때 큰 손실을 볼 수 있으나 주식에 기초한 풋옵션을 함께 매입함으로써 손실의 크기를 일정 한도로 막을 수 있기 때문이다.

즉, 주식과 풋옵션으로 포트폴리오를 구성한 경우, 미래의 주가가 풋옵션의 행사가격보다 높으면 옵션으로부터는 아무런 이득을 얻지 못하지만, 주가의 상승으로 인해 이득을 볼 수 있고, 반대로 미래의 주가가 행사가보다 낮으면 주식에서는 (만기일의 주가−행사가격) 만큼의 손실이 발생하나 이 손실은 풋옵션의 행사를 통해 발생하는 (행사가격−만기일의 주가) 만큼의 이득으로 상쇄됨으로써 포트폴리오의 미래가치 하한값을 일정 선에서 막는 효과를 제공한다. 이를 포트폴리오 보험 전략(portfolio insurance strategy)이라고 하며, 여기서 보험료는 풋옵션의 매입가격이 된다. 여기서 포트폴리오의 미래가치 하한값을 일정 선에서 막게 되는 비율은 주가가 풋옵션의 행사가격 아래로 떨어져 풋옵션이 행사된 비율을 의미한다.

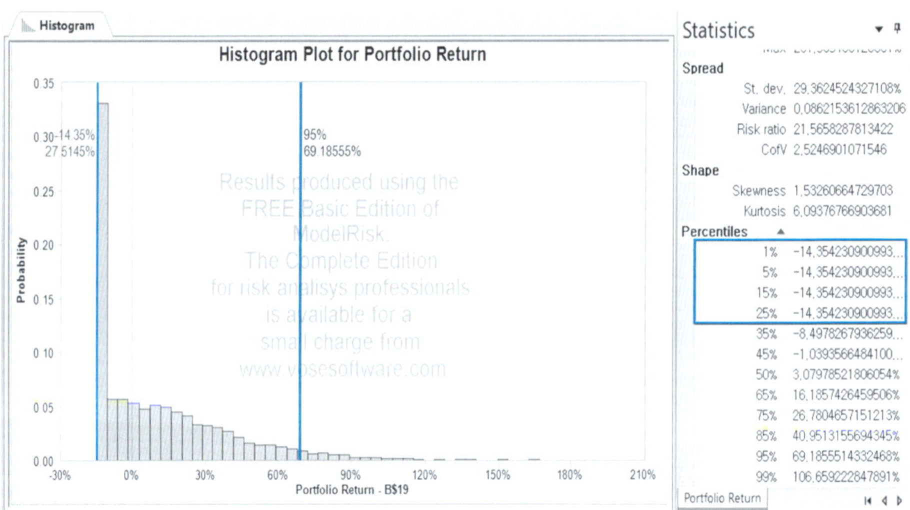

❙ 그림 21-6 ❙ 풋옵션이 행사된 비율

풋옵션이 행사된 비율은 [그림 21-5] 또는 [그림 21-6]의 오른쪽 백분위수(percentiles)를 보면 그 값을 대략 알 수 있는데, [그림 21-6]의 백분위수를 보면 포트폴리오 수익률의 25th percentile까지 포트폴리오 수익률이 −14.35%로 고정됨을 알 수 있다. 따라서 백분위수 정보를 통해 풋옵션이 행사된 비율은 25%에서 35% 사이임을 짐작할 수 있다. 하지만 포트폴리오의 수익률이 −14.35%에서 벽이 쳐지는, 즉 풋옵션이 행사된 정확한 비율은 [그림 21-6]처럼 왼쪽 슬라이더(Slider 1)의 횡축 값을 '−14.35%'로 설정함으로써 알 수 있다.[1] [그림 21-6]의 왼쪽 그래프는 그 결과를 보여주고 있는데, 주가가 풋옵션의 행사가격 밑으로 떨어져 풋옵션이 행사된 비율은 27.5145%임을 알 수 있다.

1 Edit sliders로 들어가 Slider 1 position의 Value 입력창에 −14.35%를 입력하고, OK 버튼을 누르면 [그림 21-6]과 같이 풋옵션이 행사된 정확한 비율을 알 수 있다.

22장 스프레드 전략

스프레드(spread)란 원래 비교할 수 있는 두 개 이상 상품의 가격 차이를 말한다. 스프레드라는 용어는 환율, 주식, 채권, 파생상품 등 다양한 영역에서 사용하는데, 스프레드 거래(spread trading)란 둘 이상 상품의 가격 차이를 이용한 거래를 말한다. 스프레드 거래를 이용하면 동일 종류의 상품 또는 유사한 상품 간의 가격 차이를 이용하여 이익을 창출할 수 있다.

본 장에서는 둘 이상의 같은 형태의 옵션을 이용한 스프레드 거래를 학습한다. 구체적으로 옵션을 이용한 세 가지 주요 스프레드인 불 스프레드(bull spread), 베어 스프레드(bear spread), 그리고 나비형 스프레드(butterfly spread)를 학습하고, 각 스프레드 전략이 미래의 주식 시장이 어떻게 기대될 때 위험을 줄이고 이익을 창출할 수 있는지 시뮬레이션을 통해 알아본다.

1. 불 스프레드

불 스프레드는 만기일은 같으나 행사가격이 다른, 같은 형태의 두 가지 옵션을 이용한 거래이다. 불 스프레드는 행사가격이 높은 콜옵션 한 단위를 매도하고 행사가격이 낮은 콜옵션 한 단위를 매입하거나, 또는 행사가격이 높은 풋옵션 하나를 매도하고 행사가격이 낮은 풋옵션 한 단위를 매입하는 거래이다. 불 스프레드는 옵션의 기초자산인 주식의 가격이 미래에 상승할 것으로 기대될 때 이익을 얻을 수 있다.[1]

1 불 스프레드의 불(bull)은 황소를 말한다. 황소는 상승하는 주식 시장의 상징이다.

예제 1

현재 주가가 $56이고, 연간 주식성장률의 표준편차($\sigma$)는 30%인 글로벌 상사의 주식을 고려하자. 무위험이자율(risk-free rate)은 8%이고, 연평균 주식성장률(μ)은 12%라고 가정하자. 이제 글로벌 상사 주식에 기초한 행사가격이 다른 두 가지 콜옵션을 고려해 보자. 행사가격이 $40인 콜옵션 한 단위는 매입하고, 행사가격이 $60인 콜옵션 한 단위는 매도하는 불 스프레드의 현금흐름을 분석해 보자.

우선 행사가격이 $40, $60인 콜옵션의 가격을 결정해 보자. 콜옵션의 가격을 결정하기 위한 시뮬레이션 모형은 [그림 22-1]과 같다.

	A	B	C	D	E	F
2						
3	**Inputs**					
4	Current Price	$56		Possible exercise prices		
5	Exercise Price	$60		$40	$60	
6	Growth rate	12%				
7	Volatility	30%				
8	Risk-free rate	8%				
9	Duration	1				
10						
11	**Simulation**					
12	Stock price in 1 year (at risk-free rate)	$66.04				
13	Value of option in 1 year	$6.04				
14	Discounted value of option	$5.58				
15						
16	**Option Prices**					
17	Excercise price	$40	$60			
18	Mean	$19.60	$7.04			

| 그림 22-1 | 두 가지 콜옵션의 가격 결정

[그림 22-1]의 셀 범위 B4:B9에는 문제의 기본 정보가 입력되어 있음을 알 수 있다. 두 가지 콜옵션의 행사가격은 각각 $40, $60이므로 이들 행사가격을 셀 범위 D5:E5에 입력하고, 행사가격을 나타내는 셀 B5에 =VoseSimTable(D5:E5)을 입력하였다.

다음으로 1년 후 주가를 나타내는 셀 B12에 =B4*EXP((B8-0.5*B7^2)*B9+B7*VoseNormal(0,1)*SQRT(B9))를 입력하였다. 여기서는 옵션의 가격을 결정하는 것이 목적이므로 주가 추정식의 μ로 무위험이자율(B8)을 사용한다. 1년 후 콜옵션으로부터의 현금흐름을 나타내는 셀 B13에는 =MAX(B12-B5,0)를 입력한다. 그리고 콜옵션으로부터 발생하는 현금흐름의 현재가치를 나타내는 셀 B14에는 =EXP(-B8*B9)*B13을 입력하고, 이 셀을 결과 셀로 만든다. 시뮬레이션 수행 후 두 가지 콜옵션의 가격을 모형에서 바로 확인하기 위하여 셀 B18과 C18에 각각 =VoseSimMean(B14,1), =VoseSimMean(B14,2)를 입력하였다.[2]

시뮬레이션 수행 결과, 행사가격이 $40인 콜옵션의 가격은 $19.60, 행사가격이 $60인 콜옵션의 가격은 $7.04임을 [그림 22-1]의 셀 B18과 C18에서 각각 확인할 수 있다.

이제 불 스프레드의 현금흐름을 분석해 보자. [그림 22-2]의 셀 범위 B4:B8에는 문제의 기본 정보를 입력하였다.

	A	B	C	D
1	Bull Spread			
2				
3	Inputs			
4	Current Price	$56		
5	Growth rate	12%		
6	Volatility	30%		
7	Risk-free rate	8%		
8	Duration	1		
9				
10	Options to buy or sell			
11	Exercise price	$40	$60	
12	Price per option	$19.60	$7.04	
13	Buy or sell?	Buy	Sell	
14	Number to buy or sell	1	1	
15				
16	Simulation			
17	Stock price in 1 year	$102.86		
18				
19	Gain (or loss) from buying or selling options	-$20	$7	
20	Gain (or loss) from exercising options	$62.86	-$42.86	
21				
22	Profit	$7.44		
23				
24	Mean of Profit	$2.15		

❙ 그림 22-2 ❙ 불 스프레드의 현금흐름

2 =VoseSimMean(셀 번호, Sim#)에서 셀 번호는 결과 셀의 번호이고, Sim#는 대안의 번호이다. [그림 22-1]에서 대안의 수(시뮬레이션의 수)는 2이다.

다음으로 셀 범위 B11:C11에는 두 가지 콜옵션의 행사가격 $40, $60를 입력하였고, 셀 범위 B12:C12에는 [그림 22-1]에서 구한 두 가지 옵션의 가격 $19.60, $7.04를 각각 입력하였다.

불 스프레드는 행사가격이 높은 옵션을 한 단위 매도하고, 행사가격이 낮은 옵션을 한 단위 매입하는 것이다. 따라서 두 가지 콜옵션의 매입 또는 매도를 나타내는 셀 범위 B13:C13에는 각각 Buy, Sell을 입력하였다. 또한 매입 또는 매도하는 옵션의 수를 나타내는 셀 범위 B14:C14에는 각각 1, 1을 입력하였다.

다음으로 1년 후 주가를 나타내는 셀 B17에는 =B4*EXP((B5-0.5*B6^2)*B8+B6*VoseNormal(0,1)*SQRT(B8))를 입력하였다. 여기서는 옵션의 가격을 결정하는 것이 목적이 아니므로 주가 추정식의 μ로 연평균 주식성장률(B5)을 입력하였다.

행사가격인 $40인 콜옵션을 매입할 때 발생하는 손실 또는 이익을 나타내는 셀 B19에는 =IF(B13="Buy",-B14*B12,B14*B12)를 입력한다. 이 식은 만약 옵션을 매입한다면 나의 입장에서는 옵션의 가격만큼 금액을 지급해야 하므로 (−옵션가격×매입하는 옵션의 수) 만큼의 현금흐름이 발생하고, 옵션을 매도한다면 (옵션가격×발행하는 옵션의 수) 만큼의 현금흐름이 발생함을 나타낸다. 행사가격이 $60인 옵션을 매도할 때도 행사가격이 $40인 옵션을 매입할 때와 같은 논리가 적용되므로 셀 B19를 마우스로 선택하고 셀 범위 C19로 끌기하여 같은 논리의 식을 복사한다.

다음으로 행사가격이 $40인 콜옵션을 행사함으로써 발생하는 옵션으로부터의 현금흐름을 나타내 보자. 셀 B20에 =IF(B13="Buy",MAX($B$17-B11,0)*B14,-MAX($B$17-B11,0)*B14)를 입력한다. 이 식은 나의 입장에서 옵션을 매입하면 옵션으로부터 발생하는 현금흐름을 얻게 되지만 옵션을 타인에게 매도하면 옵션으로부터 발생하는 현금흐름 기회를 잃는 것을 나타낸다. 즉, 옵션을 매입하면 옵션으로부터의 현금흐름은 MAX(행사가격−주가,0)가 되고, 옵션을 발행(매도)하면 옵션으로부터의 현금흐름은 −MAX(행사가격−주가,0)이 된다. 행사가격이 $60인 경우도 행사가격이 $40인 경우와 논리가 같으므로 셀 B20을 선택하고, 셀 범위 C20으로 끌기하여 같은 내용의 식을 채운다.

이제 불 스프레드로부터 발생하는 이익은 옵션을 매입 또는 발행할 때 발생하는 현금흐름과 옵션의 행사를 통해 발생하는 현금흐름의 합이므로 셀 B22에는 = SUM(B19:C20)을 입력하고, 결과 셀로 만든다. [그림 22-3]은 불 스프레드로부터 발생하는 이익의 분포이다.

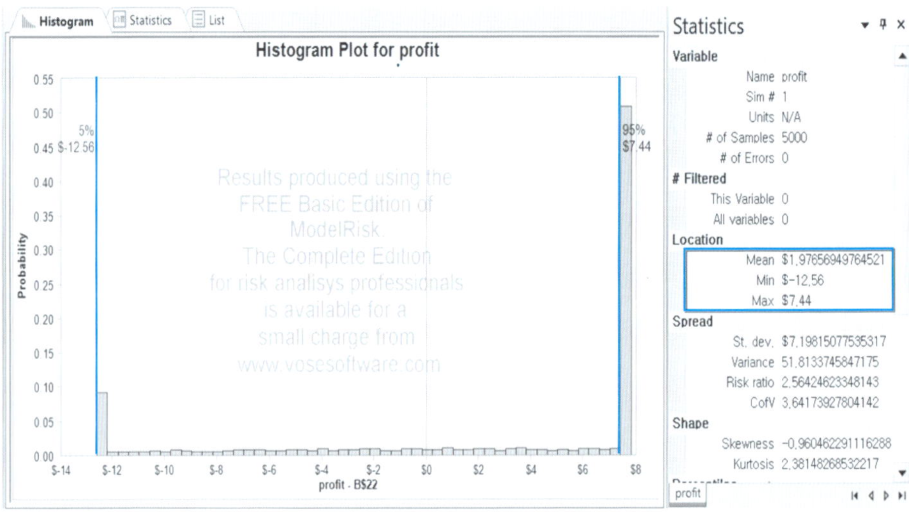

그림 22-3 불 스프레드의 이익 분포

[그림 22-3]의 요약 통계량을 보면 불 스프레드가 가져오는 이익의 평균은 $1.98이고, 최솟값은 -$12.56, 최댓값은 $7.44로 나타났음을 알 수 있다. 불 스프레드는 기초자산(이 예에서는 글로벌 상사의 주식)의 1년 후 가격이 상승하리라는 기대 하에 이익을 얻을 수 있다. 이를 확인하기 위해 우선 [그림 22-2]의 셀 B17(1년 후 주가)을 결과 셀로 만든다. 그런 후 시뮬레이션을 수행하고, Insert 탭에서 Data List( )을 누른다. 그러면 5,000번의 반복활동에서 발생한 5,000개의 1년 후 주가(stock price in 1 year)와 그때의 이익(profit)이 [그림 22-4]처럼 나타난다. [그림 22-4]의 첫 번째 열은 반복활동 번호를 나타내고, 두 번째 열에 나타난 데이터는 불 스프레드의 이익(셀 B22의 값), 세 번째 열의 데이터는 각 반복활동에서 산출된 1년 후 주가(셀 B17의 값)이다.

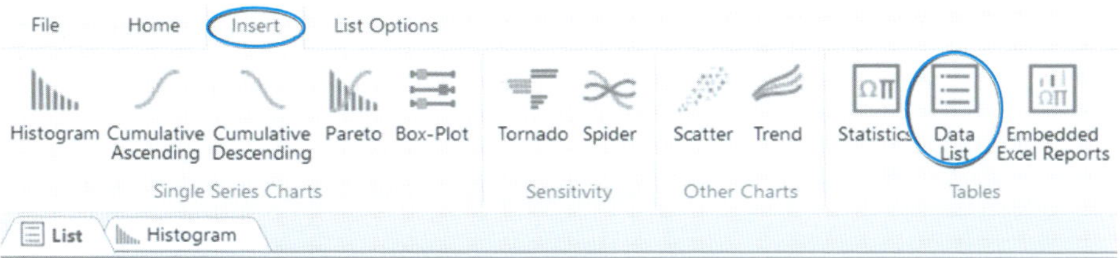

Sample #	profit <single variable> Workbook: PART02_22_스프레드 전략.xlsx Sheet: 그림22-2 Cell: B$22 Variable Type: Output Units: N/A	stock price in 1 year <single variable> Workbook: PART02_22_스프레드 전략.xlsx Sheet: 그림22-2 Cell: B$17 Variable Type: Output Units: N/A
1	$7.44	$64.2882236462805
2	$7.44	$70.3962914970889
3	$7.44	$63.0446992344816
4	$-2.66145152770135	$49.8985484722986
5	$-3.54343806930014	$49.0165619306999
6	$7.44	$84.0449288836477
7	$7.44	$60.9977883830338
8	$-8.0419845492536	$44.5180154507464
9	$7.44	$90.786272834086
10	$-6.00664729154546	$46.5533527084545
11	$7.44	$74.5936362040618
12	$-12.56	$37.1528723994288
13	$1.78577892696669	$54.3457789269667
14	$5.22891209286419	$57.7889120928642
15	$-12.56	$38.7326027185592
16	$7.44	$67.7565145623038
17	$-12.56	$29.968318365366
18	$5.27623595361555	$57.8362359536156
19	$-12.56	$37.9783149820064
20	$7.44	$62.4135897515775

| 그림 22-4 | 불 스프레드의 Data list

여기서 5,000개의 1년 후 주가(셀 B17의 값)와 1년 후의 이익(셀 B22의 값)을 엑셀 시트로 복사해 와(복사해 붙여넣기) 횡축을 주가, 종축을 이익으로 설정하여 분산형 그래프를 그려보자.

그러면 [그림 22-5]와 같이 주식의 1년 후 가격(셀 B17)이 두 가지 콜옵션의 행사가격 중간인 $50 이상일 때는 이익이 발생하는 반면, 그 이하일 때는 손실이 발생하는 구조임을 알 수 있다. 불 스프레드 전략은 옵션 만기일의 주가가 상승하리라는 기대 하에 구사할 수 있는 전략이다.

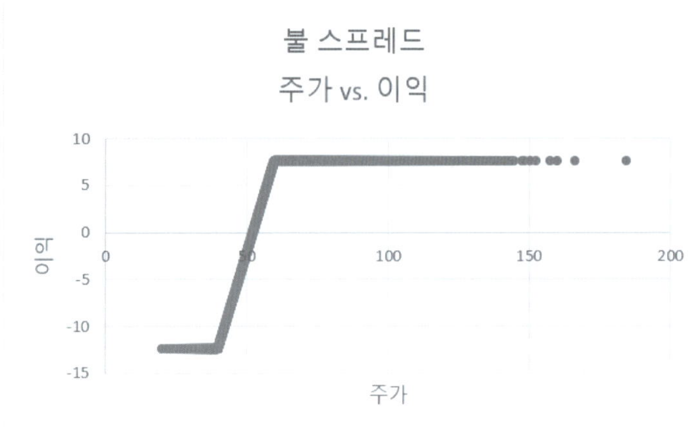

| 그림 22-5 | 불 스프레드의 주가와 이익의 관계

2 베어 스프레드

베어 스프레드도 만기일은 같으나 행사가격이 다른 같은 형태의 두 가지 옵션을 이용한 거래이다. 불 스프레드와 다른 점은 베어 스프레드는 행사가격이 높은 콜옵션을 한 단위 매입하고 행사가격이 낮은 콜옵션 한 단위를 매도하거나, 또는 행사가격이 높은 풋옵션 하나를 매입하고 행사가격이 낮은 콜옵션 한 단위를 매도하는 거래이다. 베어 스프레드는 옵션의 기초자산인 주식의 가격이 미래에 하락할 것으로 기대되는 시장에서 이익을 얻을 수 있다.[3]

불 스프레드의 예제와 같은 정보를 이용하여 베어 스프레드의 현금흐름을 분석해 보자.

예제 2

현재 주가가 $56이고, 연간 주식성장률의 표준편차($\sigma$)는 30%인 글로벌 상사의 주식을 고려하자. 무위험이자율(risk-free rate)은 8%이고, 연평균 주식성장률(μ)은 12%라

3 베어 스프레드의 베어(bear), 즉 곰은 하락하는 주식 시장의 상징이다.

고 가정하자. 이제 글로벌 상사 주식에 기초한 행사가격이 다른 두 가지 콜옵션을 고려해 보자. 행사가격이 $40인 콜옵션 한 단위는 매도하고, 행사가격이 $60인 콜옵션 한 단위는 매입하는 베어 스프레드의 현금흐름을 분석해 보자.

행사가격이 $40, $60인 콜옵션의 가격을 결정하는 과정은 앞서 불 스프레드의 현금흐름을 분석할 때와 같다. 시뮬레이션 수행 결과, 행사가격이 $40인 콜옵션의 가격은 $19.60, 행사가격이 $60인 콜옵션의 가격은 $7.04임은 [그림 22-1]을 보면 알 수 있다.

이제 베어 스프레드의 현금흐름을 분석해 보자. [그림 22-6]은 베어 스프레드의 현금흐름을 분석하기 위한 모형인데, 이 모형이 [그림 22-2]의 불 스프레드의 모형과 다른 점은 셀 B13과 C13에서 Buy와 Sell이 바뀐 것이다. 베어 스프레드는 행사가격이 높은 옵션을 매입하고, 행사가격이 낮은 옵션을 매도하는 것이므로 셀 B13에는 Sell, C13에는 Buy를 입력하였다. 나머지 셀에 입력되는 식은 [그림 22-2]와 모두 같다.

	A	B	C
1	**Bear Spread**		
2			
3	**Inputs**		
4	Current Price	$56	
5	Growth rate	12%	
6	Volatility	30%	
7	Risk-free rate	8%	
8	Duration	1	
9			
10	Options to buy or sell		
11	Exercise price	$40	$60
12	Price per option	$19.60	$7.04
13	Buy or sell?	Sell	Buy
14	Number to buy or sell	1	1
15			
16	**Simulation**		
17	Stock price in 1 year	$57.22	
18			
19	Gain (or loss) from buying or selling options	$20	-$7
20	Gain (or loss) from exercising options	-$17.22	$0.00
21			
22	Profit	-$4.66	
23			
24	Mean of Profit	-$2.01	

| 그림 22-6 | 베어 스프레드의 현금흐름

이제 셀 B17(stock price in 1 year)과 셀 B22(profit)를 결과 셀로 만들고, 반복활동을 5,000번 수행해 보자. [그림 22-7]은 시뮬레이션 수행 후 베어 스프레드로부터 발생하는 이익의 분포를 보여주고 있다.

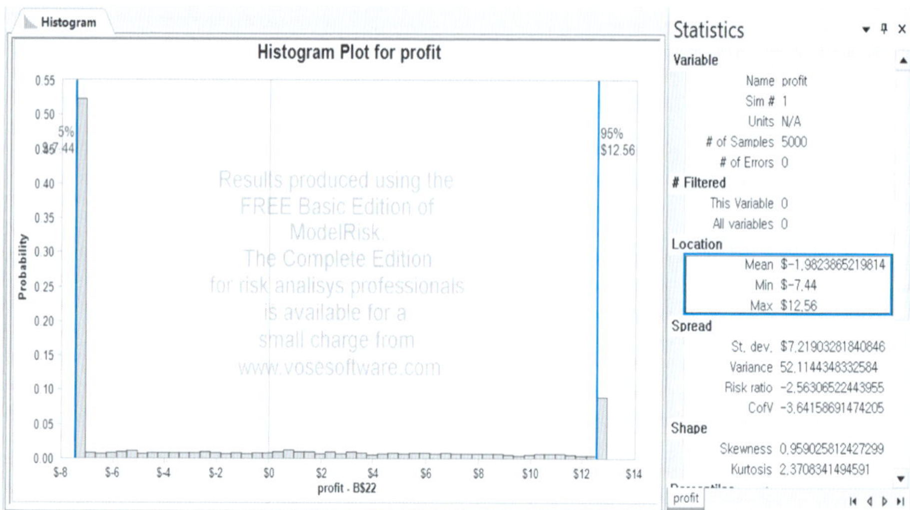

| 그림 22-7 | 베어 스프레드의 이익 분포

[그림 22-7]의 분포를 보면 베어 스프레드의 이익 분포는 [그림 22-3]의 불 스프레드의 이익 분포와 정반대의 포지션을 취함을 알 수 있다. 이러한 특징은 요약 통계량을 보고도 알 수 있는데, [그림 22-7]의 요약 통계량을 보면 베어 스프레드가 가져오는 이익의 평균은 −$1.98이고, 최솟값은 −$7.44, 최댓값은 $12.56로 나타났다. [그림 22-3]의 불 스프레드의 경우와 비교할 때 이익의 분포가 정반대의 모습을 보임을 알 수 있다.

베어 스프레드는 기초자산(이 예에서는 글로벌 상사의 주식)의 1년 후 가격이 하락하리라는 기대 하에 이익을 얻을 수 있다. 이를 확인하기 위해 시뮬레이션을 수행하고, Insert 탭에서 Data List( )을 누른다. 그러면 5,000번의 반복활동에서 발생한 5,000개의 1년 후 주가(stock price in 1 year)와 그때의 이익(profit)이 [그림 22-8]처럼 나타난다. [그림 22-8]의 첫 번째 열은 반복활동 번호를 나타내고, 두 번째 열에 나타난 데이터는 베어 스프레드의 이익(셀 B22의 값), 세 번째 열의 데이터는 각 반복 활동에서 산출된 1년 후 주가(셀 B17의 값)이다.

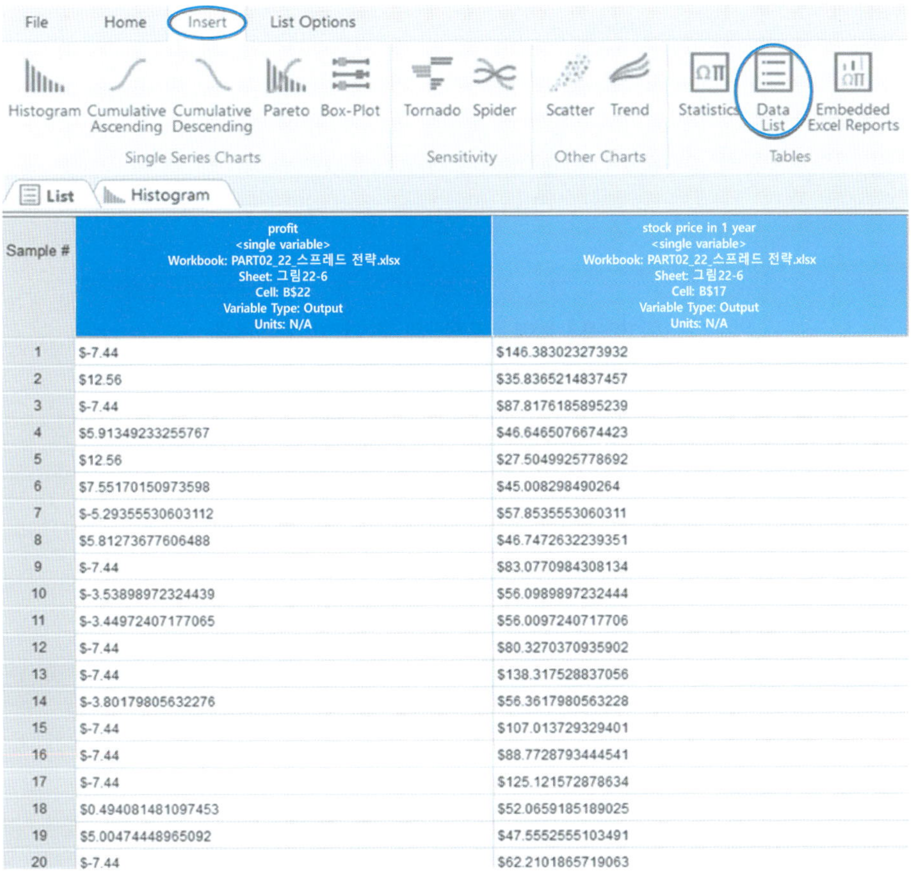

Sample #	profit <single variable> Workbook: PART02_22_스프레드 전략.xlsx Sheet: 그림22-6 Cell: B$22 Variable Type: Output Units: N/A	stock price in 1 year <single variable> Workbook: PART02_22_스프레드 전략.xlsx Sheet: 그림22-6 Cell: B$17 Variable Type: Output Units: N/A
1	$-7.44	$146.383023273932
2	$12.56	$35.8365214837457
3	$-7.44	$87.8176185895239
4	$5.91349233255767	$46.6465076674423
5	$12.56	$27.5049925778692
6	$7.55170150973598	$45.008298490264
7	$-5.29355530603112	$57.8535553060311
8	$5.81273677606488	$46.7472632239351
9	$-7.44	$83.0770984308134
10	$-3.53898972324439	$56.0989897232444
11	$-3.44972407177065	$56.0097240717706
12	$-7.44	$80.3270370935902
13	$-7.44	$138.317528837056
14	$-3.80179805632276	$56.3617980563228
15	$-7.44	$107.013729329401
16	$-7.44	$88.7728793444541
17	$-7.44	$125.121572878634
18	$0.494081481097453	$52.0659185189025
19	$5.00474448965092	$47.5552555103491
20	$-7.44	$62.2101865719063

▎그림 22-8 ▎ 베어 스프레드의 Data list

여기서 5,000개의 1년 후 주가(셀 B17의 값)와 1년 후의 이익(셀 B22의 값)을 엑셀 시트로 복사해 와(복사해 붙여넣기) 횡축을 주가, 종축을 이익으로 설정하여 분산형 그래프를 그려보자.

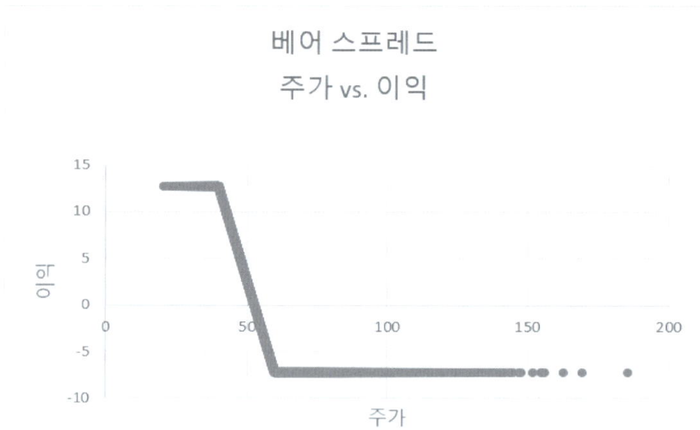

❙ 그림 22-9 ❙ 베어 스프레드의 주가와 이익의 관계

그러면 [그림 22-9]와 같이 주식의 1년 후 가격(셀 B17)이 두 가지 콜옵션의 행사가격 중간인 $50 이하일 때는 이익이 발생하는 반면, 그보다 클 때는 손실이 발생하는 구조임을 알 수 있다. 즉, [그림 22-9]는 [그림 22-5]의 불 스프레드의 경우와 반대 포지션을 보여준다. 베어 스프레드 전략은 옵션 만기일의 주가가 하락하리라는 기대하에 구사할 수 있는 전략이다.

3 나비형 스프레드

앞서 만기일은 같으나 행사가격이 다른, 같은 유형의 두 가지 옵션을 이용한 불 스프레드와 베어 스프레드에 대하여 학습하였다. 나비형 스프레드(butterfly spread)는 만기일은 같으나 행사가격이 다른, 동일한 유형의 세 가지 옵션을 이용하는 스프레드 거래로, 나비형 발행과 나비형 매입으로 구분된다.

나비형 발행은 행사가격이 가장 높은 옵션과 가장 낮은 옵션을 각각 한 단위씩 매입하고 행사가격이 그 중간에 있는 옵션을 두 단위 발행(매도)하는 것이다. 반면, 나비형 매입은 행사가격이 가장 높은 옵션과 가장 낮은 옵션을 각각 한 단위씩 발행하고 행사가격이 그 중간에 있는 옵션을 두 단위 매입하는 것이다.

나비형 발행은 미래의 기초자산 가격이 중간 행사가격 근처에 있을 때만 이익을 얻을 수 있고, 나비형 매입은 미래의 기초자산 가격이 중간 행사가격으로부터 일정 범위를 벗어난 경우에만 이익을 얻을 수 있다.

[예제 1], [예제 2]와 같은 주식 정보를 이용해서 나비형 스프레드의 개념을 학습해 보자.

예제 3

현재 주가가 $56인 글로벌 상사 주식에 기초한 행사가격이 다른 세 가지 콜옵션을 고려해 보자. 행사가격이 $50인 콜옵션은 두 단위 매입하고, 행사가격이 $40인 콜옵션 한 단위와 행사가격이 $60인 콜옵션 한 단위를 각각 매도하는 나비형 매입의 현금흐름을 분석해 보자.

우선 행사가격이 $40, $50, $60인 콜옵션의 가격을 결정해 보자. 콜옵션의 가격을 결정하기 위한 시뮬레이션 모형은 [그림 22-10]과 같다.

	A	B	C	D	E	F
1	Option pricing					
2						
3	Inputs					
4	Current Price	$56		Possible exercise prices		
5	Exercise Price	$60		$40	$50	$60
6	Growth rate	12%				
7	Volatility	30%				
8	Risk-free rate	8%				
9	Duration	1				
10						
11	Simulation					
12	Stock price in 1 year (at risk-free rate)	$74.42				
13	Value of option in 1 year	$14.42				
14	Discounted value of option	$13.31				
15						
16	Option Prices					
17	Excercise price	$40	$50	$60		
18	Mean	$19.52	$12.09	$6.77		

| 그림 22-10 | 세 가지 콜옵션의 가격 결정

[그림 22-10]에서 옵션의 가격을 결정하는 논리는 [그림 22-1]과 같다. 하나 다른 점은 행사가격이 $50인 콜옵션이 하나 더 추가된 것이다. 그 외 모든 논리는 [그림 22-1]과 같다. 시뮬레이션 수행 후 세 가지 콜옵션의 가격을 모형에서 바로 확인하기 위하여 셀 B18, C18, D18에 각각 =VoseSimMean(B14,1), =VoseSimMean(B14,2), =VoseSimMean(B14,3)을 입력하였다.[4] 5,000번의 반복활동을 수행한 결과, 행사가격이 $40인 콜옵션의 가격은 $19.52, 행사가격이 $50인 콜옵션의 가격은 $12.09, 행사가격이 $60인 콜옵션의 가격은 $6.77로 나타났음을 알 수 있다.[5]

(1) 나비형 매입

우선, 나비형 매입의 현금흐름을 분석해 보자. [그림 22-11]의 논리는 [그림 22-2]와 같으나, 독자의 편의를 위해 모형을 다시 설명한다. 셀 범위 B4:B8에는 문제의 기본 정보를 입력하였다.

	A	B	C	D
1	나비형 매입			
2				
3	Inputs			
4	Current Price	$56		
5	Growth rate	12%		
6	Volatility	30%		
7	Risk-free rate	8%		
8	Duration	1		
9				
10	Options to buy or sell			
11	Exercise price	$40	$50	$60
12	Price per option	$19.52	$12.09	$6.77
13	Buy or sell?	Sell	Buy	Sell
14	Number to buy or sell	1	2	1
15				
16	**Simulation**			
17	Stock price in 1 year	$92.22		
18				
19	Gain (or loss) from buying or selling options	$20	-$24	$7
20	Gain (or loss) from exercising options	-$52.22	$84.44	-$32.22
21				
22	Profit	$2.11		
23				
24	Mean of Profit	$0.01		

▎그림 22-11 ▎나비형 매입의 현금흐름

4 [그림 22-10]에서 대안의 수(시뮬레이션의 수)는 3이다.

5 시뮬레이션을 수행할 때마다 난수의 차이로 인해 결과변수의 값은 당연히 조금 차이를 보인다.

다음으로 셀 범위 B11:D11에는 세 가지 콜옵션의 행사가격 \$40, \$50, \$60를 입력하였고, 셀 범위 B12:D12에는 [그림 22-10]에서 구한 세 가지 옵션의 가격 \$19.52, \$12.09, \$6.77를 각각 입력하였다.

나비형 매입은 행사가격이 가장 높은 옵션과 가장 낮은 옵션을 한 단위씩 발행(매도)하고 중간가격인 옵션을 두 단위 매입하는 것이다. 따라서 세 가지 콜옵션의 매입 또는 발행 여부를 나타내는 셀 범위 B13:D13에는 각각 Sell, Buy, Sell을 입력하였다. 또한 매입 또는 발행하는 옵션의 수를 나타내는 셀 범위 B14:D14에는 각각 1, 2, 1을 입력하였다.

다음으로 1년 후 주가를 나타내는 셀 B17에는 =B4*EXP((B5-0.5*B6^2)*B8+B6*VoseNormal(0,1)*SQRT(B8))를 입력하였다. 여기서는 옵션의 가격을 결정하는 것이 목적이 아니므로 주가 추정식의 μ로 연평균 주식성장률(B5)을 입력하였다.

행사가격인 \$40인 콜옵션을 매입 또는 발행(매도)할 때 발생하는 손실 또는 이익을 나타내는 셀 B19에는 =IF(B13="Buy",-B14*B12,B14*B12)를 입력한다. 이 식은 만약 옵션을 매입한다면 나의 입장에서는 옵션가격만큼 금액을 지불해야 하므로 (−옵션가격×매입하는 옵션의 수)만큼의 현금흐름이 발생하고, 옵션을 발행(매도)한다면 (옵션가격×발행하는 옵션의 수)만큼의 현금흐름이 발생함을 나타낸다. 행사가격이 \$50나 \$60인 옵션의 경우도 행사가격이 \$40인 옵션을 매입 또는 발행할 때와 같은 논리가 적용되므로 셀 B19를 마우스로 선택하고 셀 범위 C19:D19로 끌기하여 같은 내용의 식을 복사한다.

다음으로 행사가격이 \$40인 콜옵션을 행사함으로써 발생하는 옵션으로부터의 현금흐름을 나타내 보자. 셀 B20에 =IF(B13="Buy",MAX($B$17-B11,0)*B14,-MAX($B$17- B11,0)*B14)를 입력한다. 나의 입장에서 옵션을 매입하면 옵션으로부터 발생하는 현금흐름을 얻게 되지만 옵션을 타인에게 발행하면 옵션으로부터 발생하는 현금흐름의 기회를 잃는 것임을 나타낸다. 즉, 옵션을 매입하면 옵션으로부터의 현금흐름은 MAX(행사가격−주가,0)가 되고, 옵션을 발행하면 옵션으로부터의 현금흐름은 −MAX(행사가격−주가,0)이 된다. 행사가격이 \$50와 \$60인 경우도 행사가격이 \$40인 경우와 논리가 같으므로 셀 B20을 선택하고, 셀 범위 C20:D20으로 끌기하여 같은

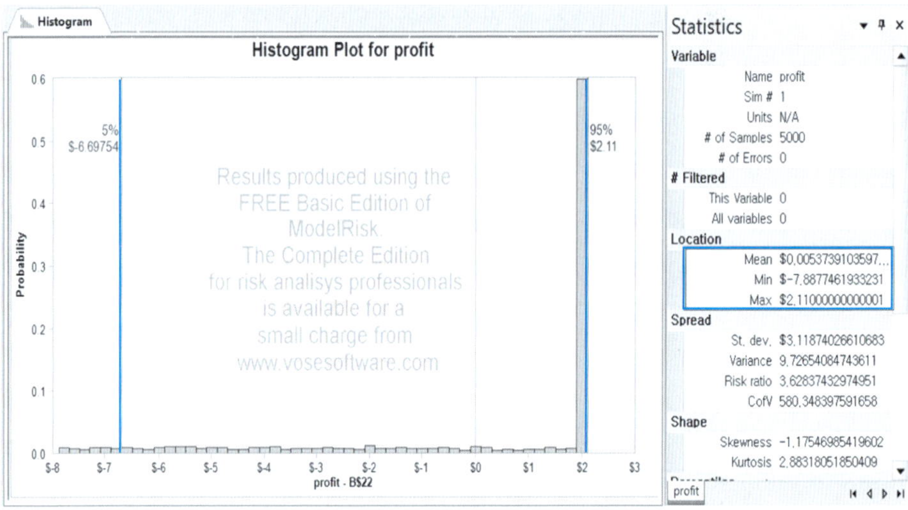

| 그림 22-12 | 나비형 매입의 이익 분포

내용의 식을 채운다.

이제 나비형 매입으로부터 발생하는 이익은 옵션을 매입 또는 발행할 때 발생하는 현금흐름과 옵션의 행사를 통해 발생하는 현금흐름의 합이므로 셀 B22에는 =SUM(B19:D20)을 입력하고, 결과 셀로 만든다. [그림 22-12]는 나비형 매입으로부터 발생하는 이익의 분포이다.

[그림 22-12]의 요약 통계량을 보면 나비형 매입이 가져오는 이익의 평균은 $0.005이고, 최솟값은 -$7.89, 최댓값은 $2.11로 나타났음을 알 수 있다. 나비형 매입은 기초자산(이 예에서는 글로벌 상사의 주식)의 1년 후 가격이 중간 행사가격인 $50로부터 일정 범위를 벗어난 경우에만 이익을 얻을 수 있다. 이를 확인하기 위해 [그림 22-11]의 셀 B17(1년 후 주가)을 또 다른 결과 셀로 만든다. 그런 후 시뮬레이션을 수행하고, Insert 탭에서 Data List( )을 누른다. 그러면 5,000번의 반복활동에서 발생한 5,000개의 1년 후 주가와 이익의 값이 [그림 22-13]처럼 나타난다. [그림 22-13]의 첫 번째 열은 반복활동 번호를 나타내고, 두 번째 열에 나타난 데이터는 나비형 매입의 이익(셀 B22의 값), 세 번째 열의 데이터는 각 반복활동에서 산출된 1년 후 주가(셀 B17의 값)를 나타낸다.

Sample #	profit <single variable> Workbook: PART02_22_스프레드 전략.xlsx Sheet: 그림22-11 Cell: B$22 Variable Type: Output Units: N/A	stock price in 1 year <single variable> Workbook: PART02_22_스프레드 전략.xlsx Sheet: 그림22-11 Cell: B$17 Variable Type: Output Units: N/A
1	$2.11	$68.3920087841911
2	$2.11	$65.9745679237387
3	$2.11	$75.6070385512509
4	$-2.76992917233402	$44.879929172334
5	$-3.23578768745897	$54.654212312541
6	$2.11	$66.3053425413329
7	$-4.38891262350154	$53.5010873764985
8	$2.11	$83.7305295844911
9	$2.11	$90.5302110426335
10	$-6.89421870925402	$49.004218709254
11	$2.11	$74.7924934714164
12	$2.11	$77.7036773645878
13	$-6.15228110085263	$48.2622811008526
14	$2.11	$90.7131442678039
15	$-5.83405636542516	$47.9440563654252

| 그림 22-13 | 나비형 매입의 Data list

여기서 5,000개의 1년 후 주가(셀 B17의 값)와 1년 후의 이익(셀 B22의 값)을 엑셀 시트로 복사해 와(복사해 붙여넣기) 횡축을 주가, 종축을 이익으로 설정하여 분산형 그래프를 그려보자.

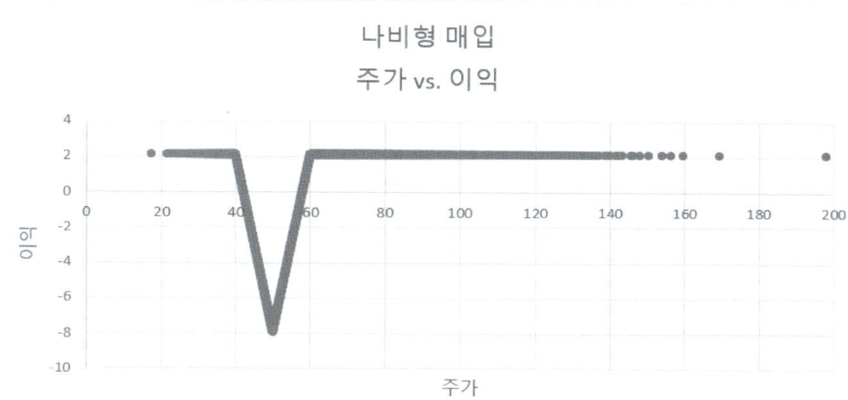

| 그림 22-14 | 나비형 매입의 주가와 이익의 관계

그러면 [그림 22-14]와 같이 주식의 1년 후 가격(셀 B17)이 콜옵션의 중간 행사가격인 $50 근처에 있을 때는 손실이 발생하는 반면, 중간 행사가격 $50으로부터 일정 범위를 벗어나면 이익이 발생하는 구조임을 알 수 있다. 그래프를 보면 나비가 날개를 뻗고 날아가는 것과 유사한 모습이다. 나비형 매입 전략은 옵션 만기일의 주가가 옵션의 중간 행사가격에서 일정 범위 벗어날 것이라는 예측 하에 구사할 수 있는 전략이다.

(2) 나비형 발행

이제 같은 자료를 이용해서 나비형 발행의 현금흐름을 분석해 보자.

예제 4

현재 주가가 $56인 글로벌 상사 주식에 기초한 세 가지 콜옵션을 고려해 보자. 행사가격이 $50인 콜옵션은 두 단위 발행하고, 행사가격이 $40인 콜옵션 한 단위와 행사가격이 $60인 콜옵션 한 단위를 각각 매입하는 나비형 발행의 현금흐름을 분석해 보자.

나비형 발행은 나비형 매입과 포지션이 반대인 경우이다. 나비형 발행의 현금흐름을 분석하기 위한 시뮬레이션 모형은 [그림 22-15]와 같다.

나비형 발행은 행사가격이 가장 높은 옵션과 가장 낮은 옵션을 한 단위씩 매입하고 중간가격인 옵션을 두 단위 발행(매도)하는 전략이다. 따라서 [그림 22-11]의 나비형 매입 모형과 [그림 22-15]의 나비형 발행 모형의 차이점은 세 가지 옵션을 각각 매입하느냐 또는 발행하느냐이다. 즉, 나비형 매입일 때와는 반대로 나비형 발행에서는 셀 범위 B13:D13에 Buy, Sell, Buy를 입력한다. 그 외의 다른 셀의 내용은 [그림 22-11]의 나비형 매입과 모두 같다.

[그림 22-15]의 모형을 5,000번 반복 수행한 결과는 [그림 22-16]과 같다. [그림 22-16]의 나비형 발행의 이익 분포는 [그림 22-12]의 나비형 매입의 이익 분포와 정반대의 모습을 보임을 알 수 있다.

	A	B	C	D
1	나비형 발행			
2				
3	Inputs			
4	Current Price	$56		
5	Growth rate	12%		
6	Volatility	30%		
7	Risk-free rate	8%		
8	Duration	1		
9				
10	Options to buy or sell			
11	Exercise price	$40	$50	$60
12	Price per option	$19.52	$12.09	$6.77
13	Buy or sell?	Buy	Sell	Buy
14	Number to buy or sell	1	2	1
15				
16	**Simulation**			
17	Stock price in 1 year	$60.87		
18				
19	Gain (or loss) from buying or selling options	-$20	$24	-$7
20	Gain (or loss) from exercising options	$20.87	-$21.74	$0.87
21				
22	Profit	-$2.11		
23				
24	Mean of Proft	-$0.11		

| 그림 22-15 | 나비형 발행의 현금흐름

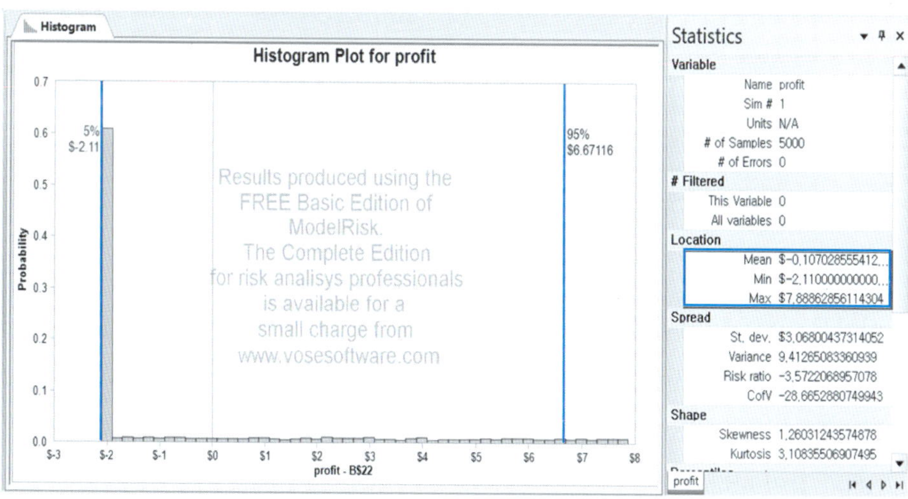

| 그림 22-16 | 나비형 발행의 이익 분포

나비형 발행이 가져온 이익의 평균은 −$0.107이고, 최솟값은 −$2.11, 최댓값은 $7.89로 나타났다. 나비형 발행 전략은 나비형 매입 전략과는 반대로 옵션 만기일에서의 기초자산 가격이 옵션의 중간 행사가격 근처에 있을 때만 이익을 얻을 수 있다. 이를 확인하기 위해 셀 B17(1년 후 주가)을 결과 셀로 추가한 후 시뮬레이션을 수행해 보자. 반복활동을 5,000번 수행하고, Insert 탭에서 Data List(Data List)을 눌러보자. 그러면 5,000번의 반복활동에서 발생한 5,000개의 1년 후 주가와 이익의 값이 [그림 22-17]처럼 나타난다.

List

Sample #	profit <single variable> Workbook: PART02_22_스프레드 전략.xlsx Sheet: 그림22-15 Cell: B$22 Variable Type: Output Units: N/A	stock price in 1 year <single variable> Workbook: PART02_22_스프레드 전략.xlsx Sheet: 그림22-15 Cell: B$17 Variable Type: Output Units: N/A
1	$-2.11	$72.0467861258384
2	$-2.11	$83.2008928452617
3	$2.81277516429593	$44.9227751642959
4	$-2.11	$65.8337882637452
5	$-2.11	$67.8386517828541
6	$2.35917971610765	$44.4691797161077
7	$-2.11	$73.6390091788352
8	$-2.11	$79.6446156445157
9	$-2.11	$70.7782496681949
10	$2.83260050038588	$55.0573994996141
11	$-2.11	$96.5571034257791
12	$4.05980597075397	$53.830194029246
13	$-2.11	$106.679120940683
14	$0.756142990496677	$57.1338570095033
15	$3.19483627111114	$54.6951637288889

▎그림 22-17 ▎나비형 발행의 Data list

여기서 5,000개의 1년 후 주가(셀 B17의 값)와 1년 후의 이익(셀 B22의 값)을 엑셀 시트로 복사해 와(복사해 붙여넣기) 횡축을 주가, 종축을 이익으로 설정하여 분산형 그래프를 그려보자. 그러면 [그림 22-14]와는 정반대 모습의 나비 그림이 [그림 22-18]과 같이 나타난다.

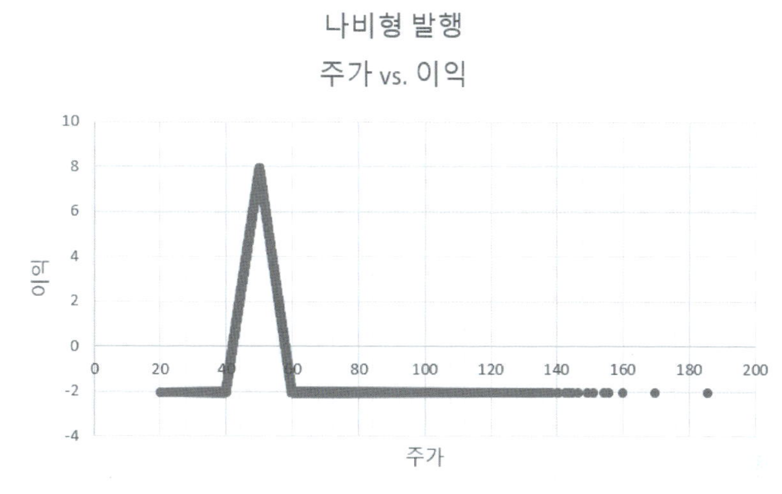

❙ 그림 22-18 ❙ 나비형 발행의 주가와 이익의 관계

즉, 주식의 1년 후 가격(B17)이 콜옵션의 중간 행사가격인 $50 근처에 있을 때는 이익이 발생하고, 중간 행사가격으로부터 일정 범위를 벗어나면 손실이 발생하는 구조임을 알 수 있다. 나비형 발행 전략은 옵션 만기일에서 주가가 옵션의 중간 행사가격 근처에서 형성될 것이라는 예측 하에 구사하는 전략이다.

23장 포트폴리오의 VaR(Value at Risk) 구하기

포트폴리오의 수익률 분포와 관련된 개념으로 VaR(Value at Risk)에 대해 학습해 보자. VaR은 포트폴리오 수익률의 불확실성을 평가하는 지표로, 미래의 특정 시점에 포트폴리오 수익률 분포의 좌측 꼬리 면적이 p가 되는 손실의 크기를 p VaR이라고 말한다. 손실의 크기는 손실률(%)이나 손실액으로 나타낸다. 즉, 포트폴리오의 p VaR란 미래의 특정 시점에 이 포트폴리오로부터 VaR 이상의 손실을 볼 확률이 p 이하라는 의미이다. 달리 말하면, 이 포트폴리오로부터 경험하게 되는 손실이 VaR보다 작을 확률은 $(1-p)$ 이하가 된다는 것이다. p의 값으로는 보통 1% 또는 5%를 사용한다. 예를 들어, 미래의 특정 시점에서 포트폴리오의 5% VaR이란 밑에서 5%(5th percentile)에 해당하는 손실률(또는 손실액)을 말하며, 이 포트폴리오의 손실률(또는 손실액)이 VaR를 초과할 확률은 5% 이하가 된다.

간단한 예를 들어보자. 어떤 포트폴리오의 현재 가치가 $100라고 하자. 시뮬레이션을 이용하여 앞으로 1년 후 이 포트폴리오의 가치 분포를 추정하였더니 이 포트폴리오의 가치가 $75 이하가 될 가능성이 5%로 나타났다고 가정하자. 그러면 이 포트폴리오의 5% VaR은 손실률로 표현하면 25%, 손실액으로 표현하면 $25가 된다.

VaR은 정상적인 시장 상황(normal market condition)에서 투자 포트폴리오가 일정한 확률로 얼마큼의 손실을 보일지를 측정하는 지표로서 기업 또는 금융감독기관은 VaR을 이용하여 잠재적 투자 손실을 회복하는데 필요한 자산의 크기를 평가한다.

이제 앞서 21장에서 포트폴리오 보험 전략을 설명할 때 이용한 예제를 이용하여 주식 하나만을 가지고 있을 때의 VaR와 주식과 풋옵션을 함께 가지고 있을 때의 VaR를 비교해 보자.

예제

현재 주가가 $56이고, 연간 주식성장률의 표준편차($\sigma$)는 30%인 글로벌 상사의 주식을 고려하자. 무위험이자율(risk-free rate)은 8%이고, 연평균 주식성장률(μ)은 12%라고 가정하자. 시뮬레이션을 이용하여 다음 문항에 답해 보자.[1]

① 당신은 현재 글로벌 상사 주식 한 주를 소유하고 있다. 1년 동안 이 주식으로부터 벌 수 있는 수익률의 분포를 추정하고, 5% VaR을 구하시오.

② 당신은 글로벌 상사의 주식 한 주와 함께 이 주식에 대한 풋옵션(put option)도 매입하였다. 이 옵션의 행사가격(exercise price)은 $50이고, 만기는 1년이다. 주식과 풋옵션으로 구성된 포트폴리오의 1년 동안의 수익률 분포를 추정하고, 5% VaR을 구하시오.

앞서 21장에서 이 예제에 대한 시뮬레이션 모형을 만들었으므로 이 장에서는 각각의 경우 시뮬레이션 수행 후 산출되는 수익률 분포를 보고 질문에 답해 보자.[2]

우선, [그림 23-1]은 주식 한 주만을 가지고 있을 때의 수익률 분포를 보여준다. 여기서 수익률 분포의 좌측 5th percentile은 −34.8%이므로 손실률로 5% VaR을 표현하면 34.8%가 된다. 즉, 손실률이 34.8%를 초과할 가능성이 5% 이하가 됨을 의미한다.

VaR을 손실액으로 표현하고자 하면 포트폴리오의 기초가치에다 손실률로 나타낸 VaR을 곱해주면 된다. 즉, 손실액으로 표현한 p VaR과 손실률로 표현한 p VaR의 관계는 〈식 23-1〉과 같다.

$$\text{손실액으로 표현한 } p \text{ VaR} = \text{포트폴리오 기초가치} \times \text{손실률로 표현한 } p \text{ VaR} \quad \langle\text{식 23-1}\rangle$$

1 이 예제에 대한 시뮬레이션 모형은 21장을 참조하시오.

2 21장의 시뮬레이션 결과와 이 장에서 산출된 수익률 분포의 통계량 값([그림 23-1]과 [그림 23-2] 참조)은 약간 다르게 나타날 것이다. 이는 당연한 결과로 5,000번의 반복활동을 동일하게 수행했지만 이용된 난수가 달라 시뮬레이션 결과는 미세한 차이를 보인다.

따라서 주식 한 주만 가지고 있을 때 1년 후 5% VaR을 손실률로 나타내면 34.8%이고, 손실액으로 표현하면 \$19.49(=\$56×34.8%)이다. 참고로 [그림 23-1]의 요약 통계량 아래의 백분위수를 보면 하위 1%에 해당하는 수익률이 −47.45%로 나타났음을 알 수 있다. 따라서 1% VaR은 47.45%이고, 1% VaR을 손실액으로 나타내면 \$26.57(=\$56×47.45%)이다. 또한 주식 한 주만 가지고 있을 때 최대 65.47%까지 손실이 발생할 위험이 존재함을 알 수 있다.

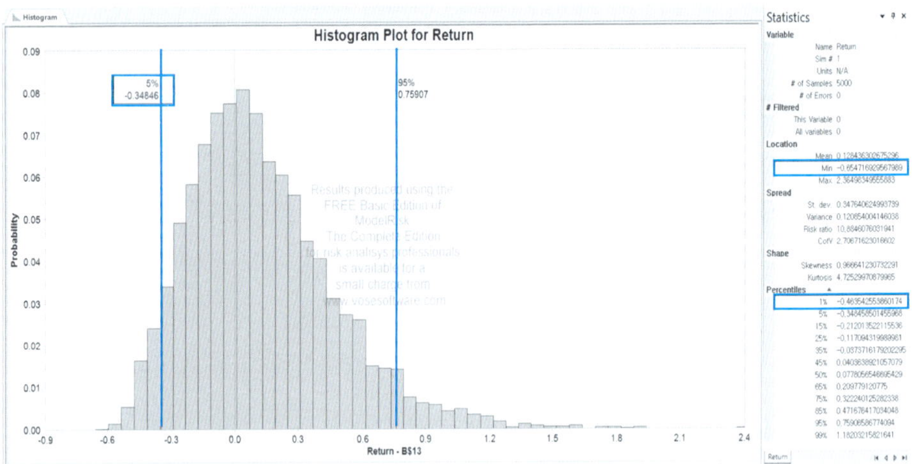

| 그림 23-1 | 주식 한 주의 수익률 분포와 VaR

반면, 주식 한 주와 풋옵션을 함께 가지고 있을 때의 수익률 분포는 [그림 23-2]와 같다. 수익률 분포로부터 이 포트폴리오의 1년 후 1% VaR과 5% VaR은 동일하게 14.35%로 나타남을 알 수 있다. 1% VaR과 5% VaR을 손실액으로 나타내면 둘 다 \$8.38(=\$58.38×14.35%)가 된다.[3]

3 포트폴리오의 기초가치는 (현재 주가+풋옵션의 가격)으로 (\$56+\$2.38)=\$58.38이다. 여기서 풋옵션의 가격 \$2.38는 21장에서 이미 구한 바 있다.

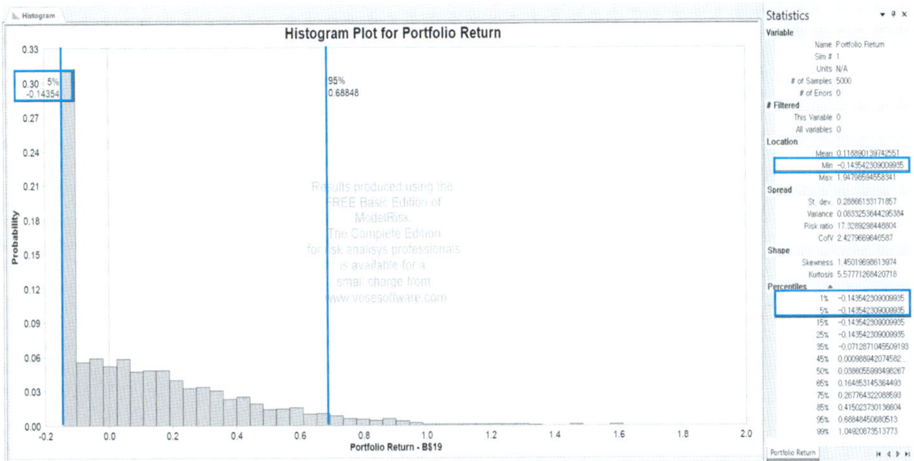

▌그림 23-2▌ 주식 한 주와 풋옵션으로 구성된 포트폴리오의 수익률 분포와 VaR

[그림 23-1]과 [그림 23-2]를 비교해 보면, 앞서 21장에서 학습한 바와 같이 주식 한 주만 갖고 있을 때보다 주식 한 주와 풋옵션을 함께 가지고 있을 때 수익률의 변동성이 많이 줄어듦을 확인할 수 있다. 또한 손실률도 주식 한 주만 가지고 있을 때는 최대 65.47%까지 치솟을 수 있으나 주식과 풋옵션으로 포트폴리오를 구성하면 최대 손실률도 14.35%로 제한됨을 알 수 있다. 즉, 포트폴리오 보험 전략에 따라 주식과 풋옵션으로 포트폴리오를 구성하면 손실의 위험(downside risk)이 많이 감소하여 주식 한 주만 가지고 있을 때보다 VaR도 많이 축소됨을 알 수 있다.

24장 이색 옵션

앞서 학습한 유럽형 옵션은 미래의 특정 시점(옵션 만기일)에 특정 가격(행사가격)으로 해당 기초자산(예를 들어, 주식)을 사거나 팔 수 있는 권리를 말한다. 따라서 기초자산이 주식일 경우, 옵션 만기일에서 옵션의 행사로 인해 발생하는 현금흐름은 만기일의 주가(S_t)와 행사가격(X)의 차이로 결정된다. 하지만 옵션으로부터의 현금흐름이 만기일의 주가와 행사가격의 차이로 결정되지 않는 옵션도 존재하는데, 이러한 옵션을 이색옵션(exotic options) 또는 경로 의존형 옵션(path-dependent options)이라고 한다. 이색옵션의 종류를 몇 가지 들어보자.

1 이색옵션의 종류

(1) 아시안 옵션(Asian Option)

아시안 옵션의 현금흐름은 옵션 만기일까지의 주가 평균(S_{AVG})과 행사가격(X)의 차이로 결정된다. 따라서 아시안 콜옵션의 만기일에서의 현금흐름은 $Max(S_{AVG} - X, 0)$, 아시안 풋옵션의 만기일에서의 현금흐름은 $Max(X - S_{AVG}, 0)$로 정의된다.

(2) 룩백 옵션(Lookback Option)

룩백 옵션은 가장 유리한 현금흐름을 보장해 준다. 옵션 만기일까지의 주가 중 가장 낮은 가격을 S_L, 가장 높은 가격을 S_H로 표기하자. 그러면 룩백 콜옵션의 만기일에서의 현금흐름은 만기일에서의 주가 S_t와 S_L의 차이로 결정되고, 룩백 풋옵션의 만기일에서의 현금흐름은 S_H와 S_t의 차이로 결정된다. 즉, 룩백 옵션에서의 행사가격은 콜옵션의 경우에는 S_L, 풋옵션의 경우에는 S_H로 대체되어 만기일에서 룩백 콜옵션의 현금흐름은 $Max(S_t - S_L, 0)$, 룩백 풋옵션의 현금흐름은 $Max(S_H - S_t, 0)$로 정의된다.

(3) 베리어 옵션(Barrier Option)

베리어 옵션은 기초자산의 가격이 옵션 만기일까지의 기간에 미리 정해놓은 가격(베리어, barrier)에 다다르면 옵션의 효력이 발생하거나 옵션의 효력이 정지되는 특성을 갖는다. 베리어 옵션의 대표적인 예로 녹아웃 옵션(Knock-out Option)과 녹인 옵션(Knock-in Option)이 있다.

1) 녹아웃 옵션

녹아웃 옵션은 다시 두 가지로 나누어지는데, 하나는 다운앤아웃 옵션(down-and-out option), 다른 하나는 업앤아웃 옵션(up-and-out option)이다. 말 그대로 전자는 주가가 옵션 만기일까지의 기간에 사전에 정한 특정 가격(barrier) 이하로 떨어지는 순간 옵션의 가치가 소멸하는(knocked-out) 옵션을 말하고, 후자는 주가가 옵션 만기일까지의 기간에 특정 가격(barrier) 이상으로 올라가는 순간 옵션의 가치가 소멸하는(knocked-out) 옵션을 말한다.

2) 녹인 옵션

녹아웃 옵션과 마찬가지로 녹인 옵션도 다시 다운앤인 옵션(down- and-in option)

과 업앤인 옵션(up-and-in option)으로 나눌 수 있다. 말 그대로 전자는 주가가 옵션 만기일까지의 기간에 사전에 정한 특정 가격(barrier) 이하로 떨어지는 순간 옵션의 효력이 발생하는(knocked-in) 옵션을 말하고, 후자는 주가가 옵션 만기일까지의 기간에 특정 가격(barrier) 이상으로 올라가는 순간 옵션의 효력이 발생하는(knocked-in) 옵션을 말한다.

2 이색옵션의 가격 결정

유럽형 옵션과 마찬가지로 이색옵션의 가격도 해당 옵션의 미래 현금흐름을 현재 시점의 가치로 연속 할인한 것의 기댓값으로 정의된다. 또한 옵션의 가격을 결정할 때는 연평균 주식성장률 대신에 무위험이자율을 적용하여 미래의 주가를 예측한다. 미래 시점 t에서의 주가 S_t을 추정하기 위한 주가 추정식은 〈식 24-1〉과 같이 정의된다.

$$S_t = S_{t-1} \times \exp[(\mu - 0.5\sigma^2)lag + \sigma Z\sqrt{lag}] \qquad \text{〈식 24–1〉}$$

여기서, S_t: 시점 t에서의 주가

S_{t-1}: 시점 $(t-1)$에서의 주가

lag: 시점 t에서 시점 $(t-1)$ 사이의 단위시간(년으로 측정)

μ: 연평균 주식성장률(소수점으로 표기)

σ: 연간 주식성장률의 표준편차(volatility, 소수점으로 표기)

Z: 표준정규분포 확률변수(평균 0, 표준편차 1)

〈식 24-1〉에서 한 가지 눈여겨보아야 할 사항은 이색옵션의 가격을 결정하기 위해서는 옵션 만기일까지 주가의 움직임을 추적할 필요가 있다. 따라서 유럽형 옵션에서 S_t을 추정하는데 사용된 S_0는 이제 S_{t-1}로 대체된다. 즉, 시점 t에서의 주가는 시점 $(t-1)$의 주가에 기초하여 결정된다.

이색옵션 중 아시안 옵션의 공정가격(fair price)을 결정하는 과정을 [예제 1]을 이용해 학습해 보자.

예제 1

1년(52주)이 만기인 아시안 콜옵션의 가격을 결정해 보자. 해당 주식의 가격은 현재 $100이고, 행사가격은 $110이다. 연평균 주식성장률은 15%, 연간 주식성장률의 변동성은 30%이고, 무위험이자율은 9%이다. 이 옵션의 만기일에서의 현금흐름은 향후 1년 동안 52주 각각의 주말 종가 평균과 행사가격의 차이로 결정된다.

아시안 옵션의 가격을 결정하기 위한 시뮬레이션 모형은 [그림 24-1]과 같다.

	A	B	C
1	**Asian Option**		
2			
3	Current Price	$100.00	
4	Exercise Price	$110.00	
5	Mean growth rate	15%	
6	Annual Volatility	30%	
7	Risk-Free Rate	9%	
8	Duration(years)	1	
9			
10	End of Week	Stock Price	
11	0(current)	$100.00	
12	1	$90.53	
13	2	$88.60	
14	3	$93.11	
61	50	$94.10	
62	51	$94.88	
63	52	$95.96	
64			
65		Average Stock Price	$106.33
66		Cash flow from option at termination	$0.00
67		Discounted value of option cash flow	$0.00
68			
69		Option Price	$4.54

▌그림 24-1▌ 아시안 옵션의 가격 결정

[그림 24-1]의 셀 범위 B3:B8에 문제에서 주어진 현재 주가($100), 행사가격($110), 연평균 주식성장률(15%), 연간 주식성장률의 변동성(30%), 무위험이자율(9%), 옵션 만기(1)가 입력되어 있다.

이제 셀 범위 B11:B63에 1년 동안의 주말 종가를 예측해 보자. 이를 위해 현재 주가를 나타내는 셀 B11에는 =B3을 입력한다. 주가의 움직임을 추적하기 위해 $(t-1)$주차의 종가를 이용하여 t주차의 종가를 추정한다. 따라서 1주 차의 종가를 나타내는 셀 B12에는 =B11*EXP(($B$7-0.5*$B$6^2)*(1/52)+$B$6*VoseNormal(0,1)*(1/52)^0.5)를 입력한다. 여기서 1년을 52주로 가정하였으므로 〈식 24-1〉에서 단위 시간(lag) 1주는 1/52(년)로 나타냈음에 유의하자. 2주 차부터 52주 차까지의 종가는 1주 차의 종가를 추정한 것과 같은 내용의 식을 입력하면 되므로 셀 B12를 마우스로 선택하고 셀 B63까지 끌기하여 식을 채운다.

아시안 옵션의 현금흐름은 옵션 만기일까지의 평균 주가와 행사가격과의 차이로 정의되므로, 평균 주가를 나타내는 셀 C65에는 =AVERAGE(B11:B63)를 입력한다. 만기일에서의 아시안 콜옵션의 현금흐름을 나타내는 셀 C66에는 =MAX(C65-B4,0)를 입력한다. 즉, 만기까지의 평균 주가가 행사가격보다 높다면 현금흐름은 (평균 주가－행사가격)이 되고, 그렇지 않으면 옵션을 행사하지 않아 현금흐름은 '0'이 됨을 의미한다. 옵션의 현금흐름(셀 C66)을 현재가치로 연속 할인한 값을 나타내는 셀 C67에는 =EXP(-B7*B8)*C66을 입력하고, 이 셀을 결과 셀로 만든다.

아울러 아시안 옵션의 공정가격을 모형에서 바로보기 위해 셀 C69에 =VoseSimMean(C67)을 입력하였다. [그림 24-1]은 10,000번의 반복활동을 수행한 후 나타난 아시안 콜옵션의 공정가격이 $4.54임을 보여준다.

다음으로 연간 주식성장률의 변동성이 아시안 옵션의 가격에 어떠한 영향을 미치는 살펴보자. 우선 직관적으로 생각하면 연평균 주식성장률(또는 무위험이자율)이 양(+)의 값을 갖는 상황에서 변동성의 증가는 만기일까지의 평균 주가를 증가시킬 것이고, 따라서 아시안 옵션의 가격은 변동성이 커질수록 증가할 것으로 추측된다. 이러한 직관적 판단이 타당한지를 [그림 24-2]의 모형을 통해 확인해 보자.

[그림 24-2]의 셀 범위 C6:E6에 실험에 사용할 세 가지 변동성 30%, 40%, 50%를 입력하고, 변동성을 나타내는 셀 B6에 =VoseSimTable(C6:E6)을 입력하였다. 세 가지 변동성 각각을 적용하여 옵션의 가격을 산출할 것이므로 [그림 24-2]에서 시뮬레이션 횟수(Simulations)는 '3'으로 설정하고, 동일한 난수 집단(common random number streams)을 이용한다. 다른 셀에 입력된 식은 이전과 같고, 셀 C69, D69, E69에 =VoseSimMean(C67,1), =VoseSimMean(C67,2), =VoseSimMean(C67,3)을 각각 입력하였다.[1] 10,000번의 반복활동을 수행한 결과는 각각 $4.72, $6.96, $9.21로 나타났음을 알 수 있다. 즉, 우리의 직관과 같이 변동성이 30%에서 10%씩 증가할 때마다 아시안 콜옵션의 가격도 따라서 증가하는 것을 확인할 수 있다.

	A	B	C	D	E
1	**Asian Option (volatility의 변화)**				
2					
3	Current Price	$100.00			
4	Exercise Price	$110.00			
5	Mean growth rate	15%			
6	Annual Volatility	50%	30%	40%	50%
7	Risk-Free Rate	9%			
8	Duration(years)	1			
9					
10	End of Week	Stock Price			
11	Current(0)	$100.00			
12	1	$103.15			
13	2	$108.50			
14	3	$128.56			
61	50	$80.36			
62	51	$89.33			
63	52	$75.12			
64					
65		Average Stock Price	$94.03		
66		Cash flow from option at termination	$0.00		
67		Discounted value of option cash flow	$0.00		
68					
69		Option Price	$4.72	$6.96	$9.21

▌그림 24-2▐ 변동성의 증가에 따른 아시안 옵션의 가격 변화

다음으로 녹아웃 옵션의 가격을 결정하는 과정을 [예제 2]를 통해 학습해 보자.

---

1 =VoseSimMean(결과 셀, Sim #)의 두 번째 인자는 대안의 번호를 나타낸다. 즉, 번호 1은 변동성 30%, 2는 변동성 40%, 3은 변동성 50%를 각각 나타낸다.

예제 2

녹아웃 옵션 중 다운앤아웃 옵션(down-and-out option)은 주가가 사전에 정한 가격(barrier, knock-out level) 이하로 떨어짐과 동시에 모든 가치가 소멸하는 파생상품이다. 다음의 조건을 이용하여 다운앤아웃 콜옵션(call option)의 공정가격을 구해 보자.

현재주가: $20 　　　녹아웃 가격(barrier): $19.50
행사가격: $21 　　　연간 주식성장률의 변동성: 40%
무위험이자율: 10% 　　　연평균 주식성장률: 12%
옵션만기: 1달(21일). 여기서 1년은 250일로 가정하자.[2]

	A	B	C	D	E
1	**Down-and-out call option**				
2					
3	**Inputs**				
4	One day equals (in year)	1/250			
5	Risk-free rate	10%			
6	Mean growth rate	12%			
7	Annual volatility	40%			
8	Current stock price	$20			
9	Exercise price	$21			
10	Barrier	$19.50			
11	Duration(days)	21			
12					
13	**Simulation**				
14	Day	Stock price (grows at risk-free rate)			
15	1	$19.56		Lowest price	$17.55
16	2	$20.39		Cash flow	$0.00
17	3	$20.62		Discounted cash flow	$0.00
33	19	$17.55		Option price	$0.42
34	20	$18.56			
35	21	$19.15			
36					

▎그림 24-3 ▎녹아웃 옵션의 가격 결정

[그림 24-3]의 셀 범위 B4:B11에 하루를 연(year)으로 나타낸 값(1/250), 무위험이자율(10%), 연평균 주식성장률(12%), 변동성(40%), 현재 주가($20), 행사가격($21),

2 1년 365일 중 휴일을 제외한 옵션시장이 열리는 날을 말한다.

녹아웃 가격($19.50), 만기(21일) 등의 기본 정보를 입력하였다.

만기가 한 달이므로 장이 열리는 21일 동안의 일일 종가를 추적해 보자. 우선 1일 차 종가를 나타내는 셀 B15에 =B8*EXP(($B$5-0.5*$B$7^2)*$B$4+$B$7*VoseNormal(0,1)*SQRT($B$4))를 입력한다. 여기서 t일 차 종가는 $(t-1)$일 차 종가에 의존하고 하루는 1/250(년)임에 유의하라. 2일 차부터 21일 차까지의 종가는 1일 차의 종가와 같은 식을 입력하면 되므로 셀 B15를 선택하고 셀 B35까지 끌기하여 식을 채운다.

다음으로 21일 동안 가장 낮은 주가를 나타내는 셀 E15에는 =MIN(B15:B35)를 입력한다. 21일 동안 어떠한 일일 종가라도 녹아웃 가격($19.50) 이하가 되면 옵션의 가치는 소멸하므로 옵션으로부터 발생하는 현금흐름을 나타내는 셀 E16에는 =IF(E15>B10,MAX(B35-B9,0),0)를 입력한다. 마지막으로 옵션으로부터의 현금흐름을 현재가치로 연속 할인한 값을 나타내는 셀 E17에는 =EXP(-B5*B4*B11)*E16을 입력하고, 결과 셀로 만든다. 아울러 모형에서 바로 이 녹아웃 콜옵션의 가격을 보기 위해 셀 E33에 =VoseSimMean(E17)을 입력하였다. 10,000번의 반복활동을 수행한 결과, 옵션의 가격은 $0.42로 나타났음을 [그림 24-3]에서 확인할 수 있다.

이제 우리가 학습한 유럽형, 아시안, 녹아웃, 룩백 옵션의 가격을 비교해 보자. 직관적으로 생각하면 이들 중 룩백 옵션의 현금흐름이 소유자에게 가장 유리하므로 가장 비쌀 것이고, 그다음이 유럽형, 그리고 아시안 옵션과 녹아웃 옵션의 가격이 상대적으로 저렴할 것으로 예측된다. 우리의 직관을 시뮬레이션을 이용해 확인해 보자.

예제 3

유럽형 콜옵션, 아시안 콜옵션, 녹아웃 콜옵션, 룩백 콜옵션의 가격을 직관적으로 비교하고, 시뮬레이션을 이용해 귀하의 직관을 확인하시오. 모든 정보는 [예제 2]의 것을 사용하시오.

만기일에서 가장 유리한 현금흐름을 갖는 옵션이 가장 비쌀 것이다. 이러한 측면에서 보면 룩백 옵션의 가격이 가장 비싸고, 만기 동안 가장 낮은 주가가 베리어

(barrier) 이하가 되면 옵션의 가치가 없어지는 녹아웃(다운앤아웃) 옵션의 가격이 변동성이 심할 때는 가장 낮을 것으로 생각된다. 다음으로 유럽형 옵션과 아시안 옵션은 룩백 옵션과 녹아웃 옵션의 가격 사이에 있을 것으로 짐작되는데, 아시안 콜옵션의 현금흐름은 만기일까지의 평균 주가와 행사가격의 차이가 되므로 만기일에서의 주가와 행사가격의 차이로 현금흐름이 결정되는 유럽형 옵션보다는 작은 현금흐름을 가질 것으로 추정된다.

따라서 직관적으로는 룩백 옵션, 유럽형 옵션, 그다음으로 아시안 옵션 또는 녹아웃 옵션의 순서로 옵션의 가격이 결정될 것으로 추측할 수 있다. 녹아웃 옵션의 가격($0.42)은 [예제 2]에서 이미 산출했으므로 이제 같은 자료를 이용해서 유럽형, 아시안, 룩백 콜옵션의 가격을 시뮬레이션을 통해 산출해 보자.

	A	B	C	D	E	F	G
1	**European, Asian, Look-back Call Option Pricing**						
2							
3	**Inputs**						
4	One day equals (in year)	1/250					
5	Risk-free rate	10%					
6	Annual volatility	40%					
7	Current stock price	$20					
8	Exercise price	$21					
9	Barrier	$19.50					
10	Duration (days)	21					
11							
12	**Simulation**						
13	Day	Stock price (grows at risk-free rate)			European	Asian	Lookback
14	1	$20.66				$19.07	$17.41
15	2	$20.60		Cash flow	$0.00	$0.00	$0.21
16	3	$20.33		Discounted cash flow	$0.00	$0.00	$0.21
32	19	$17.41		Option Price	$0.58	$0.23	$1.61
33	20	$17.75					
34	21	$17.62					
35							
36	European Option: S21=	$19.27					
37							

| 그림 24-4 | 유럽형, 아시안, 룩백 콜옵션의 가격 비교

[그림 24-4]의 셀 범위 B4:B10에는 동일한 조건에서 옵션가격을 비교하기 위해 [그림 24-3]과 같은 정보가 입력되었음을 알 수 있다. 1일 차 종가를 산출하기 위해 셀 B14에 =B7*EXP(($B$5-0.5*$B$6^2)*$B$4+$B$6*VoseNormal(0,1)*SQRT($B$4))를 입력하였다. 2일 차부터 21일 차까지 종가를 구하는 식은 1일 차의 종가를 구하는 식과 같으므로 셀 B14를 마우스로 선택하고 셀 B34까지 끌기하여 동일한 식을 채운다.

여기서 한 가지 유의할 사항은 유럽형 옵션은 경로 의존형 옵션이 아니므로 만기(1달 후)의 종가는 현재의 주가에 영향을 받는다. 따라서 유럽형 옵션의 현금흐름을 구하는 데 사용되는 만기일(한 달 후)의 주가(S_t)는 셀 B34의 값이 아니라 셀 B36에 =B7*EXP(($B$5-0.5*$B$6^2)*$B$4*$B$10+$B$6*VoseNormal(0,1)*SQRT($B$4*$B$10))를 입력하여 구한다. 이 식에서 B7은 현재의 주가(S_0), $B$4*$B$10은 옵션 만기인 한 달(21/250년)을 나타낸다. 만기일에서의 유럽형 콜옵션의 현금흐름을 나타내는 셀 E15에는 =MAX(B36-B8,0)을 입력한다.

아시안 콜옵션의 현금흐름을 구하기 위해서는 만기까지의 평균 주가를 이용해야 한다. 평균 주가를 나타내는 셀 F14에 =AVERAGE(B14:B34)를 입력한다. 그리고 아시아 콜옵션의 현금흐름을 나타내는 셀 F15에는 =MAX(F14-B8,0)를 입력한다.

마지막으로 룩백 콜옵션의 현금흐름은 만기일의 주가와 만기일까지의 일일 주가 중 가장 낮은 주가와의 차이로 정의된다. 따라서 주가의 최솟값을 나타내는 셀 G14에는 =MIN(B14:B34)를 입력하고, 룩백 콜옵션의 현금흐름을 나타내는 셀 G15에는 =MAX(B34-G14,0)를 입력한다.

이제 각 옵션의 현금흐름을 현재가치로 연속 할인하기 위해 우선 셀 E16에 =EXP(-$B$5*$B$4*$B$10)*E15를 입력하고, 이 식을 셀 F16과 G16으로 끌기하여 동일한 논리의 식을 채운다. 그리고 셀 E16, F16, G16을 결과 셀로 지정한다. 각 옵션의 가격을 모형에서 바로보기 위해 셀 E32, F32, G32에 =VoseSimMean(E16), =VoseSimMean(F16), =VoseSimMean(G16)을 각각 입력하고 시뮬레이션을 수행해 보자.

[그림 24-4]는 동일한 조건에서 10,000번의 반복활동을 통해 산출한 유럽형, 아시안, 룩백 콜옵션의 가격을 보여주고 있다. 동일한 조건에서 녹아웃 옵션의 가격은 [그림 24-3]에서 $0.42로 산출되었다. 직관과 크게 다르지 않게 룩백 옵션의 가격이

$1.61로 가장 높고, 그다음으로 유럽형 옵션($0.58)과 녹아웃 옵션($0.42)이 뒤를 따르고, 아시안 옵션($0.23)이 가장 낮은 가격을 보였다. 녹아웃 옵션과 아시안 옵션의 가격 순위는 만기 동안 가장 낮은 주가가 베리어(barrier)를 건드릴 가능성이 어느 정도이냐에 따라 달라질 것이다.

이제 지금까지 학습한 내용을 복습하기 위해 여러 가지 주식으로 구성된 포트폴리오의 수익률과 이 포트폴리오에 기초한 옵션의 가격을 결정해 보자.

예제 4

다음과 같은 네 가지 서로 다른 주식에 귀하의 돈을 25%씩 균일하게 투자했다고 가정하자. 네 가지 주식의 연간 수익률은 서로 독립적이고, [표 24-1]의 평균과 표준편차를 갖는 정규분포를 따른다고 가정하자.

| 표 24-1 | 연간 수익률 자료

구분	평균	표준편차
주식 1	15%	20%
주식 2	10%	12%
주식 3	25%	40%
주식 4	16%	20%

시뮬레이션을 이용하여 다음 문항에 답해 보자.

① 포트폴리오의 연간 수익률이 20%를 초과할 가능성은 얼마인가?

② 1년 후 이 포트폴리오로부터 손해를 볼 가능성은 얼마인가?

③ 1년 후 이 포트폴리오의 5% VaR을 손실률과 손실액으로 각각 나타내시오.

④ 각 주식의 현재 가격은 다음과 같다고 가정하자.

주식 1: $14, 주식 2: $18, 주식 3: $16, 주식 4: $20

이제 귀하가 이 포트폴리오에 대한 콜옵션을 매입했다고 가정하자. 만약 주식 1의 6개월 후 가격이 $17 이상인 경우, 당신이 원한다면 지금으로부터 6개월 후에 당신은 옵션을 행사해서 각 주식을 주당 $20의 가격으로 살 수 있다. 그러나 주식 1의 6개월 후 가격이 $17이 안된다면 이 옵션은 가치를 잃게 된다. 예를 들어, 만약 6개월 후 네 가지 주식의 가격이 주식 1은 $18, 주식 2는 $21, 주식 3은 $19, 주식 4는 $22라면 당신은 옵션을 행사해 주식 2와 주식 4는 행사가격으로 사서 (21−20)+(22−20)=$3를 벌 수 있을 것이다. 무위험이자율(risk-free rate)을 8%로 가정하고, 이 옵션의 공정한 가격을 구하시오.

우선 문항 ①, ②, ③에 답하기 위한 시뮬레이션 모형은 [그림 24-5]와 같다.

	A	B	C	D
1	포트폴리오 수익률			
2				
3	**Inputs**			
4	Fractions invested in stocks			
5	Stock 1	0.25		
6	Stock 2	0.25		
7	Stock 3	0.25		
8	Stock 4	0.25		
9				
10	Distributions of annual returns (Normal dist.)			
11		Mean	Stdev	
12	Stock 1	15%	20%	
13	Stock 2	10%	12%	
14	Stock 3	25%	40%	
15	Stock 4	16%	20%	
16				
17	**Simulation**	Stock Return		
18				
19	Stock 1	0.36		
20	Stock 2	-0.08		
21	Stock 3	0.39		
22	Stock 4	0.38		
23				
24	Portfolio return	0.2620		
25				
26	**10,000 replications**			
27	연평균수익률	16.55%		

그림 24-5 포트폴리오의 수익률

[그림 24-5]의 셀 범위 B5:B8에는 각 주식의 포트폴리오 구성 비율을 입력하였고, 셀 범위 B12:C15에는 각 주식의 수익률 평균과 표준편차를 입력하였다. 이제 각 주식의 연간 수익률은 정규분포를 따른다고 가정했으므로 주식 1의 연간 수익률을 나타내는 셀 B19에는 =VoseNormal(B12,C12)을 입력한다. 주식 2, 주식 3, 주식 4의 연간 수익률을 산출하는 식도 주식 1과 그 논리가 같으므로 셀 B19를 마우스로 선택하고 셀 B29까지 아래로 끌기하여 동일한 내용의 식을 채운다.

마지막으로 결과변수인 포트폴리오 수익률은 (각 주식의 포트폴리오 구성비율×각 주식의 수익률)의 합으로 정의되므로 셀 B24에는 =SUMPRODUCT(B5:B8,B19:B22)를 입력한다. 아울러 셀 B27에 =VoseSimMean(B24)를 입력하여 시뮬레이션 수행 후의 포트폴리오 수익률의 평균을 모형 시트에서 바로 볼 수 있게 하였다.

이제 질문 ①, ②, ③에 답하기 위해 시뮬레이션 수행 결과를 보도록 하자. [그림 24-6]은 10,000번의 반복활동을 수행한 후 산출된 포트폴리오 수익률(Portfolio return)의 분포이다. Edit sliders를 이용하여 왼쪽 슬라이더(Slider 1)의 횡축 값은 '0'으로 설정하고, 오른쪽 슬라이더(Slider 2)의 횡축 값은 0.2(20%)로 설정한 결과이다.

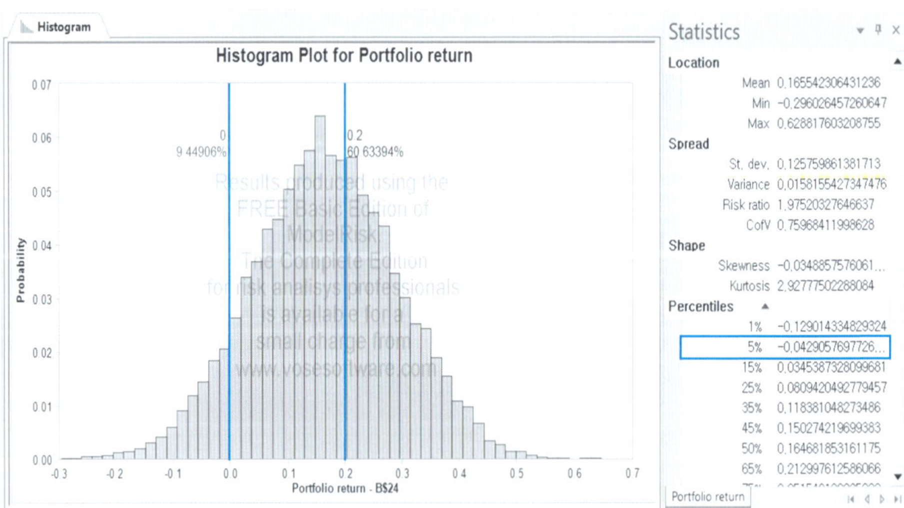

그림 24-6 포트폴리오 수익률의 분포

우선 질문 ①과 ②는 [그림 24-6]의 분포 그래프를 보면 바로 알 수 있다. 10,000번의 반복활동을 수행한 결과, ① 포트폴리오의 연간 수익률이 20%를 초과할 가능성은 (1−60.63%)=39.37%, ② 포트폴리오로부터 손해를 볼 가능성은 9.45%로 나타났다.

다음으로 질문 ③에 대한 답을 하기 위해서는 [그림 24-6]의 오른쪽에 있는 하위 5%에 해당하는 백분위수(percentiles)를 이용한다. 1년 후 이 포트폴리오의 하위 5% 수익률이 −0.043이므로 5% VaR을 손실률(%)로 나타내면 4.3%이다. 그리고 포트폴리오에 투자한 금액이 1억원이라고 가정하면 손실액으로 나타낸 5% Var는 1억원×4.3%=430만원이 된다. 즉, 1년 후 이 포트폴리오가 4.3% 이상의 손실율 또는 430만원 이상의 손실을 보일 가능성은 5% 이하라는 의미이다.

이제 문항 ④에서 요구한 옵션의 가격을 산출해 보자. 옵션가격을 산출하기 위한 시뮬레이션 모형은 [그림 24-7]과 같다. 우선 [그림 24-7]의 셀 범위 B5:E7에 각 주식의 현재 가격, 행사가격, 변동성을 입력하였다. 그리고 셀 범위 B9:B11에는 미리 정한 베리어($17), 무위험이자율(8%), 옵션만기(0.5년)를 입력하였다.

	A	B	C	D	E
1	**Knock-out option on portfolio**				
2					
3	**Inputs**				
4		Stock 1	Stock 2	Stock 3	Stock 4
5	Current Price	$14	$18	$16	$20
6	Exercise Price	$20	$20	$20	$20
7	StdDev (volatility)	20%	12%	40%	20%
8					
9	Barrier (on stock 1)	$17			
10	Risk-free rate	8%			
11	Duration (in year)	0.5			
12					
13					
14	**Simulation**				
15		Stock 1	Stock 2	Stock 3	Stock 4
16	Price 6 months later (at rfr)	$15.44	$20.93	$18.56	$20.87
17	Stock 1 price above barrier?	0			
18	Cash flows	$0.00	$0.00	$0.00	$0.00
19	Total cash flow	$0.00			
20	Discounted cash flow	$0.00			
21					
22	**10,000 replications**				
23	Option Price	$0.31			
24					

▌그림 24-7 ▌포트폴리오에 대한 녹아웃 옵션 가격 결정

다음으로 주식 1의 6개월 후 가격을 나타내는 셀 B16에 =B5*EXP(($B$10-0.5*B7^2)*$B$11+B7*VoseNormal(0,1)*$B$11^0.5)를 입력하였다. 옵션의 가격을 결정하기 위해 옵션 만기일의 주가를 추정하는 것이므로 주가 추정식의 μ로 무위험이자율($B$10)을 적용하였다. 다른 주식의 6개월 후 가격도 같은 방법으로 추정하면 되므로 셀 B21을 마우스로 선택하고 셀 E16까지 오른쪽으로 끌기하여 같은 내용의 식을 입력한다.

다음으로 옵션 만기일에서 주식 1의 가격이 베리어 이상이 되는지를 판단하기 위해 셀 B17에 =IF(B16] = B9,1,0)를 입력한다. 만약 옵션 만기일에서 주식 1의 가격이 베리어($17) 이상이 되면 해당 옵션은 가치를 갖게 되고, 그렇지 않으면 옵션은 가치를 상실한다. 옵션이 가치를 가지면 '1', 가치를 상실하면 '0'의 값을 갖도록 하였다.

옵션 만기일에서 주식 1에 대한 콜옵션의 현금흐름을 나타내는 셀 B18에는 =$B$17*MAX(B16-B6,0)를 입력하였다. 주식 2, 3, 4에 대한 콜옵션의 현금흐름 또한 주식 1의 경우와 같으므로 셀 B18을 마우스로 선택하고 셀 E18까지 오른쪽으로 끌기하여 식을 채운다. $B$17이 '1'일 경우 콜옵션의 현금흐름은 존재하고, $B$17이 '0'일 경우 콜옵션의 현금흐름은 존재하지 않게 된다.

셀 B19는 주식 1, 2, 3, 4에 대한 콜옵션의 현금흐름 합을 나타낸다. 셀 B19에 =SUM(B18:E18)를 입력하고, 이 값을 현재가치로 연속 할인하기 위해 셀 B20에 =EXP(-B10*B11)*B19를 입력하였다. 이제 셀 B25를 결과 셀로 지정하고, 옵션의 가격을 모형에서 바로보기 위해 셀 B23에 =VoseSimMean(B20)을 입력하였다. 10,000번 반복활동을 수행한 결과, 이 옵션의 공정가격은 $0.31로 나타났음을 알 수 있다.

아울러 이 옵션이 가치를 가질 가능성을 추정하기 위해서는 셀 B17을 결과변수로 지정하면 된다. 앞서 언급하였듯이 셀 B17에는 =IF(B16>=B9,1,0)가 입력되었는데 이 셀의 평균이 바로 이 옵션이 가치를 가진 상대빈도이다. 셀 B17의 이름을 "Above barrier?"로 설정하여 반복활동을 10,000번 수행한 결과는 [그림 24-8]과 같다.

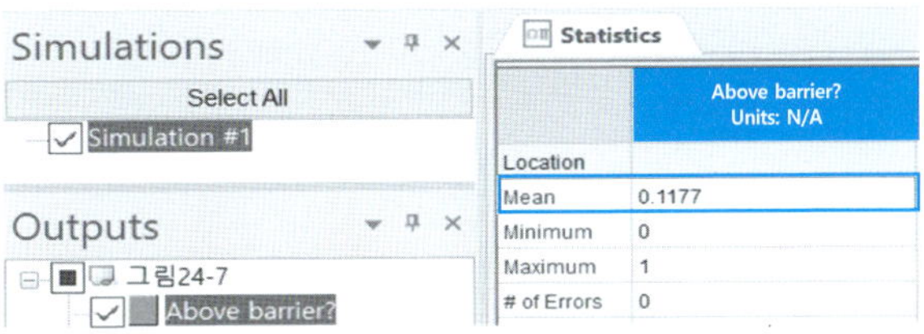

| 그림 24-8 | 옵션이 가치를 가질 가능성

[그림 24-8]을 보면 이 옵션이 가치를 가진 상대빈도는 0.1177로, 10,000번의 반복 활동에서 주식 1의 가격이 옵션 만기일에서 베리어 $17를 넘어선 횟수는 1,177번이고, 나머지 8,823번은 주식 1의 가격이 $17에 미치지 못했음을 의미한다.

국문 찾아보기

ㅁ

ㅂ

ㅎ

영문 찾아보기

D

E

F

G

H

I

J

N

O

P

T

U

V

[저자약력]

민재형

서강대학교 경영대학 교수로 재직 중이다. 미국 인디애나대학교(Indiana University at Bloomington)에서 의사결정학(Decision Sciences)으로 경영학 박사학위를 취득하였다. 서강대학교 경영대학 학장과 경영전문대학원장, (사)한국경영과학회 회장 등을 역임하였다. 좀 더 스마트한 세상을 만드는 데 보탬이 되고자 전략적 의사결정, 과학적 경영, 비즈니스 애널리틱스(Business Analytics)에 관한 지식과 정보를 쉬운 언어로 사회에 전파하는 데 힘쓰고 있다.

시뮬레이션 모델링

2023년 11월 10일 1판 1쇄 인쇄
2023년 11월 15일 1판 1쇄 발행

저　자 | 민재형
발행인 | 이수영
발행처 | 도서출판 청람
서울시 마포구 독막로 288(대흥동, 세양상가 109호)
전　화 | 02)3272-2601～2
팩　스 | 02)3272-2603
이메일 | crbooks@daum.net
홈페이지 | http://www.crbooks.co.kr
등　록 | 2000년 8월 26일 제6-0509호

ISBN 978-89-5972-990-6 93310 [정가 30,000원]